减少不平等

Réduire les inégalités:
un enjeu de développement durable

可持续发展的挑战

雷米·热内维　拉金德拉·K.帕乔里　劳伦斯·图比娅娜 / 主编　潘革平 / 译
Rémi Genevey　Rajendra K. Pachauri　Laurence Tubiana

Regards sur la Terre 2013

Réduire les inégalites :un enjeu de développement durable

Sous la direction de

Rémi GENEVEY, Rajendra K. PACHAURI, Laurence TUBIANA

Coordination scientifique

Isabelle BIAGIOTTI, Raphaël JOZAN, Tancrède VOITURIEZ

©2013 AGENCE FRANCAISE DE DEVELOPPEMENT

本书根据 Armand Colin 出版社 2013 年版译出

Regards sur la Terre 看地球 IV

Réduire les inégalités: un enjeu de développement durable

雷米·热内维　拉金德拉·K.帕乔里　劳伦斯·图比娅娜 / **主编**　潘革平 / **译**

Rémi Genevey　Rajendra K.Pachauri　Laurence Tubiana

伊莎贝尔·比亚焦蒂　拉斐尔·若赞　唐克雷德·瓦蒂里耶 / **技术协调**

Isabelle Biagiotti　Raphael Jozan　Tancrède Voituriez

社会科学文献出版社

SOCIAL SCIENCES ACADEMIC PRESS (CHINA)

目录

里约峰会 20 年后，可持续发展深入人心

雷米 · 热内维（Rémi GENEVEY）
法国开发署（AFD）战略总监

劳伦斯 · 图比娅娜（Laurence TUBIANA）
法国可持续发展与国际关系研究所（IDDRI）所长

拉金德拉 ·K. 帕乔里（Rajendra K.PACHAURI）
印度能源与资源研究所（TERI）总干事

2012 年，金融和经济危机引发的国际平衡格局的深刻转型仍在继续。要想更好地理解全球可持续发展议程的变化、它的迟疑和成就，就必须对平衡格局的转型进行评估。由于危机所造成的区别性后果——它首先打击的是那些债台高筑的旧经济体，发展中国家却得以加快经济的追赶步伐：过去十年间，富国与发展中国家之间的收入差距几十年来第一次出现了缩小的迹象，基本上回到 20 世纪 50 年代的水平 (Rodrik，2011)。换言之，19 世纪和 20 世纪一直存在的国家间收入不平等不断增长的势头到了 21 世纪最初十年的中期突然出现了停顿：自危机爆发以来，国家间的不平等缩小了。

大反转

宏观经济前景证实了这种趋势上的反转——本书第一章的作者佩德罗·拉莫斯·平托（Pedro RAMOS PINTO）将此称为"大逆转"。虽然带着此类工作所应有的谨慎，但一些前景预测对趋同线做了修正，认为一些新兴国家将快速跨越与发达国家之间的技术界限[1]。当然，这一过程将需要几十年的时间；但是其中的新颖之处在于，此事已不再局限于经济学课本之中，而是进入了公共舆论探讨的范畴。它将重新定义出一种新的前景，在这一前景下，用各国的收入差距来组织国家间的合作将变得不合时宜。

不过，正如弗朗索瓦·布吉尼翁所提醒的那样，这其中还存在着大量的不确定因素（François

---

[1] Voir par exemple PwC，janvier 2011，*The World in 2050 – The Accelerating Shift of Global Economic Power: Challenges and Opportunities. Disponible sur*: www.pwc.com/en_GX/gx/world-2050/pdf/world-in-2050-jan-2011.pdf. Ou encore Citigroup Global Markets，21 février 2011，"Global growth generators: moving beyond 'emerging markets' and 'BRIC'"，*Global Economy Watch*.

Bourguignon，2012）。那些最落后国家登上这趟"趋同"列车、变成"新兴"国家的能力还相当脆弱：它们最近的经济成就主要是由于它们所开采和出口的原材料出现了价格上涨，而不是得益于它们经济的调整。然而，原材料的价格不可能持续上涨；因而从这个意义上说，它还不能成为最可靠的增长引擎。新兴国家也进入了增长减速期——首先是印度，今天则是中国，尽管它们目前的经济增速仍高于发达国家。最后，发达国家还在梦想着实现"绿色增长"——它们认为"绿色增长"将能使其在第一阵营再待上几年时间。最大的不确定性——它是大部分宏观经济模型所无法捕捉到的——恰恰在于此，在于我们不知道技术进步的力量和速度，对此没有人能作出预告，也没有人能说出其行进的方向（到底是不是真的会变得更"绿色"），也不知道能源和原材料价格会造成怎样的紧张关系。

在这种背景下，将赌注压在"一切照常"的预测情形上将是十分危险的。全球化将出现收益递减效应；地球本身的局限以及气候暖化的强度越来越明显，而且最新发表的每一份报告都表明，这些问题正变得越来越严重（Michel Colombier）；各国内部的不平等越来越严重，而且由于无法就共同愿景和共担责任等问题达成一致，我们仍然无力通过集体行动来解决这些问题。时间在飞逝，而联合国已经为制定可持续发展目标划定了日期，并且要在气候问题上达成一个从2015年起具有约束力的协定。我们这里所强调的这些事实，既可能使未来的讨论在提高我们的可持续发展能力方面带来真正的逆转，也可能会带来一种没有任何变化的变化。

全球化收益递减

全球化——或者说货物、服务和资本贸易的自由化——是一种共同的信念，即认为贸易的专业化将带来收益，而这种专业化本身是根据比较优势理论建立起来的。当全球化作为各国所共同的计划时，这一理论能发挥出决定性的作用，因为它在这种情况下是通用的，也就是说适用于所有的国家。或许人们还记得，美国原子弹之父之一斯塔尼斯拉夫·乌拉姆（Stanizlaw Ulam），一直对社会科学的严谨性心存疑虑，他问经济学家保罗·萨缪尔森（Paul Samuelson），能不能说出一条既十分精确又不粗俗的法则，后者回答他说有且只有一条，即李嘉图（Ricardo）的比较优势理论[1]。

在比较优势基础上建立起来的全球化，其魔力在于它为各国所提供的收益将足以抵消它们所蒙受的损失；从全球层面所创造出来的收益足以把那些最犹豫不决的国家也团结到全球化计划当中来——前提是这些共同收益中有一部分将被转移至这些国家。这一有关全球化能带来全球收益的故事，其主要内容大致是在1817年（李嘉图）至1962年（萨缪尔森）期间问世的。

经过一番跌宕起伏和波动之后，这个有关全球化的幸福故事自1989年以来成了我们共同的故事。进口和出口在国内生产总值中所占的份额达到了前所未有的高度，关税壁垒也大大降低。然而，这个故事似乎很快接近尾声，也就是说，它不再是一个将所有国家都连接在一起的全球性计划。因为各种国际调查都显示，公众对于全球化计划的认同度在明显下滑；由世界贸易组织发起的旨在对全球化进行制度规范的

① Samuelson P.A.，1969，"That it is logically true need not be argued before a mathematician; that it is not trivial is attested by the thousands of important and intelligent men who have never been able to grasp the doctrine for themselves or to believe it after it was explained to them"，"The way of an economist"，in: Samuelson P.A.，*International Economic Relations: Proceedings of the Third Congress of the International Economic Association*，London，Macmillan；1-11.

政治谈判迄今陷入僵局已达 12 年，曾在"以比较优势为基础的全球化"这一故事中发挥过重要作用的贸易领域的经济学家们，在如何续写未来这一问题上陷入了僵局。这一法则如今在叙事和合作方面似乎受到了局限，而这一切恰恰是全球化本身存在的一些客观因素所导致的。一个国家从贸易开放中所能获得的收益与其受保护的程度是成比例的，随着经济的全球化，这种效益必然会下降。在世纪之交，全球化是作为经济增长、减少贫困和环境保护的一个助推器而被推销出去的。当时，所有国家的政府、所有的社会都把它看成是"神奇配方"。现在，发号枪已经打响，人们的希望落空了。可持续发展并不是全球化的必然产物——遗憾的是，情况要复杂得多。

绿色增长的辉煌与烦恼

当全球化的收益逐渐耗尽之时，我们必须找到一个新的增长引擎，许多主张加强环境保护的人都在强调自己的建议对经济所可能带来的好处，而不仅仅只是环境方面的好处。因此，有关绿色技术和绿色基础设施领域的投资成了近来围绕着振兴计划而展开的各类经济辩论的核心（Damien Demailly and Fabio Grazi）。至少，"主流"学术界和主要国际机构都在强调这样一个事实，即那些环保措施能降低经济活动对环境的恶劣影响，并能通过生态税的设立使我们的税收制度变得更有效，或者可以停止某些资源的浪费（Jacobs，2012；OECD，2011；World Bank，2012）。

杰里米·里夫金和尼古拉斯·斯特恩等另外一些学者则更进了一步，宣称一种高生态含量的新工业革命时代已经来临。这种工业革命主要得益于绿色技术，因此也可以称为"绿色工业革命"（Jeremy Rifkin，2012；Nicholas Stern，2012）。在参考了 19 世纪和 20 世纪工业革命的历史后，这些学者以及少数几个受到了他们思想启发的政治领导人——的确，

他们的人数还非常有限——有意或无意地提出经济活动仍有望维持几十年增长，仍有望迎来新一波增长浪潮，这种增长将可以与蒸汽机、铁路、电力或信息技术所带来的增长相媲美，甚至可能超过这些增长（Stern，2012）。其中一个重要的问题——它至今仍没有答案——是，在什么样的条件之下，这种希望才是可信的，"绿色工业革命"才会变成"积极且鼓舞人心的故事"以外的东西。

首先，经济、增长或"绿色工业革命"并不会轻易满足全球化计划所离不开的"普遍性"这一标准，这些字眼在不同国家所指的意思完全不同，目前还没有足够的理论和规范基础来缔结出一些认识完全一致的共同体或联盟。在经合组织国家中，绿色增长普遍被认为是"不那么肮脏"的增长——也就是说化石燃料的消耗较少、对环境破坏程度较小的增长；它是一种调整、一种过渡。在经合组织国家，尤其是欧元区国家，它只是被视为一种增长而已，在眼下前景黯淡的情况下尤为如此。最后，在那些拥有大量自然资源的非新兴发展中国家，它则会被视为能用来加快趋同进程的手段。因此，人们对于绿色增长的期待和雄心是完全不同的。中国将赌注压在了在减少污染的同时保持高增长上。欧洲也同样押下了在减少污染的同时走上快速增长之路的赌注。在当下，绿色增长既不是一个概念，也没有成为任何现实，它首先是一种赌注。

要想这一赌注取得成功，至少有两个不明确因素需要得以澄清。第一个不明确因素是快速增长。绿色经济是一种具有高增长潜力的经济。回过头去看，在过去两个世纪里，那些所谓工业化国家的年均增长率不到 2%——而这实际上是很高的。如果说一个国家无法再通过大规模的公共举债来获得增长这种说法成立，那么即使它拥有众多良好的技术前景（智能建筑、交通运输、城市组织和服务业），这些影响也只

有长时间才会体现出来。从短期看，绿色经济在发达经济体只能是一种低增长的经济。

第二个明确因素与就业有关。绿色经济是一种能创造大量就业的经济。相关研究所得出的结论与此有着细微的差异。新创造的就业机会——万幸的是，它真的是能创造就业机会的，但是对于所创造出就业机会的净数值，尤其是那些长期的估值——却不那么可靠。然而，要想技术密集型和劳动密集型经济同时实现增长是很难的，或者说新创造的都是些高技术含量或极高技术含量的就业机会，因而它无助于解决那些高负债的工业化国家所存在的严重失业问题。因此，与过去的全球化经济一样，在绿色经济中也不存在一下子就能解决问题的"灵丹妙药"。这两者都会造就出赢家以及需要去说服并对其进行补偿的输家。因此，需要谈判的范围对每一个国家来说都不相同，这既取决于这个国家所实行的社会契约的性质和目标，也取决于它的能源基础及其经济的环境足迹。

各国在谈判时会面临众多的选择，这很大程度上是因为从多边层面看，绿色经济还没有像其开创者和忠实支持者所预言的那样获得全球性的成功。各国所拟订的绿色经济方案都有着这样一个最主要的共同点，即这是一种需要高额补贴的经济，尽管其中的一部分，但只是一小部分而已，如一些大规模的可再生能源项目（特别是风能和太阳能）受到了越来越多投资者和主权基金的青睐（Emmanuel Guérin）。世界贸易组织为这些正在进行或者已对外宣称的"绿色战争"——无论是贸易议程方面还是气候议程方面——提供适宜集体解决方案的能力，是绿色经济这一刚刚问世就已实现全球化的经济所面临的另一个未知数（Tancrède Voituriez and Joël Ruet）。

"里约＋20峰会"得出了怎样的结论？

绿色经济是里约地球首脑会议20周年峰会（"里约＋20峰会"）的两大议题之一。它最终在这方面并没有作出任何决定，会议的最终文件只是含糊其辞地提到了不同国家对未来所作的一些承诺（Alexis Bonnel）。最终文件并没有对绿色经济作出定义，只是指出了什么东西不应当被视为绿色经济（其中首当其冲的便是保护主义），这差不多就是文件中有关绿色经济的全部内容了。无论是在绿色经济还是在其他问题上，最终文件虽然未能起到应对挑战的作用，但它基本上还是如实地介绍了当前国际合作的现状，并揭示了被全球化和国家间财富的相对变化所打乱的机制本身所存在的局限。

我们的全球化正处于这样一个阶段：这一阶段，在诸如环保、经济危机处理或区域安全等不同问题上，各方彼此合作的必要性比任何时候都强烈；而且鉴于相关挑战正变得日益复杂，它们的政治性越来越强，参与其中的行为体越来越多，人们所面临的阻碍也从未有如此之多。在这一背景下，科学特别是气候学的进步反而可能带来一些矛盾的结果：在对未来几十年气候预测基础上开发出来的先进气象服务能够满足决策者的需要，能在减少气候变化带来的不便、优化行为方式等方面提供便利；但这些新增的知识和预测也可能使人们更加坚定宿命论的观点，在采取缓解行动方面无所事事（Michel Colombier）。

新兴国家的崛起打乱了国际合作领域的一些既定规则，使得当前多边主义的一些局限以及各国对联合国机构的不信任暴露无遗。无论是此次会议的筹备过程还是谈判过程都体现出了多边主义长期以来存在的危机。

"里约＋20峰会"是2009年由联合国大会决定召开的，但对于过去的决定未得到全部实施的原因，联大既没有作过详细的诊断，也没有做出一个要对其进行集体评估的安排。此后，一些国家以及缔约方曾要求就此做一评估总结，但结果还是不了了之。因此，此次峰会是在没有正确分析基础的情况下决定召开的，而此后的联合国可持续发展委员会第19届会议成果寥寥，更使其地位进一步削弱：可持续发展委员会第19届会议始终止步不前，在2011年5月闭幕时第一次出现了没有达成任何最终协议的结果。

本次峰会设定了两大特殊主题——"绿色经济"和"可持续发展的制度框架"。其中第一个主题是由联合国环境规划署推动的，它与2009年危机后采取的一系列绿色振兴计划一脉相承。最初，人们一度认为它的出现能起到防止国际协议数量飞涨的作用，而实际上自2010年3月第一次筹备会议开始，它就存在着定义和共同愿景不明确等问题，从而导致了一些发展中国家的不信任。第二个主题的问题相对较少，因为从十年前开始人们就已针对国际环境治理的问题做过不少重大的评估和建议，其中包括在联合国的框架下展开的，而且有关对其进行改革的潜在方案早已为人所熟知，甚至已经记录在案。然而，有关可持续发展的制度治理这一问题，人们的准备就没有那么充分了。尤其是人们在没有对"可持续发展委员会"进行评估总结、集体审议的情况下就要对其未来的命运作出裁定时，这种感受尤为明显。

就在此次峰会讨论的"初步报告"已经定稿之时，"全球可持续发展高级别小组"在2011年1月发表了自己的报告；而到了2012年6月6日，离峰会开幕还剩几天的时候，联合国环境规划署正式发布了《全球环境展望报告5》（GEO-5），这一切会进一步给人们留下联合国无力协调好相关筹备工作的印象。这或许是因为要在联合国各成员国、秘书长以及秘书处之间建立起一种集体指导制的确存在难度。

不过，过程虽然艰难，但它最终还是产生了一个文本。自筹备会议开始，人们在其中的几个问题上就存在着巨大分歧。最终，巴西外交部门在确定最终文本时选择删除了其中可能存在争议的议题，以尽量减少遭到各国否决的可能性。

虽然说每一方都能在这个文本中找到令自己高兴或失望的理由，但是需要指出的是，在斯德哥尔摩会议①过去40年后，它仍未能给我们的经济和社会模式进行必要的转型提出一个构想，从而更好地考虑到地球本身所存在的局限。"联合国环境规划署理事会普遍会员制"的建立（第88条之A款）是朝着正确的方向迈出的一小步，这是一个事实；而"向社会全体成员提供社会保护"（第156条）的重要性得到确认，不可否认也是社会方面的又一个进步，然而这一声明却未能给人们提出一些共同的指导原则。相反，它在每个段落都在保护各国的自主选择权，并在自愿和单方面行动方面限制缔约方的义务。

此次峰会还暴露出了可持续发展方面那些大型首脑会议所存在的困难。但是，我们所共同面临的挑战仍需要我们加强国际合作。那么如何才能重振国际合作呢？"里约+20峰会"所作出的各项决定为我们提供了两种性质完全不同的路径。

首先是巴西政府所倡议并得到联合国支持的举办专题对话的经验。这种直接民主的经验首先在互联网上推出，并在峰会期间进行了广泛的讨论，最终变成了一个真正的公民对话平台，而且也提出了30项建议，其中大部分是可操作性很强的建议。这一经验下一步该如何进行，应如何将它加以推广，尤其是应如何更好地加以规划，使之能真正被纳入到未来的谈判进程当中？或许其中的部分答案需要到那些围绕着发展和可持续问题而展开的大规模审议进程所得出的

① 1972年6月5日，第一次国际环保大会——联合国人类环境会议在瑞典斯德哥尔摩举行。——译者注

结论中去找——这些进程的效果和影响仍有待观察。

第二条路径将由可持续发展目标（ODD）来揭开。可持续发展目标使人们就全球目标重新展开谈判。它们还应当能建立起一个监测系统，对各国可持续发展方面的实施情况进行监测。然而，各国为自己留了一手，决定通过政府间谈判来对这些目标进行重新定义。鉴于各国政府如今已对多边主义兴趣索然，这其中并非没有风险。

定义"2015年后发展议程"：是终结，还是借机转型？

自2000年以来，联合国千年发展目标成了发展领域的一个路线图，其第一个阶段节点是2015年。这一日期马上就要来到。现在是对相关目标进行重新定义的时候了。与此同时，在里约热内卢出席"里约+20峰会"的各国借鉴了千年发展目标的经验，已经根据可量化目标的原则为未来的可持续发展议程奠定了基础。正如此次峰会所通过的最后文件《我们希望的未来》所说，"可持续发展目标应当着重行动，简明扼要，便于传播，数目不多，具有雄心，具有全球性，普遍适用于所有国家而又考虑到各国不同的国情、能力和发展水平，同时尊重国家政策和优先目标。"

未来20年的发展构想将从这两个进程中诞生。然而，一些问题依然存在，其中首当其冲的便是这两者之间如何衔接。另外的问题就是我们有没有能力从千年发展目标中吸取教训，构建出"2015年后"发展目标。

在千年发展目标的经验以及今天可以对其做出的总结这些基础上，要想制定出能对未来15~20年发展政策进行规划指导的新议程，就必须考虑到以下这些问题：当前以及未来的需求、可能设想的回应措施、这些回应措施的针对性以及实施方式等。此外，

发展进程中每一个参与方的职责也必须尽快确定。

通过相关讨论已经涌现出了许多目标——能源的获取、水资源、可持续发展的城市等。同时也使人们产生了这样一种共识，即如果没有明确的框架和标准加以限制并对其实施过程进行政治监督，光空喊目标，只是纯粹的投机行为，是注定要失败的。实行目标，管理——这是"2015年后"可持续发展议程的核心内容——还必须拥有一些确保其成功的条件，这其中将涉及研究（特别是农业领域的研究，见Sébastien Treyer）、学习以及对进步的衡量、融资以及评估。在评估方面始终面临着相当大的挑战，例如我们至今仍不清楚某些大型水坝所可能带来的环境和社会影响（Sébastien Treyer, Nicolas Fornage and Jean-Noël Roulleau）。目前，在上述各个问题上还没有建立起任何一种机制。建立这些机制是当务之急，它对人们重拾对于我们这个集体的"交付"能力——行动和生产的能力——的信心至关重要。这一任务并非不可完成，我们的桌上并非一无所有：（可持续）发展的公共政策20年来一直被纳入到学习进程当中；它们一直是衡量、资金资助、监测的对象，尽管这其中还存在许多空白和不完善之处，但相关的进步也十分明显。现存的这一切足以激发出人们的想象力，从而降低可持续发展目标（ODD）谈判陷入政治失败的风险。

可持续发展并不是一个可观察或可感知的状态，它是一系列探索的结果。这些探索旨在从三个维度对社会进行改造。这一探索至少需要四方面的合作：①共享信息和经验；②就可能采取的行动构建并修订共同的构想；③避免"搭便车者"和按照非协商的方式在各国之间转移成本；④并为此采取行动。这种探索是在今天这样一个背景下出现的：如今的人们普遍对政治不信任，各种雄心也趋于一致——这些雄心既是世界以及国际关系（外部格局）的现状所决定的，也是

由可持续发展本身的现状所决定的。

事实上，可持续发展会在变革的雄心（进行三维度的整合）和政治上的可谈判性之间造成一种紧张关系。斯德哥尔摩会议以来40年的经验表明，纯粹意义上的环境问题是可以商谈的，减贫问题以及社会包容性等问题也同样如此，当然一切都得以一种务实的方式进行。然而在诸如气候变化（它实际上已不仅仅只是一个环境问题）、消费和生产方式的可持续性（同样不仅仅是一个经济问题）、减少不平等问题（这已不仅仅只是一个社会问题）等一些跨领域的问题上，人们几乎无法做到这一点，而这一切恰恰是可持续发展中的真正核心问题。

今天的可持续发展目标（ODD）正处于左右两难的境地，在两种选择之间徘徊：把所有可谈判的议题都放在一起，按"经济""社会"和"环境"对其分类，并确保未来潜在协定的签订方会把它们当做一个整体来处理，只有这个"整体"才能使行动变得可持续；或者是为自己制定出一些能促进转变、能自我整合的目标。现实主义者偏爱第一种选择，而雄心勃勃的人则偏爱第二种选择。

最后，需要强调指出的是，在这两种不同的选择下，可持续发展目标的性质也不相同。在第一种选择下，可持续发展目标就好比是一些能拿得出手的产品，而在第二种选择下它们则是里程碑。在第一种选择下，政治谈判是围绕着目标价值展开的；而在第二种选择下，政治谈判会涉及更上层的内容，以便在促进社会转变的前景下共同确定一些全球性的战略目标。最后，在对援助和融资机制所产生的影响方面，第一种选择偏于保守（治理结构不变），而第二种选择更具破坏性——因为它会对转型和转变进程起推动作用。这两种选择实际上是一个统一体的两端，法国和欧洲应该在其中找到自己的定位。

减少不平等：一个全球性问题吗？

不平等和公平正义的议程经常会被列入国际谈判当中，而且出现的频率是如此之高，以至于各国代表团都对此见怪不怪，最终都不再放在心上。例如，在贸易领域中，这已经是一个很古老的问题了，但它仍未得到解决。为了应对贸易中的不平等，人们在1964年成立了联合国贸易与发展会议（CNUCED），并在十年后开始实行"普遍优惠制"；从2002年以来，《除武器外一切都行》协议给了最不发达国家的产品免关税、免配额进入欧洲市场的政策；2001年，人们甚至把世界贸易组织内正在进行的这轮谈判称为"发展回合"，仿佛为了替自己过去的行为求得原谅：太少的发展中国家参与到了关税及贸易总协定（GATT）成立以来所展开的谈判当中。这一回合谈判的失败——当我们在写下这些文字的时候，还看不到达成协议的可能性——表明，想要在全球范围内达成一个公平与效率兼顾的协定是多么困难。关税及贸易总协定（GATT）和世界贸易组织是一些能够提高效率的机器。世贸组织的成员无法就生产更多的财富同时又进行重新分配达成一致。我们也可以从气候变化的谈判中得出类似结论。"共同但有区别的责任"这一原则是对发展中国家——自1850年以来，这些国家的温室气体排放量始终低于发达国家——的一种特殊待遇，因为它可使其在减排方面无需承担一个绝对必须遵守的量。从这个角度看，《联合国气候变化框架公约》（CCNUCC）以及《京都议定书》可以被认为是公平的。但是其中必须付出的代价是：它们完全是无效的。贸易领域的谈判则刚好相反：它们是有效的，但却是不公平的。

在全球层面同时兼顾公平和效率有可能实现吗？这正是在当前这个危机期、在可持续发展的三大支柱都受到冲击这样一种特殊背景下，我们所希望重点研究的一个问题。如果从1992年里约地球峰会的精神来看，这个问题是没有任何意义的，因为经济、社会和环境这三大支柱得到加强——以及在经济增长的同时确保社会不平等现象的减少——是里约峰会政治协定中一条最基本的推定。现在我们知道，这一推定是错误的。

我们之所以把"减少不平等：可持续发展的挑战"定为"看地球 IV"（法文版 2013 年卷）的主题，主要是由于近期这方面有一些学术巨著问世，它们为有关可持续发展轨迹的辩论重新提供了框架。通过阅读这些著作，人们就可以知道不平等现象重新受到人们的关注，因为它已经不再仅仅被视为一个道德问题，而且被视为一个经济、社会和环境问题，甚至是一个具有普遍意义的问题。这些著作包括约瑟夫·斯蒂格利茨的《不平等的代价》（Joseph Stiglitz，2012）和弗朗索瓦·布吉尼翁的《不平等的全球化》（François Bourguignon，2012），这两位都曾担任过世界银行的首席经济学家，还包括阿特金森和皮凯蒂的《二十世纪的最高收入：全球视角》（Atkinson and Piketty, *Top Incomes over the Twentieth Century: A Global Perspective*，2010）以及威尔金森和皮克特的《精神层面：为什么平等对每个人都有好处》（Wilkinson and Pickett, *The Spirit Level: Why Equality is Better for Everyone*，2010）。这些著作都指出，各个国家在收入、机会或者（以及）权利不平等方面的问题都已变得更加严重。从其对经济和社会所带来的影响来看，不平等是一种灾难，是一种狡猾、隐蔽和可怕的机制，我们今天所能看到的只是它的部分影响而已。面对这一任务，各类机构都不甘示弱。首先，世界银行将 2006 年年度发展报告的主题定为不平等；接着，在 2008~2010 年危机的背景下，经合组织出版了一本名为《鸿沟耸立：为什么不平等仍在加剧》（OECD, *Divided We Stand: Why Inequalities Keep Rising*，2011）的报告，之后又发布了一份专门针对社会团结的报告。作为危机的一个因素——而不再简单地被视为危机的后果，不平等问题走出了公平正义的范畴，也走出了经济学——不平等在这里被局限在了如何在正义与公平之间作妥协当中——的边缘地带。由于不存在一种可靠的实证基础——也就是说"更平等不一定会影响到效率"这种说法得不到验证，因此不仅找到一种短期妥协方案的可能性受到了质疑，而且从长期来看，经济的抗风险能力和减少不平等似乎成了一枚硬币的两面——国际货币基金组织也借旗下两位经济学家之笔承认了这一点。

今天有人提出公平正义——或者说这一目标被人们所感知——将会有效地为经济的长期增长注入活力，并提高经济的抗风险能力。此外，人们还从过去的经验中观察到不平等和生物多样性的丧失之间存在着密切联系，而且不平等现象的加剧将会对社会带来有害影响：寿命降低、信心下降以及社会凝聚力的下降等。

更重要的是，自 2008 年全球经济危机以来，不平等再次成为公众和政界的一大忧虑。社会运动、2008 年后各国的竞选活动、被认为是危机之根源的金融行业过于丰厚的收入以及那些针对"紧缩政策"的抗议活动等，这一切使那些极端不平等现象大白于天下——它们是由于过去的经济政策或者这些政策中未考虑到平等问题而造成的。大部分发展领域的行为体都意识到了这一点，并通过发布报告等方式对此加以探讨：每一份报告都会根据不同领域、不同主题——社会、经济或环境——选择自己的专门关注点。

《减少不平等：可持续发展的挑战》一书将众多业内人士、专家和研究人员聚集在一起——但他们彼此并不一定要面对面坐在一起，是一个在国际层面展开的独一无二的项目。他们所提供的既是在观念和战略思索基础上形成的成果，也是——这一点至关重要——对五大洲所进行的各种实践经验进行的总结，并考虑到了多种不同的实际情况，从而在此基础上对于不平等以及对那些旨在减少不平等的政策进行分析和评估。这本独一无二的报告集为人们提供了一种意识形态色彩淡化的探讨，提供了一种有担当的实证研究方法。

"看地球 IV"（法文版 2013 年卷）的出版，正值"2015 年后"可持续发展议程的相关谈判进一步加快之时，也是"里约 +20 峰会"有关可持续发展目标开始建立之际——在这些目标中，减少不平等应当占据重要位置。本书所刊载的报告将为这方面的思考提供指导，也能为我们的机构在当前以及日后的国际谈判中如何处理与合作伙伴及委托人的关系提供指导。我们希望这本书能有助于人们更好地理解不平等的概念，希望这一贡献能得到认可，也希望它能为减少不平等的集体行动提供帮助。

参考文献

ATKINSON T. et PIKETTY T., 2010, *Top Incomes: a Global Perspective*, Oxford et New York, Oxford University Press.

BANQUE MONDIALE, 2012, *Inclusive Green Growth: The Pathway to Sustainable Development*, Washington D.C., Banque mondiale.

BERG A.G et OSTRY J.D., 8 avril 2011, *Inequality and Unsustainable Growth: Two Sides of the Same Coin?*, IMF Discussion Note SDN/11/08, Washington D.C., IFM. Disponible sur : www.imf.org/external/pubs/ft/sdn/2011/sdn1108.pdf

BOURGUIGNON F., 2012, *La mondialisation de l'inégalité*, Paris, Le Seuil, coll. « La République des Idées ».

JACOBS M., 2012, *Green Growth: Economic Theory and Political Discourse*, Center for Climate Change Economics and Policy, working paper 108, Grantham Research Institute on Climate Change and the Environment, working paper 92.

OCDE, 2011, *Divided we stand: Why Inequality Keeps Rising*, Paris, Publications de l'OCDE.

RIFKIN J., 2012, *La troisième révolution industrielle*, Paris, Les Liens qui Libèrent.

RODRIK D., 2011, *The Future of Economic Convergence*, Cambridge MA, NBER working paper, 17400.

STIGLITZ J., 2012, *Le prix de l'inégalité*, Paris, Les liens qui Libèrent.

STERN N. et RYDGE J., 2012, "The new energy-industrial revolution and an international agreement on climate change", *Economics of Energy and Environmental Policy*, 1: 1-19.

WILKINSON R. et PICKETT K., 2010, *The Spirit Level: Why Equality is Better for Everyone*, Londres, Penguin Books.

减少不平等：
可持续发展的挑战

拉斐尔 · 若赞（Raphael JOZAN）
法国开发署（AFD）

唐克雷德 · 瓦蒂里耶（Tancrède VOITURIEZ）
法国可持续发展与国际关系研究院（IDDRI）、法国农业研究与发展
国际合作中心（CCIRAD）

世界上的不平等：现状如何？

这个世界越来越不平等吗？真的是富人越来越富，穷人越来越穷了吗？与 20 年前相比，不平等在今天变得更加受人关注，不平等问题引发了许多社会运动（"占领运动""打倒 1%"以及"愤怒者运动"等），人们借此表达他们对于利益分配不公或为全球化所付出的代价的不满或愤怒。从全球化中获益的首先是那些高收入人群。

要想更好地理解不平等现象的演变，首先必须把不同国家之间的生活水平差距与一个国家内部的生活水平差距这两者区分开来。这两者都曾迎来过各自的大逆转，正是这两大逆转的相互结合才导致了人类历史的一个转折点（见第一章）。

第一个逆转：自古以来一直存在、20 世纪末曾达到令人眩目程度的世界各地贫富差距发生了逆转。经济增长新光谱的出现以及世界经济重心由西方向东方的转移导致了这种两极分化的终结（Milanovic，2011）。新兴国家的惊人增长缩小了各国间平均收入水平的差距，绝对贫困人口的数量也大幅减少（见附图）。20 年前，西欧的平均生活水平是中国的 20 倍，如今这一差距已被缩小了一半。在此期间，有五亿人告别了贫困。这些变化在一定程度上使人们变得乐观起来，对非洲尤其感到乐观，因为中产阶级的涌现将成为撬动包容和民主式发展的杠杆[1]。

与此同时，随着发达国家所出现的大崩溃，许多国家的国内不平等现象进一步加剧——这就是今天的人们深有体会的第二个逆转。长期以来，欧洲和北美国家国内贫富差距的日渐缩小曾使人们产生过这样一种错觉，即人类社会的历史进程将自然导致贫富差距的缩小。然而，在欧洲，由于经济增长低迷，我们进入了不平等持续扩大的阶段，这使得过去所留存的财富所占的比重达到了一种失衡程度，人们甚至因此看到了食利社会——人们一度曾认为它会很快消失——可能再现的幽灵（见第二章）。 这个问题在

---

[1] 非洲开发银行的报告 "*The Middle of the Pyramid，Dynamic of the Middle Class in Africa*"，2011 年在突尼斯发表。

附图　两个世纪里世界不平等状况的变化

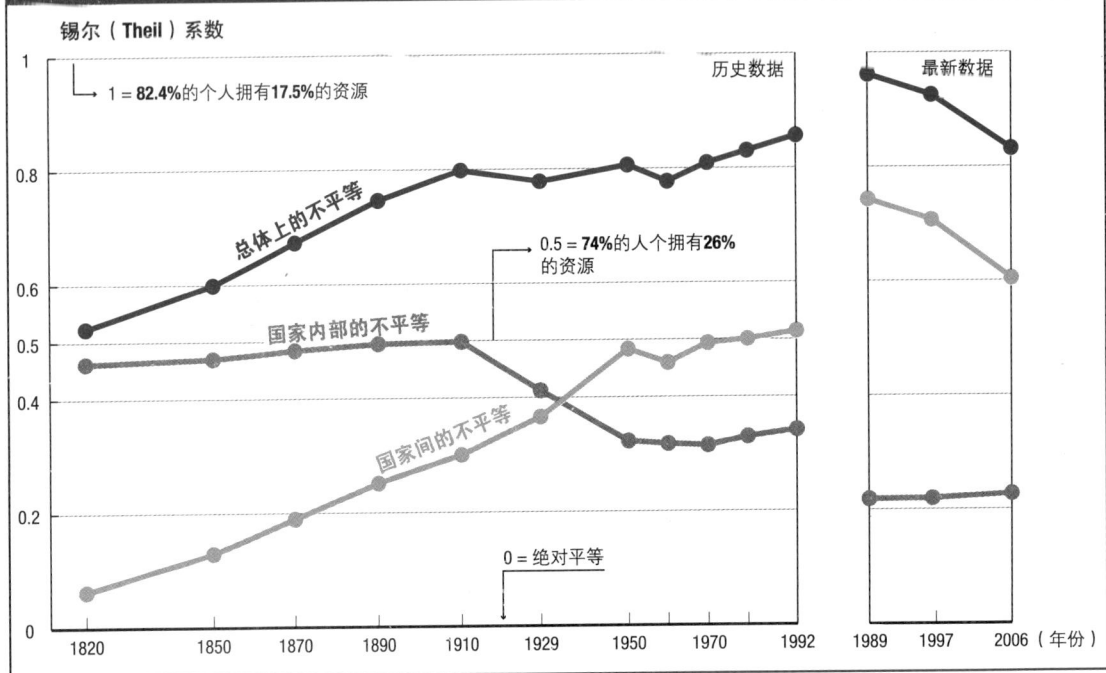

锡尔（Theil）系数

历史数据

最新数据

1 = **82.4%**的个人拥有**17.5%**的资源

总体上的不平等

0.5 = **74%**的个人拥有**26%**的资源

国家内部的不平等

国家间的不平等

0 = 绝对平等

1820　1850　1870　1890　1910　1929　1950　1970　1992　　1989　1997　2006（年份）

资料来源：根据弗朗索瓦·布吉尼翁的计算（Françoi Bourguignon，2013）。

说　　明：对世界不同国家19世纪以来的收入数据进行复原可使人看到不平等现象的变化情况。直到20世纪末，各国之间的贫富差距仍呈现着不断扩大的趋势。从那个时候开始，无论是各国间的收入差距还是一个国家内部的收入差距都在缩小，国家内部的差距在第二次世界大战结束之后一度曾迅速缩小，之后则又出现了逐步扩大的势头。

法国、英国、日本和德国等各式各样的发达国家都存在；当资本回报率超过实体经济的回报率时，不平等现象就会加剧，这一无情的运算正在威胁着整个旧世界，就连瑞典这样的平等国家也不能幸免（见第八章聚焦）。在美国，不平等的水平也达到了一个世纪以来从未见过的程度。

在全球化的作用下，世界的不平等注定会进一步加剧吗？对不平等现象进行历史分析和比较分析（国家间的不平等以及国家内部的不平等）能更好地看清不平等现象和全球化之间的复杂关系——它与那种认为世界越来越不平等的简单想法完全不同。中国或印度近十亿非熟练工人进入劳动市场明显改变了工资规模，也使许多企业陆续将生产线向亚洲迁移。资本成了技术进步、企业集中和价值链碎片化最主要的受益者，利润因此不断增加、不断集中。然而，全球化也有利于减少国际层面的不平等。全球化导致最近十年来各国平均收入开始呈现出趋同的趋势（见第四章），尽管这种趋同的势头十分脆弱，而且也极不平等，因为趋同性最不明显的恰恰是在那些最不发达国家——这是对那些最穷困国家的一种委婉说法。因此，发展议程不能仅仅只满足于用一种宁静而平和的方式将全球化进程向前推进，并认为此举能在不费周折的情况下就会把那些最穷的国家像扶上自动扶梯那样推向一条快速增长之路。

不平等和不可持续的发展轨迹

尽管一些国家（尤其是法国）不断施加压力，但是不平等现象从来就没有成为发展合作战略的中心（见第二章聚焦）。世纪之交的时候，人们把扶贫脱贫和人类发展当作了优先目标。今天，不平等能在发展议程中占据核心位置吗？不管怎么说，为什么会把不平等看成是一个需要在全球层面和各国内部展开的集体行动的问题呢？

在这些问题的答案中，第一个需要强调的是我们曾提到过的一个事实，即尽管国家间的不平等差距缩小了（指国家财富之间的差距），但是各国之间（尤其是非新兴国家与其他国家之间）的实际差距依然很大。即使经济能够维持高增长，这方面的差距仍需要数十年的时间才有可能得以消除。从统计数据看，国家之间的不平等差距是在下降，这主要是由于中国经济快速增长的缘故；从总体上看，国家内部的不平等现象却进一步加剧了，因为中国本身人口众多，而且越来越多的财富集中到了最富裕人群手里（见第一章）。至于新兴国家，尽管它们在经济规模、人口、人均收入以及增长率等方面存在巨大差异，但是多年来这些国家内的不平等现象也在进一步加剧，只有巴西（当然，在卢拉担任总统之前，这个国家的不平等达到了一种可怕的程度）和印度尼西亚是例外。在这些国家内部，不平等问题仍然十分严重，其中中国（见第十一章聚焦）、印度（见第十二章聚焦）和南非（见第十章聚焦）的情况尤为严重。尽管有些人对非洲的前景感到乐观，但是皮埃尔·雅克莫（Pierre Jacquemot）在对许多国家的分析报告进行汇总后得出结论认为，伴随着中产阶级的出现，传统的社会关系也会随之解体，而公共部门又无力对这些关系进行重组或使之实现"现代化"（见第九章聚焦）。

还有相当一部分人生活在贫困的陷阱之中，根本看不到经济增长和民生发展的明确希望。这些陷阱被一些复杂的机制所包裹，远不只是收入分配差距这么简单：收入分配之前所拥有的财产，掌握生产资源方面的不平等以及教育、信贷、司法、公共决策或就业等领域所存在的不平等，各种不同形式的不平等相互叠加、相互作用，导致了不同地区或不同社群之间的真正割裂。

需要指出的第二点是：不平等问题之所以会受到人们的关注，是因为越来越多的经济学家和机构都已意识到，平等与经济体制的可持续性——经济能长期保持可持续的增长——之间存在着良性互动。平等是促进经济持续增长的一个重要因素，尤其能增强经济的弹性（Berg and Ostry，2012）。相反，不平等则是危机的一个诱发因素，一些学者甚至认为，五年前爆发的全球金融危机正是由于美国国内的不平等所引发的[①]。需要指出的是，这一观点是由国际货币基金组织的两位经济学家提出来的。今天的人们都承认，社会和谐是政府部门的一个主要目标，经济合作与发展组织（OECD）在名为《2012年全球发展展望——变迁世界中的社会和谐》的年度报告中对此有过详细的阐述。生活水平、健康状况和教育水平的提高并不一定会自动提高人民群众的满意度。2010年泰国的社会运动或者2011年突尼斯推翻本·阿里政权的社会运动都提出了公平正义的要求，这里所包含的显然不仅仅只是收入的公平分配。

---

① 最近几十年间，美国国内不平等现象日益严重，其程度大致与20世纪20年代相当。今天的美国，金融业高度发达，那些没有支付能力的穷人大量举债，最终引发了金融危机。

不平等和发展：范式的转变

在"增长—平等关系"问题上颇有造诣的大学者弗朗索瓦·布吉尼翁（Françsoi Bourguignon）在第四章中建议人们去关注学术界自20世纪50年代起一直在研究的"不平等—增长—贫困"之间的关系，以及这些探讨是如何影响各国及各类发展机构的政策走向的。一部人类的思想史表明，相关经济范式在过去20多年间发生了变化。人们逐步意识到，让那些最弱势群体积累起更多的生产性资产将是经济得以持续增长的一个关键因素。2006年世界银行发布的《世界发展报告：公平与发展》是一个转折点。在近代史上，它第一次在学术界和一线从事发展工作的业界之间建立起了沟通桥梁，使不平等对增长的影响成了一个攸关发展的核心问题。报告首次提出了一种多维度来看待不平等的方法——从某种程度说，它是在阿马蒂亚·森（Amartya Sen）有关"能力"的概念这一基础上建立起来的。它还借鉴了之后一些研究人员所取得的突破——在20世纪90年代和21世纪最初十年间，这些研究人员根据一些实证分析证明了高度不平等状况会影响投资的去向。只有那些拥有抵押物的企业家才有可能获得贷款，从而完成一个项目的投资，即使相关的收益并不高；相反，一些高收益的投资项目或高端人才则会被排除在外（见第四章）。

在世界银行发布这份报告的同时，自21世纪头十年中期以来，人们在计量经济学方面也做了大量研究，目的是揭示出不平等现象对其他一些与发展有关的因素的影响，尤其是环境保护和健康状况等。格雷戈里·米克尔松（Gregory Mikkelson）在2007年通过实证分析证明，不平等和生物多样性的丧失之间存在着极强的正向关系（见第五章）。在本书中，他将详细介绍这一参考成果。2009年，理查德·威尔金森（Richard Wilkinson）和凯特·皮克特（Kate Pickett）发表了他们那本著名的著作《精神层面：为什么平等对每个人都有好处》（法文版的译名为 L'Égalité, c'est la santé，即"平等就是健康"的意思），该书揭示了平等与民众健康之间的关系。斯里达尔·文格达布勒姆（Sridhar Venkatapuram）对他们所提出的结论进行了分析（见第六章）。总体上看，不平等会对可持续发展的三大支柱——经济支柱、社会支柱和环境支柱——产生影响。

如今，不平等的减少与可持续发展之间的正向关系不仅得到了学术界的承认，而且也得到了公共政策和发展政策执行机构的认同。塞尔日·托马西（Serge Tomasi）强调指出，用多维度来审视不平等和贫困问题的做法逐步在一些国际机构里推广开来，这些机构所制订的计划及其所选择的各项指标所发生的变化都说明了这一点（见第二章聚焦）。樊尚·博内卡斯（Vincent Bonnecase）和伯努瓦·马丹（Benoît Martin）则对这些变化的历史进行了分析（见第三章及聚焦）。

这种态度的变化在政府身上也同样有所体现（见第四章）。在这方面，中国政府的例子最能说明问题。如今，中国政府承认严重的不平等问题已经影响到了中国经济增长模式的可持续性。中国家庭之所以会大量储蓄，其中很大一部分原因是由于中国的医疗和养老保险程度低、覆盖面窄。当我们今天用国内生产总值的增长率来对某个特定国家的经济增长进程进行评估时，无论是各国政府还是国际机构在考虑经济增长率的同时也会去考量这些增长是如何在民众间分享的。

本书将通过不同的章节、众多的案例研究来详细介绍各国政府以及相关国际合作组织所执行的公共政策，从而确保人们能更公平地获得生产资料、医疗卫生、教育、信贷、司法、自然资源或公共决策等资源。

减少不平等：各国经验之审视

纳米比亚的自然资源社区管理计划（见第五章聚焦）、柬埔寨医疗保障机制（见第六章聚焦）、巴西的社会政策（见第十章）、一些中低收入国家的城市社区在减少不平等现象方面的政策经验（见第七章）、瑞典（见第八章聚焦）和法国（见第八章）已开始试行的碳排放税以及一些私人公司所推出的"金字塔底层"行动（见第十一章）等，对这些经验的分析能给我们提供哪些借鉴呢？

那些真正能减少不平等现象的机制的建立并不会像一条宁静的长河那样风平浪静。本书的第十章通过对巴西——巴西是过去十年间国内不平等现象有所减少的极少数新兴国家之一，它可以称得上是这一领域实践经验的"实验室"——社会政策机制的分析，得出了与此完全一致的结论。要想在减少不平等现象方面形成良性循环，首先必须建立一些必要的机制和机构：国有银行、各类大学所组成的网络、统计机构、强有力的劳工法以及有效的监管系统；必须颁布明晰的、被社会所广泛接受的规则；要明确各个主体所肩负的责任；公共部门对人力资源的管理必须与相关要求相适应。

这些因素能形成合力至关重要。在这方面，我们并不能完全列出一个详尽的清单，而且也很难以重要性为依据对这些因素列出一个排行榜，重要的是各利益相关方能展开横向合作：除了国家或地方政府的部委或公共机构之外，那些与发展有关的业界人士也必须发挥核心作用。例如，纳米比亚的自然资源管理计划就得到了许多国际环保组织和捐助者的支持（见第五章聚焦）。此外，即使是那些以赢利为目的的私人公司，它们同样也可以发挥重要作用，这一点无论是在纳米比亚自然资源的开发还是在柬埔寨医疗保障机制上都能看到（见第六章聚焦）。

这些机制——包含技术、机构、组织、财政和法律等各个组成部分——并不是朝夕之间就能建成的，它们的建设也不会是一个线性进程。各种探索试验和失误将不可避免，而且所采取的行动并不一定都会导致不平等的减少。在书中，人们可以明显地看到，尽管许多新兴和发展中的经济体目前都在通过税收改革、权力下放、增加地方政府征税和开支权限等来增强相关机构的财力，但是这些实践的成效往往低于人们的预期。南非在这方面就极具代表性（见第十章聚焦）。此类例子非常多，而且都与发展水平没有直接的联系：中央一级可以推出一些社会计划，社会服务的覆盖面也可以提高，但是贪污腐败、利益冲突、地方政府对相关支出缺乏管理的能力和职权等影响了这些计划的功效，降低了社会服务的质量。

减少不平等：一个社会和政治创新

减少不平等现象既需要社会创新，也需要政治创新，而且它往往会触及一些政治和经济集团的既得利益。在柬埔寨，那些参与全民健康保障体系建设的机构被要求与那个业已存在、利润丰厚且不在其监管之列的私营部门合作（见第六章聚焦）。现存组织的惰性和来自它们的阻力对这个国家的人民和国家的发展产生了不利影响。政府所面临的挑战是与这些行为体达成妥协，将它们过去不受管制的经营活动纳入到市场体系和公共监管当中，告别过去的非正规状态。社会、技术和金融等领域的创新必须能够与各种行为体的不同思维逻辑达成妥协：国家（它负责监管并提供补贴）与企业和民众（他们的需要以及／或者他们的支付能力／支付意愿）。这一机制的可持续性（这里所指的是它持续存在的能力）将取决于它是否有能力综合考虑不同行为体的理性、利益和价值——它们有时是相互矛盾的。

本书在各章节中所提到的相关国家在试验过程

中所走的弯路和遇到的困难将使人们打消这样一种天真的想法，即随着经济的增长以及由此而出现的税收收入增加，那些旨在削减不平等的机制会自动建立起来。诚然，增长所带来的收入有一部分会通过税收的形式进行重新分配，但是如果不能对社会所面临的挑战有一个明晰的政治认识，社会凝聚力就不可能得到加强。一方面，正如巴西的学者所描述的那样，社会保障体系必须与明晰的、被人们广泛认同的发展战略相衔接（见第十章）；另一方面，它必须得到税收政策所提供的资金支持——假使这一政策不能倡导"一种自下而上的收入平等"，从而最终实现绝对平等。虽然说从纸面上看，将经济活动的收益进行重新分配，从而防止不平等进一步恶化似乎仍然是有可能做到的，但是人们必须认清这样一个事实，即再分配是需要付出经济代价的，而且它也会受到政治约束（Bourguignon，2012）。在这里，最重要的是那些靠税收资金资助的政策的质量和效率。从这个意义上说，负责征税的国家机构有责任对公共行动的目标进行宣传解释——这些目标的确定源自对愿景的陈述，也离不开生活在该地区的各方的参与和协商。这种做法在瑞典尤为突出，碳排放税在通过的时候，所有的人都知道它会与产业政策和创造就业机会的政策同时推出，它们的实施则需要进行必要的大规模税制改革（见第八章聚焦）。

经验表明，在社会和政治创新进程的核心地带，人们总能看到一些热心社会事业的人士，致力于社会公益事业也成了这些人最显著的人格特征。这些人分布在不同的阶层：有的是国家元首，如纳尔逊·曼德拉（见第十章聚焦）和卢拉（见第十章）；有的是一些城市非正式街区的领导人（见第七章）；有的则是一些为社会事业积极奔走的人士，如印度的"团结论坛"（Ekta Parishad）。这些人都拥有坚定的信念，他们向民众宣传他们的理念、建议一些长期性的项目（见第十二章聚焦），在不同的行为体之间进行协调安排，对集体行动进行调整，吸纳来自外部的资源，利用自己得到民众拥戴的合法地位及其与政界、经济界、社会界甚至是自然界（尤其是当自然资源的开采成为核心问题之时）之间的关系，对不同层级的机制（地方、国家和国际）进行整合，从而达到改变民众生活的目的。

量测：各行为体合作的平台

"将贵族和平民进行对比预示着8月4日之夜[①]；将黑人和白人进行对比导致了奴隶制的废除；将女人和男人进行对比导致了真正意义上的普选，妇女从此有了投票权。"阿兰·德罗西埃（Alain Desrosières）在《统计参数》（见第三章）一书中解释说，量测既是一个技术行为，也是一个政治行为，因为它会改变世界。

政府在不平等问题上态度的变化及其对于增长所带来的收入的分配产生兴趣，这与一些新型工具的出现有关。一些国家的政府已经着手研究所谓不同收入水平状况下的"增长发生曲线"（GIC）。现在，这些工具已经十分流行（见第四章），这不仅因为这些与发展和公共事务管理有关的方法与众不同，将一种更"细微的"维度也纳入其中，而且还因为其中牵涉统计领域一个十分关键且简单的因素：相关的数据本身就客观存在着。这些数据是在"统计学革命"（以及"微型计算机革命"——它们为数据的获取和传播提供了便利）之后出现的。"统计学革命"最早于20

世纪 80 年代和 90 年代出现在一些发达国家，之后则主要得益于一些由美国国际开发署（USAID）、世界银行或联合国开发计划署（UNDP）赞助的大型入户调查，实施这一调查的主要是一些地方或国际统计机构的研究人员。

要想更好地捕捉发展中国家"贫困的实质及其特性"，就必须把这些调查数据进行转化，使之摆脱官方统计的局限——"这些官方统计数据所反映的都是正规部门的情况，而饥荒和贫困所影响的首先是那些靠非正规行业为生的家庭"（见第十章）。统计机构的调整一定程度上使人们得以走出将正规与非正规部门相互对立的困境，人们通常会把社会政策在某些国家难以推行甚至无法推行归咎于这种对立。

减少不平等的政策只有以与社会现实相适应的统计工具为依托才能变得更有效。这种政策必须融入到社会现实之中——社会现实本身就是不断变化的，它要求量测和研究工具也要不断创新。这些量测工具不只是一种新的知识源泉，它们还能为不同的行为体——他们一开始看不到合作的好处——搭建起一个合作的平台。柬埔寨在医疗保障方面的例子一定是最能说明问题的（见第六章聚焦）。保险单和融资机制通常是根据已知的个人患病平均风险或需支付的医疗费来定制的；然而，这方面却没有具体的量测工具。在这种情况下，如何来确定保险费或制定"本轻利厚"的保险政策呢？私营企业抵御商业风险的能力将取决于对相关知识的了解程度和计算的精确程度。（有或者没有）量测的后果都会影响到公营和私营部门。

对不平等进行量化本身就是件有风险的事。从历史上看，首先采取这一冒险行动的大多是一些研究人员。第二章对此有十分清楚的描述。通过托马斯·皮凯蒂（Thomas Piketty）的介绍我们可以了解到，个人的研究总是要先于机构的研究和政策的

出台，并会为政策提供其所需的概念设计和相关数据——如果没有这一切，所存在的问题就无法得到正确的识别，相关的解决方案也就无从谈起。"世界顶级收入数据库"（World Top Incomes Database）就属于那些带有政治意义的科学项目之一：奥巴马总统在 2009 年的就职演说中提到了该数据库的两位创立者，以表达政治人物对科学的敬意以及对统计服务的感谢。当然，研究人员所提供的东西也离不开其被接受的条件。虽然说自"世界顶级收入数据库"创建以来，许多国家的政府都表示愿意认真对待不平等问题，如果有需要的话甚至也可以改变量测工具，目的是在自己所治理的领土上建立起新型知识（见第三章聚焦），但是还有一些国家政府对这一切一无所知。而恰恰在这些地区，不平等问题最为严重。

面对这些新的确定性，令人惊讶的是，有一些领域虽然很受政府和出资方的关注，但它们仍然不为人所熟知。正如有关柬埔寨医疗保障机制的聚焦（见第六章聚焦）中作者所提示的那样，小型保险就属此列："有关医疗保险机制之影响的研究本身就为数不多，在发展中国家则更少见。"第一次真正严格的评估是 2007 年法国开发署 / 伯克利大学 / 多姆莱（Domrei）研究与咨询公司在柬埔寨进行的；也就是说，如果人们只能依据一些存在缺陷的经验主义的做法来解决全球性的问题，即使在过去的 20 多年里，尤其是在进入 21 世纪之后，全球各地取得了非常可观的进步，但是相关知识的缺乏仍然相当惊人。

减少不平等的政治挑战

在本书的不同章节中，国家内部日益上升的不平等被看做是当代社会最典型的事例之一。国家内部的不平等非但不能掩盖不同国家在生活水平和机会上所存在的差异，而且似乎正在成为和谐发展的三大支柱中最大障碍之一。于是，就产生了这样一个问题：

这个看似共同的问题能否带来某种共识？能否使各国在协商一致的基础上形成共同的解决方案？本书在多处介绍了人们为减少经济不平等——这里仅把它作为一个例子来加以说明——而采取的集体行动。在一个经济体内，工资的不平等以及工资和利润之间分配的不平等可以被视为对创造就业和促进经济增长都有好处，前提是这些差距不要太大，而且应当避免那些"搭便车"的行为。第一个挑战是财政和社会政策之间的协调。这方面的挑战相当巨大。

另一个同样巨大的挑战是为解决各国的不平等问题创造政治共识。所有的国家都愿意遵从国际劳工组织所提供的模式（见第二章聚焦）来"赎回"过去的历史吗？在减少不平等问题上，各国内部以及全球层面是否存在着一个政治共识呢？简单地说，仅就经济合作与发展组织（经合组织）成员国之间的收入不平等而言，瑞典的情况与美国就不相同：瑞典存在着社会民主党共识或者说两党共识，尽管出于遏制收入和机会不平等的需要，这种共识还是受到了侵蚀；而在美国，这种共识似乎已经消失。按照这样一种表述，减少不平等似乎并没有成为各国的一种普遍集体偏好，也正因为如此，各国内部的不平等现象在进一步加剧。彼得·乌廷（Utting）在为本书所写的文稿（见第九章）中指出，一切仍有挽回的余地，集体行动的范式会随着各国之间力量对比关系的变化而变化。这将为各国在对导致当代资本主义危机的原因作出共同诊断的基础之上调整合作提供契机。

各国之间不平等的现状究竟如何？乍一看，政治前景是较为有利的。不平等问题经常会被列入国际谈判的议程当中，而且出现的频率是如此之高，以至于各国代表团都对此见怪不怪，最终都不再把它放在心上。国际社会似乎在两个选项之间摇摆不定：达成一种高效但可能不公正的协定；或者达成一些公正但可能无效的协定。需要强调指出的是：联合国赋予发展中国家——自1850年以来，发展中国家的温室气体排放量一直低于发达国家——以"共同但有区别的责任"的原则是一种优待，因为此举可使发展中国家在温室气体减排方面不用承受一个绝对的、量化的标准。从这个意义上说，《京都议定书》以及《联合国气候变化框架公约》（英文缩写：UNFCCC）可以称得上是公平的。但其所需要付出的代价是低效。

走出公正和效率之间的权衡显然被纳入到了联合国千年发展目标当中：提高援助的效率，使其变得更加公平。鉴于千年发展目标方面所取得的一些成就，联合国已决定将这些经验推广到可持续发展领域，而且要在所有成员国推广。马克·哈勒（Mark Halle）认为，这一雄心仍然只是纲领性的（见第十三章聚焦）：展望2015年的形势——2000年正式提出的千年发展目标所设定的最后期限正是2015年，他首先对大家相互庆祝的做法提出质疑，强调那种"将中国和印度所取得的成就归功于千年发展目标框架下所采取的措施的做法"有些夸张。此外，里约地球首脑会议20周年峰会（"里约＋20峰会"）上没有或者说几乎没有作出任何重大决策，此举不仅表明各国对于这方面的谈判并没有多少兴趣，而且还表明峰会秘书处无力为此营造出一种良好的"声势"——如果没有这种声势，谈判就很容易陷入僵局或者说很难产生出任何有冲击力的结果。我们能在未来两年时间里制定出针对性更强的可持续发展目标吗？这正是"里约＋20峰会"所做出的大胆赌注。

本书的最后一章专门介绍可持续发展目标，包括它们的全球性影响以及每个国家的特定目标（见第十三章）。用量身定制的方式来解决不平等问题，它的好处是实实在在的。正如塞尔日·托马西（Serge Tomasi）所指出的那样，今天有必要对相关目标作出定义，而其所选择的指标将不仅仅只限于一些全球性的目标以及一些存在可比性的指标，而且还应当将各国的目标以及一些可对其进步作出评估的指标也纳入其中（见第二章聚焦）。可持续发展不仅仅是一个概念或指令，而且是一个探索过程——可持续发展目标可以为每一个国家的摸索提供帮助，并对其作出评估。

可持续发展目标借鉴了千年发展目标，但在许多重要领域又与之有所不同。与千年发展目标一样，可持续发展目标在表达上应当十分简单明了，并具有可衡量性和可实现性，否则将其设计出来又有何意义？然而，这两者的基本内涵是不同的。千年发展目标承载着一定的义务，它旨在重新动员那些已筋疲力尽的出资者。千年发展目标所规划的是一个最终极目标，是一个人们心里都有的世界：这将是一个没有任何灾难的世界——其中首当其冲的是贫困。千年发展目标都转化成了一些具体的目标，从而将那些公共顽疾——尤其是影响发展中国家的公共顽疾彻底消灭。可持续发展目标不是一个终极目标，因为可持续发展并不是一个通过简单地注入资金就可解决的问题。它们具有转型的能力。不妨用办公室的生活来做一个不恰当的比喻，千年发展目标是那些拿得出手的产品，而可持续发展目标则是“里程碑”。是什么东西的里程碑？人们对此并不怎么清楚。在一个可持续发展的世界里，没有任何一个国家可以自称是榜样，而在一个没有绝对贫困的世界则完全不同，在这一世界里发达国家可以自称是其中的代表。

一位名叫戴维·萨特思韦特（David Satterthwaite）的学者认为，在准备可持续发展目标的过程中，必须利用不同国家、不同地区的经验，也必须借鉴各种社会创新（见第七章）。而另一位学者布鲁诺·弗雷尔（Bruno Frère）则认为，社会创新必须纳入政治领域才会更好地受到重视（见第十二章）。他还详细地列举了社会和互助经济领域明显存在的一些困境或矛盾之处。此外，利用他人经验将是一个需要反复实验探索的过程，最终才能朝着本书在最后一章所重点阐述的那个雄心勃勃的议题，即可持续发展解决方案网络（SDSN）前进（见第十三章）。

今天的人们已经知道，可持续发展并不是一种标准；它是一种实践探索——在这一过程中，无论政府、企业、非政府组织还是地方政府都可以进行一些尝试，也都可能犯一些错误。将不平等减少到什么样的程度才能确保这些实践探索的成功，才能有助于它们的推广——这正是本书想要回答的一个核心问题。这也是 2015 年后国际发展议程的谈判及其执行过程中将要面临的一个政治问题。

参考文献

ALVAREDO A., ATKINSON T., PIKETTY T. et SAEZ E., 2011, *World Top Incomes Database*. Disponible sur : http://topincomes.g-mond.parisschoolofeconomics.eu/

BERG A.G et OSTRY J.D., 8 avril 2011, *Inequality and Unsustainable Growth: Two Sides of the Same Coin?*, IMF Discussion Note SDN/11/08, Washington D.C., IMF, Disponible sur : www.imf.org/external/pubs/ft/sdn/2011/sdn1108.pdf

MILANOVIC B., 2011, *The Haves and the Have-Nots: A Brief and Idiosyncratic History of Global Inequality*, New York, Basic Books.

第一章

佩德罗·拉莫斯·平托（Pedro RAMOS PINTO）
英国曼彻斯特大学

不平等：历史视角的重要性

承认因财富分配不公而造成的问题以及探究造成这一现象的原因要比确定不平等的化解之道要容易得多。事实上，确定化解之道需要人们了解一个社会对不平等的种种看法是如何纳入社会关系中的以及它们是如何扩散并存在下来的。从历史视角出发可以发现，那些决定了个人和团体之间不平等的规范虽然基本上保持不变，但是这些规范还是有机会出现变化的，社会同样也有转型的机会。

不平等的尺度

长期以来，不平等问题一直是发展问题的核心，其中最重要的目标是减少"发达"国家与"发展中"国家之间的鸿沟。然而，近年来，世界各地不平等现象在表现形式上所发生的变化使我们将关注点放在了各国在收入、机会和生活前景等方面所存在的差异上（Bourguignon，2012）。这种层级的变化将对人类和环境的可持续发展带来影响。我们的思考必须超越经济结构，对社会因素和历史轨迹的作用也要加以考虑。西欧和北美国家收入不平等的差距曾经长期处于不断缩小的状态，但最近数十年以来，这些地区的贫富差距又重新扩大。尽管富裕国家变得越来越不平等，但是新的研究和数据表明，不平等现象在涉及生活质量的其他方面也同样存在：与那些平等国家相比，不平等程度越高的国家，民众的健康状况就越差，人均寿命就越低，犯罪率就越高（Wilkinson and Pickett，2009）。

对富裕国家分配问题的重新关注使得全球发展的不平等问题再度成为政治辩论中的一个核心议题。自从世界进入"注重经济发展的"时代——它是在20世纪下半叶各个帝国相继崩溃之后出现的——开始，经济学和在发展领域占主导地位的思维模式都认为不平等是经济走向成熟过程中所出现的一种副作用——尽管它令人遗憾，但毕竟只是一种暂时的现象。经济学家西蒙·库兹涅茨（Simon Kuznets）在总结了第一批工业化国家历史经验的基础上，提出了这样一种观点，即收入分配状况会随经济发展过程而变化，呈现出一种"倒U型"曲线。因此，在每个国家的主要经济行业都超越传统生产方式之前，不平等现象势必会进一步加剧，从而使传统家庭农业的从业者与从事现代工业生产的熟练工人以及投资者之间形成收入差距。这一趋势——它是根据18世纪至20世纪初美国和英国的历史而得出的一种推断——有着一个美好的结局：城市化、现代化、工业的扩散以及因为员工工资日益提高而产生的政治压力等，这一切最终会导致社会保障体系和再分配政策的出现，从而达到共同致富的目标，这就使库兹涅茨曲线出现了向下弯曲的部分。与库兹涅茨这种认为现代化最终会导致平等的经济视野相类似的观点在政治学和社会学领域也同样存在，如（英国著名社会学家）T.H.马歇尔的公民身份理论等重要思想。这种理论认为，一个社会的公民、政治以及社会权利体制的变化最终将导致与第二次世界大战后欧洲福利国家的社会平等促进机构相类似的机构（Kuznets，1955；MARSHALL，

1955）。随着时间的推移，库兹涅茨和马歇尔的假说在发展专家们的眼里变得越来越可信，工业化国家日益严重的不平等现象不仅没有引起人们的担忧，有时甚至被视为是它们走在"正确道路"上的象征。

从时间来看不平等

尽管近年来在数据收集和规范化方面取得了长足发展，从而使相互对比变得更加可靠，但是要想从纵向角度和国际视野来描绘真实的不平等轨迹仍是件困难的事。但相关的比较结果并不支持库兹涅茨的假说。正如费雷拉（Ferreira）和罗森瓦隆（Rosenvallon）研究报告中所指出的那样，经济增长可能导致不平等的减少，同样它也可能导致不平等的增加（Ferreirand and Rosenvallon，2009）。显然，许多高收入国家面临的恰恰是这样一种情况：尽管经济持续增长（至少在 2008 年金融危机爆发之前是如此），但自 20 世纪 70 年代末以来不平等持续增加。

从更广的视角看，真正的全球性方法应当是一幅反差巨大、纷繁复杂的全景画——它不能只用一个因素来解释，甚至很难简单地加以描述：在国家间以及各国内部，各种层级的不平等呈现出了不同的倾向。从历史上看，不平等现象最明显、最知名的演变是所谓的"大分流"。在公元 1500 年左右，世界不同地区之间的财富和生活水平的差异还没有达到极端的程度（见图 1）。当时虽然贵族和普通民众之间在地位、权力和财富方面存在着巨大差异，但是这种差异在世界最富饶和人口最稠密的地区之间并不明显：当时，一个生活在明代的中国农民的生活水平与法国国王查理五世统治下的欧洲农民的生活水平没有多大差别。

从那个时候开始到 20 世纪末，西欧经济能力的增长速度明显要高于世界其他地区。随着时间的推移，其他一些地区——尤其是北美和大洋洲的殖民地——以及日本等小部分工业生产高度发达的地

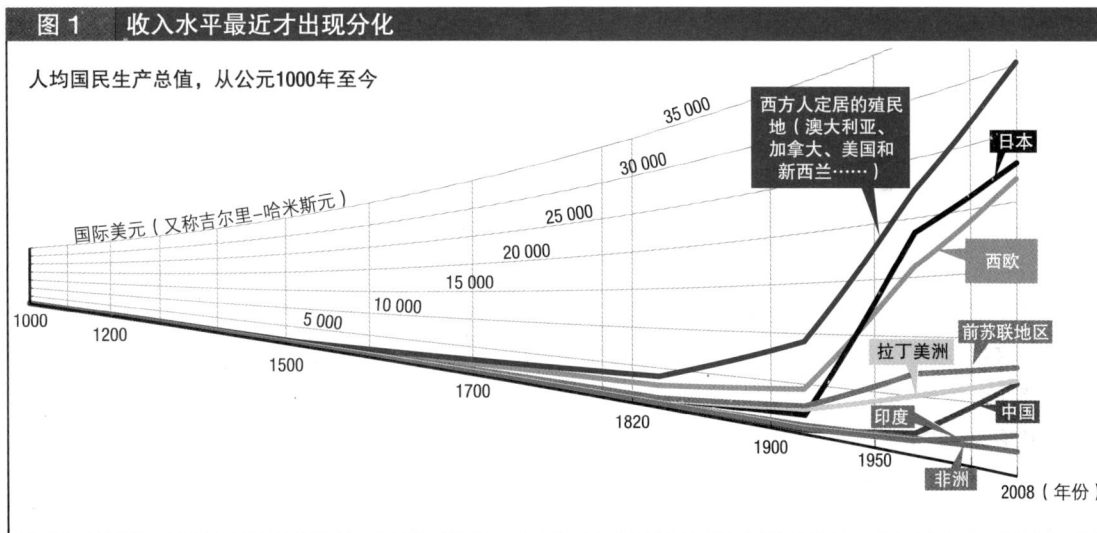

图 1　收入水平最近才出现分化

人均国民生产总值，从公元1000年至今

国际美元（又称吉尔里–哈米斯元）

西方人定居的殖民地（澳大利亚、加拿大、美国和新西兰……）

日本　西欧　前苏联地区　拉丁美洲　印度　中国　非洲

35 000　30 000　25 000　20 000　15 000　10 000　5 000

1000　1200　1500　1700　1820　1900　1950　2008（年份）

资料来源：安格斯·麦迪森（Angus Maddison）：《世界经济千年统计》（公元元年至 2008 年）。

说　明：人们普遍认为，直到1500年，世界各地区的收入基本上相差无几。自19世纪中叶以来，通过一个人所生活的地区比其在某个社会中所处的地位更能判断出他的总体生活水平。

区先后加入了富国俱乐部的行列。自19世纪中叶以来，西欧与世界其他地区之间财富和生活水平的差距变得尤为明显，出现了一个富裕国家俱乐部——全球只有极少数民众生活在这个俱乐部里（Maddison，2006）。鉴于世界不同地区之间的这种分化，如果从全球的视角来看（即把全球作为一个整体来看待每一个人的状况），那么不平等将主要不是取决于每一个个体在本国内部的收入等级，而是更多地取决于他所出身的地方或者说他最终选择生活的地方——这里所指的是那些移民（Milanovic，2010）。按照米兰诺维奇的计算，工业化国家和南方国家之间国民收入的大分流拉大了个人收入的不平等，使得全球基尼系数在1820~2002年几乎翻了一番（Milanovic，2009）[①]。

历史与大分流

是哪些历史原因造成了人们所说的"大分流"？这是西方社会科学和经济学所面临的一个基本问题。本章节的内容虽然无法将经济史的相关研究一一展示出来，但是至少可以勾勒出相关辩论的大致轮廓。在谈及西方得以主导世界的原因时，人们往往首先会提到欧洲社会在促进经济增长方面的独特性，而东方和南方一些经济体则存在着许多障碍。也有些人认同马克思的思想，强调资产阶级革命在面对封建制度的抵抗、催生资本主义生产方式过程中的重要性；而马克斯·韦伯（Max Weber）的追随者们则认为，欧洲的法律、文化和意识形态制度（如新教对于工作的看法）是促进经济增长的内生因素。在对所有可能成为原因的因素进行研究的同时，这些有关欧洲经济增长

的传统研究通常会认同一种把欧洲观和东方观对立起来的观点，即认为欧洲的政治和社会都非常适宜经济的增长，而那些非欧洲社会则被认为是封闭的、落后的、经济停滞不前——直到今天，在面对非西方社会时，这种思想仍停留在西方决策者的头脑中（而且往往渗透得很深）[Escobar，2012（1995）]。

随着时间的推移，辩论也在发生变化，其他一些因素也被纳入其中，如帝国主义和西方殖民主义在强化经济统治、限制其他地区发展中的作用（Wallerstein，1974）——这种假设至今仍令人争论不休——以及当前一种认为应用相对眼光来看待西方"腾飞"的研究：这种研究认为，直到18世纪末甚至更晚的时候，欧洲以外许多地区的贸易和制度环境对于投资的促进作用并不逊于欧洲（Bin Wong，1997；Pommeranz，2000）。正如库兹涅茨理论受到了新近研究的挑战一样，一些有关"大分流"的新视角表明，西方的经济增长之路以及为其提供支撑的条件和技术进步实际上具有很大的偶然性，它并不像人们想象的那样容易被推广。同样，那些在20世纪中叶发展近乎停滞的国家近期经济所出现的增长表明，从历史上看，发展的制度基础远远要比欧洲中心论[②]更加多样。正如印度著名的经济历史学家罗伊（Tirthankar Roy）所指出的那样，真正的问题是：当很大一部分"第三世界"国家变得越来越富裕的时候，那些试图解释"第三世界"贫穷原因的理论将变得毫无作用（Roy，2012）。

趋同的局限

过去20年间，世界经济中那些"新兴强国"——

---

① 见图2。从图2可知，1820年的全球基尼系数为0.43，到2002年增加到了0.707。而锡尔（Theil）系数则由1820年的58增至2002年的104.8。

② 要想了解最近几十年来围绕"大分流"而展开的辩论，请参阅奥布莱恩的叙述（O'Brien，2010）。

其中的领头羊是中国、印度和巴西——的经济出现了惊人增长。令人震惊的事实是：富裕国家（主要是西方国家）与世界其他地区之间长期以来一直存在的"大分流"趋势到今天似乎出现了逆转，世界似乎正在进入一个国家财富水平趋同的新时代，也就是说国家间的不平等在缩小。与此同时，绝对贫困的现象在明显减少，人们的生活水平——它是用人类发展指数来衡量的——有了明显提高。

　　然而，随着一些中等收入国家的经济持续以两位数增长，西方经济主导地位是否会受到挑战这一问题逐渐浮出水面，但对此人们仍应当保持谨慎。无论在收入上还是在实力上，这些国家与最富裕国家之间的绝对差距依然很大，而且这种状况在未来很长一段时间里将继续存在：富裕国家的经济规模是如此之大，只要它们能够维持现有的低增长速度就可以保持与其他国家的距离，而新兴国家如此高的增长速度是很难维系的（Milanovic，2010：103）。此外，没有任何东西能确保这种趋势将保持——更何况，当前金融危机的不利影响正从发达国家向发展中国家蔓延，谁将是当前全球经济重组过程中的最大输家还未可知。在这种新经济条件下，尤其是在富裕国家的消费增长放缓之后，许多新兴国家的经济增长能否持续还是个大问题。

　　从不平等的第二个也是一个更容易被人感知的趋势来看，可持续性同样十分关键。与国家间的不平等有所缩小不同，个人之间的不平等（它既体现在全球层面，也体现在一个国家内部）出现了日益加剧的趋势。与富裕国家一样，那些经济表现优异的国家——它们是西方与世界其他地区趋同的主要动力——内部的不平等现象也在迅速加剧。有一种迹象如今越来越明晰，即各国收入的趋同并没有拉平全球层面民众的总体收入水平。简而言之，增长的成果并未得到公平分配，而且印度，尤其是中国

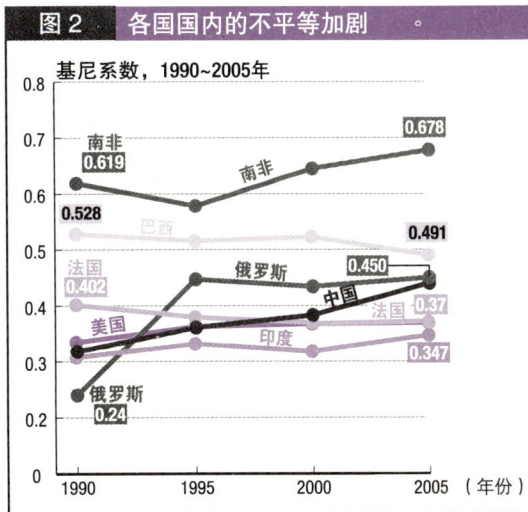

图2　各国国内的不平等加剧

基尼系数，1990~2005年

资料来源：奥尔蒂斯和康明斯2012年根据绍尔特2009年的资料整理而成。

说　明：新兴国家在缩小与西方国家收入差距的同时并未导致民众的共同富裕。在南非、俄罗斯和中国，不平等依旧存在，甚至还有所增加。

这两个主要新兴经济体的不平等上升的问题尤为严重——尽管在传统上两极分化极为严重的巴西，不平等现象有所减少。

　　克拉克（Clark）认为，在过去20年中，非洲是唯一一个1/4最穷困人口的收入增长速度超过1/4最富人口收入增长的大陆。在其他地方，特别是在亚洲和东欧，1/4高收入人群的收入增长速度远远超过1/4最穷困人口收入增长——即使在那些绝对贫穷人口收入猛增的地区也是如此。（经过人口加权之后的）国家间不平等的下降很大程度上是由于中国经济的高速增长（中国在全球人口总量中占了很大的比重）所导致的。也由于同样的原因，从全球层面，各国国内的不平等也变得更加严重了：事实上，中国1/4最富裕人口的收入增长速度明显要快于1/4最穷困人口的收入增长。其结果是国家内部的不平等问题越来越严重，新增长的收入大部分落入了最富人群手中，穷人则成了受损方。这个问题已经越来越引起发展界的关

注。另外一个日益明显的迹象是：不平等——不仅仅只是绝对的贫穷——无论对中低收入国家还是对富裕国家都造成了社会后果。穷人和富人之间日益增大的差距带来了许多负面的外部效应：一方面，社会财富两极分化的一个后果是穷人们越来越难以弥补自己与中等生活水平之间的鸿沟，因此也难以真正融入到整个社会当中（Ferreira and Ravallion，2008）；另一方面，收入不平等还会对（经济和社会的）发展影响人类自身发展——尤其是健康——的方式产生重要作用。事实上，通过对拉丁美洲国家1960~2007年国内生产总值、不平等与卫生等有关一系列问题相互作用进行的调查，比格斯（Biggs）和他的同事们发现富裕虽然意味着身体更加健康，但是其中的比例将取决于新增财富的分配方式（Biggs alii，2010）。另外一些研究则表明，低劳动报酬会影响到劳动生产率。此外，还有十分重要的一点，财富的集中会加强精英阶层夺取权力和攫取利润的能力，从而损害其他社会阶层的利益。

不平等的原因和背景

在意识到不平等对人类发展的重要性之后，发展界又面临着一个新挑战，即理解并着手处理国家内部的不平等。但是，承认问题的存在容易，真正理解其中的原因则要复杂得多。在经济和发展界，分析不平等的原因主要是从各国在全球市场上的相对位置（全球化效应）或者技术变化有没有影响劳动力市场（人力资源储备的作用）等因素入手的。毫无疑问这些因素对造成国家间及国家内部不平等的原因作出初步假设是有益的。然而，在理解现实存在的多种多样不平等现象（性别、种族、年龄等）时或者在理解个人和团体在市场、政治和社会面前如何给自己定位时，这些因素都存在局限性。图3只考虑了性别和收入两种导致不平等的因素，尽管

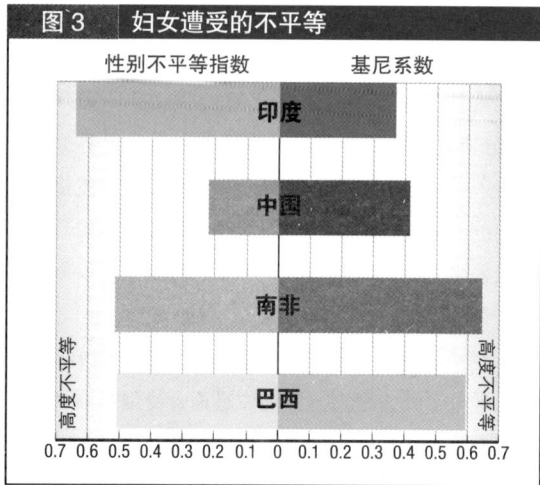

图3　妇女遭受的不平等

性别不平等指数　基尼系数

印度

中国

南非

巴西

高度不平等　　　　　　　　　　高度不平等

0.7 0.6 0.5 0.4 0.3 0.2 0.1 0　0.1 0.2 0.3 0.4 0.5 0.6 0.7

说　明：世界各国妇女所遭受到的不平等不仅仅取决于其所生活的国家的总体生活水平。事实上，财富分配的规则包含着许多非常复杂的原则，而不仅仅只是稀缺性一项。

它所列举的例子有限，但它足以说明不平等会呈现何等多的形态。右侧的基尼系数所表示的是与性别因素无关的个人或家庭在收入上的不平等程度（评估的方法不同）；而左侧的性别不平等则通过劳动市场准入、健康、教育和步入政坛的比例等一系列指数来衡量男女之间的差异。中国和印度在不平等程度方面虽然总体上很相似，但两国在性别不平等方面差异巨大，中国女性在与男性平等方面明显做得更好。类似的情况在南非和巴西也同样存在：两个国家的收入差距都堪称是世界上最严重的，但在男女平等方面也做得更好（UNDP，2011）。

我选择这四个国家来说明这一点，是因为它们通常被归入全球经济中的"新兴强国"集团这一名称之下，而且被人们用同一规范来加以研究，而实际上它们彼此之间在政治、社会和经济方面存在着巨大的差异。因此，是什么东西使我们对于这些经验的多样性以及造成不平等的种种根源视而不见？这种局限性很大程度上是由人们看待不平等的方式所引起的。

正如印度社会学家安德烈·贝迪耶（André Betteille）所指出的那样，对不平等的研究通常是从以下两种视角入手的：分配的视角和关系的视角（Betteille，2003）。第一种与相关物品（土地、知识和资本）的质量评估及其在民众中的分配方式有关，第二种则是用个人以及团体的社会交往来解释不平等。把分配作为考量因素十分重要，尤其是它能确定哪些资源是各种不平等体制的基石。例如，在这个审视角度之下，人们能够发现造成经济差异的主要资源在古代是拥有奴隶，之后是拥有地产、拥有流动资本，而到了最近则是掌握知识和信息。

然而，光考虑分配不能告诉我们以下内容：①个人在获取这些资源方面如何会出现差异；②各类资源的价值如何以及为什么会随着时间的推移以及社会背景的变化而变化；③各种团体、各个社会会如何管理、维护和改造这些资源分配体制的。这些问题需要从关系和历史的角度来加以分析，重点研究个人之间展开互动、交流、合作和竞争的背景。这些背景会受到历史的影响和制约，因为人们之间的关系、看待世界的方式以及个人和团体在互动时所使用的概念，这一切都需要时间才能构建起来，并且会随着时间的变化而变化。接下来，我将简要介绍把社会学研究方法放置在不平等的背景之下会如何帮助解答问题；之后，再特别介绍历史视角或者说重视历史在不平等之演变中所发挥的作用如何能帮助我们走向可持续发展之路。

从量测到解释

人力资本在不平等形成过程中的决定性作用这一例子说明，是从分配的角度还是从上述关系的角度来考虑不平等，这两者之间是存在差异的。无论是在富国还是在发展中国家所进行的研究都表明，在全球化的最后阶段，那些掌握了特定类型知识的人（如电脑技术的高端人才），他们的收入增长迅速，而那些低技术水平工人的收入停滞不前，甚至实际收入有所下降。这一因素虽然在界定哪些资源导致劳动者收入的差异化这一问题上，起到了十分重要的作用，但它无助于厘清导致不平等的深层原因，因为它在两个核心问题上并不能作出回答。

第一点，是哪些规范在决定着人们有机会接受教育，从而能够掌握相关的工作技能？要回答这个问题，我们必须对更广范围的社会进程的准入条件加以研究：所有的社会成员，无论其在种族、阶级、性别或宗教上存在怎样的差异，都能获得相同的教育机会吗？其中有没有一些显性和隐性的障碍会导致分化的出现？所有的社会都有着自己的资源分配体系以及相关的准入体系，通常情况下，这些机制也会影响到不平等的表现形式。政治体制不仅会影响到征税和再分配的水平，而且还会对教育或健康领域的投入产生影响（Esping-Andersen，1990）。司法体制会对资产所有权（如土地或知识产权）产生影响，也会对确保平等及资源分配等方面的法律法规的执行进行监督。最后，社会制度，尤其是社会态度、宗教信仰、对身份地位的看法以及社会服从于它们的方式等，这一切对于确定角色和能力的社会价值及其融入政治和法律机构的方式尤为重要。

第二点，这类能力或特殊才干为什么以及如何就比其他能力或才干更值钱呢？乍一看，不同类型的人力资本（例如，技术知识和管理知识）的价值似乎是由供给和需求这一经济机制来决定的。但我们对这个问题越加以深入地分析，就越容易发现其中的关系是相当复杂的。举个例子来说，目前人们正就富裕国家高管的薪酬问题展开辩论，这个问题与人们所说的"1%最富人群的收入在国内生产总值中所占比例日益提高"这一现象密切相关，也就是说它与这些国家的不平等形式密切相关。与那些从事教育、家政劳动或低技术含量但高风险的产业等工作的人员相比，这些极不平等的报酬要调整到什么程度时，才能真正与这些高级管理人员的潜在"价值"或其所取得的成就相匹配？

从关系角度入手对不平等进行的研究表明，收入和教育的不平等只是社会差异和等级分化中的一个小层面。在对那些商品化色彩越来越浓的后工业化社会进行研究时，将重点放在收入上似乎是合适的，然而现实生活中存在着各种各样的不平等，它们并非千篇一律，而且很可能与收入没有多大关系。不平等还体现在教育水平和获得教育的机会、健康、福利、权利和自由等各个方面。正如阿马蒂亚·森（Amartya Sen）所指出的那样，不平等是一个多维度的概念，它在很大程度上取决于人们对分配作评估的不同领域：权力、资源、才干、专长、能力和社会机会等（Sen，1992）。

类别的不平等

如果说不平等是多维度的，那么有没有可能对它们的产生、复制和转化的方式进行评估？人们能把相关研究结果作为一种促进的发展工具吗？近期人文学科的一些跨学科方法提供了一条思路，它们对整合各类机制、文化和社会规范的作用提出了具体方法，并帮助人们理解不平等的多样性和多变性。该学科的一些文献认为，导致不平等产生的共同点并不是个人所拥有的资源（包括资本的物理、认知和社会形态）或他们的机会，而是体现在社会关系当中——正是这种关系左右着人们对资源和机会的获取。有一种理解

不平等的新方法将关注重点放在了个人在社会团体中的分类上；放在了这些类别承载规范的方式上——正是这些规范调节着获取资源和地位的权力，从而导致地位、财产和机会的不平等；放在了不同类别之间界限的保持和复制的方式上——正是这些界限冻结了差别化报酬（Tilly，1999）。

社会类别化是一种关系形成的进程，它会根据一些特定的规范将个人划归到某一类别当中——这一进程在社会关系中几乎无处不在。一些类别是普遍性的，如性别（男性和女性）、年龄（老年、中年、儿童和青少年）或公民身份（是公民还是非公民）；另外一些类别则具有特殊性，它们主要与人们的生活背景有关，如人们的民族、种族或社会归属以及宗教信仰等。当这些类别与能力和权力的差异化分配——这种差异化分配导致了物品、地位和机会在获取上的差别——同时存在时，它们就成了导致不平等产生的最重要机制。

社会团体的创建要求对其成员的品质（或者没有）进行定位。社会科学已经表明，社会团体往往会把聪明、能干、可靠等优良品质安到自己身上，并认为那些不是该团体成员的人都不具有这些特质。之后，人们又会把这些品质作为获取物品、地位和机会的依据或者对它们进行不公平分配的依据[①]。通过一些社会规范——这些规范将根据不同的类别（例如，男人、妇女、土著人、非公民等）赋予个人相关的权利——的实施，这些理由就会变成现实中真实的不平等[②]。这些社会规范会呈现出多种多样的形态，如明

---

① 蒂利（Tilly）称此为两个过程：一是"机会积累"；二是"剥削"。

② 阿马蒂亚·森将权利（entitlement）定义为"人们在社会中运用他或她面对的全部权利（rights）或机会，能够支配的各种物品组合的集合"（Sen，1982；Sen，1984：497），但是他所指的主要是物质商品和法律所规定的权利（rights）。这一概念有助于将类别和造成不平等的社会规范联系起来，但是在这样做的时候，我建议从以下两方面对这一概念进行扩充：①扩大"物品"涵盖的范畴，它所包含的将不仅仅只有物质商品，还包括地位、文化、社会和人力资本以及拥有的社会地位和社会角色等；②权利应超越法定权利的范围，还应当包括能确定个人对商品支配能力的各种正规和非正规的社会规范。

确的法律法规、非正规的传统以及宗教法律等。它们通常会根据不同类别的人群赋予他们拥有物品、机会和地位的不同权利。例如，年龄可能会成为获得政治权力的一种限制（投票或在某职位任职的最低年龄）；又比如在人们所熟知的历史上，种族、性别、教育水平或财产都曾发挥过类似的限制作用。这些规范通常会在享用资源方面规定一些差别化的权利：对不同类别的人群在薪金报酬上的差异、所获配给的多少、食品分配或接受教育的机会等都有着一系列正式和非正式的规定，尤其在家庭生计方面这种差异尤为明显，例如女性往往为家庭所做的贡献要大，而所得到的回报要小（Sen，1990）。有关这方面更详细的历史事例，请参阅奥格尔维的著述（Ogilvie，2003）。这种被随意划定的类别有时也会对相关人员的就业产生限制，尤其是当一些成员被认为不具备资格或者被认为不"适宜"某些角色时——造成这种情况的原因可能是出于对能力的信仰、对污染的担心或者出于对个人角色定位的认识（例如，"这个活不是女人干的"）等。此外，类别和规范有时还会共同发挥作用，使得某一特定群体能够独享某种地位或资源，因为只有具备某些特征的人才有权享受这些东西，例如出身门第成了加入某些独立君主国的特殊调节手段，再比如等级社会中的某些职业等。

这些社会类别内的权利和个人分配是由一些价值观和规范所控制的，这些价值观和规范会用多种方式使其得到人们的遵守。它们当中有许多是强制性的，那些跨越界限或违反这些价值观或规范的人将会直接面临威胁，但更多的情况下，它们都是人们主动愿意遵守的——至少表面看起来是如此：人们通过价值同化过程或"归化"，或通过自我调节适应相关条件等方式来遵守这些规则（Tilly，1999）。

然而，社会类别和不平等之间的联系并不是其他时代或那些"发展中"国家所独有的特征。那些最富裕国家及其社会保障制度同样必须面临这一问题：正如许多新的研究成果所揭示的那样，当团队意识受到一些社会类别的质疑时——它们以文化多元主义或应把穷人分成"值得帮助的"和"不值得帮助的"两类为名，强调差异性，公共部门对社会福利和再分配的支持将受到侵蚀（Kymlicka et Banting，2007）。

制度的起源及变化研究

要想回答上述三个问题，一个好方法是对类别化进程及其在社会类别内和社会类别间所调节的规范权利进行研究，从而了解造成不平等的根源。首先，从市场分配机制这一源头入手，这将有助于更好地对造成不平等的全部根源进行分析，以便对个人通过获取资源建立商业关系的方式以及这些商业关系融入到更广意义上的社会和文化差异形成体制的方式进行探究。类别和权利决定着资源和地位的分配，体现在统计数字上的就是收入、健康以及参与政治生活等方面的不平等[①]。其次，将重点放在社会规范上将使我们可以对社会价值的变化问题展开探索，并对社会内部、不同社会之间以及不同时代的各种不同好处进行解释和比较。例如，通过对社会规范的研究人们能明白为什么日本企业的管理人员与普通员工之间的工资差距要比美国企业的差距低得多（Wilkinson et Pickett，2009 年）[②]。

---

① 有关社会和文化因素对健康状况影响的概述，请参阅阿尔（Hall）和拉蒙（Lamont）2009 年的相关著作。

② 然而，虽然那些签订长期合同的员工的工资差距不是很大，但是这种差距正在逐步拉大，尤其是长期员工与短期员工、临时工特别是女性员工之间的工资差距更是越来越大（Jones，2007）。

最后，它也提醒人们关注机制（包括那些正式和非正式的机制）的多样性——正是它们在控制着（资源和权利的）获取和奖励；同时要关注这些机制是如何构建和维系的；教育体制以及人们对各种教育类型的信任程度，它们是针对谁的、有着什么样的目的；社会保障制度和税收制度以及围绕着相关受益者是不是值得帮助而展开的辩论等；财产权和继承权制度，谁可以从中受益；政治制度，也包括有关权利、价值观和公民权的言论。

不平等、历史和可持续发展

从这个角度看，无论是在理解不平等的总体状况方面，还是在理解那些不平等在不同时代、不同地区为何以及如何会有不同表现的特殊性等方面，历史显然都是非常重要的。拉奥（Rao）、施雷特（Szreter）和伍尔科克（Woolcok，2011）等人的研究表明，历史以及对历史的理解可用三种方式帮助人们制定更好的发展政策，开展更好的发展实践。首先，它们将有助于发展实践增强对自身的了解，有助于对理论在构建各类别界限和差别化方面的作用提出质疑，有助于理解过去的干预行动是如何对当地根深蒂固的不平等机制产生影响的。其次，它们还通过回答"怎么会到今天这一步"这样一个问题来帮助指明发展轨迹，提供长远的发展前景；最后，它们还可以通过对类别和权利体制——正是这些体制造成了不同背景下的各种不平等——的历史性的研究为发展实践提供帮助。最后一点对于理解不同背景下各式各样的不平等现象尤为重要，因为它可以揭示出一个地方的历史及其特殊的文化与全球进程相衔接的方式——正是这一衔接过程造就了各种不同的机制，产生了不同的结果。

发展是有历史的

因此，第一点，历史视角可使人们对于"发展、知识和实践的性质"展开批判与反思，例如它能证明，在不平等对于发展的作用方面，对历史证据狭窄解读这一基础上得出的假设必然会掩盖不平等的后果及现实，尤其（最近的情况尤为如此）是无法导致那些能对不平等进行量化的指标的问世。从这个意义上说，我们还可由此看到国际组织对于"什么是发展""如何实现发展"等问题上的不同看法是怎样导致不平等现象进一步加剧的，或是如何塑造出新的不平等的。这种新的不平等是围绕着一些新类别（如殖民者和被殖民者、先进者和落后者）或者将妇女固定在她们的从属地位而产生的（Peppin-Vaughan，2010）。新近的一些成果所研究的是人道主义实践在富裕国家促生出特殊政治和社会背景的方式（Davis and Taithe，2011），而且也使人们重新发现了非西方人道主义的历史和传统（Fuller，2013；Davey，2012）。

历史背景与不平等

历史还可以用来指导发展实践，使其特别关注造成不平等的原因及其动态变化，以便更好地理解形成和造就不平等的一些地方性背景因素及其变化历程。一些社会和文化遗产在塑造着自己所催生的不平等的形态。背景材料是对历史分析视角的一个总结，它分别描述了在中国、印度和巴西三个国家造成不平等的三种不同背景，揭示出了各种不同因素在其中所发挥的作用：在巴西（发挥作用的）是区域间的竞争、印度是殖民统治而中国则是向共产主义国家过渡的计划。三个不同的故事对这些国家在消除不平等方面的努力产生了不同影响。

与那些贫富差距两极分化的中低收入国家相比，西欧国家虽然是相对平等的社会，但是其内部也存在相当大的不同，斯堪的纳维亚国家与欧洲大陆的其他国家相比要更加平等。尽管这些差异往往会被归因于近期的经济表现，但是要想真正了解这些社会的运行方式，政治和体制的历史同样也十分关键。第二个背景资料介绍了20世纪中叶以来南欧国家社会保障的起源，尤其是由于它们是在专制政权下发展起来的，这使得它们的社会政策在再分配功能上不仅弱于其他地区，而且更容易导致不同社会类别之间的不平等及权利分化的加剧，并且习惯于现有的不平等的发展。"专制社会保障"的发展对于当前不平等现状的影响方式，至今人们对此还没有深入的研究，而对这方面进行研究的需求实际上十分迫切，因为我们已经发现：总体上看，正是那些不民主体制所制定的社会政策在未来很长的时间内会继续打造不平等（Mares et Carnes，2009）。

不平等的历史视角所凸显的不仅仅是不平等现象的持续性，而且还关注它的演变过程以及适应方式。社会体系并不是一成不变的，而是会随着背景的变化作出改变，人类的行动就是不断对生存方式作出调整和创新，以便在关键时刻能更好地理解这个世界、影响这个世界。在这一过程中，不平等的性质和结构可能会发生改变或出现扩展。在结束本文之前，我想简要地对一些历史事例作一介绍。正如蒂利（Tilly）所指出的那样，导致不平等产生的一个重要因素是各种类别及权利体制在不同背景下被铭刻的过程：它可以是出现在局部的层次，例如，当雇主向某一特定的种族群体提供较低的工资和较少的晋升机会时，就会形成所谓的种族类别；也可能出现在全球层面，例如，当葡萄牙和西班牙的殖民者把他们在伊比利亚半岛上开发出来的类别制度移植到被其征服的拉丁美洲和非洲时——这些制度是为了更好地管理（和控制）伊比利亚半岛上的多宗派民众，其中包括基督徒、穆斯林和犹太人等（Bethencourt et Pearce，2012）。

复杂的类别，复杂的不平等

不平等并不是一成不变的，因为任何一个框架被放到新背景下进行诠释和应用时都需要作出调整和转换，在全球化和技术变革的背景下尤其如此。就其本身而言，社会类别化和价值观的持久形态是可以适应新情况的，它们可以与新的社会类别或来自别处的价值观相互融合，从而形成一些"混合型"的不平等类别。例如，在印度，那些导致性别不平等进一步加剧的结构与来自英国的法律体系及印度本国的司法和社会实践相互结合之后，自身也发生了巨大变化。随着印度实现独立、建成了自己的法律体系，一个旨在加强父权对财产和家庭成员，尤其是妇女控制的体制逐渐形成，不平等的结构也由此发生改变，甚至得到了进一步强化（Newbigin，2010）。不同国家以及社会背景是如何构建那些不平等的社会结构及对之进行调整的，对此进行研究是十分关键的第一步。

然而，不平等的结构在新条件下出现转型并作出调整，还可能为平衡关系或对各类别进行重组提供契机。在中国，国家用来确保不同公民之间差异的类别化成了人们用来质疑不平等的治理和要求在公平化方面进行干预的依据，这就是所谓的"合法的反抗"（O'Brien et LI，2006）。另外一些专家也描述了类似的行动：这些行动都把不平等当成了一种工具，对此提出质疑，从而为穷人争取利益（Chatterjee，2004）。

然而，历史视角同样也表明，即使是在国家内部，社会结构所打造出来的不平等也是会发生变化的，会偶然出现的。用长远的眼光来看待民主的发展变化（民主要想得以持久存在，就必须在不同的维度保持实质性的平等）可以看出，民主的发展可能是由一些外源性或内源性的变化所导致的，而且有多条道路可以通向民主化，或者离它越来越远（Tilly，2004）。在欧盟的历史上，当大量民众作为劳动工人进入劳动市场时，在一些新政治行为体的动员下，人们曾对长期以来存在的一些不平等提出了抗议。这些动员之所以能够出现，不仅仅由于民间传统在与各种对自由资本主义左倾和右倾思想展开的激进批评的互动过程中产生了大量的信仰、思想和价值观，而且还取决于这些信仰、思想和价值观的产生方式。它们导致人们对社会公正、市场的作用以及个人在社会中的地位等问题产生了一些新观念。人们普遍对当时这样一种主流思想——平等是市场关系所导致的一种"自然"结果，因而它是公正的、不可动摇的——产生了质疑，从而为一些政治运动和联盟的积极行动以及在20世纪对国家和市场着手展开改革提供了一个框架（Stedman-Jones，2004）。当欧洲处于诸如两次世界大战结束之后这样的变革关键期的时候，一些来自外部的巨大冲击在一定程度上使得那些曾打造了不平等的类别和社会关系出现重组。然而，这些冲击之所

■ **背景资料：历史类别化在国家内部造成区域间的不平等**

不同地区在收入、健康以及其他社会指标方面的差距对于理解印度、巴西和中国这三个新兴大国在不平等方面的动态变化十分关键。从历史视角入手对这三个国家的分析，可使人看到每个国家的历史渊源对造成地区间差异的影响是多么巨大。然而，就这三个国家的情况而言，各个时期不同的类别区分定义造就了一个个拥有不同资源和资产的集团，以应对全球化经济，而此举导致了不平等现象的进一步加深。

在巴西，芭芭拉·温斯坦（Barbara Weinstein）揭示了20世纪20年代圣保罗的种植业精英是如何利用自己通过咖啡种植业的繁荣而积累起来的政治、文化和财政资源，人为地把圣保罗人和巴西东北部农村地区的人区分开来：圣保罗人被视为是有创新精神的、敢冒险的、勤奋工作的人；而巴西东北部农村地区的人则被认为是落后、懒惰和文化不发达的象征。这种社会类别化成了向圣保罗发放补助、扶持其产业发展的依据，来自圣保罗的精英阶层也因此在国家政府内占据突出位置，而巴西东北地区则受到了排挤。东北地区被看成并被规划设计成一个"灾区"：拨付给东北地区的公共资金通常是一些紧急救济金以及向移民南方的工人提供的安置资金，而不是旨在使两个地区走向趋同的投资（Weinstein，2008）。

印度的区域发展轨迹则揭示出了导致不平等的各种不同因素：当印度在19世纪中叶经济开始融入大英帝国经济时，最初该国许多地区出现了大规模的去工业化，只有那些与刚刚兴起的全球经济高度融合的少数几个地方实现了工业化（Roy，2012）。为这一进程提供便利的不仅是那些限制印度生产与英国工业相互竞争的商品的法律条文，而且还包括在欧洲人和印度人之间构建起来的明确界限：它突出的是"真实印度"的乡村性、传统和部族主义，掩盖了世界性、文化性和城市性等印度社会的一些"典型"特征。

这不仅增加了殖民者和被殖民者之间的不平等，而且也造就了国家对于经济发展以及经济整合方式——它加剧了地区间的不平等——的态度。

在20世纪里，中国的不平等模式经历了重大而惊人的变化。社会主义国家在中国的建立曾经在一段时间内导致人们收入和社会福利的平等（尤其是男女平等），但这种福利水平非常低，而且给人们带来了许多苦难。自20世纪80年代中国加快经济改革步伐以来，国内各地区间的不平等差距日益加大。

王丰和王天夫把中国的地区间差异与那些正规和非正规机制以及社会主义制度下形成的一个个封闭的社会类别联系在一起。国家想要迅速实现工业化，这导致了资源在一些地区和某些特殊人群（熟练工人、技术人员和规划人员）间的不平等分配，而这与国家在促进平等方面的行动是相互矛盾的，促进平等的行动因为劳动者和公民被人为分成各种类别而受到扭曲（WANG and WANG，2003）。其中最为关键的是1958年开始实行的户籍制度：它把民众人为地分成了"城镇居民"和"农民"，他们在享受社会服务、福利、住房、教育和就业等方面的权利存在巨大差异，城镇居民所获得的好处要多得多。这些身份类别是很难改变的，而且自20世纪80年代以来，中国又出现了第三类"灰色"类别：他们由数以百万计的进城务工农民所组成，这些人基本上也没有享受各类物品和机会的权利（Solinger，1999）。随着时间的推移，熟练技术工种和高级别行政人员在住房、社会保障、教育和就业等方面的差异化待遇，使城镇居民所获得的好处越来越明显，他们也因此而更能从经济向竞争和世界贸易开放的过程中获益，人与人之间、地区与地区之间的不平等则因此变得更加突出。此外，社会集团类别之间分界还表现在人们对于权利平等的态度上：与农民工相比，城市居民并不太支持取消因户籍制度而产生的体制性壁垒（WANG，2007）。

以会产生这样的结果，是因为人们对于这个世界的一些根深蒂固的看法虽然被摧毁了，但是那些社会行为体——政党、运动和意见领袖等——依然存在，而且它们也都能够提出一些替代的思想和概念。危机成了变革的代名词，因为政治行动本身就能为质疑类别和对其加以改变提供一种手段。

结论

在这一简短的概述中，我试图向大家介绍不平等或者说看待以及思考不平等的不同方式是如何融入社会关系的，及其作为一种结果是如何扩散、如何长期存在的。用历史视角来探究不平等的根源问题会产生这样一个悖论：这一视角虽然有助于定义和理解当

背景资料：历史与制度：南欧国家在社会保障方面的不平等

那些正式的制度——尤其是宪法、社会保障机制和其他政府的政治架构——是造成不平等的重要因素，其中的原因是它们加深了各种社会集团类别之间的界限，并根据不同的类别来分配资源和享受各种权利的机会。制度本身也是轨迹的产物，因而它们的发展在很大程度上会受到过去的制约（Pierson，2011）。南欧国家的社会保障机制这一例子很能说明制度这一根源对于今天各种不平等现象的影响方式。社会保障机制是收入再分配以及享受各种社会服务等方面的一些机制，然而正如埃斯平-安德森（Esping-Andersen，1990）所指出的那样，这种分配并不意味着一定是在富人和穷人之间进行的，也不意味着一定是公平合理的，各国在这方面的制度存在着巨大差别。

葡萄牙、西班牙和希腊等一些南欧国家虽然彼此之间在其他许多领域存在很大差异，但是这些国家的不平等水平明显都要高于欧盟的平均水平[①]。在这些国家中，不平等主要是由融入劳动力市场和获得社会服务——尤其是养老金和失业保险——等方面所存在的差异造成的。只有少数行业——其中包括公共和私营部门——的员工能享受拥有慷慨补助的退休金和失业救济金，大部分民众只能享受数额极低的全民福利，这自然导致了分化的加剧。这些机制非但没有实现全民覆盖，而且还存在着分散和碎片化等问题，这也助长了不平等现象的重要显现。但是，为什么会有如此不同的报酬呢？这种局面是如何出现的？越来越多的历史学家认为，这些差异在很大程度上源自这些国家的专制历史，尤其是社会保障机制——它们是过去专制政权的遗产——的不公平再分配导致了不平等的进一步加剧（Espuelas，2012）。

南欧国家的社会保障体制是20世纪初至20世纪中叶发展起来的，当时领导着这些国家的是一些保守的专制（或半专制）政权——佛朗哥在1939~1975年对西班牙的统治，萨拉查在1928~1974年对葡萄牙的统治，从某种程度上说还包括希腊在1967~1974年出现的军人政权[②]。这些社会保障制度是作为社会工程学的工具来设计和实施的，其目的是巩固各个公民集团类别间的差别，从而按照保守主义和社团主义的路线来塑造社会。这些机制的目的是通过一些不平等的好处和权利对不平等以及在这些制度看来"自然存在"的等级制度进行保护，同时也为了保护传统、宗教和男性在家庭中的权威等。为了实现这一目标，这些机制所提供的好处都具有很强的针对性，根据出身和性别——这是类别分类的表现形式——向劳动者提供差别化的、带有行业色彩的保险体制（如农业工人保险）；这样一来，这些好处就可以根据一些预设的意识形态要求来作出界定；这些好处因此可掌握在家长之手，从而使妇女很难享受得到（Ramos Pinto，2012）。

尽管20世纪70年代出现了民主化进程，这些制度仍留下了一些难以根除的遗产，正是它们在阻碍着社会保障机制实现公平化所必需的一些改革。在继承专制政权时代所形成和遗留下来的不平等结构的同时，新的民主机制还面临着捍卫新的社会保障制度的利益这样的重任。对南欧国家来说，建立全民医疗保障制度虽然是可能的，但是在打破旧的不平等制度的既得利益集团所享有的特权方面，相关的改革就要困难得多（Ferreira，2008）。

[①] 根据24个欧洲国家2005年的数据，欧盟成员国的平均基尼系数为0.297。西班牙的基尼系数为0.334，希腊为0.316，葡萄牙为0.37。

[②] 自希腊内战结束至1967年发生军事政变之间，此时虽然也定期举行选举，但是此时的政权仍被视为一种"指导民主"：保守派在其中仍占有主导地位，他们的思想从多方面看仍属于南欧旧政权时代的社团主义思维。

代不平等状况的动态变化，并能确定是哪些交叉因素导致了各种形式的不公正，但是它也突显了这样一个事实，即在不同的背景和历史条件下，不平等会呈现多种表现形式，例如，美国的不平等和巴西的不平等就有着很大的不同。

因此，不平等及其对人类真正意义上的可持续发展所构成的障碍，是对人类社会发展的一个巨大的挑战。再分配或者预分配（Hacker，2012）以及有关机会均等方面的立法只是看待这一问题的方式之一——造成不平等的原因十分复杂，其源头十分深远，需要从历史、文化和政治背景等角度来加以考量。社会类别的深度介入也提出了一个如何在根深蒂固的价值观和追求平等之间找到平衡这样一个十分棘手的问题，解决这个问题不仅与不平等问题的受益者

有关，也与其受害者有关。

不过，我也试图揭示历史学家是如何看待社会和政治变革的，同时揭示出不平等可能出现变化的方式。不平等是人类行动的产物，而不是某种抽象、无名的经济机器的产物。因此，不平等可能会受到人类行动的挑战，会因为人类行动而发生改变，而事实上的情况也是如此。这就回到了我们刚刚提到过的一点：由于其根源在于全球化进程与当地文化和社会之间的互动，因此未来可持续发展若想朝着更加平等的方向迈进，这既取决于一个国家内部各个行为体——尤其是各政党和公民社会——之间的互动，同时也取决于国际组织和跨国行为体之间的互动。因此，关键在于这两者如何形成合力，如何形成富有成效的互动。

参考文献

BETHENCOURT F. et PEARCE A., 2012, *Racism and Ethnic Relations in the Portuguese-Speaking World*, New York, Oxford University Press.

BETTEILLE A., 2003, "The idea of natural inequality", *in: The Idea of Natural Inequality and Other Essays*, New Delhi, Oxford University Press.

BIGGS B. *et alii.*, 2010, "Is wealthier always healthier? The impact of national income level, inequality, and poverty on public health in Latin America", *Social Science & Medicine*, 71(2): 266.

BIN WONG R., 1997, *China Transformed: Historical Change and the Limits of European Experience*, New York, Ithaca.

BOURGUIGNON F., 2012, *La mondialisation de l'inégalité*, Paris, Le Seuil.

CHATTERJEE P., 2004, *The Politics of the Governed: Reflections on Popular Politics In Most of the World*, Columbia, Columbia University Press.

COOPER F. et PACKARD R. (eds.), 1998, *International Development and the Social Sciences: Essays on the History and Politics of Knowledge*, University of California Press.

DAVEY E., 2012, "New players through old lenses: why history matters in engaging with southern actors", Overseas Development Institute,

HPG Policy Brief 4. Disponible sur : odi.org.uk/publications/6692-history-humanitarian-action-aid-ngos

DAVIS A.J. et TAITHE B., 2011, "From the purse and the heart: exploring charity, humanitarianism, and human rights in France", *French Historical Studies*, 34(3): 413-432.

ESCOBAR A., 2012 [1995], *Encountering Development: the Making and Unmaking of the Third World*, Princeton, Princeton University Press.

ESPING-ANDERSEN G., 1990, *The Three Worlds of Welfare Capitalism*, Cambridge, Polity Press.

ESPUELAS S., 2012, "Are dictatorships less redistributive? A comparative analysis of social spending in Europe, 1950-1980", *European Review of Economic History*, 16(2): 211-232.

FERREIRA F. et RAVALLION M., 2008, "Global poverty and inequality: a review of the evidence", *World Bank Policy Research Working Paper Series*, 4623.

FULLER P., 2012, "North China Famine Revisited: Unsung Native Relief in the Warlord Era, 1920-1921", *Modern Asian Studies*, 8:1-31.

HACKER J.S., 2012, "The institutional foundations of middle-class democracy", *Policy Network*. Disponible sur : policy-network.net/pno_detail.aspx?ID=3998&title=The-institutional-foundations-of-middle-class-democracy

HOLSTON J., 2008, *Insurgent Citizenship: Disjunctions of Democracy and Modernity in Brazil*, Princeton, Princeton University Press.

JONES R.S., 2007, "Income inequality, poverty and social spending in Japan", *OECD Economics Department Working Papers*, 556.

KUZNETS S., 1955, "Economic growth and income inequality", *American Economic Review*, 45(1): 1-28.

KYMLICKA W. et BANTING K., 2007, *Multiculturalism and the Welfare State: Recognition and Redistribution in Contemporary Democracies*, New York, Oxford University Press.

MADDISON A., 2006, *The World Economy – A Millenial Perspective and Historical Statistics*, Development Centre Studies, OCDE.

MARES I. et CARNES M.E., 2009, "Social policy in developing countries", *Annual Review of Political Science*, 12: 93-113.

MARISOL G. et KARAKATSANIS N., 2006, "Social policy, democracy, and citizenship in Southern Europe", *in:* GUNTHER R., DIAMANDOUROS P. N. et SOTIROPOULOS (D.A.) (eds.), *Democracy and the State in the New Southern Europe*, New York, Oxford University Press.

MARSHALL T.H., 1964, *Class, Citizenship and Social Development*, Garden City, Doubleday & Co.

MILANOVIC B., 2009, "Global inequality and the global inequality extraction ratio: the story of the past two centuries", *World Bank Policy Research Working Paper Series*, 5044.

MILANOVIC B., 2011, *The Haves and the Have-Nots: A Brief and Idiosyncratic History of Global Inequality*, New York, Basic Books.

NEWBIGIN E., 2010, "A post-colonial patriarchy? Representing family in the indian nation-state", *Modern Asian Studies*, 44(1): 121-144.

O'BRIEN P., 2010, "Ten years of debate on the origins of the great divergence", *Reviews in History*, 1008. Disponible sur : history.ac.uk/reviews/review/1008

OGILVIE S., 2003, *A Bitter Living: Women, Markets and Social Capital in Early Modern Germany*, New York, Oxford University Press.

PEPPIN VAUGHAN R., 2010, "Girls' and women's education within Unesco and the World Bank, 1945-2000", *Compare*, 40(4): 405-423.

PIERSON P., 2011, *Politics in Time: History, Institutions, and Social Analysis*, Princeton, Princeton University Press.

POMERANZ K., 2000, *The Great Divergence. China, Europe and the Making of the Modern World Economy*, Princeton, Princeton University Press.

RAMOS PINTO P., 2012, "Everyday citizenship under authoritarianism: the cases of Spain and Portugal", *in:* CAVATORTA F. (ed.), *Civil Society Activism under Authoritarian Rule: A Comparative Perspective*, Londres, Routledge.

ROY T., 2012, "Beyond Divergence: Rethinking the Economic History of India", *Economic History of Developing Regions*, 27.sup1 (2012): 57-65.

SEN A.K., 1990, "Gender and cooperative conflicts", *in:* TINKER I. (ed.), *Persistent Inequalities: Women and World Development*, New York, Oxford University Press.

SEN A.K., 1992, *Inequality Re-Examined*, Oxford, Clarendon Press.

SOLINGER D.J., 1999, *Contesting Citizenship in Urban China: Peasant Migrants, the State and the Logic of the Market*, Berkeley, University of California Press.

STEDMAN JONES G., 2004, *An End to Poverty? A Historical Debate*, Londres, Profile Books.

TILLY C., 1999, *Durable inequality*, Berkeley, University of California Press.

TILLY C., 2004, *Contention & Democracy in Europe, 1945-2000*, New York, Cambridge University Press.

UNDP, 2011, *Human Development Report 2011 – Sustainability and Equity: A Better Future for All*. Disponible sur : http://hdr.undp.org/en/reports/global/hdr2011

VASCONCELOS FERREIRA L., 2008, "Persistent poverty: Portugal and the Southern European welfare regime", *European Societies*, 10(1): 49-71.

WALLERSTEIN I., 1974, *The Modern World System. Capitalist Agriculture and the European World Economy in the Sixteenth Century*, Academic Press.

WANG F. et WANG T., 2003, "Bringing Categories Back In: Institutional Factors of Income Inequality in Urban China", *Centre for the Study of Democracy Working Papers*. Disponible sur : http://escholarship.org/uc/item/299383wx

WANG F., 2007, *Boundaries of Inequality: Perceptions of Distributive Justice Among Urbanites, Migrants, and Peasants*, Centre for the Study of Democracy Working Papers, UC Irvine. Disponible sur : http://escholarship.org/uc/item/1v62q8pw

WILKINSON R. et PICKETT K., 2009, *The Spirit Level: Why Greater Equality Makes Societies Stronger*, Londres, Bloomsbury Press.

WOOLCOCK M., SZRETER S. et RAO V., 2011, "How and why does history matter for development policy?", *The Journal of Development Studies*, 47(1): 70-96.

不平等的形式和原因：由经合组织的分析说开去

迪安·贝克（Dean BAKER）
经济政策研究中心，美国

戴维·罗斯尼克（David ROSNICK）
经济政策研究中心，美国

2011年12月，经济合作与发展组织（经合组织）出版了一部名为《鸿沟耸立：为什么不公平仍在加剧》的报告，对经济合作与发展组织成员国自1980年以来不平等状况的演变进行了分析（OCDE，2011）。这一分析显示，不平等加剧是经合组织成员国的一个共同趋势。它认为，导致不平等加剧的部分原因在于机制的变化：机制变化导致了工资差距的扩大，尤其是劳动收入税税率的下调以及就业保障方面立法的放宽。经合组织发现，完成中等教育的人数的增加以及让更多的妇女进入就业市场是减少不平等现象的重要因素。经合组织还认为，技术也是导致这一阶段工资差距拉大的一个主要因素。这一报告虽然给人们提供了许多有用的资料并促进人们展开思索，但它对不平等的根源及各种维度的分析仍然是不完整的。

经合组织的分析在以下三个要点上还很不够。首先，它所依据的主要是处于第90个百分位数的劳动者（10%的高工资人群）的工资与处于第10个百分位数的劳动者（10%的低工资人群）的工资对比的变化上。这其中有一部分实情被刻意回避了。事实上，在经合组织成员国，在过去30年时间里处于第10个百分位数的劳动者是收入分配方面的输家，但是处于第90个百分位数的劳动者却并未因此而成为

真正的赢家。在大多数国家，他们的工资只是维持在与一个经济体内工资平均增幅相当的水平，这意味着他们并不是财富在偏向富人的再分配过程中的受益者。再分配过程的获益者是那些处于收入排行最顶层的人。

该报告的第二个不足在于它在提及金融行业时过于简单，而在这一行业工作的大多是高收入人群。最近的研究表明，金融行业如果过度膨胀将会成为经济增长的一个拖累，因为它会使相关资源远离经济生产部门（Cecchetti et Kharroubbi，2012）。过去30年中不平等现象日益加剧，金融业很可能在其中起了重要作用。

最后，经合组织在得出技术进步是过去30年不平等加剧的重要原因这一结论时显得有些过于仓促。事实上，它倒是证明技术进步的趋势并不会导致不平等的增加，只有对技术变化进行周期性的衡量才能揭示出它与不平等之间的关联。科技支出方面的周期性变化并不能解释不平等增加的趋势，因为这种趋势往往会持续几十年的时间。下面，我们将对这些问题进行逐一分析。

图1所揭示的是经济合作与发展组织六个成员国不同人群（按照十分位数来分类）的工资增长与平均工资增长水平之间的差异。正如人们所看到的那

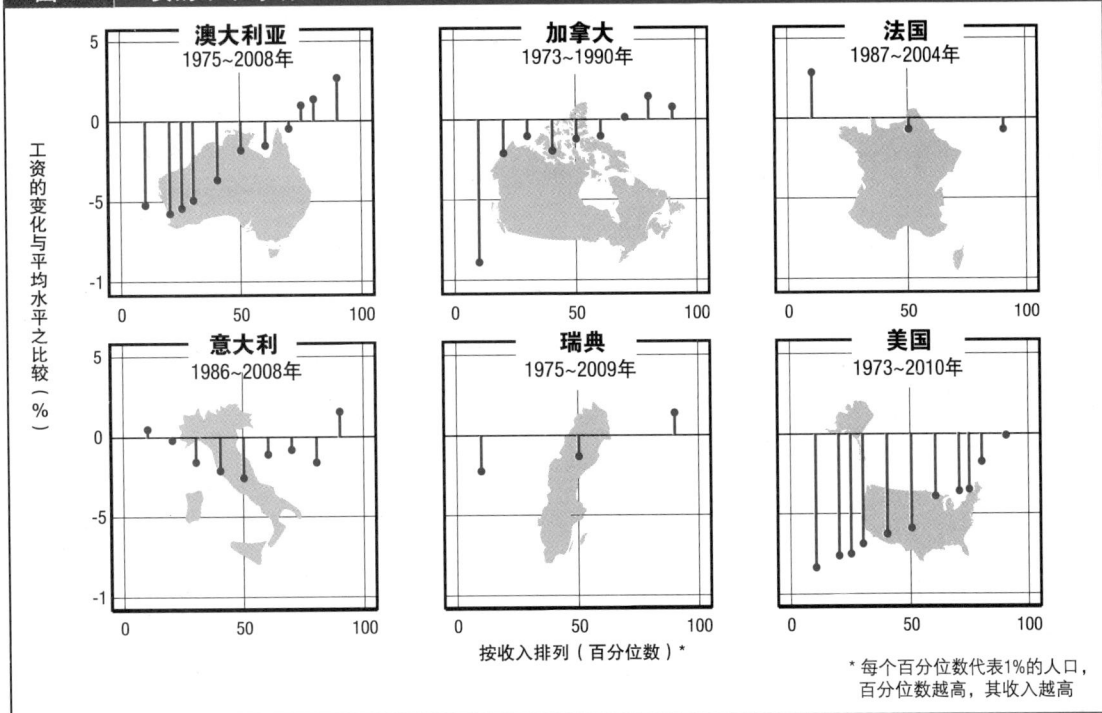

图 1　工资的不平等增长

澳大利亚 1975~2008年

加拿大 1973~1990年

法国 1987~2004年

意大利 1986~2008年

瑞典 1975~2009年

美国 1973~2010年

工资的变化与平均水平之比较（%）

按收入排列（百分位数）*

* 每个百分位数代表1%的人口，百分位数越高，其收入越高

资料来源：根据"世界顶级收入数据库"（World Top Incomes Database）的数据计算而成。

说　　明：最近几十年来，在经合组织国家，工资水平较低者，其工资增长速度都要低于平均水平——只有法国是例外。而在美国等一些国家，只有那些高工资人群（他们约占总人口的10%）的工资没有下降。在保护中低收入者方面，国家的再分配机制并没有发挥作用。

样，有八个十分位数人群的工资增长均低于平均水平，其中最吃亏的是位于最底层的员工。显然，在此期间，那些工资收入处于中层和底层的人并没有从经济增长成果中获得其应有的份额。然而，那些处于第90个百分位数的劳动者显然也没有在工资分配中成为大赢家。在澳大利亚——这个国家第90个百分位数人群的工资增长速度要高于平均水平，但工资增幅只比平均水平高出 0.27 个百分点。这意味着经合组织的分析师眼睛所盯着的只是这一再分配过程中的输家。而真正的赢家是那些最高收入阶层。

图 2 揭示的是第 90 百位分数、第 95 百位分数、第 99 百位分数、第 99.5 百位分数、第 99.9 百位分数和第 99.99 百位分数（只有澳大利亚除外）人群的平均工资增长与总体收入平均增长水平之间的对比：它是由本书第二章的作者托马斯·皮凯蒂（Thomas Piketty）根据"世界顶级收入数据库"（World Top Incomes Database）的数据计算而成的，托马斯·皮凯蒂在第二章中对这一演变的历史进行了介绍。应该指出的是，这一系列数据包括了非工资性收入，因此这些数据从严格意义上来说与图 2 中的数据之间不存在可比性。由此人们还可以看出，在此时间段内，收入最高人群的收入增长幅度大大高于收入的平均增幅，越接近百分数位末端的人群（最高收入人群），其收入增长的优势越明显。

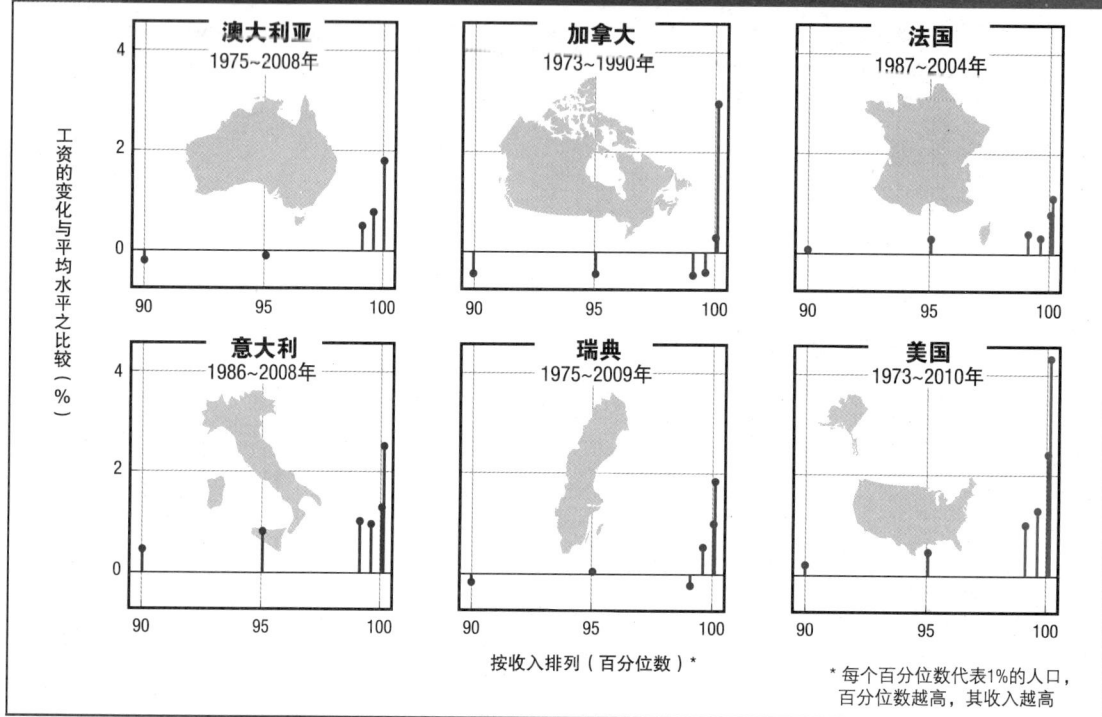

图2　已经很富裕人群的收入增长

澳大利亚
1975~2008年

加拿大
1973~1990年

法国
1987~2004年

意大利
1986~2008年

瑞典
1975~2009年

美国
1973~2010年

工资的变化与平均水平之比较（％）

按收入排列（百分位数）*

* 每个百分位数代表1%的人口，
百分位数越高，其收入越高

资料来源：根据"世界顶级收入数据库"（World Top Incomes Database）的数据计算而成。

说　明：如果把经合组织成员国全体居民的总收入放在一起来看，我们首先就会发现工资变化只是一个更广泛的趋势中的一部分。那些最富裕的员工——他们约占总人口的 5%——的工资增长幅度要远远超出国家的平均水平。

这一点十分重要。再分配已经不是简单地把收入从处于中层和底层的人群转移到那些富裕工人身上。再分配首先是把收入转移到顶层，或者说接近顶层的那些人身上。在我们对这一偏向最富裕人群的再分配进行重新思考并试图寻找潜在解决方案时，必须充分考虑到这一点。

经合组织的分析所存在的第二个缺陷是在它的探讨中未涉及金融问题。我们知道，金融业在许多经合组织国家都获得了长足发展，尤其是在美国和英国等不平等问题十分突出的国家。在对经合组织的数据进行分析过程中，我们发现经济报酬在国内生产总值中所占的比例与第 90 百分位数人群的工资与第 10 百分位数人群工资之间的比例存在着很大的关联性。

虽然这一分析还远远不能作为定论，它需要人们加以谨慎分析，但我们仍有充分的理由相信：金融行业对于这一阶段不平等的增长起了十分重要的作用。首先——这也是最重要的一点，很多的最高收入者都出自金融行业（Philippon et Reshef，2009）。那些最成功的对冲基金经理人的年收入可以达到数百万美元，甚至是数十亿美元之多。即使是那些不太成功，但经验丰富的交易员，他们的年薪通常也有数百万美元，相当于传统工人工资的 50~100 倍。相反，2010 年，位于第 90 百分位数的美国员工，其收入只相当于位于第 50 百分位数员工的 2.37 倍。

金融行业的收入必须来自某个地方。如果金融行业能提高经济的生产能力，那么那些高收入的人就可以创造出与其报酬相当的财富。国际清算银行两位研究员斯蒂芬·切凯蒂（Stephan Cecchetti）和埃尼斯·卡鲁比（Enisse Kharroubi）最近进行的一项研究认为，庞大的金融业非但不会促进经济增长，而且会成为经济的负担。这项研究对 50 个国家在 1980 年到 2009 年之间的增长进行了分析。它表明金融行业的规模与经济增长之间存在着一种"U"形关系。这就是说，金融行业欠发达时会阻碍经济的增长，这或许是因为在这种情况下资金难以在各个行业之间实现有效分配。然而，一旦金融行业与总体经济规模的比率达到一定比例后，它的发展反而会导致经济增长放缓。

接下来，这项研究想要弄清楚金融行业的这种负面作用是如何产生并扩散的。它对 30 个富裕国家中的 15 种制造产业的劳动生产率的增长率进行了分析。结果发现，金融行业越发达，那些需要大量科研与开发投入的工业，其劳动生产率提高得就越慢。这与以下这种理论不谋而合，即认为金融业将吸引人们去掌握更多数学方面的知识而不愿意去学习其他东西。人们因此不会再把精力放在电脑和清洁能源的开发上，而是会设法创造一些新算法来取代竞争。

他们的研究还发现，庞大的金融业还与那些严重依赖外来资金的产业增长缓慢有关。这与另一种设想不谋而合：这种设想认为金融业越发达，它所调动的金融投机资金就越多，新企业筹措必要的投资资金就会变得越困难。

要想对不平等现象进行更深入分析，就必须对金融业的作用进行仔细研究。目前，有许多间接的证据能表明金融业是造成这一切的主要原因之一，但这一点要想得到证实还需要作大量的研究[1]。

最后，经合组织在自己的分析中认同技术是导致不平等增加的重要因素之一，这一结论显得有些仓促。目前，有相当数量的研究——它们主要以美国为研究对象——试图指责技术因素导致了过去 30 年不平等现象的日益加剧（Goldin et Katz，2008；Autor et alii，2005）。

虽然有许多杰出的劳动经济学家支持这一理论，但是工资不平等格局中有许多基本特征对这一结论提出了质疑。

首先，有文凭的劳动者与没有文凭的劳动者之间的工资差距是在 20 世纪 80 年代开始拉大的。这一切显然要远远早于计算机和信息时代的其他技术在改变人们工作场所和提高生产率方面发挥重大作用的时代。其次，自 2000 年以后，不平等现象持续增加，而在此期间，那些拥有文凭的劳动者并没有从工资增长中真正受益。从接受教育的水平来看，自 2000 年以来，只有那些拥有高等教育文凭的人是实际工资收益增长的获益者。虽然说技术是造成工资不平等的主要动力之一，但是那些从中受益的劳动者人群是不断变化的，而且这一受益群体似乎越来越小。

对经合组织数据的分析似乎很难得出把技术作为导致不平等主要因素这样的结论。尽管经合组织的模拟实验结果表明，在这一观察期内不平等上升的原因中有 2/3 可以归结为技术因素，但是这一结论很难把他们的分析与我们的分析联系起来。经合组织是把研发投入在国内生产总值中所占的比例作为技术指标

---

[1] 例如，我们发现在第 90 百分位数人群的工资与第 10 百分位数人群工资之间的比例与经济支付给金融行业的报酬之间存在着联系（Voir Baker et Rosnick，2012）。

来衡量的。由此，它发现这一变量与第90百分位数人群的工资与第10百分位数人群工资比例之间存在着一种周期性关系。这看上去似乎很有道理。当这种周期性开支达到峰值时，那些拥有真正技术技能的劳动者——他们就是那些在工资分配时最有可能接近第90百分位数的人——可能面临人数不足的问题。因此，他们的工资自然会增加。

然而，与我们一样，经合组织也没有发现长期的科技投入与第90百分位数人群的工资与第10百分位数人群工资比例之间存在任何关联。解释这一现象十分容易，因为那些拥有专业技术的劳动者，其数量出现了增加的趋势。此类劳动者的供应不会随着需求

的增加而增加，这显然是没有道理的。

在技术与第90百分位数人群的工资与第10百分位数人群工资比例之间不存在任何关联的情况下，我们发现技术进步无法用来解释过去30年间所出现的任何不平等的增加。一个技术周期内，上升阶段对于不平等的加剧可能带来的潜在影响，会在下降阶段被它产生的相反效果所抵消，因此它所带来的净效应为零。

技术当然是一个很重要的因素，因为它能决定过去30年间所出现的不平等现象的加剧到底是由市场发展的内源性因素所决定的，还是由于那些直接影响分配的政策发生变化所引起的。如果我们把技术当成是罪魁祸首，那么不平等就会成为一种可以由我们

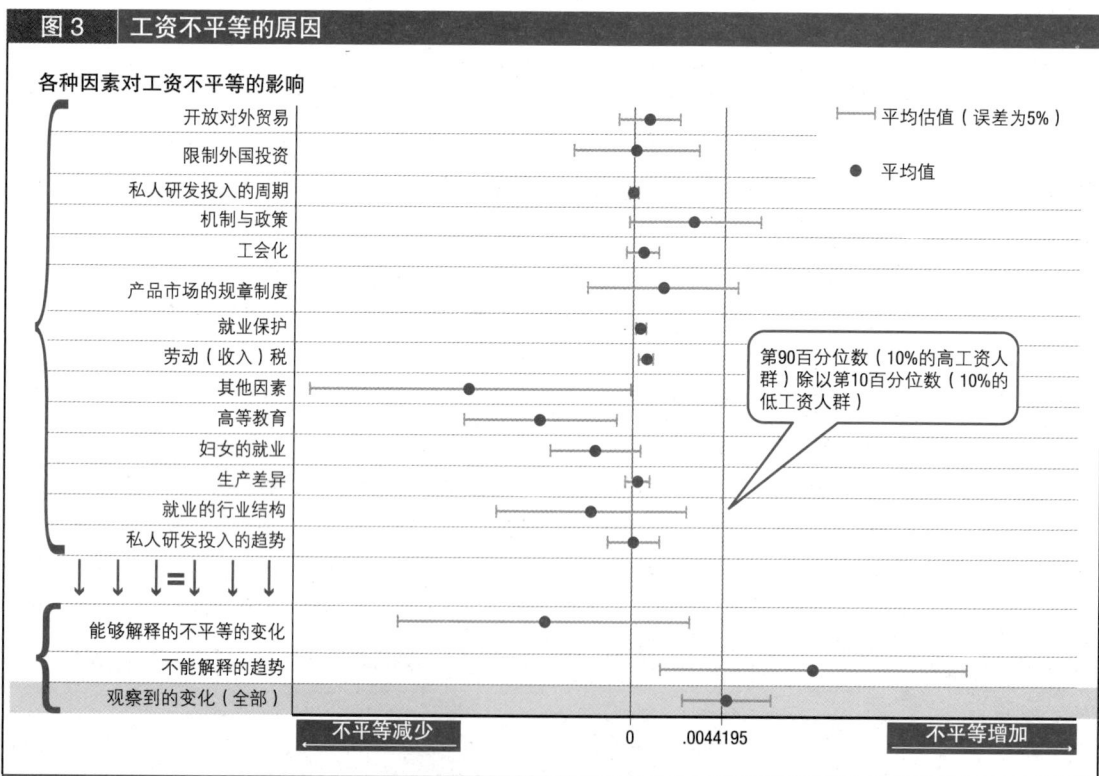

图3　工资不平等的原因

各种因素对工资不平等的影响

说　明：经合组织国家内不平等现象加剧的原因难以解释清楚。事实上，诸如教育等因素会导致不平等的减少，而另外一些制度性选择则导致了不平等的增加，要想说清楚究竟是哪些因素在起决定性作用，仍需要作进一步研究。

通过政策来加以调控——可以将它变轻或变重——的自然演变进程。

在图 3 中，我们试图对造成不平等的各种因素进行分析——这种不平等是用第 90 百分位数（10% 的高工资人群）和第 10 百分位数（10% 低工资人群）之间的比例来衡量的。

虽然我们在计算中没有确认技术所发挥的作用，但是我们和经合组织一样，都发现教育——它是用具有高中（及以上）文凭的人数在劳动力总人口中所占的比例来衡量的——能对不平等的减少起到十分重要的作用。这很容易用这一事实来解释：随着有学历的劳动者数量的增加，他们工资的增长速度就会慢于那些没有学历者。与经合组织一样，我们还发现体制结构的变化也是导致不平等加剧的一个主要因素。在这些制度性因素中，就业保护法似乎会起到决定性的作用。一些计量经济学上的回归分析法研究表明，工会组织的密度越大就越容易导致不平等现象的减少，而且最低工资越高也越容易产生类似的结果，但是这些结论仍不是十分可靠，尤其是在第二点上，我们只掌握了少数几个国家的可靠数据[1]。此外，劳动收入税的降低似乎是导致不平等加剧的一个因素。虽然在确定这些制度因素对不平等产生影响的具体方式上仍有许多工作要做，但经合组织的研究认为，制度因素的变化对过去 30 年不平等现象的加剧起到了重要作用。

尽管作出了这样的分析，但是这一阶段不平等现象加剧的真正原因还远未得到清楚的解释。虽然说制度上对劳动者扶持的减少会导致更加不平等，但另一方面这种损失又会因为受教育的劳动者数量的增加而得到弥补。这两个因素的累积效应几乎为零。

我们认为，不平等现象日益加剧的原因还要从其他方面去寻找，或许它们就在那些导致 5% 富裕人群——尤其是那些处于收入分配最顶端的 1% 的人群——收入不断增加的因素当中。如前所述，金融业可能在其中发挥了重要作用。金融行业许多从业者的高额薪金往往来自其他的经济行业。重要的是，要明确金融行业的增长在多大程度上损害到了那些中低收入人群的工资收入。事实上，金融行业高额的收入可以被视为对其他经济行业的征税，从而降低了其他行业劳动者的实际收入。

其他因素也可能为那些处于收入分配顶层人员的经济收入提供来源。新近对美国公司高管薪酬的研究表明，薪酬与公司业绩考核结果之间的关系不大（Bebchuk et Fried，2004）。今天美国企业高管的薪酬待遇远远高于在其他国家的高管，也比 30 年或 40 年前美国的总经理们挣得多得多。在高工资与企业劳动生产率无关的情况下，它一定会损害到他人的利益。这些大企业领导层高额的薪金待遇是如何影响到不平等的，这方面还需要进一步加以研究。

最后，专利保护的加强似乎也可能对不平等的加剧产生作用[2]。过去 30 年中，专利收益在国内生产总值中所占的份额越来越大。这种情况在处方药支出几乎占国内生产总值 2% 的美国尤为明显。这些支出绝大多数是专利垄断产生的，因为大多数药物可在自由市场上以较低的成本获得。

概括地说，经合组织的这本书虽然使我们对于富裕国家过去 30 年间不平等状况的变化有了更好的了解，但其中还有许多问题得不到任何解释。很明

---

① 如果有需要，可以向作者索取有关这一回归分析法研究的结果。
② 经合组织的初步分析表明，人均拥有的专利数与不平等之间存在联系，尽管它当时是作为一种技术指标来使用的，而不是用来衡量收益的。

显，不平等现象的加剧在很大程度上要归咎于政府的一些政策，如就业保护的削弱以及劳动收入税的下调等。不过，导致不平等现象加剧的大量原因仍得不到解释。要想弄清楚技术进步以及其他一些经济内生因素所导致的进程——与它相对应的是那些通过再分配将收入分配给富人而主动采取的政策干预行动——究竟在多大程度上对不平等的增加造成了影响，还需要人们进一步加以研究。

参考文献

AUTOR D.A., KATZ L.F. et KEARNEY M.S., 2005, *Trends in U.S. Wage Inequality: Re-Assessing the Revisionists*, National Bureau of Economic Research, document de travail, n° 11627.

BEBCHUK L.A. et FRIED J.M., 2004, *Pay Without Performance: The Unfilled Promise of Executive Remuneration*, Cambridge, MA, Harvard University Press.

CECCHETTI S. et KHAROUBBI E., 2012, *Reassessing the Impact of Finance on Growth*, Banque des règlements internationaux, document de travail, n° 318.

GOLDIN C. et KATZ L.F., 2008, *The Race Between Education and Technology*, Cambridge, MA, Belknap Press.

ORGANISATION DE COOPÉRATION ET DE DÉVELOPPEMENT ÉCONOMIQUES, 2011, *Toujours plus d'inégalité : pourquoi les écarts de revenus se creusent*, Paris, Publications de l'OCDE.

PHILIPPON T. et RESHEF A., 2009, *Wages and Human Capital in the Financial Services Industry: 1909-2006*, National Bureau of Economic Research, document de travail n° 14644.

第二章

托马斯·皮凯蒂（Thomas Piketty）
巴黎经济学院，法国

食利者的新财富：低增长地区不平等现象之动态研究 [①]

　　21 世纪的资本主义会与 19 世纪欧洲的资本主义一样不平等和不稳定吗？当人们预言人力资本和道德操守必将征服一切的时候，少数人手里所掌握的收入在国家财富中所占的比例却越来越高，这种情况可与拉斯蒂涅（Rastignac，巴尔扎克在小说《高老头》中所描述的一个人物，他是贵族子弟资产阶级化的典型——译者注）和伏脱冷（Vautrin，他是巴尔扎克《高老头》中重要的资产阶级野心家形象——译者注）所处的时代相类似。人口和经济的低增长势必使过去遗留下来的财富的重要性被过度扩展，并迫使 21 世纪的资本主义在财富共享的原则下进行重塑。

通俗地说，致富的方式主要有两种：一是通过自身的劳动；二是通过继承遗产。在旧制度（Ancien Régime，旧制度是法国历史上的一个时期，从文艺复兴末期开始，直到法国大革命为止——译者注）的社会里，甚至是在整个 19 世纪以及 20 世纪初，遗产毫无疑问是人们发财致富的重要手段。对于这种手段的好处，文学作品已有过太多的描述。如简·奥斯汀、亨利·詹姆斯或巴尔扎克所描述的世界，或者在《高老头》（1835）一书中伏脱冷（Vautrin）对拉斯蒂涅（Rastignac）的那番劝说：伏脱冷在讲话中为拉斯蒂涅描述了他在生活中可能遇到的种种可能性。伏脱冷告诉拉斯蒂涅，如果他刻苦学习，成绩优异，将来就会有种种光明的前途：当律师或者医生等。这些职业的薪金是人们所知道的，伏脱冷也帮他算过账。拉斯蒂涅能挣到多么多，可以过上怎样的一种生活。但是，如果他愿意娶坐在他身边的一位年轻女子为妻，他就可能过上一种完全不同的生活，他的生存境遇完全可能因此而改变：他从此可以生活富足，变

成食利者，拥有巨大财富。伏脱冷的这席话有一个非常可怕的后果，即认为学习成绩优异没有任何作用，学业永远给不了拉斯蒂涅所向往的生活。

　　这一故事绝对不是纯粹的文学虚构。在当时的不平等结构下，巴尔扎克借伏脱冷之口所说出来的这一切完全是真实的。仅靠自身的工作与德行就想达到能与继承他人财产者相媲美的富贵生活完全是不可想象的。今天的人们似乎认为自己已经摆脱了家产和遗产对我们的收入和生活方向所起的决定性作用。人们都认为，现代经济增长的结构自然会削弱那些与遗产有关的收益，并且会促进个人的主动性，促进人们努力工作、提高道德修养。然而，这将会是一种自然且不可逆转的变化进程吗？食利者社会和继承人社会一定会过时吗？答案显然是否定的。我所做的研究恰恰得出了相反的结论：它表明在 21 世纪的资本主义里，遗产将会与伏脱冷和拉斯蒂涅所处的时代一样继续发挥重要作用。该机制建立在人口和经济的低增长这一基础之上——这是 19 世纪法国的特征，或许也是 21

---

① 本章是根据作者在一次研讨会上的发言整理而成的。

世纪全球的特征，这种特征势必会使过去遗留下来财富的重要性被过度夸大。当资本的回报率长期超过经济增长率时，过去往往就会吞噬未来，支撑着我们民主社会的那种任人唯才的价值观就会受到深深的质疑。

不完善的收入和资产不平等量测方法

或许首先要强调指出的是，要想对不平等的变化进行量测并探究出其中起决定作用的因素，除了文学作品提供给我们的直觉之外，还需要一些可靠的统计数据，而这一切在多数情况下仍相当匮乏。因此，第一项任务是创建数据库而不是拼凑一些新理论或否定过去的一些老理论，并对不平等现象较长时期的演变过程进行经验主义分析，从而有所收获。我们和许多研究人员一道构建起了一个历史数据库——"世界顶级收入数据库"（World Top Incomes Database），它先后收录了法国、美国、英国等国不同百分数位人群在国民总收入中所占比例的长期数据。现在这个数据库包含了 30 多个国家的资料。

扩大数据库的规模——也就是说在其中增加一个新国家的数据——本身就是一项艰巨的任务，因为它意味着要收集到有关这个国家收入方面尽可能长时间的测算数据，通常是要收集这个国家自所得税创建以来的所有数据，这往往要上溯到整个 20 世纪。大约 15 年前，我从法国开始了这项工作，当时拥有这方面历史数据的只有美国，而且这些数据始于 20 世纪 50 年代，它们主要是出于西蒙·库兹涅茨（Simon Kuznets，1955）之手。这当然是聊胜于无，但相关的数据的确不多。这一数据库的建立将为人们对不同国家、不同时代的不平等进行比较提供可能，不过这一数据库的建立耗时达几年之久，最终变成了资产和遗产领域的一个全新项目。对收入进行量测之所以存在局限，主要是因为人们很难在纳税申报中就遗产对不平等结构的影响作出分析。首先，越来越多的遗产成了免税对象；其次，即使遗产收入出现在纳税报表当中，这一遗产的来源仍是未知的。如果仅把纳税申报作为唯一的基础，那我们还是无法分清哪些财产是继承来的，而哪些是个人自己挣来的，而对这两者作出区分至关重要。

在"世界顶级收入数据库"建成之后，如今所面临的挑战是如何填补这一空白：追溯家产收入的来源，并把它由一种有关收入不平等的资料库变成一个有关全球遗产以及财产不平等的资料库。也就是说应当尽可能完整、全面地把这两个资料库合二为一。我采取了与研究收入不平等时相同的方法，首先建立有关法国的一系列数据资料，之后与一些研究英国、美国、德国等国财产问题的专家一道合作……总体目标仍然未变：尽可能从更广的范围、更长的时间跨度来研究财富分配的历史传承。

对一个国家的财富、其全部财产的存量进行量测显然不是一个什么新想法。早在 18 世纪和 19 世纪，这便是萦绕在人们心中的一个想法，直到 20 世纪中叶现代国民经济核算的问世才使这种热情逐渐消退。我们必须记住的是：在 20 世纪 30 年代时，没有任何一个政府有能力说出诸如"1933 年的产量比 1932 年下降 10%"这样的话。这在当时是不可能的，因为相关的资料不存在。这种情况大大制约了引导经济的可能性。事实上，在对所存在的问题始终看法模糊的情况下，又如何能给出清晰的解决方案呢？正因为有了这样一个认识，才使得国民经济核算在第二次世界大战结束后获得了迅猛发展，这一发展的基础便是美国的库兹涅茨（Kuznets）、英国的科林·克拉克（Colin Clark）和理查德·斯通（Richard Stone）以及法国的迪热·德贝农维尔（Dugé de Bernonville）等人所做的一些先驱性研究。他们所关注的更多的是经济活动的短期变化，而不是一个国家财富的存量。这种偏重于对短期波动、衰退以及危机的分析使得过去遗留财产问题在 20 世纪这一时间段里几乎被人们遗忘。其中还有一个原因是 20 世纪中期国家对经济生活的强力干预，而这种干预破坏了私有财产、资本以及财产在 20 世纪初所遗留下来的结构。例如，到了 20 世纪 50 年代，不动产几乎一钱不值。正如让·富拉斯蒂耶（Jean Fourastié）所说，租金的冻结（长期不涨）使得人们在租金方面的支出还比不上买烟的钱。1950 年，法国的不动产一钱不值，当时的股票市场也几乎不存在，许多经济活动被国有化了。过去遗留下来的传统私人资本主义已被战争以及 20 世纪 30 年代为应对危机而采取的各种政策彻底破坏。正是由于这些原因，人们不再把财产当做量测对象。财产的增值和转手似乎成了一个过时的问题。

30 年后，情况发生了变化。自 20 世纪 80 年代及 90 年代以来，尤其是金融放松管制和私有化浪潮出现以来，资本主义进入了一个新阶段——遗产在其中的重要性越来越大，而统计机构再次表现出了自己的不适应性。此时的形势与 20 世纪 30 年代有很多的相似之处：当时的人们也不知道经济的生产能力。在无法对资本存量及其在世界各地的分配作出正确测算的情况下，人们如何能对 2007~2008 年的全球金融危机作出正确的应对呢？

有人提到纳税申报和国民经济核算中存在着不对财产收入来源作出区分这一缺陷。在国际层面上，我们也同样存在这一问题。当我们把世界各地的资本流出和流入相加时——换句话说，要计算国际收支总和时——其结果应该是零，除非我们假设有些资本进入了火星。然而，国际收支永远呈现逆差状态：流出的利息红利一定会高于流入的利息红利。

其中的罪魁祸首显而易见。那些设在避税天堂的金融机构无需承担任何申报的义务，因而它们绝对不会被纳入相关统计当中。这也正是对这些数据进行重建的好处之一：它能揭示出现行统计制度所存在的矛盾之处。在这种情况下，对存量进行整体分析会面临着前后不一致的问题，其中的部分原因在于：长期以来，人们所关注的只是财产的年度流量，而不是财产存量的细节——这方面的内容直到今天才更多地受到人们的重视。相关的观察工具是如此之不完善，以至于人们宁愿去读小说家的东西也不愿去读统计学家的报告，这种情况在今天尤甚。

食利导致低增长……或者说为什么增长导致了重新洗牌

就法国的情况而言，在对多种不同统计资料——尤其是国民收入账户、国民财产账户以及有关遗产税的税务资料[①]——进行综合之后，我们还是有可能重新计算出 1820 年至今每一年的遗产在国家收入中所占份额的。年复一年，遗产在国家收入中所占的"比重"究竟有多大呢？

第一个发现是：从长时间来看，遗产的流量呈现出一种 U 形曲线。1900~1910 年，每年遗产流量的总值在国民收入中所占比例在 20%~25%。这一数字在介于两次世界大战之间逐渐下降到了不足 10%，在 20 世纪 50 年代甚至跌破了 5%（见图 1）。从那之后，这一比例开始出现稳步上升，在过去 30 年间增长尤其迅速。目前，这一比例大致保持在 15% 左右。从一个更长的时间尺度看，遗产流量在国民收入中所占的份额，在 20 世纪中叶出现了惊人的下

---

① 有关这方面的详细内容，参见 Piketty T.，2011，"On The Long-Run evolution of inheritance：France 1820~2050"，*Quarterly Journal of Economics,* vol. CXXVI，Issue 3：1071~1131。

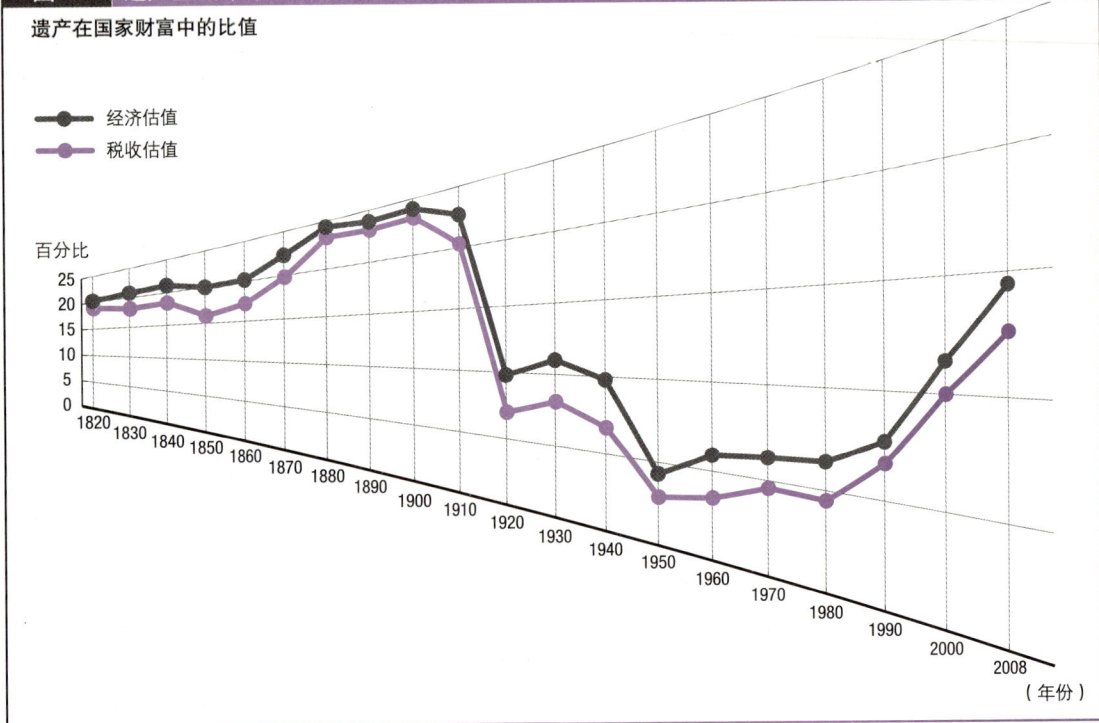

图1　遗产重新带来财富

遗产在国家财富中的比值

● 经济估值
● 税收估值

百分比

说明：遗产的流量在19世纪后期达到高峰，在此期间，资本回报率是经济增长率的五倍。两次世界大战导致遗产的流量下降，在此后的"辉煌30年"间遗产的流量基本保持在低位。自20世纪80年代以来，资本回报率重新超过经济增长率，遗产的流量因此再次增加。

资料来源："世界顶级收入数据库"。

滑。1820~1910年，遗产流量在国民收入中所占比例在20%~25%，而到了20世纪10~50年代，这一比例下降到只有原来的1/5~1/6，而20世纪50~21世纪初又出现了三四倍的增长。这些结果也得到了我对每年遗产流量所作出的两个估值的证实：第一个是根据经济数据（资产）所作的估值，第二个是根据税收数据（遗产）所作的估值[1]。尤其需要特别指出的是，如果不使用国民收入，而是使用可支配收入——也就是说经过税收和转移支付修正后的国民收入——来

计算，那么目前15%的这一比例就可能会更高。在19世纪和20世纪初，可支配收入相当于国民收入的90%~95%，到了今天这一比例仅为70%——因为税收和转移支付的比例越来越大。当遗产流量在国民收入中所占比例为15%时，其在可支配收入中所占的比例大致相当于20%。这一数额相当可观。它甚至超过了每年新增储蓄的总额，大致与法国经济中资本的年收益相当。

这些事实应当如何来加以解读？尤其是这种U

---

① 见前页注①中所列著作的第1084~1099页。

形曲线应当如何解释？重新回到 20% 这一长期来看是均衡位置的高水平又意味着什么？这方面的解释非常简单，而且也十分可靠。其中的关键就在于经济增长率和财产回报率之间的比值。当经济增长率低迷，低于财产的回报率时，比如，当经济年增长率在 1%~2%，而财产的年回报率在 4%~5% 时——这恰恰是法国在过去两个世纪中所面临的情况，只有"辉煌 30 年"期间除外——遗产就会成为财富积累和不平等结构形成过程中的一个重要因素。相反，当财产回报率低于经济增长速度时，遗产在财富积累中所占的份额就会一年比一年低于新增的财富。这可以用两种高度互补的方式来加以概括：食利从增长中获利；或者增长始终在发挥着洗牌的作用，它使过去遗留下来的财富所占的份额日益减少。

要想理解这一结果，最简单的方式就是用人口学来加以说明。设想一下这是一个人口迅速增长的社会，每个家庭拥有五到十个孩子：这是一个遗产几乎消失的社会。每一代人的遗产都会被分成五份或十份。因此，每个人都必须依靠自己的积累。根据此后出现的各类预测可以知道，20 世纪的人口增长在人类历史上绝对是独一无二的。在 18 世纪以前，人口增长几乎为零；18 世纪和 19 世纪出现了略微增长，年增长率在 0.3%~0.4%，这已经是一个巨大的变化了。在 20 世纪，世界人口的年均增长速度达到了 1.5%。21 世纪，这一增长率可能会下降至 0.5%。要看到这一切对于不平等的传递所产生的影响。人口的增长促进了经济的增长，而且它的增长——正如我们所看到的那样——会缩小继承的财富所占的份额。因此，在一个人口高增长的世界里，遗产会被不断分割。相反，在一个人口增长停滞的世界里——如果人口在下降，那情况就更糟，遗产在收入分配中所占的份额就很大，并使财产的继承所带来的不平等进一步加剧。

经济增长也会产生相同的效果。同理，人均生产的年增长率达到 5% 或 10% 时，可以被看成是每个家庭都拥有五个或十个孩子。人们此时就不会那么在乎过去 10 年、20 年或 30 年所积累的东西了。相反，在经济低增长或无增长的情况下，过去遗留下来的财产所获得的回报率就会高于经济增长率。这就会导致出现极端的不平等。到了当代，在年经济增长率不到 1%、财产回报率更高——有的年回报率甚至达到了两位数——的情况下，财富的累积效应就会出现，昔日财富的重要性甚至到了离谱的程度。面对这些结果，许多人可能会这样说："这种情况不可能永远存在。这是不可能出现的，因为这在逻辑上是说不通的。"而事实上，这完全是可能的。人类历史就为这种通过连续传递来积累财富的残酷机制提供了证明。简单地说，除了 20 世纪外，经济的年增长率一直维持在低于 1% 的水平，而财产的回报率——生利率，也就是说在不用劳动的情况下，大钱生小钱的比例——则要高得多。即使是财产回报率只有 3% 或 4%，但是在经济增长率只有 1% 的情况下，经过数十年之后也一定会累积成巨大的财富。我们根本无需远他走乡就能找到资本主义这一残酷法则的例证。

不过，万幸的是，还有许多公共政策和机制在压缩着食利收益。此外，名义经济增长率（包括通货膨胀）每年在 5%~6%，因此那些过去继承下来的惰性遗产，与每年新创造的财富相比数量并没有多少。我们还没有回到 19 世纪时的世界：当时并没有通货膨胀，经济的年增长率在 1%~1.5%，那些惰性资本的回报率则要高于经济增长率。我们之所以还没有回到那个世界，是因为我们在人口增长和经济增长方面都还有潜力。然而，今天我们已经知道人口增长将难以为继，而这势必会对不平等的削减产生直接影响，会对经济增长本身产生影响——经济增长将因此而放缓。在各

图 2　法国将迎来食利者的新世纪？

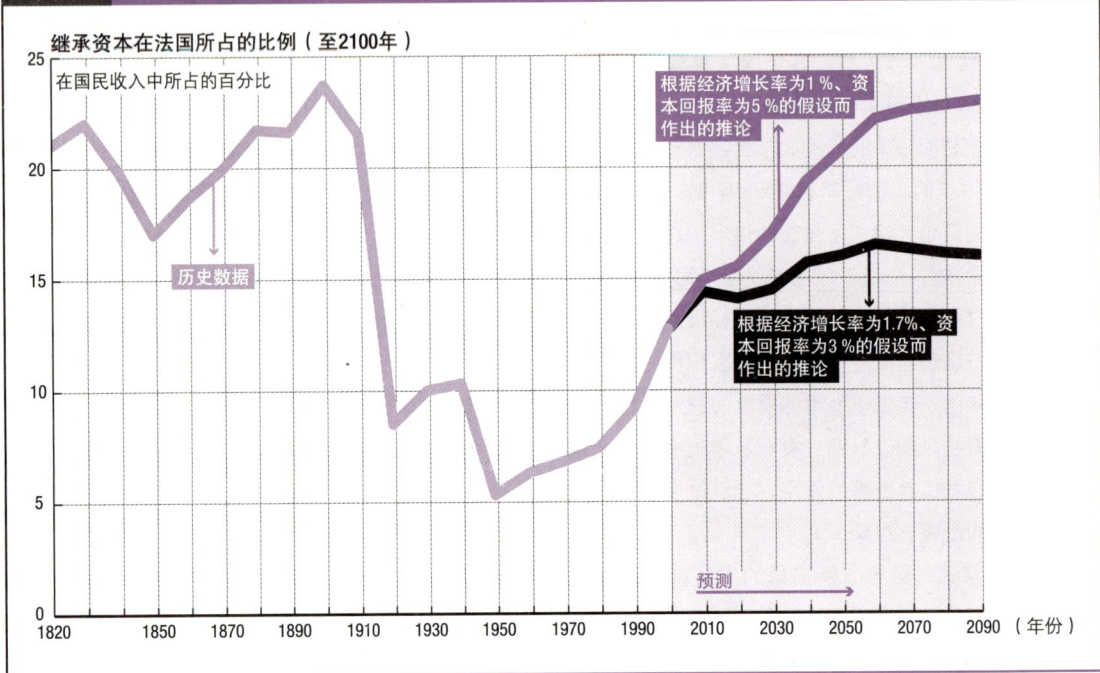

继承资本在法国所占的比例（至2100年）

在国民收入中所占的百分比

根据经济增长率为1%、资本回报率为5%的假设而作出的推论

历史数据

根据经济增长率为1.7%、资本回报率为3%的假设而作出的推论

预测

1820　1850　1870　1890　1910　1930　1950　1970　1990　2010　2030　2050　2070　2090（年份）

资料来源："世界顶级收入数据库"。

说　　明：对 1820~2008 年储蓄习惯的研究可以构建出 21 世纪食利者收益构成情况。根据经济增长率和税后资本回报率的变化，资本在国民收入中的份额要么稳定在 15%~20%，要么超过 20%。

种条件——这是当人们对增长率和回报率进行比较之后得出的一个纯逻辑上的推断——都已具备的情况下，我们在 21 世纪里必然会回到一个经济低增长，且增长率明显低于资本回报率的时代，何况当今这个世界本身就早已充斥着各式各样的不等式（图 2）。

新的食利者

不妨让我们来回顾一下 19 世纪的情况。当时的英国和法国掌握着世界其他地区的很大一部分资本，在一定程度上过着一种纯食利的生活。从 1850 年到 1914 年，英国和法国（只是法国略逊于英国）对世界其他地区一直呈现着贸易赤字状态。但它们的日常收支却是有盈余的：来自世界其他地区的食利收益不仅使这两个国家有足够的钱来支付贸易赤字，而且还以牺牲世界其他地区的利益为代价在积累着自身的财富。这是资本的力量：当你拥有资本的时候，你就不再需要工作。19 世纪的贸易收支情况显示了这一点：一些国家是骑在他人头上的食利者。这并不意味着它们自己不再从事生产。它们也在生产，但所生产的没有它们所消费的多。在 1914 年前，英国或法国的国民收入要比其国内生产总值高 10%；其中的差额便是来自世界其他地区的食利收益。这种情况从政治上看是带有冲突性的，甚至是很暴力的。人们希望回到这个世界吗？这正是当今欧洲最大的恐惧之一：欧洲人担心这种情况的再度出现，但角色将发生逆转，欧洲将不再是掌控者，而是被掌控者。在经济低增长的背景下，食利情况的再次出现很可能会导致一种在政治和社会上都难以承受的荒谬局面：数以百万计的家庭将向全球化的、隐身的亿万富翁支付租金。一些19世纪的恐惧将重新浮现。李嘉图（Ricardo，1817）早在19世纪初就曾预言："到19世纪末，地租将吞食全部的国民收入。"这种情况并没有出现。但是，如果把地租替换成某些大型首都城市的房地产价格或石油价格，这样的预测在今天就显得更加合适。

今天的不平等结构中出现了一种全新现象，而且它在美国尤为明显：就业界出现了一些"超级巨星"，他们的薪金高达数百万美元，并强调自己的高薪是对其非凡工作的回报，而不是对资本的回报。这种情况在历史上还从未出现过。这一切完全是制度缺陷造成的。让美国大公司的主管自己给自己定薪水是十分荒谬的事：对此人们还能有怎样的预期？公司的钱柜成了这些人毫无顾忌随意取钱的地方，他们的财产也因此变得日益丰厚。这一问题既源自他们的贪婪，同时也与市场经济无法给那些大公司的高管确定薪酬有关。市场这只"看不见的手"在这些人身上发挥不了任何作用。也可以说，正是这只"看不见的手"在"从钱柜里拿钱"。对于一些可替代性强的岗位，如麦当劳的服务员或流水线上的操作工人，人们可以用"边际生产率"——这是经济学家的一种提法，它指的是这位服务员或工人给企业所创造的盈利——来大致算出他们的工资。但对于财务经理等这些很难替代的岗位，该如何来计算呢？总不能让一个公司十年不设财务经理，然后算出公司所蒙受的损失。即使在一切尽在掌控中的情况下，由于经济大环境可能发生巨大变化，其结果还是难以料定。这就是市场所不能做的一个典型例子。而当市场无能为力时，就必须创建其他机制。

此外，过高薪酬——它们会变成食利收益——的现象还表明，一种精英至上的极端主义病征正在美国蔓延开来。一些人可能会用这样一种说法来为高薪酬辩解：它能使那些白手起家的新贵与那些继承了万贯家财的人相互抗衡。这种说法等于是要在那位上了"福布斯"排行榜的遗产继承人和那位年薪达数百万美元的高盛公司员工之间搞个竞赛。问题是那些既没有财产可继承，又没有高工资的90%的普通人将被完全排除在这一竞赛之外——他们往往被看成是饭桶或是需要救济的人。这种将过去的不平等与21世纪精英至上的说教结合在一起的局面堪称是世上最糟糕的。

当务之急是消除这样一种幻想，即认为"辉煌30年"在今天的法国依然能够重现。当时那个时代不平等方面所呈现出的特殊结构——工资差距小，遗产在国民收入中所占的份额很低、某些遗产的价值几乎接近于零，再加上经济增长强劲——在今天早已不复存在。

如果我们把20世纪中局势曾急转直下的法国作为例子来加以分析，并且把1950~2010年这一时段分成两个观察期，那么我们在1950~1980年这一代人的时期和1980~2010年这一代人的时期会有什么不同的发现呢？可以说形势出现了急转直下，出现了两个完全不同的世界。在第一个时期，工资、收入以及生产的年增长率都在5%左右，而到了第二个时期，这一数字跌到了1.5%。这的确是一种逆转。问题恰恰出在时间的跨度上。第一个时期持续的时间是如此之长，以至于人们都相信它将会是永恒的。第二个时期人们一开始觉得它将是过渡性的，然而它至今仍没有结束。人们曾经以为"辉煌30年"从某种意义上说将在法国永远存在。今天的人们正在为这种误解付出代价：这种看法认为，"辉煌30年"有朝一日将重新回来，人们只需耐心等待。人们心里一直认为存在着这样一个世界：在这个世界里并非没有不平等，只是不平等会保持在一个较为温和的水平上，比如管理人员与蓝领工人之间的工资可以有些差别，比如说大致在 1∶3 或 1∶5 的水平，而不是过于离谱；最重要的是，每个人的工资都是可以用其实际劳动付出，即他为生产以及公共效用所作的贡献来衡量的。法国《人权与公民权利宣言》中的第一条，即在权利方面，人们生来是而且始终是自由平等的，只有在公共效用上才显出社会上的差别——似乎在经济领域得到了充分体现。过多地相信了这一点，而又没有看到"辉煌30 年"已经一去不复返了，最终人们只好编出一些故事来自我安慰。技术以及技术专家的理性最终会使有能力的管理人员将那些大腹便便的股东取而代之。这是一个美丽的故事，但没有任何证据能证明这一点在今天依然可行。

今天的人们已经意识到，国民收入中进入人力资本以及广义上劳动领域的份额要比巴尔扎克所处的时代或许要高一些，但高得并不太多。相反，进入纯资本领域的份额——租金、利息、红利等，即资本所有者在无需付出个人劳动的情况下便可以得到的收益——与 19 世纪相比可能有所下降。这一比例大致从过去的 35%~40% 跌至 25%~30%。这表明，文明并没有出现嬗变（图 3）。相反，20 世纪 50~70 年代，资本在国民收入中的份额下降到了极低的水平，这是因为受到租金冻结、国有化以及在破坏资本和财产方面采取了强力政策的缘故：这是一个靠新增储蓄来支撑资本的时期，因此资本回报率相对更公平一些。

许多在"辉煌 30 年"时代成长起来的一代法国人依然相信白手起家的神话：这些人没有从祖上继承到多少财产，而是更多地依靠自身的积累。这一观点一直对集体表象（集体表象是一种社会性的信仰、道德思维方式，它不是产生于个体，而是比个体存在得更长久，并作用于个体——译者注）产生影响。人们想象自己已从第二次世界大战后的世界进入到了另一个世界，一个不平等将永久被消除的神奇世界。但在那些 1970~1980 年出生的人看来，这种想法显然是不对的。1970~1980 年出生的人是不会在巴黎或其他大城市买房子的，除非他继承了一大笔钱或者他的收入在 1% 最高薪人群之列。即使是那些被列入 10% 最高薪人群——这已经是非常高了——当中的人，如果没有什么家庭财产可继承的话，他们也宁可一辈子都向那些有产者后代支付房租。而这种情况在 20 世纪 30~50 年代出生的人身上是不可能存在的。这是一种大转变，它是由于低增长所导致的。

没有高增长下的重新洗牌

低增长导致食利收益的出现。然而，对这种高增长的痴迷是徒劳的：由于太想恢复到昔日的增长水平，人们已不再关注其他方面的问题——尤其是那些在现有经济增长条件下可通过机制的设立或税收手段得到解决的问题。我认为有必要像 20 世纪时人们设立收入税那样进一步开发出新的资本税形式。必须开发出国际资本税，首先是欧洲资本税这样的税种。这方面有很多东西需要创新。欧洲是世界上最富裕的经济区，它拥有的世界 500 强跨国集团数量居全球之冠，亿万富豪的人数也是全球之最……这里拥有良好的课税税基；重要的是欧洲各国就协调一致的征税政策达成一致。这种做法可以在经济保持一定增长的情况下推行，而且它必将能够解决许多问题。如果人们不再执意追求经济增长率再提高 0.1 个百分点，如果人们能够认同 30 年来的平均增长率已经不低这样的想法，那么公共医疗和教育体制都将有可能得到改善。事实上，对于一个发达经济体来说，1%~1.5% 的年增长速度已经相当快了。或许今后不应该再用经济年增长率，而是要用一代人的时间跨度来考虑问题。如果我们用年增长率为

| 图 3 | 各种要素基本保持稳定 |

劳动和资本在法国收入中所占的比例

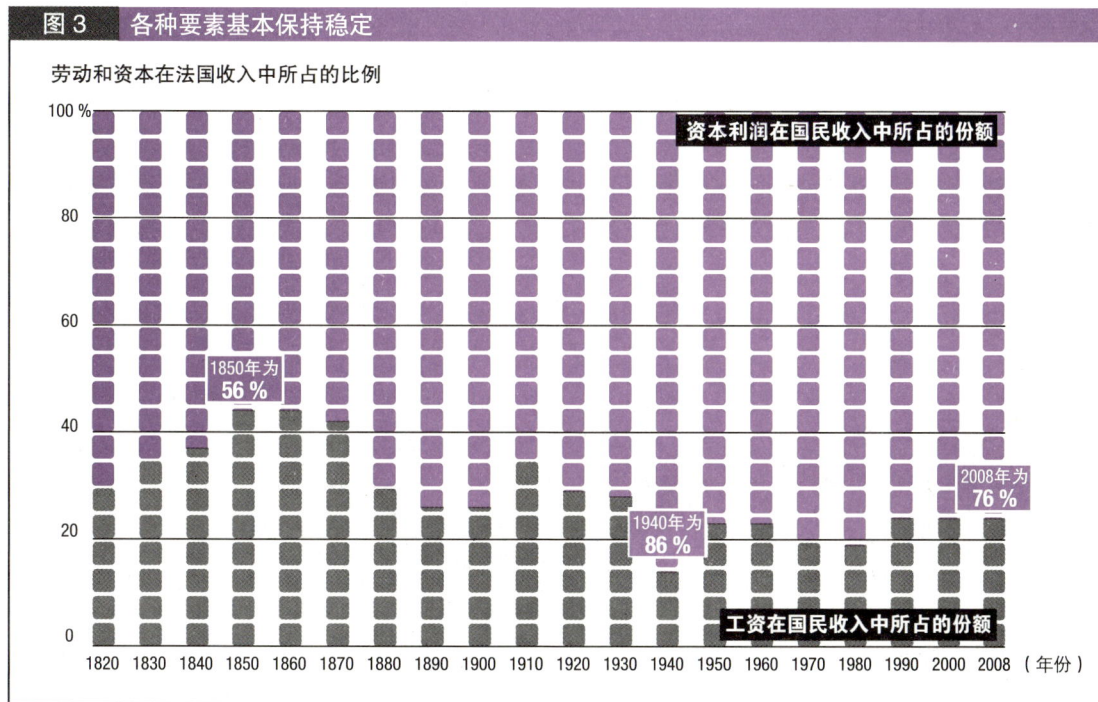

资料来源："世界顶级收入数据库"。

说　明：过去两个世纪里，劳动和资本各自在法国国民收入中所占的份额一直保持相对稳定。自 1820 年以来，劳动所创造的财富平均约占国家财富的 30%。在某些时期，如 19 世纪末，这一比例可能达到 40%。到 1940 年，它又跌破了 20%。自 20 世纪 80 年代末以来，这一数字大致稳定在 24% 左右，比 20 世纪 70 年代"辉煌 30 年"结束之后略高。

1% 来计算，那么 30 年的增长率就是 30%；假如增长率超过了 1.5%，这就意味着在 30 年，也即在一代人的时间里，经济中的一半将出现更新。这是非常惊人的！就像今天当我们回过头去看，就会感叹："30 年了，好像什么都没有发生。"30 年来，富裕国家的年均增长率为 1.5%，一半的经济实现了更新。这一切虽然不足以杜绝食利收益，但是通过开发税收手段要比仅靠经济高增长来自动消化食利收益要更加合理。

今天，食利收益中有一部分是工资。在这种情况下，我认为应该对那些最高薪金实行更严格的规定；当薪金超过某一额度时必须实行近乎没收的税率

水平。这是平抑市场疯狂行为的唯一方式。一方面，一些人在餐厅工作；另一方面，其他一些人则在麦当劳的总部工作，他们会设计出一些奇思妙想来更新公司的菜单。后者所作的贡献，其价值究竟有多大？很难说清楚。应当如何确定呢？谁也不知道。科研人员的价值也存在同样的问题。这一价值是很难衡量的。他们的边际生产率的价值并不会写在额头上。必须用一些严格的规则对市场进行规范，防止其超过一定的限度。否则，出现在人们面前的就会是这样一种现实情况：一家企业要求咨询公司帮助其设定工资标准，由于咨询公司本身并没有任何概念，于是它们就计算出一个行业平均水平，然后再加上 1%，以使每个人

都满意。下一任总裁也将如法炮制。这样，十年过后，工资势必大幅飙升。

这种税率近乎没收的所得税在罗斯福时代已经有过很多成功的先例。我认为薪水过高的现象十分不妥，但是找到这个问题的解决之策无需大费周折。奇怪的是，法国推出了税率高达 75% 的征税，而实际上法国并不是最需要这一税种的国家。事实上，75% 的税率对美国要有用得多。但是，美国却存在着这样一个政治问题：当一些美国人的收入达到极高水平后，高收入人群就会给人造成一种能左右政治进程并阻碍一切改革的印象。法国的收入水平要比美国低得多，高收入人群的抵抗能力也要弱一些。这种税是收错了国家！

在今天，最接近理想状态的资本税可能就是法国的财产税——我这样说并不等于我是个民族主义者。法国的财产税的确有许多优点。它最早是 1981 年由法国左派设立的，之后于 1989 年进行了第一次改革，它要比德国、西班牙和瑞典等国如今已经废除的物业税更具现代色彩。事实上，这些物业税是十分古老的税种，其源头可追溯到 19 世纪，与法国当年的土地税有相似之处：法国的土地税也始于 19 世纪，它是按照一些完全过时的地籍价值为依据来征收的。至少，法国的财产税是根据财产的市场价值来征收的——如果人们想对进入"福布斯"排行榜的人征收全球富豪税，不妨把它作为借鉴。

每一年，那些全球最富的男男女女，他们的富裕程度都会再提高 7%~10%……而如今全球的国内生产总值每年只能增加 5%，因此有人会说："瞧，他们财富的增长速度超过了国内生产总值的增长。"不过，这两者的差距也不算太大。然而，那些在富裕国家工作的工人，他们的工资每年只涨 1%，甚至是 0%。因此，这些人会这样说："这太奇怪了。为什么他们每年能增加 7%~8%，我们却只能增加 1%，甚至是 0%？"如果这种状况持续 30 年，那么财富的累积效应将是十分巨大的。在财产收益方面，存在着一个十分明显的规模效应。具体来说，假如你有 10 万欧元的资产，你所获得的收益将很少；假如你的资产是 100 万欧元，你得到的收益就会高一些；1000 万欧元，收益会更高；1 亿欧元，收益将更加明显。这相当于（耶稣用五饼二鱼）使五千人吃饱的神迹。从 1990 年到 2010 年，情况相对简单："福布斯"榜上最富有的人财产增加了近 10 倍，与利利安·贝当古和比尔·盖茨的财富增长相当。也就是说，有工作的人和没有工作的人，其财产都出现了增长。这样的一种制度是十分荒谬的。那种认为资本收入将随着历史的推进而消失——因为世界将变得越来越理性——的想法已经过时。实际发生的情况恰恰与此相反：有效的金融市场将为食利收益提供资金来源，它导致食利收益出现增长或得以维系。

或许最终有一天人们会意识到：在与世界大部分国家签订自由贸易协定的同时又不签订有关资金流动、利息流动和红利流动等方面讯息交换的协议，这将是一种疯狂行为。这种用不对称的方式来处理商品流动和资本流动是毫无意义的，它只能导致我们的税基被侵蚀。

参考文献

Kuznets S., 1955, "Economic growth and income inequality", *American Economic Review*, 45(1): 1-28.

Ricardo D., 1817, *On The Principles of Political Economy and Taxation*.

发展援助：不平等现象重新成为热点

塞尔日·托马西（Serge Tomasi）

经合组织，法国

华盛顿共识

20 世纪 80 年代和 90 年代初期的发展议程主要是被人们所说的"华盛顿共识"所主导。面对许多发展中国家所面临的债务危机以及宏观经济结构失衡（对内和对外赤字、高通货膨胀以及低增长），一些国际金融机构，尤其是国际货币基金组织和世界银行，倡导各国实施结构性改革，以期通过一些结构调整计划来达到恢复宏观经济平衡和增强竞争力的目的。"华盛顿共识"主张通过贸易自由化和建立供给政策来增强经济竞争力、削减预算赤字和国际收支的不平衡。这些政策以及对重债穷国债务的大规模减免行动虽然使各国宏观经济状况有所改善（低通货膨胀，尤其是对内和对外收支平衡得到了恢复），但它们通常也会带来通货紧缩的后果，并导致短期社会成本大增。

对"华盛顿共识"的第一个正面批评来自联合国儿童基金会。该机构于 20 世纪 80 年代末发表了一份名为《注入人性关怀的调整》报告，对"华盛顿共识"的政策对人类发展的影响提出了批评。联合国开发计划署 1990 年发表第一份《人类发展报告》以及人类发展指数的设立揭开了重新调整发展议程的序幕。这是一个既能考量人均收入增长，又能考量所享受到的基本社会服务（教育、医疗卫生等）的综合指标。它的提出者是想创建出一个新的发展指标：它所涉及的不仅仅是货币财富，而且还要包含许多与人类发展有关的可量化的要素。之后联合国举行的一些重大会议，如里约热内卢（可持续发展）会议、开罗（人口与发展）会议、北京（妇女和发展）会议和哥本哈根（社会发展）会议等最终使发展议程开始向人类发展倾斜。

从结构调整计划到扶贫减贫战略

此外，在詹姆斯·沃尔芬森行长的领导下以及专门研究不平等问题的首席经济学家约瑟夫·斯蒂格利茨（Joseph Stiglitz）和弗朗索瓦·布吉尼翁（François Bourguignon）的推动下，世界银行逐渐把扶贫减贫作为自己行动的中心。世界银行《2000~2001 年世界发展报告》（BANQUE MONDIALE，2001）是一个转折点。世界银行在报告中提出了一种多维度看待贫困的方法：衡量贫困线的将不再只是货币方式，而且包括了能力和权力等方面的内容。这些理论思考在各国制定和实施《减贫战略文件》时得到了最终的体现。

20 世纪 90 年代末还有一个特点就是出现了有利于穷人的增长以及解决人类贫困这样一些议题。联合国开发计划署 1997 年《人类发展报告》首次引入了人类贫困指数的概念，而 1998 年的报告则提出了有利于穷人的增长战略。《联合国千年宣言》以及被列入附录中的千年发展目标是理论界长期思考的一个结果，也是政治上走向成熟的结果：今后扶贫减贫将成为发展议程的核心——贫困不仅体现在货币收入上（目标一），而且还体现在机会/能力上（在卫生、教育、粮食安全和两性平等等方面的目标）。

法国的方法：扶贫减贫与不平等

不平等问题从来没有像现在这样真正成为国际社会协商一致的目标。法国的对外合作部门是个例外，它的议程同时把减贫与减少不平等作为自己的目标。在联合国千年首脑会议召开之前公布的一份工作文件中［法国外交部国际合作与发展司（DGCID），2001］，它清楚地在自己的方法中加入了经济学家在不平等问题上的一些最新理论研究成果，包括罗伯特·巴罗（Robert Barro）所揭示的不平等对于那些穷困国家经济增长所起的制约作用，菲利普·阿吉翁（Philippe Aghion）所提出的用再分配政策来纠正市场缺陷的主张以及弗朗索瓦·布吉尼翁（François Bourguignon）所坚持的向贫困家庭提供现金或实物援助等主张。法国对外合作部门的方法还借用了政治经济学理论，把政治因素也纳入其中，并把权力关系对一个国家内部国民收入分配的影响作为分析对象。由过去的法国外交部国际合作与发展司（DGCID）发起成立的 IMPACT 网络，长期以来一直是法国外交和欧洲事务部对贫困

与不平等问题进行思考和经验主义研究的地方，布鲁诺·廖什（Bruno Losch）在有关咖啡和可可行业的研究、让-弗朗索瓦·贝亚尔（Jean-François Bayard）对非洲现状的研究以及艾利斯·辛琴格（Alice Sindzingre）对非洲改革的政治经济学研究在这里都会被提及。

国际议程中的不平等问题

然而，尽管法国方面作了不少努力，但是不平等问题及其对经济增长和人类发展所产生的影响始终未能成为发展合作的一个中心议题。发展合作把优先目标放在了扶贫减贫和人类发展上。不过，这一问题如今成了人们探讨的核心，因为不平等的上升成了过去 10 年最突出的一个问题。经合组织 2011 年发表的一份名为《鸿沟耸立：为什么不公平仍在加剧》（Divided We Stand）的报告表明，所有经合组织成员国，甚至还包括大部分金砖集团国家——只有巴西和印度尼西亚例外，从用来衡量家庭收入不平等的基尼系数来看，在 20 世纪 90 年代初到 21 世纪 10 年代末，不平等现象都有所上升（见第一章图 2）。

经合组织成员国的不平等首先是由于劳动收入的不平等进一步增加而引起的[1]。至于那些新兴国家，该报告则指出，相关国家内部的收入差距自 1990 年以来迅速扩大，其中以中国（24%）和印度（16%）最明显，南非（4%）的程度略低，而印度尼西亚基本维持原状，只有巴西是在减少（-10%）：不过，巴西是迄今为止贫富差距最大的国家（10%

---

[1]　劳动收入的不平等是由工资的差距、工作时间（非全日制用工的数量剧增）的差距以及非经济活动率（失业率的增长）等因素所决定的。由于存在资金供应的问题以及保持竞争力的需要，累进税税率的下调以及社会福利政策的再分配只能部分改善各个家庭在最终可支配收入方面所存在的不平等。

最富裕人群的收入是 10% 最贫穷人群收入的 50 多倍，而这一数字在经合组织成员国的平均值为 9 倍）。

发展中国家所出现的这些变化很自然会引起人们就经济增长与不平等之间的联系重新展开探讨。这是传统的库兹涅茨（Kuznets）曲线（新兴国家还没有完全进入到增长进程的第二阶段，这一阶段的特征是人均国内生产总值的增长和不平等减少之间存在着关联）在起作用？还是外向型经济增长模式——这种模式被认为将长期压低实际工资以维持竞争力的差异——所导致的必然后果？

它们还重新激发了人们对不平等的测算并将其纳入发展议程等方面的探讨。自 20 世纪 90 年代以来，联合国开发计划署突破了只衡量绝对贫困的做法，推出了人类贫困指数，如今这一指数已被"多维贫困指数"（IPM）所取代。"多维贫困指数"用一种在能力剥夺方面的可量化方式对仅用货币收入不足来衡量贫困的方法进行了补充（它用 10 个基本指数来衡量三方面的贫困：健康、教育与生活条件）。2011 年《人类发展报告》除了对 109 个国家的"多维贫困指数"进行监测外，还对 66 个国家的国家等级以下的单位进行了监测，从而为衡量地区间的不平等提供了可能。

在 2006 年发表的《公平与发展》报告中，世界银行强调了在发展政策中更多体现公平的必要性。在一个不完善的市场中，财富的分配会影响到投资机会的分配和经济效益，会形成一些食利机会，并使一些行为体无法完全发挥自己的潜能。因此，国家可以发挥自身作用，或通过再分配政策，或通过一种增加经济机会、资产分配以及提高弱势群体的能力等长期政策，来达到弥补市场的缺失以及提高经济效益的目的。这一举措也将达到增强社会凝聚力的作用。报告并没有回避政治层面的问题，因为获得权力和政治表达方面的不平等将会助长食利行为，也会导致不平等的再现。

同样，经合组织发展中心的最新报告（2012）也认为，增强社会凝聚力是可持续发展的先决条件之一。报告承认了发展中国家在过去的十年间所取得的进步：83 个发展中国家人均收入的增长速度比经合组织成员国高出一倍，而这一数字在 20 世纪 90 年代仅为 12 个国家；50 个发展中国家人均国内生产总值的年增长速度超过了 3.5%。然而，报告同时指出，大多数发展中国家如今正面临着不平等日益加剧以及中产阶级在提高自身生活水平和在更公平分配国民收入方面的期望增加等问题。这一点体现在民众对自身生存条件的不满意度上，尽管他们在人均收入方面是有所提高的。在这方面，突尼斯的情况最为突出，过去十年间，尽管突尼斯的人均国内生产总值的年均增长率达到了 4%，但是民众的不满意度仍然很高。报告因此建议通过适当的财政政策来增强社会凝聚力，如就业政策、教育政策、社会保障政策，或者对过去那种偏向富裕阶层的补贴[例如，据国际能源机构（IEA）统计，2010 年各国化石燃料消费补贴高达 4500 亿美元]提出质疑。

我们可以希望这些研究以及对不平等问题的认识将使人们在"2015 年后"议程中还能考虑到绝对贫困以外的问题。事实上，越来越多的专家认为应当把相对贫困的量测指标纳入到这些指数当中（例如，联合国开发计划署就采用了可支配收入低于平均收入水平的人数比例这一量测指标）。正如经合组织所说的那样，这种方法将更容易，因为相关的目标和指数将不再只局限于那些在国家之间存在可比性的总体目标和指数，而是会有一些针对每个国家所制定的目标，并且还有特定的指数来监测各国与自己相比所取得的进步。

参考文献

BANQUE MONDIALE, 2001, *Combattre la pauvreté : rapport sur le développement dans le monde, 2000-2001*, Paris, Éditions Eska.

BANQUE MONDIALE, 2006, "Equity and development", *Rapport sur le développement dans le monde*, New York, Oxford University Press.

MINISTÈRE DES AFFAIRES ÉTRANGÈRES, 2001, *Lutte contre la pauvreté, les inégalités et l'exclusion*, document de travail, Paris, DGCID.

OCDE, 2011, *Divided We Stand. Why Inequality Keeps Rising*, Paris, Centre de développement de l'OCDE.

OCDE, 2012, *Perspectives on Global Development 2012: Social Cohesion in a Shifting World*, Paris, Centre de développement de l'OCDE.

第三章

樊尚·博内卡斯（Vincent BONNECASE）
国家科学研究中心，法国

认识世界的不平等：20 世纪出现的一种政治思想

生活条件指数虽然常常受到质疑，但它们是不平等问题的核心。对生活水平进行比较的历史表明，这些指数无疑有助于改变人们认识这个世界的方式并使人民的权利得到承认。量测数据将把所有的人放在同一个空间之内，因此它是一种能在力量关系重构进程中发挥影响的新型威慑武器。

对世界不平等进行量测、加强对它的认识，从历史的角度看这还是个比较新鲜的事。20 世纪上半叶，后来被称为"发展中国家的"大部分国家都处于一种被殖民状态，因此将欧洲民众或者原籍欧洲的民众的生活水平与非洲人或亚洲人的生活水平放在一起进行对比是不可能的，更不用说要缩小彼此在生活水平上所存在的差距了。因此，那些被殖民人口与那些非殖民者之间没有任何可比性可言。在各种殖民帝国内部，这种不可比的壁垒不仅表现在法律上，而且还表现在文明和种族上：白种人、黑种人和黄种人的需求是不相同的，他们的社会诉求也不一样。当然，自 20 世纪以来，国际统计数据的逐步发展为人们初步绘制世界生活水平的等级图提供了帮助。但是这一等级图"从地理上看只包含了那些文明国家"（Horvath，1972）。也就是说，它所涉及的主要是欧洲和北美国家，而从所谓的文明程度来看，这些国家都可以被归为同一参考空间类别。一些可对 19 世纪处于工业化进程中国家的社会生活水平进行对比的数据之所以能出现，这与那些旨在"治理苦难"（Procacci，1993）的社会立法的问世有着密切关系——而这些立法并不适用于殖民地。

本文的目的是对那些能将世界生活水平进行对比的做法在 20 世纪中叶问世的条件进行评估，尤其是关注两种因素在这一进程中所发挥的相互矛盾的作用：一是数据；二是种族范式。为此，我把关注重点放在那些反映法属非洲殖民地生活水平的第一批资料的产生过程上。从实际操作看，这些资料是如何完成的？殖民帝国是为了回应哪些内部和外部诉求？这些资料会有哪些政治用途？通过对这些问题的分析，人们会发现，当今人们围绕着世界不平等问题的测算方法所展开的种种辩论与 60 多年前的一些争议之间有着直接关系。

工业社会不平等的首次测算

19 世纪中叶以来，一些工业社会开始收集统计资料，以便用共同的标准来对不同民众的生活条件进行测算和对比。虽然最初这些数据主要来自一些学者、企业家和医生的个人行动，但是它们与后来一些国家相继实施的新的社会立法有关联。在英国，1834 年通过的《济贫法修订法案》使人们围绕政府治理贫困的问题展开了激烈的争议，因此在 19 世纪下半叶进行了多项大规模的调查，以便对英国一些大城市的贫困者人数进行估算。这些调查中最重要的几次分别是由查尔斯·布斯（Charles Booth）和本杰明·朗特里（Benjamin Rowntree）牵头组织的，正是这些调查最终使人们提出了"贫困线"这一概念：通过他们的调查，人们发现贫困是一个可以用量化阈值来分类的问题，这种分类可将不同地区的贫困程度进行对比（Carré et alii Révauger，1995）。

　　在法国，类似的调查也在工人阶层同时展开，而 1841 年通过的第一批社会立法正是为了遏制工人阶级的苦难而出台的。用弗雷德里克·勒普莱（Frédéric Le Play）的话来说，这些调查的目标之一就是"能对不同的地方和不同的人进行对比"——19 世纪下半叶，有关工人生存条件的一系列专题研究基本上出自弗雷德里克·勒普莱之手（Le Play，1879）。

　　这一研究行动虽然导致德罗西埃（Desrosières，2008）今天所说的社会不平等这一概念的出现，但是这种不平等主要还是从同一个国家的角度来审视的：它们所面临的是同一种援助和框架机制。诚然，人们已经开始见到一些对不同国家进行对比的例子，尤其是勒普莱（Le Play，1879；Rowntree，1910）所做的研究，或者是在第一届国际统计大会框架下所进行的一些研究——19 世纪下半叶人口学、卫生或劳动领域的不同专家都参加了此次会议（Brian，1989）。尤其是失业数据的出现——从 19 世纪 80 年代开始，失业逐渐取代贫穷，成了工业社会里公共行动的一个门类（Topalov，1994）——使人们可以就此进行一些国际性的对比：对比的内容既可以是失业本身，也可以是为解决失业问题而采取的政策。然而，直到 20 世纪初，这种有关生活条件的比较研究的方法依然十分少见。

　　在国际联盟和国际劳工局的影响下，这种对生活条件的国际对比在介于两次世界大战期间的这一时期内变得日益正规。这些机构拥有各国政府所提供的大量定量数据——出于政治目的需要，各国政府会定期收集这些资料，而且这些资料的收集不一定会遵循相同的方法框架。国际联盟的目标之一是推动标准化的实现：标准化不仅可以通过各种统计数据对各国现

实情况进行对比，还可以对各国当局的管理方式进行对比。这一点似乎显得尤为重要，因为在 20 世纪 30 年代，经济危机导致了大多数工业化国家生活条件的恶化。1932 年，国际劳工组织在对欧洲和美国 15 座城市中工人阶层所进行的一系列调查的基础上，开展了一项名为"生活成本国际对比"的研究。1935 年，国际联盟的卫生委员会推出了一项评估全球营养状况的计划，制定了有关热量和营养需求的全球性标准，并颁布了一些旨在统一调查方法的指令。1938 年，国际劳工组织也开展了一项名为"劳工生活标准"的新研究，国际劳工组织首次在生活标准方面提出了"一些被人们所广泛接受的客观标准"（Vincent Bonnecase，2011）。

　　此类测量和对比行动虽然有助于勾勒出世界的不平等状况，但是它们大部分依然局限于白种人和文明世界，被殖民者则全部被排除在这个共同的参照空间之外。值得注意的是，在国际劳工组织或国际联盟的讨论中，每当谈及介于两次世界大战之间的非洲时，人们所关注的并不是这里的生活条件和社会立法，而是会更多地关注非洲所独有的问题，特别是奴隶制和强迫劳动（Cooper，2004）——这些长期存在的现象是国际机构最担心的议题之一。相反，每当谈及健康、饮食条件或死亡率的变化等话题时，相关的讨论则主要集中在发达国家身上。事实上，殖民地管理当局在这些问题上很少有具体的数据资料。改善被殖民者的生活条件，这一话题虽然长期以来一直被用来为殖民统治的实施辩解，但它既无法得到衡量，也从未得到过证实。用来为此作证明的并不是什么统计数字，而只是一些影像资料，如开设诊所、学校或农田的开发整治等。虽然殖民统治者在对自己统治地的日常管理中也会产生大量的统计数据，但这些资料所反映的主要是殖民统治本身的成果，而不是被殖民者的生活条件。比如，所统计的是在诊所接种疫苗或接

受治疗的人数、某一地区的粮食总产量、在校儿童的人数等，总之它们所体现的都是殖民者所提供服务的成果。然而，这些数据很少能够反映出殖民地内民众的真实生活情况。没有一个殖民统治者能说清楚自己殖民地内的人民吃得比欧洲人差多少，死得比他们早多少。直到 20 世纪 40 年代初，欧洲与非洲这两个地区之间的不平等从来就没有成为量测对象，因为这根本就是两个不同的世界。

动员和统计知识的国际化

　　第二次世界大战结束后，由于各种不同行为体同时发难，殖民帝国经历了一场统治合法性的危机，这些行为体既包括刚刚问世的联合国机构，也包括殖民地内被动员起来的民众。20 世纪 30 年代末，法属非洲和英属非洲殖民地先后出现了大罢工。这些罢工促使大英帝国于 1940 年通过了《殖民地发展和福利法》，这是殖民政策的真正突破。在此之前，殖民地民众生活条件的改善只能依靠地方财政的力量，而此后它将被纳入宗主国公共投资的范畴。在法兰西帝国，随着 1946 年"经济和社会发展投资基金"的设立，类似的突破终于得以实现，而此时的法属殖民地也因为新一轮的抗议活动而处在风雨飘摇之中（Cooper，2004）。

　　制度改革与社会动员相互结合，从根本上改变了帝国内人们对于生活条件的认识。一方面，那些规定了在宗主国与殖民地之间建立转移支付政策的新法律，使得管理当局以及公共舆论更多地关注到双方在经济和社会领域所存在的种种差异；另一方面，殖民地内那些为了改善生活条件而被动员起来的民众，也开始知道将自己的生活条件与宗主国国内民众的生活条件进行对比。例如，法属西非的铁路工人——他们的大罢工是对第二次世界大战后殖民地联邦造成重大打击的罢工之一——所要求的就是要享受与法兰西帝国员工同等的工作条件和工资标准。正是在生活条件认知上所存在的殖民"差异主义"成了此类冲突的核心。

　　在帝国内部民众被动员起来的同时，这些殖民帝国还受到了来自外部的挑战，其中最主要的策动者就是新成立的联合国。在第二次世界大战结束后，在一向反对殖民主义的苏联和美国的影响下，尤其是在那些刚刚获得独立的前殖民地的影响下，联合国迅速成了一个反对殖民统治的场所。虽然当时的批评主要集中在被殖民地人民的法律地位及其被排除在政治领域之外等问题上，但这些批评也会涉及生活条件的问题。1945 年 1 月通过的《联合国宪章》规定："联合国各会员国，于其所负有或承担管理责任之领土，其人民尚未臻自治之充分程度者，承认以领土居民之福利为至上之原则，并接受在本宪章所建立之国际和平及安全制度下，以充分增进领土居民福利之义务为神圣之信托……在不违背安全及宪法之限制下，按时将关于各会员国分别负责管理领土内之经济、社会及教育情形之统计及具有专门性质之情报，递送秘书长，以供参考。"[1] 按照这一条款——它本身就体现出战后所蓬勃兴起的"发展理念"（Rist，1996），殖民宗主国必须用数字来证明它们拥有改善殖民地人民社会和经济条件的嗜好。

　　在政治上对世界各地，尤其是对殖民地的生活条件进行重新审议的同时，一些国际组织内部也开始为新评估标准的出台做着相关技术准备。每一个专业机构都在各自的领域展开了标准化行动。例如，联

---

① 《联合国宪章》，第七十三条。

合国粮农组织在 1946 年推出了第一个大规模的"世界粮食调查",并且在三年后成立了"热量需求委员会",该委员会负责重新审定第二次世界大战前国际联盟所设置的最低口粮标准——不过,这些标准在此之前通常只适用于欧洲和北美人口。这一行动的优先目标是在那些迄今还没有任何数据的地区收集粮食方面的标准化数据。现在回过头去看,我们才发现当年我们在谈及 20 世纪 30 年代的营养不良和营养失调

时,几乎只是会想到"东欧和东南欧国家",因为博斯普鲁斯海峡似乎是当时的知识界所能看到的最远边界(FAO,1955)。如今,人们有关粮食不平等的心理空间包含了全部非欧洲人口。

从更广的意义上来看,对全世界的生活水平进行量测成了各个国际组织所讨论的话题。为此,联合国大会 1949 年通过了第一份决议,要求联合国经济及社会理事会"根据需求被满足方面一些全球公认的

图 1	从国际层面测算生活水平

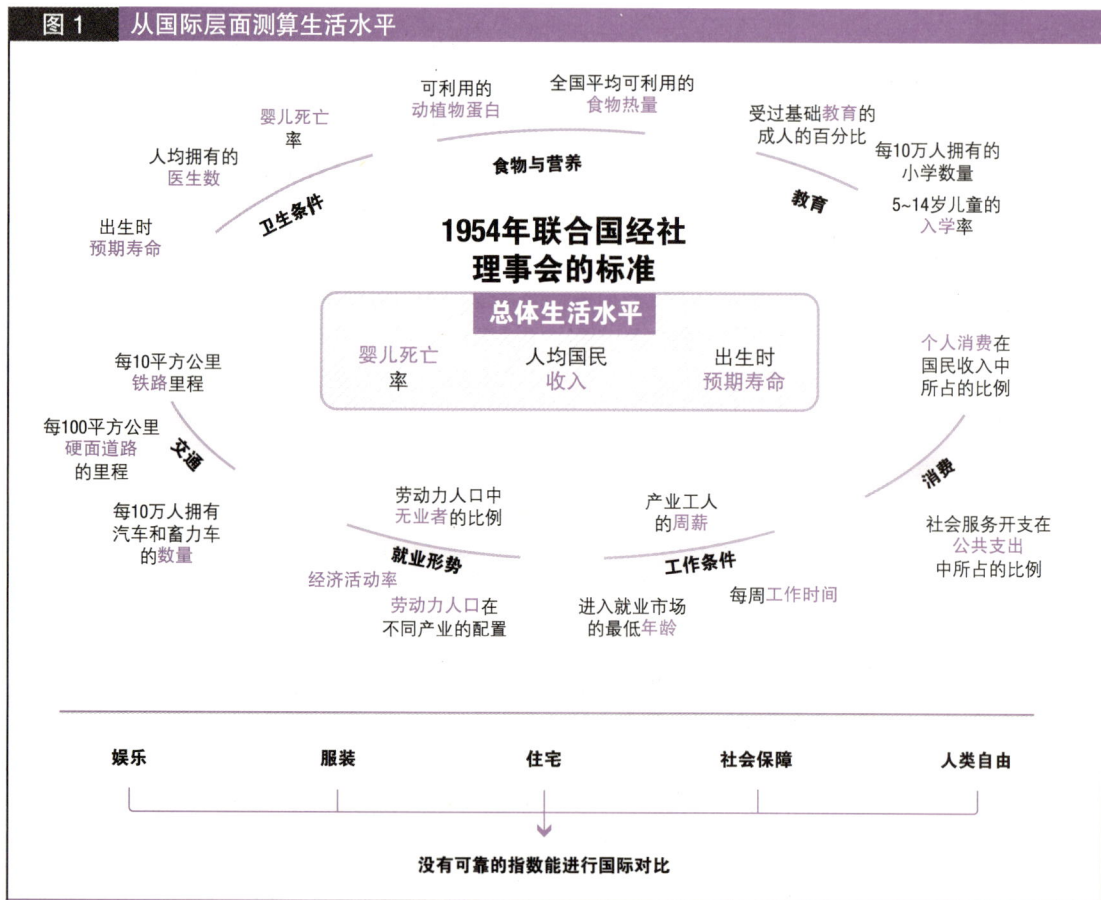

资料来源:联合国经济和社会理事会:《国际生活水平的定义与测量》,纽约,1954。

说　　明:用生活水平指数将世界各国进行对比还是一种新近才出现的做法。20 世纪 50 年代初期的试验表明,将全部生活因素都作为考虑对象的目标由来已久,但是它面临着缺乏可靠的测算方法和统计工具等问题。

量化指数"来对世界社会形势作出评估。三年后，联合国大会又通过了第二份决议，要求起用"合适的统计手段和技术，以便为相关统计资料的收集和利用提供最大便利，从而使联合国秘书处能定期公布年度报告，用精确的数字来反映各国在生活条件方面所取得的变化"（BONNECASE, 2011）。此举是要把世界上所有的人都纳入同一个参考空间，从而可以对彼此的差距进行对比和测算，人们将因此不仅可以讨论生活条件，而且还可以谈论生活水平。

这一切使联合国经济和社会理事会在 20 世纪 50 年代初成立了一个专家委员会，主要负责思考"国际生活水平的定义与评估"的问题。该委员会主要由一些经济学家和人口学家组成，同时包含了诸如法国的路易—约瑟夫·勒布雷（Louis-Joseph Lebret）之类的人：这些人一直在致力研究不同国家的贫困问题，他们今后将把研究重点放在国际层面的生活水平不平等上。这个专家小组的工作出现了许多争议。其中最主要的一个是"采用生活水平单一指数是否合适"，因为"使用统一、通用的价值系统"很可能会使西方所取得的技术进步在国际上反而处于一种不利地位。婴儿死亡率和预期寿命也出现在了其中，尽管长寿不一定能反映卫生质量的水平。但是，最具有统计价值的还是人均国民收入，因为它被看做是"对生活水平起决定作用的较全面的指数"，尽管"在反映世界各地生活水平差异方面，它可能会导致错误结论的出现"，因为"有一部分非商品化的产品和服务并未被纳入统计范畴"（联合国经济和社会理事会，1954）。

这些争议令人感兴趣之处在于：它们为后来出现的一些争论埋下了伏笔，尤其用来测算福利水平的为何主要是一些生产性指数，以及使用一些全球性指数，而不考虑不同的人们对自身生活条件的感受来衡量不同的人群的做法是否合适等（Destremau et alii

Salama, 2002），这样一些争论远远不是最近 20 多年才出现的，它们贯穿从国际层面对生活水平进行测算的整个历史过程。

编制统计数据

国际层面对统计数据的需求对于某一地方来说，就意味着要在殖民地内部就生活水平展开多次调查，而这有时会引起一些殖民管理者的阻挠。这些管理者最初愿意负责展开调查，但此后往往不愿意将这些统计数据提交给国际层面。我们不妨以法属西非的粮食状况为例子来加以说明，该地区所进行的第一次营养学研究由一个主要由军医或军队药剂师所组成的名为"人类学使团"的新机构来承担。20 世纪 40 年代下半叶，他们在法属殖民联邦的多个殖民地内进行了大规模的调查，如对各家的饭菜进行实地观察，并对他们所吃的食物称重。这是法国政府第一次按照明晰的程序和方法对非洲城市和乡村的热量和营养摄入进行数字化统计。然而，潜藏在这种创新型研究背后的是这样一种有关人种的假设，即"非洲人和欧洲人不一定具有相同的生理需要"。当调查发现被调查者用计算标准来看并不存在太多营养缺乏的问题时，人们便据此得出"黑人的身体机制不同（于白人）这样一个假设"（Pales, 1954）。调查人员试图用某些营养素的特殊作用来验证这一假设，结果均未获得成功，最终只能得出人类生理特征的一致性。

尽管存在着这样一些预设的假定，但调查并没有发现非洲民众存在特别的营养问题——这个问题在当时还不怎么明显。调查结果显示，从全年的角度看，非洲人的平均热量摄入是足够的，尽管不同地区和不同时间段之间存在着巨大差异，在青黄不接的季节，人们的消费量急剧下降，尽管这是一个众所周知的现象，但回过头看，它似乎被人们所低估了。营养不足还存在着质量的问题：用联合国粮农组织营养学家所认为的正常需求量来衡量，这个问题相对来说是很严重的。在殖民当局看来，这些结论很难作为论据，其中最重要的原因在于这些调查的数量十分有限，由此所得出的结论将难以适用于整个西非地区。此外，在那些调查者看来，被调查对象对其所表达出来的强烈不信任感也会使调查的价值出现偏差：如果调查所反映的营养摄入量过低，那很可能是被调查者隐瞒了部分食物来源；相反，如果调查结果显示营养摄入量过高，则很可能是被调查者在故意夸耀自己的财富（Bonnecase，2009）。

这种对食物摄入进行量化的进程到了20世纪50年代仍在继续，但是参与者却是新的。过去殖民地所进行的研究几乎被殖民当局所垄断，此后它们逐渐让位给营养师、社会学家或专业的经济学家。一些新的机构逐渐在有关生活水平的知识建构中取得了核心地位，尤其是创建于1944年的法国发展与合作研究院（ORSTOM）以及创建于1946年的法国统计及经济研究所（INSEE）。调查方法也在发生变化，特别是抽样调查技术的运用。1957年，在西非法语区进行了首次大规模针对饮食问题的概率抽样调查。此后，随着"营养委员会"在第二次世界大战后的建立，类似的研究活动也在英属殖民地展开。20世纪50年代末，与此后的情况相比，当时的非洲还不能算是一个饥荒的大陆。与十年前相比，如今部分非洲人所面临的营养不良和营养失调问题更加令人关注，相关的数据也更加详尽（Bonnecase，2011）。

随着人口和儿童死亡率等关键指标越来越受到国际组织的重视，在对健康水平的认识方面也出现了类似的变化趋势。第二次世界大战刚刚结束时，殖民管理当局在这个问题上所拥有的综合数据还非常有限，当时的人口数据主要来自各地行政管理部门为了征税而展开的定期普查。除了与实际情况相比存在着巨大的偏差——民众发明了许多策略来应对调

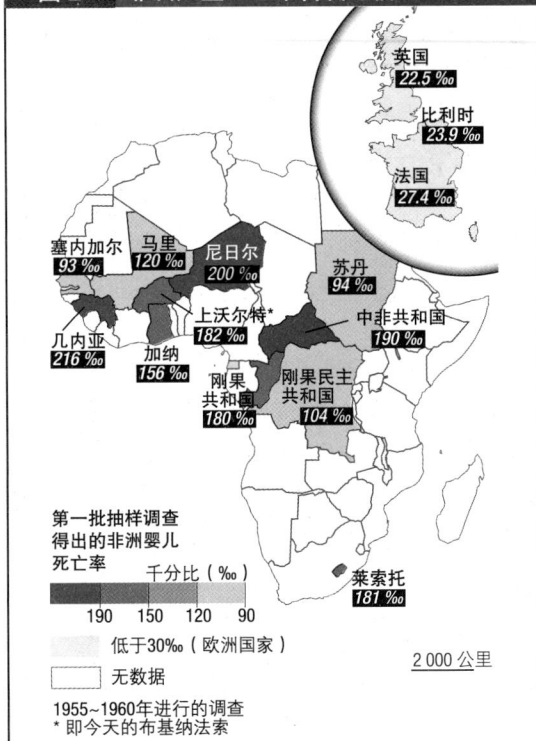

图2 非洲儿童死亡率首次评估

英国 22.5‰
比利时 23.9‰
法国 27.4‰

塞内加尔 93‰
马里 120‰
尼日尔 200‰
苏丹 94‰
上沃尔特* 182‰
中非共和国 190‰
几内亚 216‰
加纳 156‰
刚果共和国 180‰
刚果民主共和国 104‰
莱索托 181‰

第一批抽样调查
得出的非洲婴儿
死亡率
千分比（‰）
190 150 120 90
低于30‰（欧洲国家）
无数据
1955~1960年进行的调查
* 即今天的布基纳法索

2 000公里

资料来源：非洲经济委员会：《非洲的死亡率：水平、特点和发展趋势》，非洲人口大会，阿克拉，1971年12月。

说　明：20世纪50年代开始，在撒哈拉以南非洲地区进行了第一次人口抽样调查，主要是对婴儿死亡率进行统计调查。尽管其中存在着一些不确定性，但是调查结果显示非洲在这方面与世界其他地区存在明显的差异，如非洲儿童的死亡风险要比欧洲儿童高出三至十倍。

查人员——之外，这些统计数据在反映生活水平方面也没有多少实际意义。在介于两次世界大战期间的年代里，殖民管理者之所以会关注"非洲人口减少"的问题，这主要是因为这个问题已被看成是开发非洲大陆的一个障碍——法兰西帝国将此称为"黑种人的衰亡"（Conklin，1997）。

到了20世纪50年代，人口学家才在非洲进行第一次大规模的人口调查。在法兰西帝国，政府于1950年下令对每一块领地进行全面调查，不仅要

研究人口的增长是否与"工业的起步"兼容，而且还要对"卫生条件的改善和生活水平的提高"进行评估（Bonnecase，2011）。法国统计及经济研究所（INSEE）的调查人员所进行的人口抽样调查则第一次构建了反映全部殖民地的综合资料。当然，在这些数据的设计者眼里，这些结果具有很强的随意性，这既与调查过程中所遇到的实际困难有关，也与民众对此类统计行动的不信任有关。但是这些数据，尤其是有关婴儿死亡率的数据，仍有助于人们勾勒出一个健康水平排行榜，非洲地区今后将在这一排行榜中拥有一席之地。在没有新的替代数据出现的情况下，它们一直被国际机构视为权威资料，直到20世纪70年代非洲大陆举行第一次全面人口普查为止。

国民收入是帮助将殖民地纳入第二次世界大战后生活水平调查范畴的第三个基础调查项目。这方面资料的缺乏并不是殖民地所独有的特征：在工业化国家，直到20世纪30年代或40年代，公共权力机构才定期对国民收入进行统计，此时这些国家都根据凯恩斯的理论在制定自己的经济政策（Vanoli，2002）。在美国，参议院在1934年才首次要求在那些为应对经济危机而采取的新投资政策的框架下进行"国民收入预估"；在英国，这方面的系统计算则始于1941年，主要是为了使战争努力更加合理化；在法国，这方面的变化则要晚得多，直到1945年的"规划委员会"以及1946年的法国统计及经济研究所建立之后，现代国民经济核算体系才得以问世（Desrosières，2003）。在殖民地内，第一次对国民收入进行核算与那些积极的投资政策的推出有着密切关系，这些投资政策的制定和实施都离不开宏观经济方面的一些新数据。这其中还体现着这样一种愿望，即"通过对现有的数据资料进行分析，从而得出一个属于每一领地、每一年的独有数字，这个数字就是欧洲国家通常所说的'国民收入'"，并以此来对这些政策在"生活水平提高"方面的影响进行评估（法国海外领地部，1955）。

殖民地的第一次国民收入统计，在英属非洲和法属非洲分别是在1948年和1951年进行的。统计人员——他们通常来自英国的中央统计署以及法国统计及经济研究所——致力于在海外领地执行已经在宗主国通行的会计制度。不过，他们对于自己预期成果的价值仍然十分谨慎，其中的原因，一方面是因为他们计算所使用的生产数据本身的有效性是存在问题的——这些数据的产生将取决于殖民管理当局所提供的物质条件；另一方面是因为"生产的界限"本身就很难作出界定（Jerven，2009）。换句话说，在要不要把这个行业或那个行业——尤其是本土经济中那些无货币交易的行业——纳入计算范畴这一问题上，人们很难达成一致。此外，应当如何来看这个测算出来的总量也是一个有争议的问题。虽然人均国民收入能够用具体数字反映出殖民地人口的生活水平，但是统计人员对于这种解读方式以及"由此而产生的国际对比"存有高度异议，因为不同国家在测算条件方面是千差万别的（Courcier、Dubois et alii Fabre，1958）。当然，在联合国指导下，相关的统一协调行动曾在20世纪50年代展开（联合国统计局，1957）：它们为在接下来的十年中制定"适用于发展中国家的《国民核算手册》"奠定了基础（Courcier et alii Le Hegarat，1963）。但是，在经济主体的分类、非商品化经济活动的货币转录系统、这些经济活动是否要被纳入测算当中及其纳入方式，尤其是在对生产进行评估时所依据的经验主义资料等，在这一系列问题上不同国家之间仍存在许多分歧（Courcier et alii Ady，1961）。

这些测算国民收入的条件并不会阻碍它们在测算完成后摆脱其设计者之手，并把本地的真实情况通报给国际机构。与那些有关饥荒或婴儿死亡率的统计

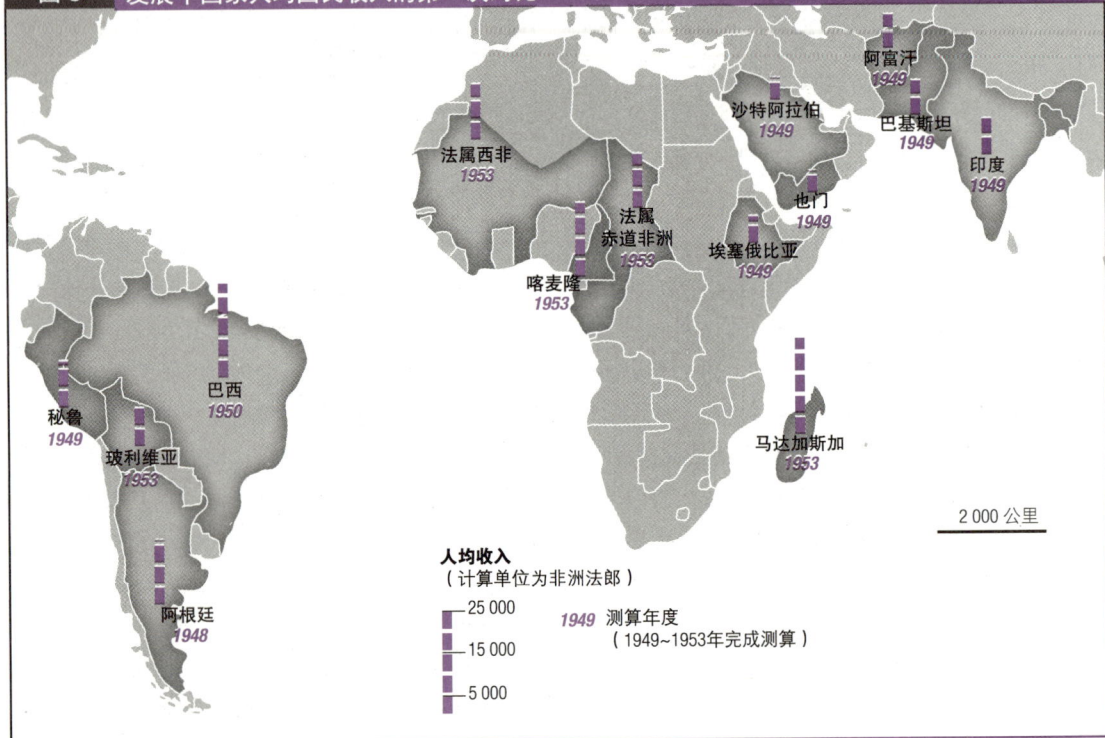

图 3 发展中国家人均国民收入的第一次对比

阿富汗
1949

沙特阿拉伯
1949

巴基斯坦
1949

法属西非
1953

印度
1949

法属
赤道非洲
1953

也门
1949

喀麦隆
1953

埃塞俄比亚
1949

巴西
1950

秘鲁
1949

玻利维亚
1953

马达加斯加
1953

阿根廷
1948

2 000 公里

人均收入
（计算单位为非洲法郎）

25 000

15 000

5 000

1949 测算年度
（1949~1953年完成测算）

资料来源：法属西非财政总局：《达喀尔对已知数据汇总以用于法属西非地区国民收入的测算》，1953。
说　　明：对收入的测算和对比虽然有助于认清世界上的不平等，但也增强了这样一种想法：追赶发达国家应成为一切发展政策的核心。

数据一样，它们使殖民地民众正式进入了国际生活水平的排行榜，并把他们和非殖民地的民众作为统一体。在"发展"这一棱镜之下，它们能体现出殖民地的变化程度。这些殖民地虽然始终处于相对劣势，但今后它们将可能拥有与发达国家同样的社会和经济未来。当殖民地与非殖民地之间的差距变得可衡量后，人们同时会想到它也是可以弥补的。

探讨帝国背景下的不平等

刚刚所说的这些数据，除了测算时所需的技术条件之外，还具有突出的政治意义。它们的作用不仅仅在于揭示出相关殖民地的食品、健康和社会经济问题，而且还有助于构建出一个新的认知框架，这个认知框架不仅可以反映全球的不平等现状，而且还可以用来表达人们对于平等的诉求。

这方面的诉求首先通过一些新的国际维权行动表达出来，尤其是在 20 世纪 50 年代开始兴起的"第三世界运动"。"第三世界"这个词最早是 1952 年由法国人口学家、经济学家阿尔弗雷德·索维（Alfred Sauvy）发明的，"第三世界在这里是被剥削、被蔑视的代名词"，但它也"想出人头地"（Sauvy，1952）。这种思想与那些对其产生影响的经济理论和政治斗争一起，首次用具体数字揭示出了"第三世界"和"发达世界"之间的不平等。例如，在粮食这一具有象征意义的领域，20 世纪 50 年代就出现了"全球饥荒"这样的概念：它所指的是要对全球的饮食和营养水平进行对比。巴西地理学家若苏埃·德卡斯特罗（Josué de Castro）最早开始撰写这方面的著作，他所走过的轨迹最能说明问题：在对 20 世纪 40 年代困扰巴西的食物短缺问题进行研究之后，他在 50 年代根据统计资料绘制出了一幅"（全球）饥荒地缘政治图"（Castro，1951）。这些统计资料成了接下来十年中许多国际运动的参考标准。

20 世纪 50 年代，有关生活水平的知识在殖民帝国内部为一些政治行为体展开无休止的讨论——有时是敌对性的——提供了新机会。从殖民宗主国政府的角度来看，它们通常会成为在殖民地实施新投资政策的一个合法依据。例如，正是通过对国民收入的测算才使得用具体数字来计算"殖民统治所带来的总体进步"成为可能，不管这些数据的技术质量如何。在法兰西帝国，20 世纪 50 年代非洲经济所出现的快速增长既会被殖民当局看成是"在法国的努力下，殖民地生活水平大幅提高"的证明，同时也会鼓励其"在殖民地继续实行过去十多年来的发展政策"。当然，非洲领地上的人均收入通常还呈现出"不发达国家的特征"，但是其他一些国家，包括那些在国际机构内反殖民主义态度最为强烈的国家，也都未能走出不发达的状态，甚至情况还要更加糟糕（法属西非总督府，1953）。

相反，在殖民地内那些被动员起来的工会或政党看来，这些有关生活水平的新知识恰恰能说明殖民帝国内仍有许多民众依然生活在贫困状态，甚至会对"殖民成就"的想法提出质疑。在法兰西帝国，新当选的非洲议员会在国民议会内提出"殖民领地内人

们每日的口粮往往低于 2000 卡路里"，或者"殖民领地内婴儿死亡率在 25%~50%，而这一数字在欧洲仅在 4% ~7%"这样的论据来批评生活条件改善方面所存在的不足。在殖民地内，工会组织也会依仗手中所掌握的数据来批评这样一种反差巨大的现状，"一方面是帝国主义的资产阶级过着奢侈的生活……另一方面则是殖民地内绝大多数民众依然生活在贫困当中"（Bonnecase，2011）。在同一殖民地内，新知识的出现也使过去从未测算过的差距成了可量化的对象。在法属西非，人们根据国民收入的数据测算出了"生活水平"：在整个殖民联邦内，"白人"的平均生活水平大致是"黑人"的 40 倍，而且"那些现代行业的收入主要进入了前者的腰包……而混合和传统行业的收入则主要落入后者之手"（Capet et alii Fabre，1957）。最终，殖民地内出现了一种有关公正的新表述：长期以来，有关殖民地社会形势的知识主要建立在这样一种想法的基础之上，即被殖民人口与非被殖民人口之间存在着一种天然差别，因此两者之间并不会因为统计数据的出现而变得平等，这种不平等不仅表现在政治权力和法律地位上，而且还表现在生存条件上。

结论

阿兰·德罗西埃（Alain Desrosières，2008）在《统计参数》中解释说："设定并建立起一个能用于量化和测算的等价空间，既是一个政治行为也是一个技术行为。说它是政治行为，是因为它改变了世界：将贵族和平民进行对比预示着 8 月 4 日之夜①；将黑人和白人进行对比导致了奴隶制的废除；将女人和男人进行对比导致了真正意义上的普选，妇女从此有了投

---

① 1789 年 8 月 4 日晚，法国国民议会提议废除封建特权，次日制宪会议颁布了"废除封建制的法令"。——译者注

票权。"毫无疑问，本文中说到的这些统计知识即使不能说直接改变了世界，至少可以说它们有助于改变人们对世界的认识。但我们也无需因此而过于看重这些统计知识，至少不能把它们看成是导致政治转型的诱因。说到底，它们不过是力量重新格局过程中的一种新型的谈判武器，它们本身并不会导致不平等格局的变化。

最后，我们要提出这样一个问题：从当代有关衡量世界不平等的争议这一角度看，这一故事能告诉我们一些什么呢？第一个教训，围绕着"好指数"——尤其是应当赋予生产标准的地位——而产生的争议并不是在 20 世纪 90 年代随着人类发展指数的问世而产生的，也不是在进入 21 世纪之后随着有关"衡量经济和社会成就"想法的出现而出现的(Fitoussi、Sen et alii Stiglitz，2009)，早在 20 世纪 50 年代，它们就是国际社会围绕生活水平的定义和测量而展开的辩论的一部分。第二个教训，这些有关世界生活水平的第一批统计资料在被使用时似乎并不会太多地考虑它们形成过程中的物质条件，这一点也预示着一些更新的现实：虽然有关贫困的一些现代统计——无论它们来自南方国家还是北方国家——有时看起来像是"造假的结果"(Lorraine Data，2009)，但是这并不妨碍它们反映出现实情况，也不妨碍它们参与对这些现实的管理或对其提出质疑。第三个教训，这些有关世界生活水平的第一批统计资料有助于建立起一个共同的"可能性空间"，这一事实或许会使其所承载的规范意义，甚至使其可能存在的压制作用发生些许变化。我们虽然看到"发展"在第二次世界大战后的兴起通常会被看做是一种权力机制的兴起，越来越多的民众被迫接受从西方历史中借鉴而来的社会和经济轨迹(Escobar，1995)。但是，从历史角度看，这些统计资料也使那些迄今受种族统治之苦的民众获得了表达自己基本诉求的方式，即能被看成与其他人一样，甚至能与其他人一样被量测。

参考文献

BONNECASE V., 2009, « Avoir faim en AOF. Investigations et représentations coloniales (1920-1960) », *Revue d'histoire des sciences humaines*, n° 21, p. 151-174.

BONNECASE V., 2011, *La pauvreté au Sahel. Du savoir colonial à la mesure internationale*, Paris, Karthala.

BRIAN É., 1989, « Statistique administrative et internationalisme statistique pendant la seconde moitié du XIXᵉ siècle », *Histoire et mesures*, IV-3/4, p. 201-224.

BUREAU STATISTIQUE DES NATIONS UNIES, 1957, « Méthode d'évaluation du revenu national », *Études méthodologiques*, série F, n° 8, New York, Organisation des Nations unies.

CAPET M. et FABRE R., 1957, *L'économie de l'AOF depuis la guerre*, Paris, Imprimerie Guillemot et de Lamothe.

CARRÉ J. et RÉVAUGER J.-P., 1995, *Écrire la pauvreté. Les enquêtes sociales britanniques aux XIXᵉ et XXᵉ siècles*, Paris, L'Harmattan.

CASTRO J. (de), 1951, *Geopolítica da fome*, Rio de Janeiro, Casa do Estudante do Brasil.

CONKLIN A., 1997, *A Mission to Civilize. The Republican Idea of Empire in France and West Africa, 1895-1930*, Stanford, Stanford University Press.

CONSEIL ÉCONOMIQUE ET SOCIAL DES NATIONS UNIES, 1954, *La définition et l'évaluation des niveaux de vie du point de vue international*, New York, Organisation des Nations unies.

COOPER F., 2004, *Décolonisation et travail en Afrique*, Paris, Karthala.

COURCIER M. et ADY P., 1961, *Les systèmes de comptabilité nationale en Afrique*, Commission de coopération technique en Afrique au sud du Sahara, en collaboration avec l'OECE.

COURCIER M., DUBOIS G., FABRE R. *et alii*, 1958, *Comptes économiques 1951-1956. Compte-rendu sommaire de travaux effectués depuis 1951, concernant certains États d'Afrique et de Madagascar*, Paris, Service statistique de la France d'Outre-mer.

COURCIER M. et LE HEGARAT G., 1963, *Manuel de comptabilité nationale pour économies en voie de développement*, Paris, ministère de la Coopération, Centre de documentation.

DESROSIÈRES A., 2003, « Naissance d'un nouveau langage statistique entre 1940 et 1960 », *Courrier des statistiques*, n° 198, p. 41-52.

DESROSIÈRES A., 2008, *L'argument statistique. Pour une sociologie historique de la quantification* (tome 1) et *Gouverner par les nombres* (tome 2), Paris, Presses de l'École des Mines.

DESTREMAU B. et SALAMA P., 2002, *Mesures et démesure de la pauvreté*, Paris, PUF.

ESCOBAR A., 1995, *Encountering Development. The Making and Unmaking of the Third World*, Princetown, Princetown University Press.

FAO, 1955, *Unis contre la faim. Dix ans de coopération internationale pour libérer le monde du besoin. Québec 1945-Rome 1955*, Rome, FAO.

FITOUSSI J.-P., SEN A. et STIGLITZ J., 2009, *Rapport de la Commission sur la mesure des performances économiques et du progrès social*, Paris, ministère de l'Économie, de l'Industrie et de l'Emploi.

GOUVERNEMENT GÉNÉRAL DE L'AOF, 1953, *Essai de récapitulation des éléments connus à Dakar pour servir à un calcul du revenu national de l'AOF*, Dakar, Direction générale des Finances.

HORVATH R., 1972, « Le concept de statistique internationale et son évolution historique », *Revue internationale de statistique*, vol. 40, n° 3, p. 281-298.

JERVEN M., 2009, "The relativity of poverty and income: how reliable are African economic statistics?", *African Affairs*, 109: 77-96.

LE PLAY F., 1879, *La méthode sociale*, Tours, Alfred Mame et fils.

LORRAINE DATA, 2009, *Le grand trucage. Comment le gouvernement manipule les statistiques*, Paris, La Découverte.

MINISTÈRE DE LA FRANCE D'OUTRE-MER, 1955, *Essai de détermination du revenu national des principaux territoires d'outre-mer en 1947 et en 1953*, Paris, Direction des Affaires économiques et du Plan.

PALES L., 1954, *L'alimentation en AOF. Milieux, enquêtes, techniques, rations*, Dakar, Mission anthropologique de l'AOF.

PROCACCI G., 1993, *Gouverner la misère. La question sociale en France (1789-1848)*, Paris, Le Seuil.

RIST G., 1996, *Le développement. Histoire d'une croyance occidentale*, Paris, Presses de Sciences Po.

ROWNTREE B., 1910, *Comment diminuer la misère. Études sur la Belgique*, Paris, Giard et Brière.

SAUVY A., 1952, « Trois mondes, une planète », *L'Observateur*, n° 118, p. 14.

TOPALOV C., 1994, *Naissance du chômeur. 1880-1910*, Paris, Albin Michel.

VANOLI A., 2002, *Une histoire de la comptabilité nationale*, Paris, La Découverte.

不平等的国际统计：政治与空间的建构

伯努瓦·马丹（Benoît MARTIN）
巴黎政治研究所，法国

本文旨在从时间和观念的角度对于不平等的国际统计的出现过程进行梳理。我们将重申在对不平等量化时最常用的一些统计资料——如人均国民收入或基尼系数等——所存在的局限。我们将介绍几种在过去 20 多年间出现的替代做法，最后再介绍地理学对于不断发展中的统计资料库所做的贡献。

国民经济核算（comptabilité nationale）及其在反映国内不平等方面的局限

那些能对不同国家进行对比的经济数据通常出自国际组织之手。这些数据的基础资料则是由各国的一些官方机构提供的：国家统计局、各部委、政府的各个委员会和专门机构。国民总收入（GNI）或国内生产总值（GDP）等经济统计数据所记录的是一个国家一年内所销售的商品和服务所产生的市场增加值（前者是以国籍为基础的，后者则是以国土为基础的）。这些数据通常会被用来比较各国之间的不平等，它们告诉人们的是经济实力方面的不平等。通过一个简单的人均分摊，国民总收入就可以用来对人均的收入进行对比。"计算单位"由国家变成了个人，但是这一比率完全掩盖了一个社会内部的不平等。

事实上，国民总收入和国内生产总值在设计之时并不是为了用来量化不平等的。作为人们所说的国民经济核算的核心，它们是 20 世纪 40 年代初在美国、之后在欧洲被研究人员作为一种管理工具和对短期的经济流量（以及产值的增加量，而在 20 世纪 30 年代和 40 年代的背景下，产值也可能出现收缩）——正如托马斯·皮凯蒂（Thomas Piketty）在本书第二章所指出的那样——进行预测的工具而被开发出来的。这些工具最初是凯恩斯主义方法的一部分，在凯恩斯主义方法中，国家是经济的主导（Vanoli，2002）。今天的国民总收入由一整套健全而规范的统计数据所构成，大部分国家按照每一季度定期测算。它对于进行纵向对比以及（或者）进行一些回顾性的估算——以便测算出跨越几个世纪的数据资料——十分重要（Maddison，2006）。

作为国民总收入的补充，基尼系数所体现的则是一个国家社会内部收入分配的不平等状况。这一于 1920 年问世、由世界银行和经合组织在国际层面发布的指数是这两个国际机构的资料库中唯一一个带有"不平等"这一名词的指数。它也说明国际机构所关注的是纯粹货币上的不平等。不过，至今仍还有不少没有最新基尼系数的国家（有的国家甚至干脆连基尼系数也没有）①。国内生产总值或国民总收入的计算需要投入的财力和人力要远远高于全面细致地量化国内的不平等所需要的财力和人力。的确，世界银行是第一个需要对其债务人的宏观经济形势作出准确评估的机构（Cling et Roubaud，2008）。这些国家内部不平等的变化并不是世界银行的一个优先事项，因为此类不平等不会直接提供与这个国家的偿还能力有关的信息。作为对国民核算所作出的量化数据——它们首先是为各国服务的一些工具——的回应，这些有关不平等的替代性指数是按照两个方向来组织的，即非严格货币意义上的发展以及环境。

货币不平等量化的争议与替代方法

从罗马俱乐部报告（Meadows，Meadows，Randers et BehrensⅢ，1972）到斯蒂格利茨委员会的报告（Stiglitz，Sen et Fitoussi，2009），对于不平等指数的批评大部分集中在国民总收入／国内生产总值所量化的实际上究竟是什么，以及对经济增长的过度重视上。国民总收入／国内生产总值的局限性由来已久，而且众所周知，这些指数所记录的只有那些商品化的活动（所有的非正规行业都被排除在外），而对这些活动的许多负面外部效应视而不见，例如对环境的影响（对空气和土壤的污染、温室气体排放）（Gadrey et Jany-Catrice，2005）。从历史角度看，这些批评最早出现在学术研究领域，如今它们被一些非政府组织和国际机构，如联合国开发计划署等所采纳。

联合国开发计划署的规范性力量显然要低于世界银行等国际出资机构。然而，联合国开发计划署仍在1990年的《人类发展报告》中推出了"人类发展指数"。按照其设计者的构想，"人类发展指数"是国内生产总值的一个替代指数，它要把相关辩论和量化的内容放在个人的福利上，而不是宏观经济的收入增长上。随着时间的推移，"人类发展指数"本身也在发生着变化，例如联合国教科文组织在进行相关教育调查时就放弃了那些官方数据而采取了国际调查（Barro et Lee，2010），之后又采用国民总收入而不是国内生产总值来衡量居民和非居民之间的收入转移支付。

为了回应"人类发展指数"所经常受到的一些批评——这些批评认为，"人类发展指数"只是一个平均值，它会掩盖社会内部的不平等，联合国人类发展指数办公室在2010年引入了调整版的"人类发展指数"，不平等今后也被纳入测算范畴。"人类发展指数"的知名度使得它今天被世界各地所广泛采用，甚至连一些地方层级也开始大量使用，如各省，甚至

> **参考资料：用人类发展指数来量化不平等**
>
> 这种量化用以下三种方式进行：①自2010年以来，调整版的"人类发展指数"问世，即所谓的"经不平等因子校正后的人类发展指数（IHDI）"，如果内部不平等问题十分严重，这一指数就会下降；②多维贫困指数（MPI）的设立——它会对最贫穷人口多方面的权利被剥夺进行评估。这一计划最早由牛津大学发起，之后得到了联合国人类发展指数办公室的采纳和支持；③一个用来量化妇女权利被剥夺情况的"性别不平等指数"（GII）。需要指出的是，最后两个指数并不把货币收入作为考量标准。联合国人类发展指数办公室之所以在设置这些指数时能自由行事，主要得益于它拥有独立于联合国开发计划署及其成员国的地位。事实上，这个办公室是作为一个研究中心来运行的，因而可以相对自由地选择它认为最合适的统计资料来源。

---

① 在世界银行数据库网站上（http://data.worldbank.org/indicator/SI.POV.GINI），只有34%的国家拥有五年以内的有关基尼系数的数据，其中46%的国家拥有1991~2007年的数据，还有20%的国家没有任何有关基尼系数的资料。

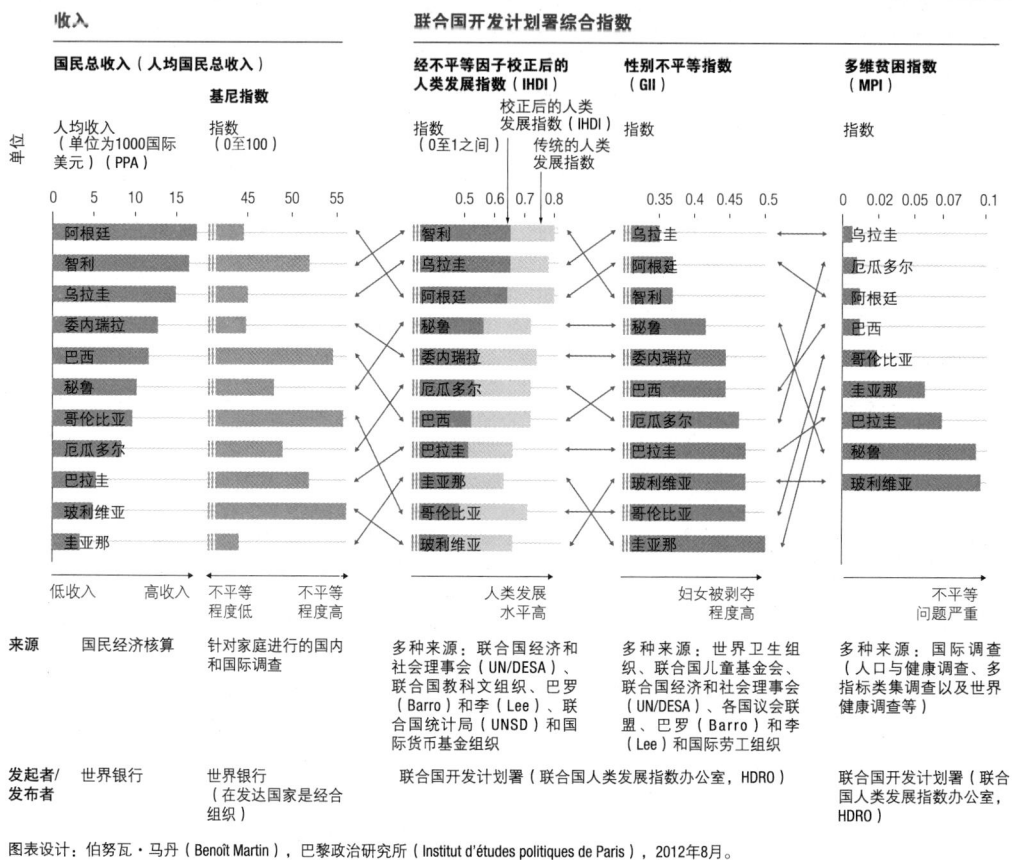

附图 南美地区不平等指数之对比，2011 年

收入		联合国开发计划署综合指数		
国民总收入（人均国民总收入）	**基尼指数**	**经不平等因子校正后的人类发展指数（IHDI）**	**性别不平等指数（GII）**	**多维贫困指数（MPI）**
人均收入（单位为1000国际美元）（PPA）	指数（0至100）	指数（0至1之间）　校正后的人类发展指数（IHDI）／传统的人类发展指数	指数	指数

来源：

收入		联合国开发计划署综合指数		
国民经济核算	针对家庭进行的国内和国际调查	多种来源：联合国经济和社会理事会（UN/DESA）、联合国教科文组织、巴罗（Barro）和李（Lee）、联合国统计局（UNSD）和国际货币基金组织	多种来源：世界卫生组织、联合国儿童基金会、联合国经济和社会理事会（UN/DESA）、各国议会联盟、巴罗（Barro）和李（Lee）和国际劳工组织	多种来源：国际调查（人口与健康调查、多指标类集调查以及世界健康调查等）

发起者/发布者：

收入		联合国开发计划署综合指数		
世界银行	世界银行（在发达国家是经合组织）	联合国开发计划署（联合国人类发展指数办公室，HDRO）	联合国开发计划署（联合国人类发展指数办公室，HDRO）	联合国开发计划署（联合国人类发展指数办公室，HDRO）

图表设计：伯努瓦·马丹（Benoît Martin），巴黎政治研究所（Institut d'études politiques de Paris），2012年8月。

各市镇也开始使用（如在巴西，5560 个市镇每年都会更新自己的"人类发展指数"）。

环境因素被纳入考虑范畴

在针对那些只体现货币不平等的指数的批评中，有许多是指责其对环境因素完全忽视或者说重视不够。20 世纪 90 年代初，即（1992 年，里约热内卢）地球峰会召开前，加拿大英属哥伦比亚大学（位于加拿大温哥华）有两位研究员——威廉·里斯（William Rees）和马西斯·瓦克纳格尔（Mathis Wackernagel）首次提出并定义了对"生态足迹"进行量化的概念。这一指数的特别之处在于它是用总公顷数来衡量的：土地资源的再生能力减去人类的资源开采之后得出的差。负值表示资源正在耗尽，正值表示资源能得到可持续利用。按照设计，这一指数可以用于对不同地区的测算（国家、城市、地区等），也可以用于对不同行为体的测算（企业、政府和个人等）。21 世纪初，"生态足迹"得到了世界自然基金会（WWF）的支持，从而引起了媒体的广泛关注。它也成了替代型环境指数的一个象

其他"极端"状况　　　　　"环境"指标

生活在贫民区的人数	福布斯排行榜上的亿万富翁	生态足迹	调整后的净储蓄
在城市人口中所占的百分比	总人数	人均总公顷数	在国民总收入中所占的百分比

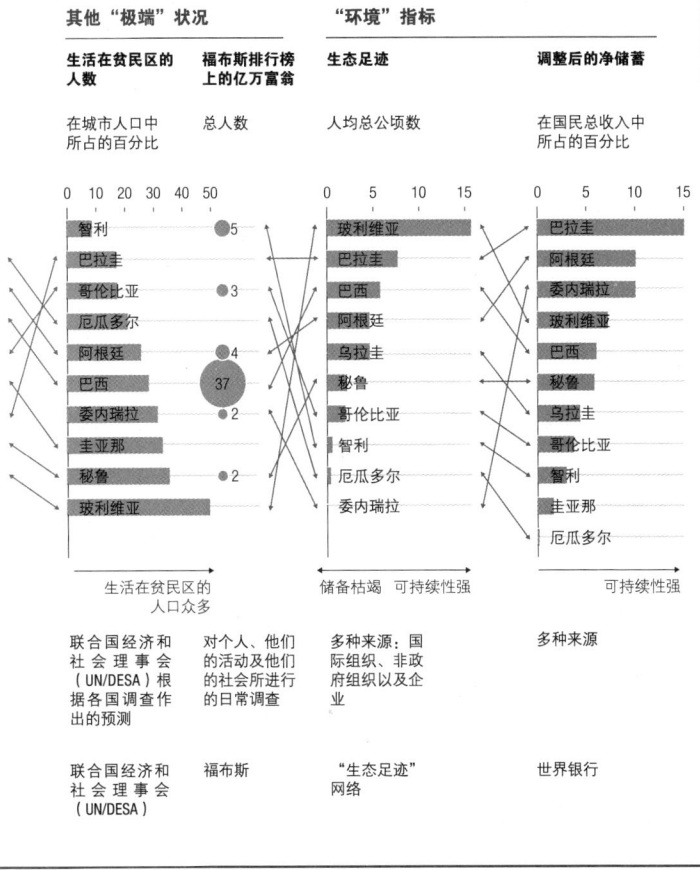

| 生活在贫民区的人口众多 | | 储备枯竭　可持续性强 | 可持续性强 |

| 联合国经济和社会理事会（UN/DESA）根据各国调查作出的预测 | 对个人、他们的活动及他们的社会所进行的日常调查 | 多种来源：国际组织、非政府组织以及企业 | 多种来源 |
| 联合国经济和社会理事会（UN/DESA） | 福布斯 | "生态足迹"网络 | 世界银行 |

征，最初它是试验性的、"非官方"的，之后它被运用到了许多政府机构的报告和讲话当中。今天，它成了一个注册商标式的概念，围绕它构建了一个包括众多非政府组织和学术中心的全球网络。

　　面对这些举措，一些国际组织也开始将环境因素纳入到自己的指数当中，但是这些指数所体现的主要还是货币层面的现状。例如，世界银行于2002年推出了"调整后的净储蓄率"（真实储蓄率）这一概念。它是用调整后的净储蓄在国民总收入中所占的比例来表示的，即在总储蓄（它是根据国民经济核算得

出来的）中减去经济和自然资源的耗竭，再减去教育领域的投资。最后，在最近召开的里约地球首脑会议20周年峰会（"里约＋20峰会"）期间，联合国大学（"国际全球环境变化人文因素计划"）和联合国环境规划署在几个国家展开了"包容性财富指数"（IWI）的测试试验：这是一个有意取代人均国民总收入和"人类发展指数"的指数。

地理学的贡献

作为国际统计数据中"基本单位"的国家，它

们实际上包含着各种千差万别的情况。与人口超过十亿（如印度）等大国并存的，是一些人口只有数十万的小岛国家（如太平洋众多的岛国）。在人口密度方面，既有人口密度极低的横跨整个大陆的国家（如俄罗斯），也有人口密度完全不同的高度城市化的城市国家（如新加坡）。那些所谓的"变形地图"（或者说比较统计地图）——在其中，每个国家将会按照人口比重扩大或缩小——可以从一定程度上体现这种差异性（Lévy，2008）。除了对社会内部的不平等进行量化之外，似乎还有必要进一步"降低"地理尺度，即使用地理学上的大尺度，比如说降到省级或市镇级。全国的平均水平（对印度而言就是联邦的平均水平）可能掩盖了国家内部各地之间巨大的不平等，而且多维贫困指数还显示，印度有些邦的形势还不及某些撒哈拉以南非洲国家。与一些数据已经开始实行免费开放（公开数据，open data）不同，这些小规模的统计数据或者说微数据通常很难获取，或者是需要付费获取的。

此外，城市以及城市区域，无论在人口还是在经济方面都发挥着主导作用。如今，全球一半以上的人口聚集在城市，因此城市区域已经成了全球化进程的发生地和重要节点（Sassen，2009）。没有了这一层级的分析对国际组织来说是十分遗憾的，因为它是最适宜用来对不平等进行分析的层级。城市中既有富人和精英，也生活着大量穷困人口，这种反差在广大发展中国家的城市（如里约热内卢、约翰内斯堡、孟买和墨西哥城等）尤为明显：这些城市往往是封闭式小区与贫民窟共存。一些国际组织所进行的统计行动，如联合国人类住区规划署（ONU-Habitat）试图摆脱单一依靠国家提供统计数据的局面（它将无法对跨越几个国家城市区域进行考量），提出了对不同国家的城市进行量化对比的举措。最初只关注全球化大都市之间连通性的学术研究网络——"全球化及世界城市研究网络"（GaWC）也提出了许多适合用来衡量城市间不平等的指标（基础设施、生活水平、人口密度、服务和企业等）（Taylor，2004）。

最后，现行的这种"威斯特伐利亚式"（即以民族国家为单位）的统计系统显得已经过时，它并不能及时捕捉到不平等现象的深层动态变化，这种变化既取决于全球性思维逻辑（涉及整个地球），也取决于一些跨国的思维逻辑（它们在一定程度上已经摆脱了国家的控制、超越了国家行动）（Durand et alii, 2013）。例如，最近出现的一些跨国原油泄漏事件（如墨西哥湾）或核灾难（日本的福岛核电站）以及一些流动（移民流或金融流，合法的或非法的）都表明，受制于本国领土界线的国家已根本无力提供合适的统计数据来对这些现象进行量化。

　　每当人们提出新的统计方法时，总能听到这样一句话，即它比现存的统计机制更能捕捉到当代所面临的挑战。像昨天的国内生产总值以及今天的"顶级收入数据库"一样，通常都是由学术界率先对现存的制度提出批评，然后再提出一些新指数以试图回应不平等现象所发生的变化。国际组织已充分认识到了这种主动行动的好处，它们与许多大学的研究中心建立起了多方面的伙伴关系。在这种混合型合作过程中，后者所享受到的是前者的知名度和制度权威；作为回报，它们也会为其提供科学保障。

参考文献

Barro et Lee, 2010, *Educational Attainment Dataset* (disponible sur : www.barrolee.com).

Cling J.-P. et Roubaud F., 2008, *La Banque mondiale*, Paris, La Découverte.

Durand M.-F. *et alii*, 2013, *Atlas de la mondialisation*, Paris, Presses de Sciences Po.

Gadrey J. et Jany-Catrice F., 2005, *Les nouveaux indicateurs de richesses*, Paris, La Découverte.

Lévy J. (dir.), 2008, *L'invention du monde : une géographie de la mondialisation*, Paris, Presses de Sciences Po.

Maddison A., 2001, *The World Economy: A Millennial Perspective*, Paris, Centre de développement de l'OCDE.

Meadows D.H., Meadows D.L., Randers J. et Behrens III W.W., 1972, *The Limits to Growth. A Report for the Club of Rome's Project on the Predicament of Mankind*, New York, Universe Books.

Sassen S., 2009, *La globalisation. Une sociologie*, Paris, Gallimard.

Stiglitz J., Sen A. et Fitoussi J.-P., 2009, *Rapport de la Commission sur la mesure des performances économiques et du progrès social* (disponible sur : www.stiglitz-sen-fitoussi.fr/).

Taylor P. J., 2004, *World City Network. A Global Urban Analysis*, Londres, Routledge.

Vanoli A., 2002, *Une histoire de la comptabilité nationale*, Paris, La Découverte.

第四章

弗朗索瓦·布吉尼翁（François Bourguignon）
巴黎经济学院，法国

不平等与增长：1990～2012年出现的一种综合思想体系

从20世纪50年代至今，不平等—增长—贫困之间的关系一直是学术界争议的一个热点话题，正是这些争论打造了各国政策以及发展组织的架构。经济学的思想史表明，经济增长范式发生了转变，最弱势群体生产性资产的积累正逐步受到关注。这一切也体现在量测工具、社会计划以及公共政策新的指导方式上。

机会平等，发展范式的扩展

在世界银行21世纪初把不平等和公平这些概念纳入其战略思维之前，学术界曾围绕着贫困的多维性以及贫困与增长之间的关系或者贫困与经济效益之间的关系等引发过激烈的辩论。对思想史的回顾可使人们认清这些辩论的学术基础，而后再了解这些思想是如何传播到实际操作层面的。

由于减贫在很大程度上取决于经济的增长，因此有关发展经济体中贫困问题的辩论长期以来实际上主要是有关经济增长的辩论。事实上，在20世纪90年代出现了双重的回归：发达经济体经济重拾增长；增长以及发展重新成为经济学文献中的一个话题。20世纪80年代宏观经济出现了重大调整：美国改变货币政策既与过去十年的石油危机造成的通货膨胀有关，也与市场上货币稀缺有关；而连续的加息行动也导致了全球总体经济增长的放缓。直到20世纪90年代后，世界经济才真正出现了持续增长的势头。增长的话题也因此而重新出现在了经济文献当中。首先是那些创造了"内生增长"理论的文章（Romer，1986；Lucas，1988），之后则出现在了罗伯特·巴罗（Robert J. Barro 1993）的经验主义文章中：他试图对国际数据进行经济计量分析来确定那些导致经济增长的因素。在确定导致经济增长因素的过程中，相关的文献也变得日益丰富。

内生增长理论的重要性不可低估。它与20世纪50年代有关经济增长的理论（Solow，1956）是唱反调的。这种理论认为，从长远来看，经济的增长是外生，它主要靠技术进步或生产率的提高才得以实现，而技术进步和劳动生产率的提高则得益于管理或组织上的创新。罗伯特·卢卡斯（Robert E. Lucas）和保罗·罗默（Paul Romer）在这方面作出了重要贡献，他们证明从长远来看，经济增长主要取决于经济主体的偏好以及一个经济体所特有的生产特征。因此，他们揭开了探寻各国经济增长之特殊决定因素的先河。

但扶贫减贫所要求的不仅仅只是增长，它还要求一种惠及所有人的"包容式增长"。于是，有关减贫的辩论便出现了第二个重要的内容，即经济增长与不平等之间的关系。除了增长对不平等以及"有利于穷人的增长"这些概念所产生的影响外，许多经济学家开始关注不平等会通过哪些途径对一个经济体的长期增长机制产生决定性影响。一些经济学家在理论模型中揭示了财富的不平等、获得信贷或教育机会的不平等是如何对经济增长产生制约作用的。这种观点与过去一些经济学家所倡导的不平等有利于经济增长的观点截然相反——这些经济学家中的代表人物便是凯恩斯主义者尼古拉斯·卡尔多（Nicholas Kaldor）[①]后者的这一观点如今已被一些新近的文献彻底推翻。在高度不平等的情形下，一些无论对个人和集体都有利可图的投资项目，也会因为项目的发起者没有任何抵押物而得不到贷款而落空。

相反，如果企业家拥有抵押品或者自己有钱对项目进行投资，即使这些项目很平常，但也能获得成功。总之，一个不平等的社会，其增长速度必然缓慢，因此贫困减少的速度也就更缓慢，因为一些有利可图的投资项目很可能会与它擦肩而过。

此类分析成了那些剖析"贫困—不平等—增长"之间关系的论文的一个起点，而这方面的论文可谓汗牛充栋。如果有人自称已经掌握平等与增长之间互补关系的经验主义证据，那他一定是冲动过头了。有两篇经常被人引用的文章（Persson et Tabellini，1994；Alesina et Rodrik，1994）表明，在一些被抽样调查的国家中，经济增长率与收入分配的不平等程度之间存在着一种负相关性。由此，发展界一些人士已经意识到，不平等的存在无论对经济增长还是对减贫都会带来不利影响，而不平等的减少则会对发展有促进作用。然而，人们后来才逐渐意识到，实际情况远远要复杂得多，而且这些初步的经验主义结论仍十分脆弱，事实上人们对其并没有充分的认识。

具体就贫困而言，传统上人们对于收入的分析，也就是说对于不平等问题与增长之间关系的分析，也值得探讨。用多维角度来认识不平等，以及那种认为经济增长——哪怕它是一种平等型的增长——并不一定会将贫困彻底清除等观点，如今正逐渐被人们所接受。这种变化很大程度上要归功于阿马蒂亚·森（Amartya Sen）和他的"能力方法"这一概念。在这一概念中，重要的不仅是个人的消费潜能，而且还包括发展潜能。在这种方法里，贫困与教育和医疗卫生服务机会的缺乏与司法公正的缺乏一样，都被视为物质的剥夺。人们很快意识到这些与贫困有关的种种因素与收入之间的关联性并不是那么明显。

不平等与增长之间的关系以及贫困的多维度性，这两方面的思考最终可能会导致发展范式的扩展。机会的不平等将进一步受到关注，也就是说在生产资源、接受教育、获得贷款、司法公平或公共决策方面存在着不平等。这种变化的一个很好的例子便是世界银行 2006 年发表的全球发展报告，这份报告的标题就是《公平与发展》，它的发表表明了世界银行对于发展政策和战略的认识取得了重大进步。

增长与不平等：何种社会保障模式？

政府对于不平等和社会保障的态度会因为时代的变化而变化。在发达国家，20 世纪 80 年代是罗纳德·里根和撒切尔夫人发动的新自由主义革命时代。在英国，政府开始对社会保障体制进行大幅度削减——当时的英国社会保障体制被认为过于慷慨，因而从经济角度来看是效率低下的。

在欧洲大陆，强制性税负（Les prélèvements obligatoires）在国内生产总值中所占的份额持续增加，这方面的转向要（比英美）更晚一些。人们所效仿英国的，主要是它将社会保障体制和劳动市场隔离开来的做法。德国、荷兰、丹麦和法国等国的社会保障完全与就业——无论是不是工薪阶层——相挂钩。最初，只有那些有工作的人才能享受医疗保险、养老保险和其他一些社会服务。此后，各国都对此进行了重大改革。例如，法国在发放"就业团结收入"

---

① 卡尔多（Kaldor）提出了这样一种说法，即富人的储蓄比穷人多，因此如果分配不平等，储蓄就会越多，因而经济就更容易出现增长。

图 1　经济学是如何处理不平等问题的

	1970年代	1980年代	1990年代	2000年代
增长	索洛（Solow，1956）提出了一个增长模式，这一模式很快成了今后所有分析的基础	罗默（Romer，1986）和卢卡斯（Lucas，1988）提出了"内生增长"的想法	有关增长因素和内生增长的讨论，巴罗（Barro，1991）提出了有关增长的第一个经验主义模式：这种模式既考虑到人力资本因素，又考虑到经济政策因素。曼丘（Mankiw）、罗默（Romer）和魏尔（Weil）（1992）对索洛（Solow）模式进行了扩充，将教育投资也纳入其中	罗德里克（Rodrik）、苏布拉马尼安（Subramanian）和特雷比（Trebi，2004），以及后来的阿斯莫格鲁（Acemoglu）、约翰逊（Johnson）和罗宾逊（Robinson，2005）强调了初始条件和政治经济也的作用
贫困与不平等	森（Sen，1976）提出了首批对贫困进行非功利主义（货币）衡量的方法之一	森（Sen，1985）提出了"能力方法"这一概念	罗默（1998）提出对机会的不平等进行衡量	布吉尼翁（Bourguignon）和查克拉瓦蒂（Chakravarty，2003）提出对贫困进行多维衡量的问题。阿尔基尔（Alkire）和福斯特（Foster，2011）提出另一种方法是阿尔基尔基于国得到，并在联合国得到了实行
讨论	1970年代	1980年代	1990年代	2000年代
增长对不平等的影响	刘易斯（1954）发展模型，认为不平等和收入水平之间存在着倒U形关系。库兹涅茨（Kuznets）（1955）指出，不平等在发展过程中任何一个发展阶段都会出现先升后抑的势头 钱纳里（Chenery）等人（1974）将再分配和不平等概念引入了对发展的分析当中；阿卢瓦利亚（Ahluwalia，1976）提出要对库兹涅茨的假说进行经验主义验证		阿吉翁（Aghion）和博尔顿（Bolton，1997）提出了对"收入—不平等—增长"之循环关系进行描述的模型	
不平等对增长的影响	卡尔多（Kaldor）（1960）认为，富人储蓄比穷人多，分配不平等，储蓄越多，经济就越容易出现增长		加洛尔（Galor）和泽拉（Zeira，1993）、班纳吉（Banerjee）和纽曼（Newman，1993）、佩尔松（Persson）和塔贝里尼（Tabellini，1994）以及阿莱西纳（Alesina）和罗德里克（Rodrick，1994）均提出经济体的不平等程度与经济增长之间存在正向关系	福布斯（Forbes，2000）通过一些横向和纵向数据对比，发现正的不平等与经济增长之间存在正（向关系。多拉尔（Dollar）和克雷（Kraay，2002）揭示，穷人收入增加的幅度大致相当，班纳吉（Banerjee）和杜弗洛（Duflo，2003）得出结论认为，不平等与增长之间存在紧密的关系

事件（紫色框）：

- 1973~1979年出现了石油危机（1970年代）
- 1982年的全面调整以及债务危机 发达国家重拾增长；发展中国家进行微观经济调查（1984年的"人口与健康调查"和1985年的"生活水平衡量调查"）（1980年代）
- 计划经济开始下滑、亚洲经济迅速发上升（1990年代）
- 2006年的《世界发展报告》将公平放在了发展问题与战略的中心（2000年代）

（RSA）时并不会考虑受益者与劳动市场的关系，而且越来越多的医疗保险资金来自国家的税收而不是企业和员工所交纳的保险金。许多欧洲大陆国家逐渐放弃了一切与就业或员工地位挂钩的俾斯麦型社会保障模式，开始采用不考虑受益者身份、为全民提供社会保障网络的贝弗里奇型社会保障模式。当然，这种变化并没有发生在所有国家，要想从中辨别出一个共同模式是不现实的。然而，丹麦等国在自由主义模式下所实行的"弹性保障"（Flexicurity）模式在释放市场机制的同时，又起到了防止个人落入贫困陷阱的作用，因此受到了人们的青睐。

在发展中国家，人们也看到了各种各样的社会保障体制。拉丁美洲国家采用了欧洲体制（俾斯麦模式），但欧洲体制却未能成为一种全球性体制。在欧洲，与工作关系挂钩的社会保障在第二次世界大战结束后得到了迅速扩张，因为相关的雇佣关系可以很容易地扩展：当时 80%~90% 的劳动者是工薪阶层。不过，那些自由职业者、专业人士或小商人以及一些农业经营者也很快获得了与工薪阶层员工差不多的地位。在拉丁美洲，这种扩展并没有发生，因为这里没有足够长时间的经济增长作为支撑。结果是这里出现了一种双重体制：一方是员工能得到社会保障的正规部门；另一方则是直到最近还没有社会保障的非正规部门。

亚洲国家很少有社会保障。其中的原因或许也与这些国家经济增长速度很快有关。在一个不断创造出新就业机会的经济体内，人们可以通过提高在劳动市场的参与度来应对家庭的不测，这本身就是一种保障。奇怪的是，直到出现了 1997 年的亚洲金融危机，像韩国这样的国家才认识到了社会保障网络的重要性，它能防止个人在经济上陷入悲惨境地。中国现在也得出了同样的结论，但其中的原因却不尽相同。中国政府试图通过鼓励家庭消费来带动国内市场的发展，以期在未来取代国外市场。然而，中国家庭储蓄过多，其中的部分原因是医疗和退休保障不仅缺乏稳定性，而且覆盖面很小。

非洲的情况十分特殊，因为很大一部分非洲人在非正规部门工作，这些人差不多都无法享受正规的社会保障，他们抵抗风险主要依靠的还是大家族的力量。

从"不惜代价增长"到考虑不平等

不平等和社会保障问题长期以来一直没有引起国际金融机构的特别重视。在 20 世纪 90 年代，亚洲模式给这些机构留下了非常深刻的印象，这一点从世界银行 1996 年发表的一份报告中就可以得到证明。这份名为《亚洲奇迹》的报告认为，该地区的经验是他人学习的榜样。由于经济快速增长，因此亚洲的再分配问题（如社会保障）显得并不像世界其他地区那样强烈。虽然世界银行把"我们的梦想是建立一个没有贫困的世界"这个口号写在其总部的入口处，但是在它看来减贫必然离不开经济增长。而亚洲的经验似乎证明了它的这一看法是对的。

20 世纪 90 年代末，拉美的经验使不平等问题浮出了水面，但它并没有成为辩论的核心。这一地区的经济从未出现过像亚洲那样的持久增长，因而不平等在这里逐步成了增长的一个阻碍。人们由此得出结论认为，初始的不平等会成为经济增长的制约。中国台湾地区、韩国、中国大陆和越南等一些不平等程度较低的国家和地区后来都成了全球增长方面的冠军。这样一种对比，再加上人们对于一些非洲国家——这些国家都存在着政治精英大肆掠夺、高度不平等的问题——经济增长失败的分析，逐渐使这种观点变得越来越可信，即不平等也能在增长进程中发挥作用。

今天，有关贫困不一定会随着增长的出现而自动下降以及增长取决于不平等程度等观点已被人们所广泛接受。在非洲，就有一些国家最近虽然经济出现了快速增长，但贫困却没有减少。经济的快速增长主要是原材料价格的上升所带动的，原材料价格的上涨使得大量投资进入了建筑及基础设施领域。但是，即使在中国这样经济增长率超过两位数的国家，真正从中受益的显然只有一小部分的人，将如此多的人完全排除在增长进程之外当然是难以想象的。但在增长率较为温和的情况下，增长对贫困的影响将很小，甚至是没有影响。这种观点在 20 世纪 90 年代很难被人们接受。

直到进入 21 世纪之后，不平等问题才在世界银行等国际组织中成为一个重要议题。在我之前担任世行首席经济学家的斯蒂格利茨（Stiglitz）和斯特恩（Stern）都坚信，不平等是发展问题中的一个根本因素。1996 年，阿马蒂亚·森的朋友、世行行长詹姆斯·沃尔芬森聘任约瑟夫·斯蒂格利茨为世行首席经济学家。他们两人对发展的眼光远远超出人均国内生产总值增长这一范畴，但是世界银行内只有少数人员认同这一观点。当我 2003 年到世界银行工作时，不平等问题仍然很少被提及，但是这方面的进步非常明显。2006 年，当《公平与发展》报告发表时，可以说有关分配和再分配机制在促进增长和消除贫困中所起的作用最终被世界银行的思想界所接受。

这种变化对于其他国际组织来说是没有必要的。事实上，联合国一直把不平等作为自己发展视野的核心，那些曾长期在世界银行或国际货币基金组织占据主导地位的"不惜代价增长"的说法从来就未被联合国接受过。但是，与那些拥有庞大资金实力的金融机构相比，联合国对各国政策所能发挥的影响力相对有限。

然而，这样一个问题随之显现：这些资金如何

能真正服务于发展观？它们过去和现在又是怎么做的？首先必须了解的是，世界银行和其他开发银行的一些业务与商业银行十分类似。各国一旦流动性出现问题便会向世界银行求助，而世界银行就会以这样或那样的发展行动之名增加对其贷款的额度，但世界银行对这些发展行动的监督又十分有限。世界银行的工作人员对发展的认识反而变得无足轻重。在新兴国家和中等收入国家，贷款与发展"计划"之间的联系变得越来越松弛。从这个角度看，（这种情况）与 20 世纪 90 年代的区别是十分明显的。这种差别主要归因于国际资本市场的发展、新兴国家从国际资本市场举债变得更加容易，国际金融机构贷款的吸引力相对下降——它们对资助国的发展战略所发挥的杠杆作用因此而被削弱。

虽然如此，但此类计划并没有完全消失，世界银行仍在参与这些计划的实施，但是参与方式发生了很大变化。如今它所扮演的是顾问或咨询师的角色，而不再像过去那样以项目主导或出资人的面目出现。在巴西，世界银行参与了为穷人提供有条件资助的"助学金计划"（Bolsa Escola）——这个项目后来变成了"家庭补贴计划"（Bolsa Familia）。在墨西哥，世界银行也参与了"进步项目"（Progresa）[①]的推出。世界银行把自己在发展中国家所积累的丰富经验与其合作伙伴进行分享。

低收入国家的情况则有所不同。在这些国家，世界银行集团及其下属的国际开发协会成了一个真正的开发机构，与法国的开发署和英国的国际发展部大致相当，唯一的区别是它手里所拥有的资金要庞大得多。在这些国家，发展项目或发展计划的概念保留了其原来的意思，前面所讲到的世界银行有关发展观变

---

① 该项目全称为"国家教育、卫生和食品计划"。——译者注

化的意义在这里得到了充分体现。

现在，世界银行以及其他许多区域性开发银行把很重要一部分工作放在了个人"能力"上。长期以来，这一发展层面的内容一直被人们所忽视。在经历了"先让经济增长起来，贫困会自然随之下降"以及"先让经济增长起来，再来谈再分配问题"等这些观念之后，我们如今进入了一个新阶段，即鼓励那些最弱势群体进行生产性资产的积累，并借此来加快增长，促进不平等的减少。受"家庭补贴计划"（Bolsa Familia）和"进步项目"启发而在低收入国家出现的有条件转移支付计划，其提供支持的前提条件是最穷困家庭必须将家里某一年龄段的孩子送到学校上学，并为这些孩子提供一年两次的体检。因此，这些都是旨在降低贫困的再分配计划，而且它们还将有助于家庭非物质资产的积累，减少子孙后代的不平等。

此外，虽然世界银行在新兴国家的发展计划和贷款方面所发挥的作用越来越小，但它在观念的普及上仍在发挥着重要作用。它主要在发挥着"智库"的作用，在诸如收入不平等和机会不平等的衡量或某些特殊干预的评估等领域开始了一些高水平的独特研究。世界银行针对墨西哥、印度和中国所发表的报告通常是就替代发展战略展开讨论，并就一些具有重大影响的公共政策提出建议。这一方面是因为它的一些研究做得十分认真扎实，另一方面是因为它能在发展思想和设计方面提出一些创新思路。从这个角度来看，在使不平等重新成为政府关注焦点这方面，世界银行发挥了重要作用。

政府对不平等的敏感性增强

人们能明显看到政府的态度发生了变化。过去人们只用国内生产总值的增长率来评估一个国家的增长进程，而如今人们不仅要考虑国内生产总值的增长率，而且还会同时考虑增长成果在民众中的分配方式。人们用"增长发生曲线"（incidence de la croissance）来评估最初收入水平参差不齐的个人，其收入是如何随着时间的推移而增长的。这一切如今成了常用的工具，这不仅因为人们的观念发生了改变，而且还因为相关的统计数据也是现成的，而这种情况在10年或15年前是不可想象的。在思想观念变化的背后，还有统计领域的革命。在越来越多的国家，人们都能够制订出此类图表，而且这些图表成了决策者在通报自己的行动成果或指导未来政策时的一种必不可少的工具。

说这种观念的变化是全球性的，这固然有些夸张。但越来越多的国家对不平等问题变得更加敏感却是一个不争的事实。例如，在过去30多年增长领域的冠军国家——中国，日益严重的不平等早就引起了领导人的关注。2006~2010年实施的"十一五"规划力推"和谐社会建设"，而"和谐社会"在这里所指的是一个更加平等和公正的社会。类似的担忧在一些拉美国家同样存在，其中首先意识到这一点的便是巴西总统卢拉和罗塞夫——巴西也是第一个在这方面采取大规模行动的国家。巴西是而且仍然是世界上最不平等的国家之一，但其不平等程度在过去10~12年明显下降了。在发达国家，不平等也是包括法国在内的许多欧洲国家公众历来担心的一个问题。奇怪的是，这种情况在美国却不怎么明显，尽管这里的不平等程度也很高，而且越来越高。

政治精英们不仅拥有道德感或伦理感，他们还拥有政治敏感。他们知道，不平等的增加最终可能会导致冲突或社会关系的紧张。此外，社会保障体系的建立本身就是为了回应经济发展过程自身所产生的一种需求。随着经济的增长，民众不仅需求更多的消费品，而且也需要更多的安全感。社会保障首先是一种即时的再分配，属于保险的范畴，但它对经济活力也有促进作用。当各种经济主体在面对健康、衰老等风险或各种不可预知的收入损失时有了保障后，无论他们来自私营还是公共部门，他们都将更有能力参与一些高风险、高回报的项目。

一种特别敏感的不平等类型就是获得体面的工作。马格里布地区和"阿拉伯之春"就是这方面的一个例子，但是近东和中东其他一些国家的情况同样令人担忧，在这里，许多接受过教育的年轻人不愿意接受与自己期望不符的工作。劳动力市场的这种失调现象可能会产生十分严重的后果。这种情况在世界其他地区也可能同样存在。国际劳工组织所说的那些"体面的工作"固然是人们的一种需求，甚至也可以说是一种"权利"，但是在亚洲或非洲那些最穷困的国家，能享受这种权利的人很少。

参考文献

AGHION P. et PATRICK B., 1997, "A theory of trickle-down growth and development", *Review of Economic Studies*, 64: 151-172.

AHLUWALIA M., 1976, "Inequality, poverty and development", *Journal of Development Economics*, 6: 307-342.

ALESINA A. et RODRIK D., 1994, "Distributive politics and economic growth", *Quarterly Journal of Economics*, 109(2): 465-490.

BANERJEE A.V. et NEWMAN A.F., 1993, "Occupational choice and the process of development", *Journal of Political Economy*, 101(2): 274-298.

BANQUE MONDIALE, 2005, *World Development Report 2006, Equity and Development*, Washington, Banque mondiale.

BÉNABOU R., mars 2000, "Unequal societies: income distribution and the social contract", *American Economic Review*, 90: 96-129.

BOURGUIGNON F., 2003, "The growth elasticity of poverty reduction: explaining heterogeneity across countries and time periods", *in:* TURNOVSKI S. et EICHER T. (eds), *Growth and Inequality*, MIT Press: 3-26.

CHENERY H., AHLUWALIA M., BELL C., DULLOY J. et JOLLY R, 1974, *Redistribution with Growth*, Published for the World Bank and the Institute of Development Studies, Sussex, Oxford, Oxford U.P.

FORBES K.J., 2000, "A reassessment of the relationship between inequality and growth", *American Economic Review*, 90(4): 869-887.

KALDOR N., 1960, *Essays on value and distribution*, Glencoe, Ill., Free Press.

PERSSON T. et TABELLINI G., 1994, "Is inequality harmful for growth?", *American Economic Review*, 84(3): 600-621.

ROEMER J., 1998, *Equality of opportunity*, Cambridge, MA, Harvard University Press.

SEN A., 1985, *Commodities and Capabilities*, North-Holland Edition.

SOLOW R., 1956, "Contribution of the theory of economic growth", *Quarterly Journal of Economics*, 70(1): 65-94.

不平等与走出危机

雷蒙·托雷斯（Raymond TORRES）
国际劳工组织，法国

马蒂厄·沙尔珀（Matthieu CHARPE）
国际劳工组织，瑞士

斯特凡·库恩（Stefan KüHN）
国际劳工组织，法国

2008 年因雷曼兄弟公司倒闭而引发的全球金融危机使人们围绕着新型金融监管的重要性展开了广泛的讨论。例如，2009 年在匹兹堡举行的 20 国集团（G20）峰会就强调了更好的金融监管对于经济的可持续增长所能发挥的重要作用。然而，尽管此举非常重要，但是光靠金融改革是无法解决危机的。事实上，一些学者在强调这场危机的"真正"决定性因素，特别是就业增长不足以及过度的收入不平等（Kumhof et Rancière，2010；Torres，2010）。

本着这一思路，本文将揭示失业和收入不平等的减少将如何帮助实体经济实现再平衡，并帮助人们走出危机。本文将对用来应对危机的最佳政策组合进行评估。我们尤其将对经合组织和国际货币基金组织等国际机构在今天提出的或者建议实施的财政紧缩政策以及放宽劳动市场管制等措施的利弊进行评估[①]。

为此，国际劳工组织开发了一个考虑到宏观经济政策与劳动市场之间联系的模型[②]。需要强调指出的是，这种模型考虑到了收入分配的变化对于总体需求的影响。根据这一模型，本文旨在：①对预算紧缩以及就业领域的某些结构改革所可能产生的影响进行评估；②研究劳动市场的形势是如何反过来对宏观经济表现产生影响的；③勾勒出一些能同时满足就业和财政目标的战略。

财政紧缩不利于增长和就业

我们以国际劳工组织的模型为基础得出了 2012~2015 年经济和社会领域可能出现的三种设想情形，并用它们来进行分析。第一种设想也被称为是"预算整顿设想情形"，其特征是实行严厉的财政紧缩，从 2012 年上半年开始削减公共开支；第二种设想情形所分析的是那些导致工资削减、削弱工人谈判能力的改革所带来的影响，它被称为是"劳工标准降

---

① 国际货币基金组织和经合组织在"全球综合货币和财政模型"（GIMF）的基础上提出了三种设想。第一种设想是，继续实行财政紧缩政策，将可能因为其对总体需求的负面影响而导致生产和就业的下降。第二种设想是，劳动收入税和利润税的下调以及劳动力市场的弹性加强会对供给产生重大影响，从而导致企业增加对劳动力的需求并提高生产。第三种设想是，亚洲的再平衡将降低全球高收入经济体和新兴经济体之间的失衡状态。

② 有关更详细的信息，请参阅 Charpe et Kühn（2012）. Pour plus d'informations sur le modèle GEL：www.ilo.org/public/french/bureau/inst/research/global/index.htm. Voir aussi Charpe et Kühn（2011）.

低设想情形"，第二种设想也将对最低工资制在抵御收入下降方面的能力进行探讨；第三种设想情形——这也是国际劳工组织的设想——就是要在所选定的时间段内，对那些旨在刺激投资的稳健财政政策以及旨在使收入变得更公平的公共政策综合作用的效果进行评估。

图1揭示了上述三种设想情形可能导致的主要结果。我们将劳动力市场未来两年半所可能出现的趋势与根据国际劳工组织对经济和劳动力市场的预测——这些预测刊登在了国际劳工组织发表的《2012年全球就业趋势》当中——而作出的参考情形进行了对比。

在第一种设想情形下，更加严格的预算紧缩政策将使得就业人数低于原先的参考情形。预算紧缩的模型是以发达国家公共部门的支出在国内生产总值中的比例下降1.4个百分点为数值而构建起来的。生产下降的幅度最高可能达到1.6个百分点，到2015年则下降0.6个百分点。同样，就业的最高降幅可能达到1.3个百分点，到2015年底的下降幅度将为0.5个百分点。这意味着那些高收入国家的就业人数与参考情形相比，到2015年底至少要减少284万。在那些中低收入国家，预算紧缩的问题严重性要低一些，公共部门的支出在国内生产总值中的比例将下降1.1个百分点左右。这意味着从现在

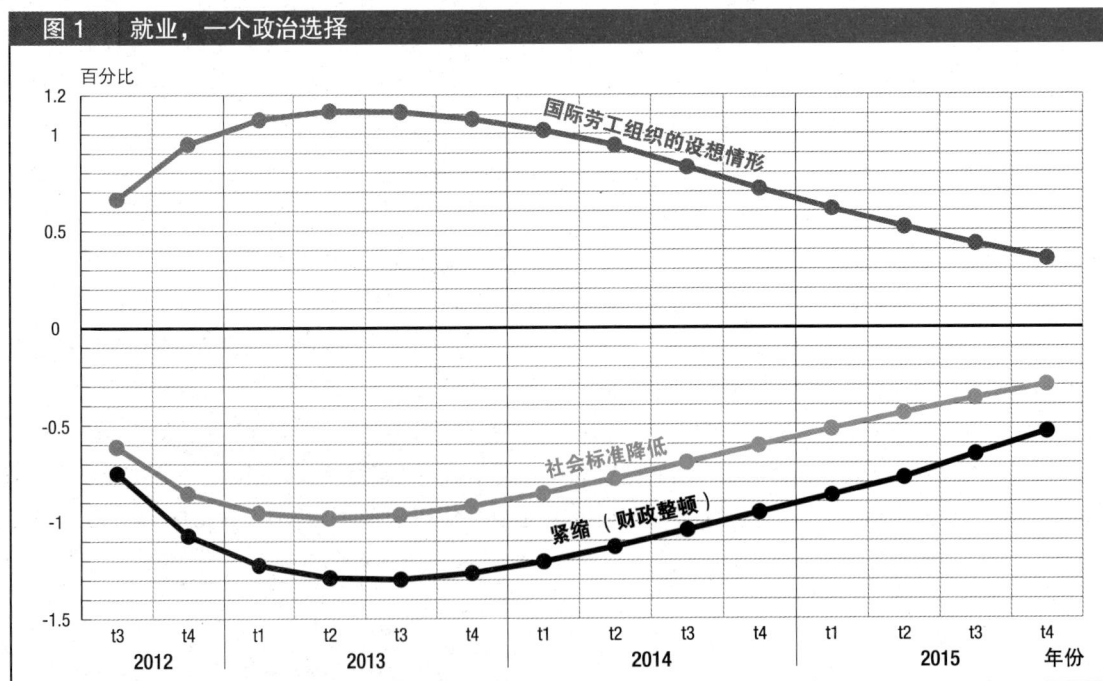

图1　就业，一个政治选择

资料来源：国际劳工组织，全球经济链接模型，国际劳工问题研究所。

说　明：这是针对不同的公共政策情形下，就业形势可能出现的变化所作的模拟。在"预算整顿"这种设想情形下，公共部门的支出在国内生产总值中的比例将下降1.4个百分点。"在劳动标准降低"这种设想之下，劳动收入在总收入中的份额将下降1.8个百分点。国际劳工组织所设想的方案就是在增加基础设施投入的同时，又把劳动收入与劳动生产率的提高相挂钩。这些政策应当在2012年年中开始在所有国家实施。对它们所产生的效果的评估则要持续到2015年底。

到 2015 年底它们将减少 1150 万个就业岗位①。

之所以会产生这一结果，是因为财政整顿会削弱总体需求，因而也会对劳动力的需求产生影响。需要强调指出的是，这一模拟也考虑到了以下这样一个事实，即公共开支的减少有可能会导致私人开支的增加。然而，这种模拟的效应会被公共开支的减少所带来的一些负面效应给抵消了。公共开支的削减所带来的通货紧缩压力会导致实际利率的提升，而这会令私人投资热情消退。财政紧缩并不能起到刺激私人投资的作用，私人投资最多可能下降 1.3 个百分点。此外，预算削减对公共财政来说可谓代价高昂，因为它们会使经济活动陷入萧条并导致失业率上升，从而减少税收收入，增大社会支出的压力。其结果是，那些因为预算紧缩而在短期内省下的预算节余并不足以走上债务减少的良性之路。事实上，到 2015 年底，公共债务还将增加 1.1 个百分点。

那些削弱工人谈判能力的政策，其效果也同样如此

第二种设想情形所揭示的是工人谈判能力下降对就业所产生的影响。在国际劳工组织的模型中，工人和企业之间的收入分配取决于一个反映工人工资谈判能力的参数。按照第二种设想所进行的实践，就是要把这一参数降低，使劳动收入在总收入中所占的比例下降 1.8 个百分点。这一下降幅度与 2008~2010 年在美国所观察到的劳动收入的实际降幅相当。

在第二种设想情形之下，生产最高的降幅将达

到 1.2 个百分点，到 2015 年底的降幅为 0.5 个百分点，而就业人数的最高降幅将达到 1 个百分点，到 2015 年底的降幅为 0.36 个百分点（见图 1）。这意味着全世界的就业人数与参考情形相比到 2015 年底要减少 1053 万。

这一结果背后的逻辑是：尽管工资的降低会促进企业的用工需求，但全面降低工资却会对全球各个家庭的需求产生负面影响，从而对生产总量产生影响，最终影响到就业。总体上看，在需求层面所产生的负面影响要超过企业投资的高利润（包括在对增值部分按工资和利润分配时更有利于后者）所可能产生的积极影响。工资下降在利润方面所产生的积极影响并不会实现，因为消费的下降会导致一个经济体陷入流动性陷阱当中。私人投资最多时可能下降 1.2 个百分点。正如第一种设想情形所揭示的那样，第二种设想情形之下还可能出现财政赤字进一步恶化的问题，因为在税收收入下降的同时，与失业补贴等有关的社会开支却增加了。不过，需要注意的是，这一模型并没有考虑到公共部门工资的下降对预算赤字可能带来的影响。

人们可以用设定最低工资这种对劳动市场的监管手段来减弱劳工标准的放松所带来的负面影响。最低工资为工资设定了一个最低值，因而能阻止劳动收入的急剧下跌。它还能减少消费的下降，遏制就业岗位的损失。图 2 揭示的是在劳工工资标准降低，又没有设立最低工资的情况下就业形势的动态变化。在设立了最低工资后，就业"只"下降了 0.3 个百分点，而如果没有最低工资标准，这一跌幅将达到 1 个百分

---

① 经合组织有关政府账目的季度数据显示，2010 年第三季度至 2011 年第三季度期间，25 个发达经济体的公共支出在国内生产总值中所占的比例下降了 1.4 个百分点。同样，《世界经济展望》（NATIONS UNIES，2012）的数据显示，2009~2011 年，发展中国家的公共支出在国内生产总值中所占的比例下降了 1 个百分点。

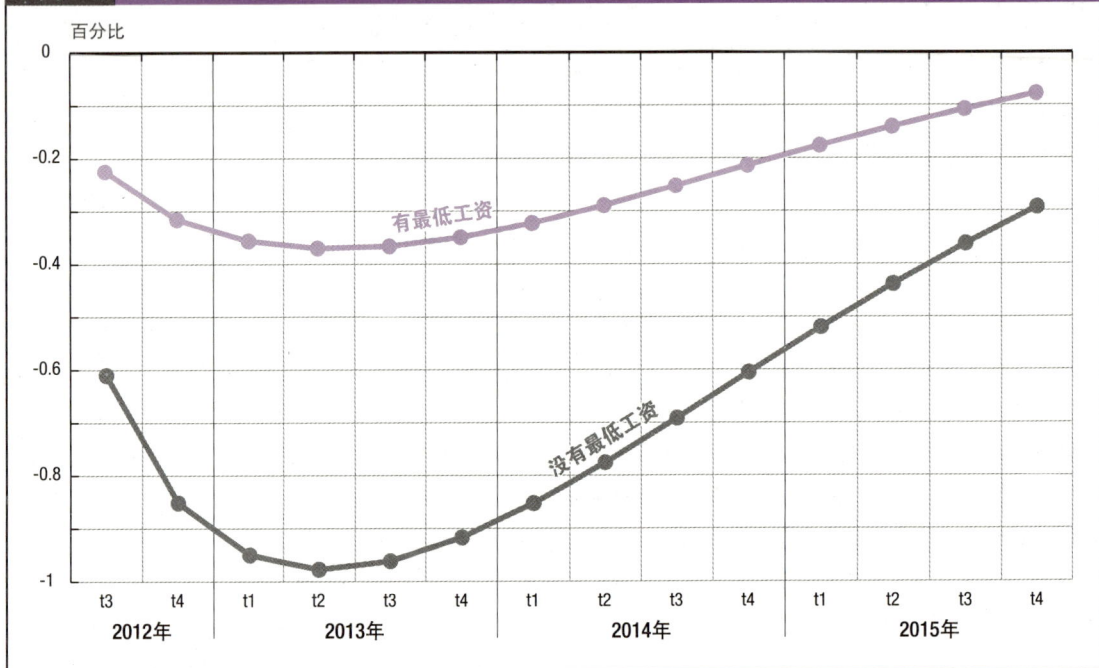

图 2　保障网络提供的帮助

百分比

有最低工资

没有最低工资

t3　t4　│　t1　t2　t3　t4　│　t1　t2　t3　t4　│　t1　t2　t3　t4
2012年　　　　2013年　　　　2014年　　　　2015年

资料来源：国际劳工组织、全球经济链接模型、国际劳工问题研究所。

说　　明：这一图表揭示的是在劳工标准降低、设立以及没有设立最低工资的设想情形下就业形势的动态变化。这一设想的特点是劳动收入在总收入中所占的比例将下降 1.8 个百分点。如前所述，按照最初的设想，这些政策将自 2012 年年中开始在各国实施。对其后果的衡量将持续至 2015 年年底。图 2 表明，社会保障网络的构建并不会阻碍就业岗位的创造，前提是各国在构建这样的网络时必须协调一致。

点。此外，有了最低工资之后，就业形势也有望更快得到复苏，到 2015 年底就能恢复到危机前的水平。

不过，《全球就业公约》对就业和宏观经济形势都将有益

　　第三种设想情形所关注的是源自《全球就业公约》的危机应对之策——也就是说在危机时期出台的体面工作行动日程——所产生的后果。尽管这样一个计划包含着多种多样的工具和公共行动，但真正能用来进行数字模拟的只有少数几种工具。为简便起见，国际劳工组织的设想情形在这里被定义为一套组合行动：①增加对基础设施领域的投资——公共投资在国内生产总值中所占的比例将提高 1 个百分点[①]；②劳动收入的再平衡，即劳动收入在总收入中所占的份额将增加 1.8 个百分点[②]。

　　从基础设施开支的组成部分可以看出这些公共

———————————

① 增加一个百分点将立即开始实施。之后，在整个模拟测试期内，这些支出将以每季度 10% 的幅度递减，直至回到最初的水平。

② 这一试验建立在这样一种假设基础之上：这一政策组合将在各国同时实施，而且没有一个国家会采取那种可能导致个人主义行为的战略博弈。

开支对总体需求的影响以及那些设计良好的公共投资在提高私营部门劳动生产率方面所发挥的作用。基础设施领域的投资会对企业产生积极的外部效应，因为公共资本是企业生产函数的一个组成部分。这一措施是国际劳工组织所倡导的对企业进行扶持的一整套工具之一。这一旨在保持劳动收入在总收入中所占份额的措施，与那些旨在加强劳工权力、社会对话以及促进收入更公平分配的措施是一致的。这些政策具有很强的针对性，因为在当今发达经济体普遍面临通货紧缩的大环境下，货币政策的有效性相对较差。货币管理当局正面临着一个流动性陷阱，因为它们在进一步降低利率——利率已经很低了——来促进投资方面已经没有多少行动余地。

在国际劳工组织的设想情形中，生产最多能提高 1.8 个百分点，到 2015 年年底的增幅为 0.8 个百分点，而就业人数的最高增幅将达到 1.1 个百分点，到 2015 年年底的增幅为 0.35 个百分点（见图 1，实线曲线）。这意味着全世界将新增 1274 万个就业岗位。那些设计良好的公共投资会对企业产生积极作用，因为它们能带动私人投资：在国内生产总值中所占的比例到 2015 年能提高 1.1 个百分点。

得益于新增的税收收入，公共债务在长期内有望减少。然而，税收收入增加的额度将会十分有限，在国内生产总值中所占的比例最多不会超过 1.6%。这一设想情形表明，债务水平首先取决于与经济活动有关的收入。

与其他模型的结果进行对比

在预算紧缩的后果方面，国际劳工组织的模型与其他模型研究所得出的结论大致相当。例如，国际货币基金组织的模型表明，在生产资料领域就业不足

的情况下，预算紧缩将导致就业形势进一步恶化。同样，公共投资不仅能对需求带来好处，而且也能提高企业的投资以及提高对劳动的需求。不过，这两个模型都没有考虑过在政府再融资过程中金融市场所带给它的风险溢价。

有关劳工标准的影响，国际劳工组织的模型结果要优于"全球综合货币和财政模型"（GIMF）所得出的结果。其中的原因在于：国际劳工组织的模型考虑到了收入分配的变化对总需求所可能产生的潜在影响。事实上，与"全球综合货币和财政模型"不同，国际劳工组织的模型考虑到了工人与企业之间的工资谈判。由于短期内资本与劳动之间的可替代性很低，因此工资的下降（它与劳工标准的降低有关）导致劳动与资本之间互为替代的情况十分有限。相反，由于许多家庭完全依靠劳动收入，工资的下降导致总需求的下降，从而减少了就业机会。国际货币基金组织的最新研究——如库姆霍夫和朗西埃（Kumhof et Rancière，2010）的研究——都考虑到了收入分配的影响，并得出了与国际劳工组织模型推算结果相一致的结论。

需要强调指出的是，国际劳工组织的模型假定这些政策是在各国以一种协调的方式推出的。否则，某个单独实行国际劳工组织模式所推荐政策的国家，它所获得的好处将低于第三种设想情形所能带来的好处。

最后，也是最重要的是，没有任何一个替代模型对劳动市场长期陷入衰退——这主要是从劳动市场的参与度来考虑的——所可能造成的后果进行分析（"滞后效应"）。这意味着预算紧缩以及某些结构性改革对于就业的影响可能被低估了。未来对这一模型的进一步开发将有助于填补这一重大空白。

参考文献

Charpe M. et Kühn S.. 2011, "Effective employment policy under tight fiscal constraints: an application using the GEL model", in: World of Report 2011, chapitre 6. Disponible sur : www.ilo.org/public/english/bureau/inst/download/wow2011.pdf

Charpe M. et Kühn S, 2012, Inequality, Aggregate Demand and the Crisis, International Labour Institution.

Dale T.M et Pissarides C.A, 1994, "Job creation and job destruction in the theory of unemployment", Review of Economic Studies, 61(3): 397-415.

Galí J., López-Salido J.D. et Vallés J., mars 2007, "Understanding the effects of government spending on consumption", Journal of the European Economic Association, 5(1): 227-270.

Hall R.E, 2009, "By how much does the GDP rise if the government buys more output?", Brookings Papers on Economic Activity: 183-249.

Kühn S., 2010, Government Spending in Dynamic General Equilibrium Models, Universitaire Pers Maastricht.

Kumhof M. et Ranciere R., 2010, "Inequality, leverage and crises", IMF Working Papers, 10(268).

Lawrence C, Eichenbaum M. et Rebelo S., 2009, "When is the government spending multiplier large?", NBER Working Paper, 15394: 1-68.

OIT, Global Employment Trends, 2012: Preventing a Deeper Job Crisis, ILO. Disponible sur : www.ilo.org/wcmsp5/groups/public/---dgreports/---dcomm/---publ/documents/publication/wcms_171571.pdf

Torres R., 2010, "Incomplete crisis responses", International Labour Review, 149: 227-237.

第五章

格雷戈里·米克尔松（Gregory MIKKELSON）
麦基尔大学，加拿大

吉勒·克莱茨（Gilles KLEITZ）
法国开发署，法国

拉斐尔·比耶（Raphaël BILLÉ）
法国可持续发展与国际关系学院，法国

经济平等：生物多样性保护—— 一个不可或缺的条件

经验主义研究表明，经济不平等与生物多样性的丧失之间存在着很大联系。在试图对其进行解释的过程中，我们发现性别平等不但对人口稳定有促进作用，而且也有助于维护其他物种的稳定。维持一定程度的平等对于人类改善对可再生资源的社群管理似乎也有促进作用。

经济上平等——这个完全值得赞颂的政策目标——也会在很大程度上促进个人的身体健康以及社会的和谐（Wilkinson et Pickett，2009）。平等也有利于环境质量的改善吗？几十年来，理论家和经验主义者一直在争论这个问题（Olson，1965；Boyce，1994；Baland et alii，2007）。2007年，米克尔松（Mikkelson）等人通过经验主义分析发现，经济不平等与生物多样性的丧失之间存在着很大联系，换句话说，平等与生物多样性之间存在着强烈的正比关系（Mikkelson et alii，2007）。这种联系可以在两个不同层面上通过统计数据加以观察：一是世界各国之间；二是美国国内的各州之间。

本章从多方面借鉴了的米克尔松（Mikkelson）等人2007年的研究。首先，我们考察了此后所做的、研究不同国家之间平等和生物多样性之间关系的分析。据我们所知，目前还没有任何从国家层面或从一个国家的省级层面对此类关系进行的研究成果被公开发表。在此后所进行的国家间对比分析研究中，有一份证明了平等与生物多样性之间的正比关系（Holland et alii，2009），而另一份则否认了这种关系（Pandit et Laband，2009）。本章的主要目的首先是对这一矛盾作出解释。

其次，我们将思索平等可以通过哪些途径对生物多样性产生有利的影响。这些途径一方面与生物多样性和贫困之间的联系存在着一定程度的重叠之处（Roe，2010；Roe et Walpole，2011；BILLE et alii，2012）；另一方面也与生物多样性与财富或过度消费之间的关系有着一定的重叠之处（Sukhdev，2010；Mikkelson，即将发表）。对这些途径作出界定将对公共政策产生重要影响。

再次，在把经济平等纳入生物多样性保护计划的具体方法上，我们会提出一些建议。

最后，我们将就实现平等的最佳方式提出一些设想。虽然说累进税是许多人会立即想到的第一个设想，但要想平等长期存在，更深层的政治和经济改革似乎必不可少。在此，我们所关注的是"工人合作社"——这是一种更加平等的企业组织形式，而且令人惊讶的是，与那些典型的资本主义大企业相比，它居然也更具竞争力。此类合作社的一个基本特征——无论是工人合作社，还是消费者合作社，抑或是社区合作社——在于它是按照民主原则，就是说，是按照"一人一票"的原则来运行的（ONU，2012）。相反，那些典型的大企业（为简便起见，以下我们将它们简称为"大企业"）不仅要求工人服从于企业领导和股东（Glasbeek，2002），而且会在富豪寡头政治的基础上将企业的最终控制权交到股东手中——即"一（美）元一票"制。要想把经济由大企业型切换至合作社型，必须对各层级政府——包括地方、地区、国家和国际层级的政府——的法律和政策进行修改（Schweickart，2011）。

最近的争议与未来的研究

如前所述，米克尔松（Mikkelson et alii 2007）已经揭示了不同国家以及美国各州内部的平等与生物多样性之间的联系。但是，就某一国家而言，其国家层面的数据——既包括有关经济平等数据，也包括生物多样性方面的数据——往往是不完整和不一致的。为此，米克尔松和霍兰（Mikkelson et Holland，2009）以及潘迪特和拉班德（Panditet Laband，2009）都采用了当时能用的最好数据——它们是由"皮特不平等项目"（PIP）和世界自然保护联盟（IUCN）提供的。不过，他们所使用的是"皮特不平等项目"的一些完全不同的数据。

"皮特不平等项目"修正了不同国家在收入不平等的评估中存在的多种矛盾之处（Babones et Alvarez-Rivadulla，2007）。在作出了这些修正后，"皮特不平等项目"共提供了三种不同的数据。米克尔松等人使用了其中的一种，即 1.0 版的"收入分配规范化数据库"（SIDD-1，见米克尔松等人作品的参考文献第 17号）。1.0 版的"收入分配规范化数据库"（SIDD-1）中，只有那些对不平等进行过实际量测，并经过修正的国家 / 年度组合数据。霍兰（Holland）等人也表示只是采用了经过量测的国家 / 年度组合数据，但他们没有明确说明所采用的是 1.0 版"收入分配规范化数据库"的原始数据还是它的升级版 SIDD-2 的数据。潘迪特和拉班德则使用了 3.0 版的"收入分配规范化数据库"（SIDD-3）（Pandit et Laband，2009：3222）。它用外推法和插入法来计算每个国家在不平等方面的数据，从而测算出 1955~2005 年每一年的估计数值。

这些外推和插入计算法使相关的数据增加了近 6倍："收入分配规范化数据库"中的国家 / 年度组合数据由 1.0 版和 2.0 版的 1218 组增加到了 3.0 版的 7242 组（142 个国家 ×51 年）。对某些国家来说，外推计算法显得如此之极端，以至于大部分年份的数据显得难以置信。例如，被潘迪特和拉班德纳入分析对象之一的巴巴多斯（Pandit et Laband，2009：3225），在 3.0 版的"收入分配规范化数据库"（SIDD-3）的名单上，这个国家的基尼系数在被研究的 51 年中都保持不变（都是 0.5326）。从理论上看，体现不平等状况的基尼系数应当在 0 和 1 之间波动：0 是指完全平等，而 1 则意味着一个人完全占有了一个国家的全部收入。在 3.0 版的"收入分配规范化数据库"（SIDD-3）中，巴巴多斯的基尼系数每一年都保持相同，这说明：在对 1955~2005 年的数据进行外推计算时，有关这个国家的基尼系数修正值只有一个。这种不变的假象与 1.0版和 2.0 版"收入分配规范化数据库"中这个国家基尼系数的量测和修正值所出现的变化形成了鲜明对比。另外一个极端的例子是，亚美尼亚的不平等系数在苏联解体后提高了 0.35。

潘迪特和拉班德并没有提到将巴巴多斯纳入外推计算法这种站不住脚的情况。相反，他们吹嘘自己的分析包括了 87 个国家，而不像米克尔松（Mikkelson）等人只研究了 45 个国家。虽然潘迪特和拉班德所抽取的是同一整体中不同于米克尔松等人所抽取的变量，但他们并未能发现平等和生物多样性之间存在着统计学上的明显联系。不过我们猜测，这一失败的原因可能在于以下这一事实：潘迪特和拉班德所采用的 3.0 版"收入分配规范化数据库"（SIDD-3）中的数据主要是通过外推和插入法推算出来的，而不是经过测算和修正的基尼数值。

霍兰（Holland）等人证实了这一猜测。他们的研究与米克尔松等人的研究略有不同，因为他们选择抽取了其他的变量。然而，它却得出了大致相同的结论：越是不平等的国家，其面临灭绝危险的物种数量就越多（例如，有许多植物和无脊椎动物被世界自然保护联盟列入了"受威胁"物种）。米克尔松等人和霍兰等人都抽取了所有的植物和脊椎动物物种（包括受威胁和未受威胁物种）、人口的规模、一美元在不同国家的购买力（购买力平价，简称PPP）进行换算之后的人均国内生产总值等。

然而，与霍兰等人不同的是，米克尔松等人也考虑到了地理因素，为每个洲设定了一个修正系数。例如，如果这是一个亚洲国家，那么他们就会给"亚洲"这个修正系数写上"1"分，否则，这一系数的分值则为"0"。他们还抽取了政治历史这一因素，通过设置另一个修正系数来表示这个国家是不是一个曾有共产党执政历史的国家。与米克尔松等人不同，霍兰等人抽取出了对环境治理的量测、地方性脊椎动物物种的比例（也就是一个国家所独有的物种）以及按照联合国的标准这个国家所属的发展类型。尽管两个小组使用了不同的控制变量，但是霍兰等人仍然证实了米克尔松等人的研究结论，即经济不平等与生物多样性的丧失之间存在着明显的统计学上的正比关系。

未来在国家层面对平等与生物多样性之间关系进行的研究可能在以下两个领域会有更好的条件：抽样调查的样本范围将大于米克尔松或霍兰等人，而有关不平等的数据则会比潘迪特和拉班德所采用的3.0版"收入分配规范化数据库"（SIDD-3）更加可靠。事实上，虽然"皮特不平等项目"（PIP）已经在网上删除了所有版本的"收入分配规范化数据库"（SIDD），但是绍尔特（Solt）却提供了一套全新的有关不平等的改进型数据，即"标准化世界收入不平等数据库"（SWIID）。虽然"标准化世界收入不平

等数据库"的基本数据资料也包括一些内插值，但它并没有像前面所提到过的有关巴巴斯那样过于粗略的外推值（Solt，2009）。最新版的"标准化世界收入不平等数据库"（SWIID）共有4549条有关基尼系数的国家/年度组合数据。除了更加详尽的不平等数据之外，未来对于平等和生物多样性的研究还将得益于不断更新和改进的世界自然保护联盟（IUCN）的红色名录。

平等和生物多样性关系背后可能潜藏的机制

虽然米克尔松等人（2007）的研究已经证明经济不平等和生物多样性的丧失之间存在着因果关系，但他们的研究并没有详细揭示出平等是通过哪些机制对生物多样性产生影响的。在本节中，我们将简要地讨论那些已证实可能会产生影响的重要因素。

第一个重要因素可能是人口压力。在一份对2004年红色名录的分析中，世界自然保护联盟（IUCN）强调了人口增长是导致其他物种种群数量减少的重要社会经济因素（IUCN，2004）。图2揭示了经济平等与人口增长之间存在的巨大负比关系〔肯德尔系数（τ）=-0.35，$p < 10^8$〕。在其中抽取了人均收入之后，这种反比关系依然存在。事实上，平等似乎更容易抑制人口的增长而不是人均收入水平。

平等如何会减缓人口的增长呢？我们推测，性别平等在其中所发挥的作用要比经济和政治等其他方面的平等更加重要。恩格尔曼（Engelman，2008）得出结论认为，性别平等——以及可靠和有效的避孕和堕胎手段——是保持人口稳定的一个重要条件。此外，性别平等至少能带来另一个对人类和其他物种都有利的好处：减少碳排放（Ergas et York，2012）。

平等与生物多样性关系背后可能存在的第二个机制是平等在促进良好治理方面的作用。例如，斯蒂格利茨（Stiglitz，2012）强调了平等对于获得司法公正权

图 1　经济平等能促进植物的保护

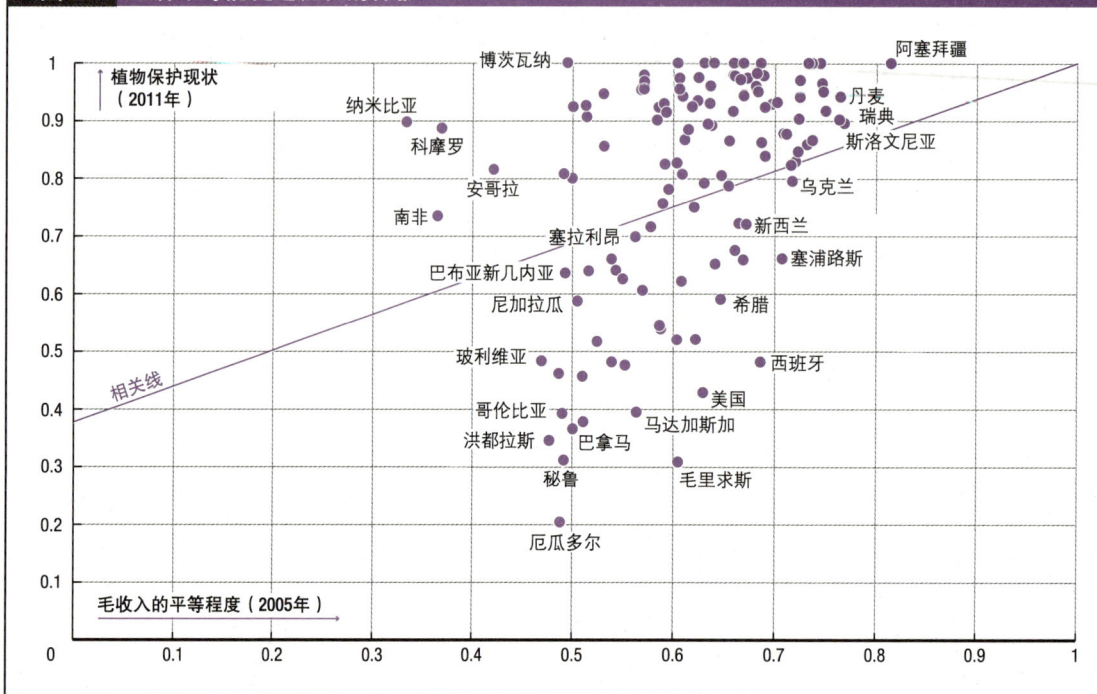

图 1　经济平等能促进植物的保护

（图中标注：植物保护现状（2011年）；相关线；毛收入的平等程度（2005年）；博茨瓦纳、阿塞拜疆、纳米比亚、丹麦、瑞典、科摩罗、斯洛文尼亚、安哥拉、乌克兰、南非、塞拉利昂、新西兰、巴布亚新几内亚、塞浦路斯、尼加拉瓜、希腊、玻利维亚、西班牙、美国、哥伦比亚、马达加斯加、洪都拉斯、巴拿马、秘鲁、毛里求斯、厄瓜多尔）

资料来源："标准化世界收入不平等数据库"（SWIID）和联合国（2011）。

说　明：平等指数就是用"1"——"1"代表最不平等的状态——减去基尼系数。纵轴代表是的那些"受威胁程度较低"的植物物种在那些未被列入"数据缺乏"的植物总量中所占的比例，换言之，纵轴所指的是那些被人们广泛研究，但既未"灭绝"，又未"受威胁"的物种比例。

利的重要性。正如我们在下面所看到的那样，一个公平有效的司法体系是环境问题能得到有效治理的先决条件。此外，绍尔特（Solt，2008，2010）指出，经济平等将会提高民众对于政治、政治辩论和参与投票的兴趣。据我们推测，此类公民行动会激励那些公平社会的政府通过栖息地的保护和恢复、减少污染以及为狩猎和采摘制定规范等方式，来加强生物多样性保护。

一定程度的平等似乎也有利于地方社群加强对可再生自然资源的良好管理（Ostrom，1990）。发展中国家在自然资源管理领域所进行的试验也证实了这一点。无论在林业、野生动物管理、保护区，还是在土地所有权或沿海渔业等领域，平等程度会对农村穷困人口获取生物资源的能力产生影响，也会对获取这些资源的安全性产生影响——尤其在那些全球化经营业者进一步加大对这些资源开采力度的情况下。

如果平等没有达到足够的水平，那些最穷困的行为体通常没有足够的法律手段来保障获取其幸福生活所必不可少的生物资源，其中的原因有很多，包括获取土地方面存在的问题、资源本身的地位问题、人们通常更关注的是成文法而不是习惯法、最强大的企业通过潜规则获得的好处、主要经济行为体与政治领导人相互勾结等。例如，亚马逊地区的农业开发（黄豆种植和牲畜养殖等）、印度尼西亚的大型种植庄园或非洲大草原农业用地的扩张等，这一切都会导致农村自然风光的改

图2 人口压力，不平等的后果

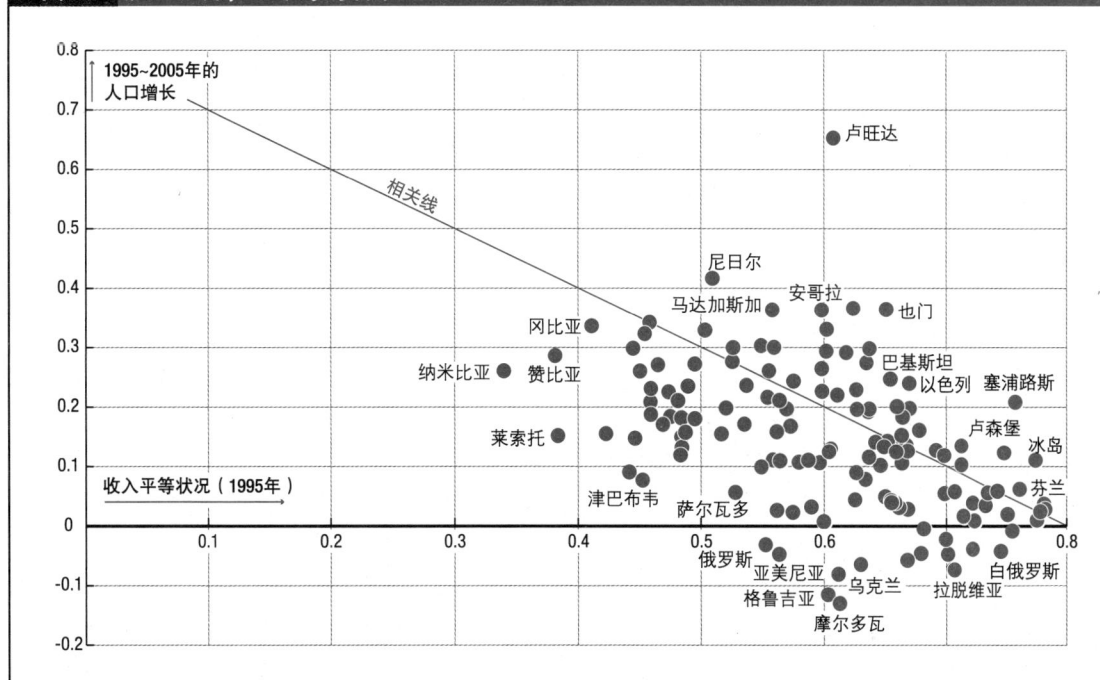

资料来源：绍尔特的"标准化世界收入不平等数据库"（SWIID）和联合国（2011）。
说　　明：收入平等似乎更容易抑制一个国家的人口增长而不是收入水平。它还会使公民更加关注公共事务，如生物多样性的保护等。

变：由过去外部效应较小、多天然设施的家庭农业地区变成外部效应较大、自然设施有限的大型农业开发体系。这些情况会对生物多样性产生负面影响。

因此，社会经济的不平等会导致生物多样性的减少，农村地区的小经营者遭受"毁灭性打击"，这既是他们自身的相对弱势（不正规、权利得不到尊重、社会地位低下、文化偏见、谈判能力有限等）所决定的，也归因于那些重量级的农民、工业家和政客之间的联盟（偏向一方的资源开发合同、大规模的土地租赁、有利于国家和国际主要行为体的风险识别和担保、工会力量弱小和小农户的代表性有限等）。对于农村地区的贫困者来说，不平等会变成土地的不安全，在资源获取时变得更不可预测、更缺乏透明。不

平等还会降低他们自我组织的能力，鼓励个人对自然资源的争夺，降低了生产体制变得更可持续的可能性及其所可能带来的好处。

将经济平等纳入环境保护的实践中

环保人士倾向于关注减缓那些导致生物多样性丧失的直接原因，尤其是农业和水产养殖业所导致的栖息地被破坏（Salafsky et alii，2008）。本文所提到的平等与生物多样性之间的关系要求人们进一步关注更深层次的社会和经济方面的原因——而且最终还要关注文化方面的原因（Voir-White，1967，他早先从文化的角度来解释环境的破坏，如今这种做法已十分常见）。

如前所述，人口增长速度的放缓很可能是通过

平等来缓解物种灭绝这一机制中的一个重要因素。它也可能成为政治经济学和专家们更熟悉的生态保护进程之间的一个沟通桥梁。在当前这种有关生物多样性经济价值的概念和工具占主导地位的背景下，尤其是有关生态服务的经济评估和要为环境服务付费大行其道——这会使那些以权力和地位为基础的方法退居次要位置——的情况下，平等促进生物多样性的其他一些途径显得格外重要。

需要得出的第一个教训是，在采取以生物多样性经济价值为基础的方法的同时，农村生产者以及生态系统直接使用者的政治权力必须得到加强，如提高他们获取资源的能力、增强他们的代表性和谈判能力以及对地方资源的监管能力。否则，这些不平等的动态变化将给许多地方行为体带来更大的不安全感，导致那些高利润率、高外部效应的生产体系迅速发展，并增加对环境和社会的影响。

第二个教训与主要生活在城市的富人和生活在农村的穷人之间存在的最基本的不平等有关。与后者不同，前者可以无视一个地方自然资源的现状而随意购买，这一切主要得益于他们的生产线，这些生产线会随着生态系统的耗尽以及各地在法律法规上所存在的漏洞而四处迁移。要想降低这种准入上的不平等及其造成的生物多样性丧失，需要在不同的层面采取多种不同的行动。例如，为那些公认的、已实现全球化的供应商组织好可持续的本地生产系统、限制城市供应链的外迁、加强城市与其周边农村地区的联系等。

第三个教训是资本主义的生产方式和大规模经营范围必须回应越来越强烈的反对派和不满者的呼声，以及要求加强环境保护权的诉求。其中的优先目标是提供更好的监管保障、提高透明度以及对公民社会的支持，而不是为大型种植园（棕榈树、橡胶树等）的建设提供资金。

如何达到平等

在这种情况下，社会如何才能提高经济上的平等？如果人们只把目光放在平等对人们福祉的影响上，那么采取何种方式似乎并不重要。威尔金森和皮克特（Wilkinson et Pickett，2009）以瑞典和日本以及美国的佛蒙特州和新罕布什尔州为例说明了这一点。从净收入（总收入中减去税收支出，再加上政府的转移支付）的角度来看，瑞典和日本堪称是世界上最平等的国家。同样，佛蒙特州和新罕布什尔州也是美国最平等的州。瑞典、日本、佛蒙特州和新罕布什尔州的人均寿命都很长，公民之间的信任度也很高。然而，瑞典和佛蒙特州是通过高税收和政府的转移支付来达到高度平等的，而日本和新罕布什尔州则是通过平等的毛收入来实现平等的。

图 1 认为，在净收入方面实现高度平等对生物多样性保护的影响不大。图 1 中所列出的最平等国家，它们的植物保护也相当不错。但是，威尔金森（Wilkinson）和皮克特（Pickett）认为，税收政策和社会福利政策的实施并不是通向平等的最可靠的和永恒的方式。政府能够迅速废止累进税制，而且它们也是经常这么做的。相反，虽然在大企业——这是一种本质上不平等的商业组织形式——向合作社转型的过程中，经济会受到冲击，但这也会给工作性质和投资带来彻底的变化（Mikkelson，2011）。这种变化将会比那些税收政策和个人福利政策更具持久力。

资本主义企业——也就是我们的说的"大企业"——的存在取决于不平等；这些企业（反过来）又会导致不平等的加剧。这些大企业的存在需要这样一个先决条件，即把人分成两种：一种人有足够的钱来生存，因而有钱投资于企业（股东）；而另一种人则必须出卖自己的劳动才能生存（工人）。大企业加剧了这种初始不平等，因为它们把股东而不是工人放在了"指挥"的位置上，与工人所获得的工资不同，股东所获得的收益是不封顶的。当然，一些大企业会关门歇业，从而使股东的投资打水漂，也使工人失去就业机会。但是，平均而言，大企业带给股东更多的是赚钱机会，而不是赔钱机会。如果不是这样，那么只有那些敢于冒险的人才会投资，股市也会因此而崩溃（Schweickart，2011）。

相比之下，工人合作社至少能用两种方式来促进经济平等。首先，利润最终将流入那些相对较贫穷的工人手里，而不是相对富裕的股东手里。其次，合作社是以一种民主的方式运行的，工人掌握着企业的最终控制权，每个人都有平等的投票权。在工人决定工资时，他们会选择付给领导层比其他人更高的工资，因为能够吸引并留住管理"人才"对他们是有利的：这将有利于企业的成功，工人也能因此而保住自己的饭碗。但工人不会选择让高管的薪酬高出同一企业其他员工的数百倍以上。例如，2010年，西班牙蒙德拉贡工人联合会所付的最高薪酬只有蒙德拉贡镇最低工资的8倍（Ramesh，2011）。相反，在21世纪早期，资本主义大企业内最高工资与平均工资的比例在西班牙将近达到20倍，而美国则达到了500多倍（Bruce et alii，2005）。

尽管合作社在促进平等方面存在优势，但多数企业仍然呈现"大企业"的形式，而且大多数人都在这样的企业工作。许多人认为，员工所控制的企业之所以数量相对稀少，主要是与它们存在一定的竞争劣势有关。然而，相关的实证数据清楚地表明，合作社要比与其存在可比性的其他企业更具竞争力（Dow，2003）。如果用生物学的例子来做类比，合作社的"死亡率"要大大低于大企业。但是，合作社的"出生率"也要低得多，其中的主要原因是缺乏投资。这个由来已久的问题要想得到解决，唯一的办法似乎是增加公共投资。换句话说，要想使合作型企业控制经济，政府必须成为新企业的主要资金提供者，而不是

靠股市来融资（Schweickart，2011）。

在一些人看来，这将意味着计划经济的幽灵再现，在苏联解体20多年后，人们仍对此心有余悸。然而，政府提供的初始投资资金是一回事，它们严格控制自己所投资的企业又是另一回事。合作型企业的一个原则是：要由其成员（及其产品或服务所针对的市场）来控制企业的行为。确保权力下放的另一种方式是将最初的投资决定权交给地方的公共银行——这些银行的员工将以一种民主的方式直接对每个市政府的公民负责，而不是仅仅只对中央政府负责（Schweickart，2011）。

结论
在本章中，我们回顾了迄今已发表的有关不平等和生物多样性丧失之间关系的文献，讨论了生物多样性可能从经济平等中受益的机制，并就把平等问题纳入环保议程的具体方式提出了建议，最后还探讨了通过员工控制企业来达到平等这样一条有益的路径。

我们得出结论认为，平等与生物多样性之间似乎存在着巨大的联系。这种联系值得人们未来加以进一步研究，并且在地方和全球等各个不同层级展开行动。尤其是那些社会和环境活动家们应当充分考虑到平等与生物多样性之间的联系，携手促进经济转型，从而使得资源在人类内部实现更公平分配、在人类与无数的其他物种之间实现公平分配——这些物种也有权在这个地球上生存和繁衍。

此外，公共发展援助在自己所支持的环保项目中应更加注意平等问题，并要求相关受益国也做到这一点。对于那些越来越关注行动效率以及制定清晰目标的出资方来说，平等程度的提高有一个很方便之处，即它从长期来看是可以衡量的（例如，可以用基尼系数来衡量）。因此，在2015年后发展目标或者（以及）此后的可持续发展目标中，必须至少加入一个平等方面的目标。

参考文献

BABONES S.J. et ALVAREZ-RIVADULLA M.J., 2007, "Standardized income inequality data for use in cross-national research", *Sociological Inquiry*, 77: 3-22.

BALAND J.M., BARDHAN P. et BOWLES S., 2007, *Inequality, Cooperation, and Environmental Sustainability*, Princeton, NY, Princeton University Press.

BILLÉ R., LAPEYRE R. et PIRARD R., 2012, "Biodiversity conservation and poverty alleviation: a way out of the deadlock?", *S.A.P.I.E.N.S*, 5(1): 1-15.

BOYCE J.K., 1994, "Inequality as a cause of environmental degradation", *Ecological Economics*, 11: 169-178.

BRUCE A., BUCK T. et MAIN B.G.M., 2005, "Top executive remuneration: a view from Europe", *Journal of Management Studies*, 42: 1493-1506.

COBURN D., 2004, "Beyond the income inequality hypothesis: class, neo-liberalism, and health inequalities, *Social Science & Medicine*, 58: 41-56.

DOW G.K., 2003, *Governing the Firm: Workers' Control in Theory and Practice*, New York, Cambridge University Press.

ENGELMAN R., 2008, *More: Population, Nature, and What Women Want*, Washington DC, Island.

ERGAS C. et YORK R., 2012, "Women's status and carbon dioxide emissions: a quantitative cross-national analysis", *Social Science Research*, 41: 965-976.

GLASBEEK H., 2002, *Wealth by Stealth: Corporate Crime, Corporate Law, and the Perversion of Democracy*, Toronto, Between the Lines.

HOLLAND T.G., PETERSON G.D. et GONZALEZ A., 2009, "A cross-national analysis of how economic inequality predicts biodiversity loss", *Conservation Biology*, 23: 1304-1313.

INTERNATIONAL UNION FOR THE CONSERVATION OF NATURE (IUCN), 2004, *2004 IUCN Red List of Threatened Species. A Global Species Assessment*. Disponible sur : data.iucn.org/dbtw-wpd/html/Red List 2004/completed/Executive Summary.html

MIKKELSON G.M., 2011, "Equality: economic and ecological", *Canadian Dimension*, 45(2): 35-38.

MIKKELSON G.M., à paraître, *Growth Is the Problem; Equality Is the Solution*.

MIKKELSON G.M., GONZALEZ A. et PETERSON G.D., 2007, "Economic inequality predicts biodiversity loss", *Public Library of Science* (PLoS), ONE 2.e444.

ORGANISATION DES NATIONS UNIES, 2011, *World Population Prospects: The 2010 Revision*. Disponible sur : http://esa.un.org/unpd/wpp/unpp/panel_population.html

ORGANISATION DES NATIONS UNIES, 2012, *International Year of Cooperatives 2012*. Disponible sur : http://social.un.org/coopsyear/index.html

OLSON M., 1965, *The Logic of Collective Action: Public Goods and the Theory of Groups*, Cambridge, MA, Harvard University Press.

PANDIT R. et LABAND D.N., 2009, "Economic well-being, the distribution of income and species imperilment", *Biodiversity and Conservation*, 18: 3219-3233.

RAMESH R., 30 mars 2011, "Basque country's thriving big society", *The Guardian*.

ROE D. (ed), 2010, *Linking Biodiversity Conservation and Poverty Alleviation: A State of Knowledge Review*, Secretariat of the Convention on Biological Diversity, CBD Technical Series Number 55.

ROE D. et WALPOLE M., 2011, *Linking Biodiversity Conservation and Poverty Reduction: Why and Where?*, document de travail IIED UNEP-WCMC.

SALAFSKY N., SALZER D., STATTERSFIELD A.J., HILTON-TAYLOR C., NEUGARTEN R., BUTCHART S.H. M., COLLEN B., COX N., MASTER L.L., O'CONNOR S. et WILKIE D., 2008, "A standard lexicon for biodiversity conservation: Unified classifications of threats and actions", *Conservation Biology*, 22: 897-911.

SCHWEICKART D., 2011, *After Capitalism*, Lanham, MD, Rowman and Littlefield.

SOLT F., 2008, "Economic inequality and democratic political engagement", *American Journal of Political Science*, 52: 48-60.

SOLT F., 2010, "Does economic inequality depress electoral participation? Testing the Schattschneider hypothesis", *Political Behavior*, 32: 285-301.

SOLT, F., 2009, "Standardizing the World Income Inequality Database", *Social Science Quarterly*, 90: 231-242.

STIGLITZ J., 2012, *The Price of Inequalities: How Today's Divided Society Endangers our Future*, W. W. Norton & Company.

SUKHDEV P. (ed), 2010, *The Economics of Ecosystems and Biodiversity*. Disponible sur : www.teebweb.org

WHITE L. Jr., 1967, "The historical roots of our ecologic crisis", *Science*, 155: 1203-1207.

WILKINSON R.G. et PICKETT K.E., 2010, *L'égalité, c'est la santé*, Paris, Demopolis.

保护生物多样性和减少不平等：
纳米比亚自然资源的社群管理

雷诺·拉佩尔 (Renaud LAPEYRE)
法国可持续发展与国际关系学院，法国

康斯坦丝·科尔比耶-巴尔托 (Constance CORBIER-BARTHAUX)
法国开发署，法国

生物多样性的状态、它的保护以及扶贫脱贫行动之间的模糊关系是人们常常探讨的话题（Billé et alii，2012）。然而，至今为止人们还没有发现其中存在着明显的因果关系，但一些来自实地的迹象证实了这样一种说法，即生物多样性保护政策与脱贫及减少不平等的政策之间是可能形成合力的。

作为 20 世纪 90 年代以来南部非洲和东部非洲地区生物多样性参与制管理方法 [如津巴布韦的 "本土资源公共区域管理项目"（CAMPFIRE）、赞比亚的 "行政管理设计项目"（ADMADE）、博茨瓦纳的 "自然资源管理计划"（NRM）以及肯尼亚的集体牧场和保留地等] 一脉相承的组成部分，纳米比亚以社群为基础的自然资源管理计划（CBNRM）为我们提供了一个很有意思的例子。

直到 1990 年才获得独立的纳米比亚只有约 200 万人口，至今仍受着南非占领时的贻害：南非当时几乎将所有的种族隔离法都强加给了这个国家 [黑人禁止拥有私有财产、居住区相互隔离以及建立 "班图斯坦" 制度（又称黑人家园制度）等]。尽管人均 4700 美元的收入使其在中等收入国家中排名领先，但农村地区的贫困仍然十分严重（2010 年农村地区贫困人口比例为 27%，城市为 9%，而全国的平均水平为 19.5%），而且这个国家的不平等是全球最严重的国家之一，2010 年的基尼系数为 0.6（2007 年全世界的平均水平为 0.39）。

在这种情况下，在本国丰富、多样且独特动植物资源的基础上，纳米比亚的新民主政府 20 多年来一直致力促进可持续发展，减少贫困和不平等。

动植物使用权的委托经营：纳米比亚自然资源社群管理计划的核心支柱

在纳米比亚被南非占领期间，种族隔离法几乎剥夺了所有黑人的土地和自然资源的所有权和使用权。直到 1990 年，该国 4000 多个白人私人农场拥有纳米比亚 44% 的土地，它们还掌握着这些土地上的野生动物资源，而全国绝大多数黑人（超过 150 万人）则生活在所谓的 "公共土地"（约占国土面积的 41%）上，而这些土地的所有权则完全归南非政府[①]。这些土地上的动植物资源及其管理、资源的开发和利用均归南非管理者所有。面对这种严重缺乏权

---

① 余下的 15% 国土面积是国家公园。

利和资源的状况，农村地区的贫困人口往往只能靠偷猎和非法砍伐来维持生计，从而使生物多样性急剧恶化，独立战争和连年的干旱更使局势雪上加霜。例如在 1970 年，生活在该国西部的沙漠象就有 300 多头遭猎杀，到 1982 年该国的沙漠象减少到了只有 70 头（Long et Jones，2004）。相反，在那些白人农场主的私人农场里，1972~1992 年野生动物的数量增加了 80%（Barnes et Jager，1996）。

国家专门颁布了两部法律试图来扭转这一局面。第一部法律是 1996 年颁布的《自然保护条例修正案》（Nature Conservation Ordinance Amendment Act）。它允许生活在公共土地上的农村社群创建一些"保护区"（conservancy），由本地社群对区内的自然资源进行管理。一旦这些地方性的"保护区"在获得国家的同意建立起来后，地方社群就获得了对"自己"领土上动植物资源的管理权和有条件使用权。具体来说，它将得到可以由其自由分配的狩猎配额。要想使一个"保护区"得到认可，某一社群必须划定出一个地理区域（其边界要通过 GPS 来确定）、就相关章程（确定本保护区的运行规则）和成员名单达成一致、选举出一个负责领导事务的执行委员会、制订并批准通过本区域的自然资源管

图 1　社群保护区：纳米比亚自然保护的一个重要工具

- 租借地
- 公共保护区
- 登记备案的社群保护区

200 公里

大西洋

安哥拉
奥沙卡蒂
伦杜
楚梅布
奥乔
奥奇瓦龙戈
温得和克
戈巴比斯
沃尔维斯湾
里霍博斯
博茨瓦纳
马林塔尔
吕德里茨
基特曼斯胡
南非

资料来源：纳米比亚环境和旅游部，2012 年 12 月。

说　明：在公共保护区、租借地和社群保护区里，纳米比亚超过 1/3 领土内的生物多样性得到了保护。全国 15% 的人口，其中大部分是农村家庭，仍生活在这些保护区内，从而有权继续合理地利用生物多样性。

理计划以及相关收入的分配计划等。第二部法律是2002 年颁布的《公共土地改革法》（Communal Land Reform Act），它把土地的使用权转移到了这些"保护区"身上。如今，正是这些"保护区"在控制着自己领土范围内那些以商业开发（主要是旅游业）为目的的土地租赁（租赁权）。

如今，每一个保护区都有权使用自己土地上的生物多样性，并为其成员带来货币和非货币性的收益。这些活动大致包括运动狩猎、为出售野味而进行的狩猎、为维持生计而进行的狩猎、出售野生动物以及观光旅游等。每个社群都可以自由地行使这些权利，并由自己来经营（本社群组织的集体狩猎、隶属于本社群的运动狩猎和经营旅游企业等）。另外，它们也可以将这些社群业务委托给某个私营业者来经营，例如专业猎人、屠夫或旅游业经营者。在后一种情况下，社群将与这个私营企业或（以及）国家签订正式的合作协议[称为合资经营或公私伙伴关系（PPP）]：除了创造就业之外，它还能从私营业者那里收取租金或土地使用费。总体而言，所产生的全部收入将被留存在本地（保护区的银行账户中）并由保护区执委会对这些收入进行管理：执委会将在每年的年度大会上汇报这些账目管理情况——无论是地方政府还是国家都不会对这些收入征税。

结果：生物多样性提高，地方收入大幅增加

自 1996 年有关保护区的法律颁布以来，农村地区的保护区数量不断增加。数量由 1998 年的 4 个增加到了 2003 年年底的 29 个，今天（2012 年 6 月）这一数字更是达到了 76 个。这意味着纳米比亚 19%的国土面积以及 15% 的人口都被纳入到保护区当中。如果再加上国家公园、处于野生动物管理状态下的私人土地以及租借地和社群林地，纳米比亚 37% 的国土处于自然资源和生物多样性可持续管理的制度框架当中（见图 1）。

这一指数的增长是本地和国际上的一些保护组织 [纳米比亚农村综合发展和自然保护组织（IRDNC）、纳米比亚自然基金会（NNF）、世界自然基金会（WWF）、纳米比亚以社群为基础的自然资源管理计划的支持组织（NACSO）等] 和国际捐助者 [美国国际开发署（USAID）、全球环境基金（FEM）、法国全球环境基金（FFEM）和欧盟等] 共同努力的结果。纳米比亚这一支持保护区建设的政策

背景资料：法国全球环境基金（FFEM）在纳米比亚的行动

例如，在法国全球环境基金（FFEM）的支持下，纳米比亚以社群为基础的自然资源管理计划（CBNRM）对一些供水点进行了修复，并在 33 个保护区、一个国家公园和一块租借地内放归了 4700 多只珍稀动物。在地方一级，位于该国西北部一处名为"Khoadi Hôas"的保护区就从这种生物多样性的社群管理方式中获得了巨大好处。一方面，黑犀牛和黑面黑斑羚被重新放归到这里，如今它们的管理都已交给了保护区；另一方面，由欧盟出资并与当地一个旅馆业私营企业（Grootberg Lodge）合作，在保护区内兴建了一个社群旅馆。这个旅馆主要接待来此观赏珍稀野生动物的游客，雇用和培训了 30 多位当地人，并向保护区支付土地使用费——保护区再将这些钱重新投入到保护区的维护和公共设施建设上。据拉佩尔（Lapeyre，2011）介绍，2007 年，有 23 名员工以及靠其生活的家庭成员，即总共有 115 个人靠 Grootberg 旅馆维持生计。当地人甚至靠它提高了自己的社会地位。例如，过去的一个农民先是成了保护区里的猎场看护，之后到旅馆成了维修工，后来又当上了黑犀牛追踪者，最后成为保护区里的一名导游（雇主出钱让他考取了驾驶证）。这是授权、生物多样性保护和为当地民众创造效益形成合力的一个很好例子。

减少不平等：可持续发展的挑战　　**101**

重点扶持的是那些带有企业经营思维的开发行动：它鼓励保护区与私营部门建立伙伴关系并支持一些企业家的个人行为，从而扶持更多小型私有企业，并发展多元化的替代型经济活动。

从这个角度看，与从事农业和养殖业所获得的收入相比，这方面的货币和非货币性收益要大得多。保护区所获得的货币和非货币性收益在1998年为15万欧元，到2010年估计达到了400万欧元。这其中包括了保护区与私营部门所建立的各种合作关系，包括旅游行业（190万欧元的收入来自租金、土地使用费和工资收入）以及狩猎（110万欧元），这两项收入占到了总收入的3/4（见图2）。

通过利用生物多样性所产生的收入和实物性的好处很大一部分用在了保护区的保护上（保护区员工——猎场看护和行政管理人员——的工资，购买越野车以及其他监测设备的费用等），另外一部分则以工资的形式（保护区内旅馆的员工和野生动物追踪者的工资以及为运动狩猎提供资助等）或为旅馆员工提供免费住所以及向各家发放野味、为学生提供助学金、向每个家庭发放红利以及以建设集体基础设施（如

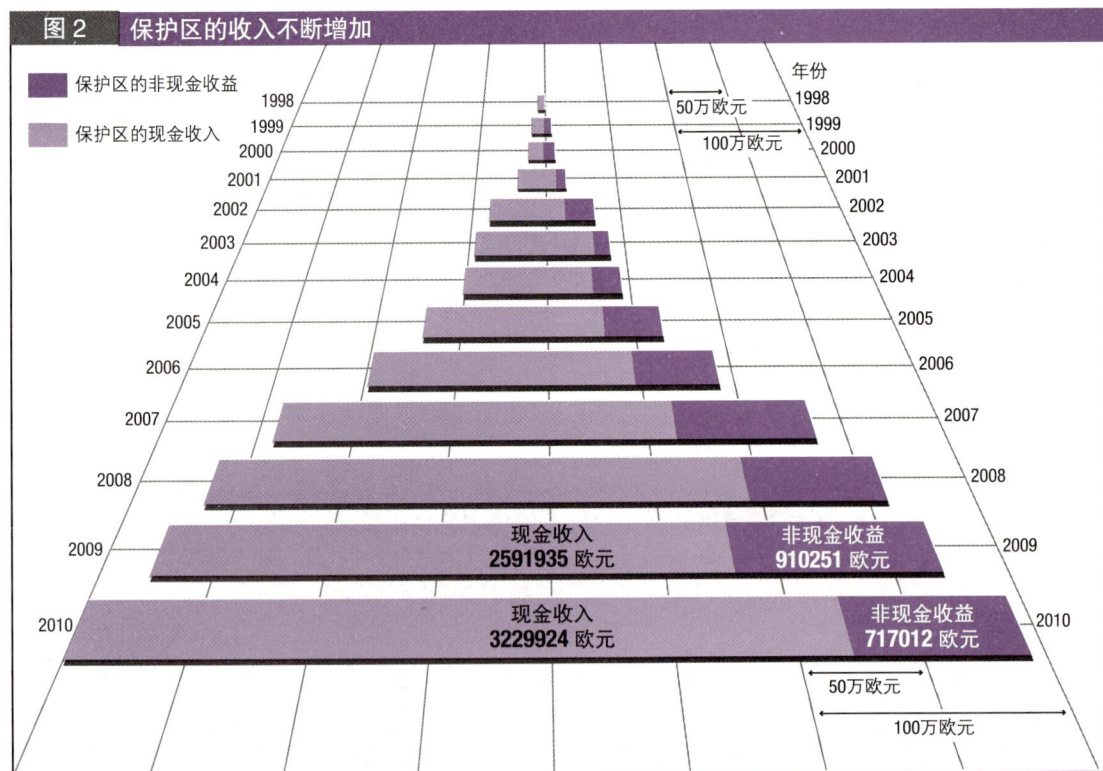

图2　保护区的收入不断增加

■ 保护区的非现金收益
■ 保护区的现金收入

年份
1998
1999
2000
2001
2002
2003
2004
2005
2006
2007
2008
2009　现金收入 2591935 欧元　非现金收益 910251 欧元
2010　现金收入 3229924 欧元　非现金收益 717012 欧元

50万欧元
100万欧元

资料来源：纳米比亚以社群为基础的自然资源管理计划的支持组织（NACSO），2011；《纳米比亚社群保护区：进展审查》，2010，NACSO，温得和克，纳米比亚。

说　明：自1998年以来，保护区的现金收入和非现金收入都大幅增加，尤其是与私营旅游业者和运动狩猎经营者签订的合作协议带来了丰厚的现金收入。这些收入主要以工资和土地使用费的形式分配给了当地民众。

购买救护车、兴建学校和诊所）等形式分配掉了[1]。

从生态角度看，保护区的发展使得当地野生物种的生存和保护状态得到了明显的改善。山斑马、野狗、沙漠狮以及当地特有的珍稀物种沙漠象和黑犀牛的种群数量自 20 世纪 90 年代中期以来明显增加。

保护区：能减少地方的贫困和不平等吗？

从前面的例子中，我们看到纳米比亚的自然资源社群管理计划为生活在保护区内的农村家庭带来了收入；但是这一计划能起到减少社会和经济不平等的作用吗？

很少有研究试图来回答这个问题，因为它超出了只对地方层面的现金收入和非现金收益的流量进行简单分析这样一个范畴。班迪奥帕迪亚雅等人（Bandyopadhyay et alii 2004）就曾进行过类似的研究。他们对［卡普里维（Caprivi）和库内内（Kunene）地区］7 个保护区内近 1200 个家庭进行了调查，并没有发现它与贫困和不平等减少之间存在着明晰的关系。虽然说从整体而言，保护区的建立能给区内所有家庭在经济收入方面产生积极的作用，但对那些最穷困家庭的影响似乎要复杂得多。一方面，由于所提供的工作都是一些低技能的岗位（如猎场看护），因此保护区内那些受教育程度较低的家庭（主要取决于户主的教育水平）的生活水平（收入与支出相比）提高的速度往往比那些受教育程度较高的家庭更快（尽管其中的差距并不明显）；同样，在卡普里维（Caprivi）地区，那些实物资产（耐用品）最缺乏的贫困家庭，其生活水平的提高也会快于富裕家庭。另一方面，在库内内（Kunene）地区，那些实物资产缺乏的贫困家庭，其收入却没有随着保护区的建立而提高；那些没有牲畜（山羊和绵羊）的贫困家庭，其收入的增长也不如那些拥有牲畜的富裕家庭。总体上看，正如班迪奥帕迪亚雅等人（Bandyopadhyay et alii 2010）在 2006 年对 8 个保护区 965 个家庭进行的抽样调查所得出的结论那样，尽管纳米比亚的这一计划并没有给精英阶层提供一个敛财的机会（这种现象被称为"精英敛财"，通常用来指各类生物多样性社群管理计划所可能存在的局限），但它同样未能清楚地证明这是有利于穷人的[2]。

朗（Long，2004 a，b）和拉佩尔（Lapeyre 2010，2011）以"可持续生计方法"（SLA）为基础所进行的研究也得出了相同的结论：保护区内的活动所产生的收益——尤其与保护区有合作关系的旅馆支付给员工（当地居民）的工资以及一些社群经营的旅游项目（如导游协会）所获得的收益——能使农村家庭（包括穷人）增加他们的人力资本（如有钱支付学费）、实物资本（购买牲畜）和社会资本（与非政府组织和捐助者的接触），并能为他们构建起一个安全保障网，增强其应对经济和社会不测的能力。然而，这些收入——尤其旅游收入以及那些教育程度较低的职位所产生的收入——仍然偏低，因此它们只能是未来找到更稳定工作的一个潜在跳板——稳定的工作才是减少农村贫困的真正手段。在这种情况下，保护区里那些待遇好、需要有学历的职位通常都被有高学历的家庭所垄断，这种情况在旅馆业尤其明显，从而加剧了地方层面的不平等。

---

[1] 2009 年，利用生物多样性所获得的收入和收益中，有 37% 用于保护区自身维护方面的支出，而 40% 以上的收益通过私营业者向当地旅馆雇员发放工资的形式加以分配，另外 15% 主要是向保护区内各个家庭免费发放的各类野味。

[2] 例如，班迪奥帕迪亚雅（Bandyopadhyay）等人得出结论认为：随着一家之主教育水平的提高，这个家庭成为某一保护区成员，也就是说从相关收益中获得好处（见以上分析）的可能性也会随之提高。

计划的风险和局限：减少农村地区不平等方面的能力依然有限

在非政府组织和国际捐助者的大力支持下，纳米比亚以社群为基础的自然资源管理计划取得了明显的成效：官方正式登记的保护区数量逐年增长（由1998年的4个增加到了2012年的76个）。事实上，这一计划所推行的模式主要集中在那些典型的野生动物（大象、犀牛、狮子等）及其栖息地上，并通过与高端旅游和狩猎私营企业的合作来获得增值，这无论从地理还是从时间上来看注定都存在很大不稳定性。因此，它似乎只适合于那些在这方面"具有潜力的"保护区——它们主要集中在库内内（Kunene）和卡普里维（Caprivi）这两个地区。

相关数据显示，只有少数保护区成功地与旅游以及运动狩猎领域内少数知名的私营企业建立起了合作关系，而且这一计划所产生的收益大部分也来自这些保护区（高额的土地使用费以及雇用了大量员工）。相反，许多旅游潜力不大、野生动物数量不多的保护区并没有给当地带来多少收益。拉佩尔（Lapeyre，2009）根据经验主义分析得出结论认为，库内内（Kunene）地区有4个保护区拥有非常丰富的资源（野生动物、景色壮观、一些被联合国教科文组织列为世界遗产的古迹等），而且这里的人口密度低，因此它们所产生的收入非常可观（例如，位于纳米比亚西北部的Uibasen Twyfelfontein保护区，总面积达286平方公里，居民只有230人，2007年人均收益达120欧元，平均每平方公里的收益为98欧元）。相反，该国北部的一些保护区则因为人口众多、资源禀赋较少（更多的是农业景观，而且知名的野生动物较少）而未能从这一计划中获得多少好处，2007年，Uukwaluudhi、King Nehale或Uukolonkadhi-Ruacana等几个保护区的人均收入在0和2欧元之间。造成这一差异的原因在于旅游活动，因为保护区内所展开的活动（与私营企业或本社群经营的企业合作）在地理位置上十分集中：2007年，旅游收入中的一半来自25个合作经营旅馆中的4个，将近3/4来自其中的9个。而从利润分配方面来看，38个社群旅游项目中的7个项目所获得的份额超过了80%。

综上所述，这一计划若想确保整个国家的均衡发展，避免导致不同保护区之间或者同一个保护区不同成员之间不平等的加剧，就必须对某些政策的取向重新定位。在这种情况下，似乎应当通过一种不过分强调行业分工的"生态系统"方式，来加强这些利用生物多样性的活动与"传统"的农业和农村发展活动之间的联系与协调。

参考文献

BANDYOPADHYAY S., HUMAVINDU M.N., SHYAMSUNDAR P. et WANG L., 2004, "Do households gain from community based natural resource management? An evaluation of community conservancies in Namibia", *World Bank Policy Research Working Paper*, 3337.

BANDYOPADHYAY S., GUZMAN J.C. et LENDELVO S., 2010, "Communal conservancies and household welfare in Namibia", *DEA Research Discussion Paper* 82, Department of Environmental Affairs, Ministry of Environment and Tourism, Windhoek, Namibia.

BARNES J.I. et DE JAGER J.L.V., 1996, "Economic and financial incentives for wildlife use on private land in Namibia and the implications for policy", *South African Journal of Wildlife Research*, 26: 37-46.

BILLÉ R., LAPEYRE R. et PIRARD R., 2012, "Biodiversity conservation and poverty alleviation: a way out of the deadlock?", *S.A.P.I.E.N.S.*, 5(1): 1-15.

LAPEYRE R., 2009, *Rural communities, the State and the Market: A New-Institutional Analysis of Tourism Governance and Impacts in Namibian Communal Lands*, thèse de doctorat, université de Saint-Quentin-en-Yvelines.

LAPEYRE R., 2010, "Community-based tourism as a sustainable solution to maximise impacts locally? The Tsiseb Conservancy case, Namibia", *Development Southern Africa*, 27(5): 757-772.

LAPEYRE R., 2011, "The Grootberg lodge partnership in Namibia: towards poverty alleviation and empowerment for long-term sustainability?", *Current Issues in Tourism*, 14(3): 221-234.

LONG S.A., 2004, *Livelihoods and CBNRM in Namibia: The findings of the WILD Project*, Final technical report to the WILD project, Ministry of Environment and Tourism, Windhoek, Namibia.

LONG S.A. et JONES B.T.B., 2004, "Contextualising CBNRM in Namibia", *in:* LONG S.A. (ed.), *Livelihoods and CBNRM in Namibia. The Findings of the WILD Project*, Final technical report to the WILD project, Ministry of Environment and Tourism, Windhoek, Namibia: 25-40.

第六章

斯里达尔·文格达布勒姆（Sridhar VENKATAPURAM）
剑桥大学，英国

收入不平等、健康不平等与社会进步

　　威尔金森（Wilkinson）和皮克特（Pickett）在《平等，就是健康》一书中所提出的这一观点如今已被人们所熟知，但是对它的解读却是五花八门。作者并不认为收入和财富的不平等是导致社会健康出现问题的直接原因或全部原因之所在。他们也不认为靠"拉低收入来达到平等"的方式就能使社会实现绝对平等。生活条件的改善最终取决于那些靠再分配和税收政策资助的计划的质量。

很久以前，人们就已鉴别出了多种形式的不平等，如国家之间的不平等（北方与南方），或者说一个国家内部的收入之间的不平等。然而，自2008年全球经济危机以来，不平等重新成为富国公众和政策的一大忧虑。这场危机使美国和英国等国一些银行家、商界领袖和收入最高的1%人群的巨额个人收入大白于天下。随着人们对绝对财富和相对财富意识的提高，越来越多的人在争论这样一个问题：那些在全球金融体系近乎崩溃的情况下还在数百万甚至数十亿地往自己腰包里捞钱的人，他们究竟应当对此负何种责任。诸如"占领"（Occupy）运动等各种社会运动此起彼伏，2008年之后的许多竞选活动或者反对紧缩的抗议活动都把重点放在了不平等上——"不平等"在这里指多方面的内容，包括财富、年轻人的就业前景、教育成本、社会保障或者老年人的保障等。人们甚至也可以认为正是不平等引发了整个中东地区的政治革命，"阿拉伯之春"就是因为突尼斯一位水果商自焚而引发的，他自焚是由于不平等已无法令他体面地生活下去。

　　全球经济危机以及此后世界各地所发生的一些事件为威尔金森（Wilkinson）和皮克特（Pickett）的《平等，就是健康》一书的出版提供了良好环境。令人难以置信的是，该书在许多国家十分畅销，因为它不仅为人们看清不平等给社会所造成的威胁提供了科学的论据，而且也提供了解决方法。该书最吸引人的地方可能在于：它明确提出收入和财富的不平等对社会是不利的，因此收入和财富的再分配对社会或者说将对社会产生有利影响。作者到世界各地发表演说，所涉及的听众范围非常广泛，甚至包括一些平时人们很难接触到的、具有相当影响力的政治决策者。他们的著作能引起广泛的兴趣，其中的一部分原因在于这样一个事实：在当前一切都很不确定、人们围绕着良好经济和社会制度的定义展开大辩论之际，它所提出的理论和科学论据似乎比示威活动所提出的口号或在媒体上曝光率很高的专家们所提出的意见条理更清晰、更符合事实、更站得住脚。

　　不过，在仔细阅读了这本书及其所依据的一些科研文章后，人们会发现这两个强有力的结论没有一个是正确的。作者并不认为收入和财富的不平等是导致社会出现问题或生活水平下降的直接原因或全部原因之所在。他们也不认为仅靠收入或财富的简单再分配或者靠"拉低收入来达到平等"的方式就能使社会实现绝对平等。既然这两个结论并不是该书真正意图的体现，那么作者所想表达的究竟是什么呢？

| 图 1 | 公平的社会更加健康 |

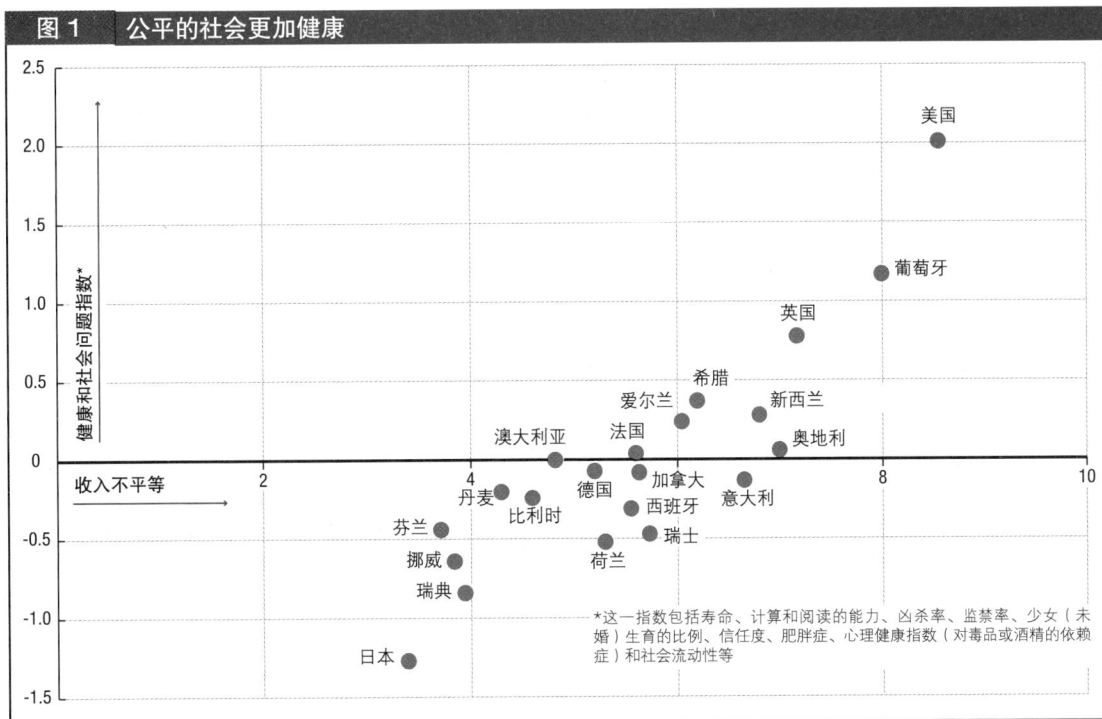

资料来源：www.gapminder.org/upload-data/motion-chat/，https//www.e-activist.com/ea-action/action。

说　明：威尔金森（Wilkinson）和皮克特（Pickett）的研究表明，一个社会的不平等程度与它所存在的社会问题有着密切关系。那些更加平等的社会（日本、瑞典、芬兰和丹麦）也是各种问题最少的社会，其中包括肥胖症、少女（未婚）生育的人数以及计算水平低下等。

收入不平等与健康

本书的一个中心论题是：在人均国民总收入（GNI）超过 2.5 万美元的国家，收入不平等与社会问题的数量之间存在着正向关系。换句话说，只要人均国民总收入超过 2.5 万美元这一阈值，一个国家的收入不平等问题越严重，这个国家的社会问题就越多，包括健康状况不佳、少女怀孕、凶杀、监禁或学习成绩差（Wilkinson et Pickett，2009：19）。这一论题推翻了人们在分析许多领域"社会弊病"的形成原因时所得出的主要结论，尤其是那种认为物质匮乏是主要原因的观点。威尔金森（Wilkinson）和皮克特（Pickett）的研究结果表明，国家之间以及一个国家内不同地区之间的平均收入水平与社会问题的严重程度并不存在统计学上的关联。他们对于这一结果的解释是：在那些富裕国家（也就是人均国民总收入超过 2.5 万美元的国家），纯粹的物质条件与生活质量之间不存在联系。相反，如果收入低于这个阈值，那么收入不平等与社会问题的严重性之间存在着统计学上的正向关系。

这一关系的厘清使许多人得出了这样一个结论，即收入的不平等会直接造成许多社会问题，因此，通过收入再分配等手段来减少不平等是解决问题的方法。这一结论的得出可以用以下这个事实来解释：所有的思想和直觉都支持收入的平等，或者至少都认为应当减少富人与穷人之间巨大的贫富差距。但这种解读或政策建议并不是威尔金森和皮克特在书中所提出的观点。虽然两位作者证明了那些在健康和社会方面最有效的国家都建立了税收再分配机制并推出了许多大型社会救助计划，但他们也认为有很多的方式都能达到同一效果（Wilkinson et Pickett，2009，ch. 16）。要想理解为什么征税前实现收入平等或者说限制收入的不平等或许只是改善社会进步的方法之一，这方面仍待人们作进一步研究。威尔金森和皮克特认为，收入的不平等只是表明了一个社会的等级分化程度，它所体现的是个人之间的社会距离以及社会分层的运作方式（Wilkinson et Pickett，2009：27）。收入不平等反映了社会的不平等，两者是相辅相成的。

此外，他们似乎还证明：一个社会问题的社会梯度越高——也就是说这个问题在经济和社会底层越明显，它与收入不平等的关系就越大。此外，作者还认为，只有当人们对社会差异明显的不同阶层进行对比时，收入不平等与社会弊病之间的相关性才会存在或者说才会被人看清；收入的不平等并不会像那些导致一个贫民区不同家庭出现问题的因素那样自动显现出来，而是只有人们把它与富裕街区进行对比时才会显现。看来，社会不平等——其最通俗的表现形式是收入差距——会对那些事关底层民众乃至全体民众的社会弊端的严重程度有着重要影响。但是，哪些社会差异是不会随着收入不平等的减少而减少的呢？它们又是如何导致社会问题出现的呢？

社会流行病学

对社会梯度（也就是说，不同社会经济阶层的不平等程度）进行的研究以及对社会因素对各种权利被剥夺——尤其是与健康有关的问题——的影响所做的研究，是一门相对较新学科的主要内容——这一新学科就是社会流行病学。它往往与"传统的"或"生物医学"的流行病学相对立，传统流行病学在研究疾病的成因时，其研究领域仅限于个人因素，尤其是个

人的生命机理和个人的行为，以及个体暴露于有害生物和物理粒子的风险程度等。这三类因素通常会被比喻成一个多因素的"病因饼状图"或者组成一个"病因链"（Krieger，2000；Rothman et alii，2008）。

这种以个人为中心的疾病生物医学模式尽管在20世纪大部分的时间里始终占据主导地位，但过去40多年来它已经越来越多地受到人们的质疑，其中的原因主要是它在界定许多慢性病和退行性疾病的病因方面存在着诸多局限，而且它也无法解释民众健康状况的动态变化及其分布格局（Krieger，1994；Susser et Susser，1996a；Susser et Susser，1996b）。在传统模型的解释能力出现局限的情况下，对个人进行更深入分析的分子流行病学又成了一种灵丹妙药。相反，专注超个体因素及其基本原则的社会流行病学则未引起公众的多少关注，尽管它的洞察力很强，效率很高（Marmot et Wilkinson，1999；Berkman Kawachi，2000）。公众对社会流行病学研究的低关注度可能会令人感到惊讶，也可能不会令人感到惊讶——这一切取决于人们对世界的看法，因为社会流行病学揭示出了两个在政治上非常敏感的问题：那些可预防性疾病以及死亡率的社会原因，以及这些疾病和死亡率不均衡的社会分布。

在20世纪占主导地位的传统生物医学模式曾取得了丰硕的成果，而社会流行病学刻意与它拉开了距离，对因果关系链的范围进行了延伸，关注到了孤立的直接因素以外的东西，把导致这些直接原因的因素也涵盖了进去，并对它们在整个生命周期——从子宫内开始——内的单独和累积作用作出界定。社会流行病学在延伸因果关系链的时候还融入了许多新的因素：那些可能对健康产生影响的宏观政治、经济和社会政策及其进程都被加以量化，并被纳入到一个有关个人和集体的病因、疾病分布以及死亡率的流行病学模式当中。社会因素与生物学因素之间的这种关联或

图 2　预期寿命取决于公平

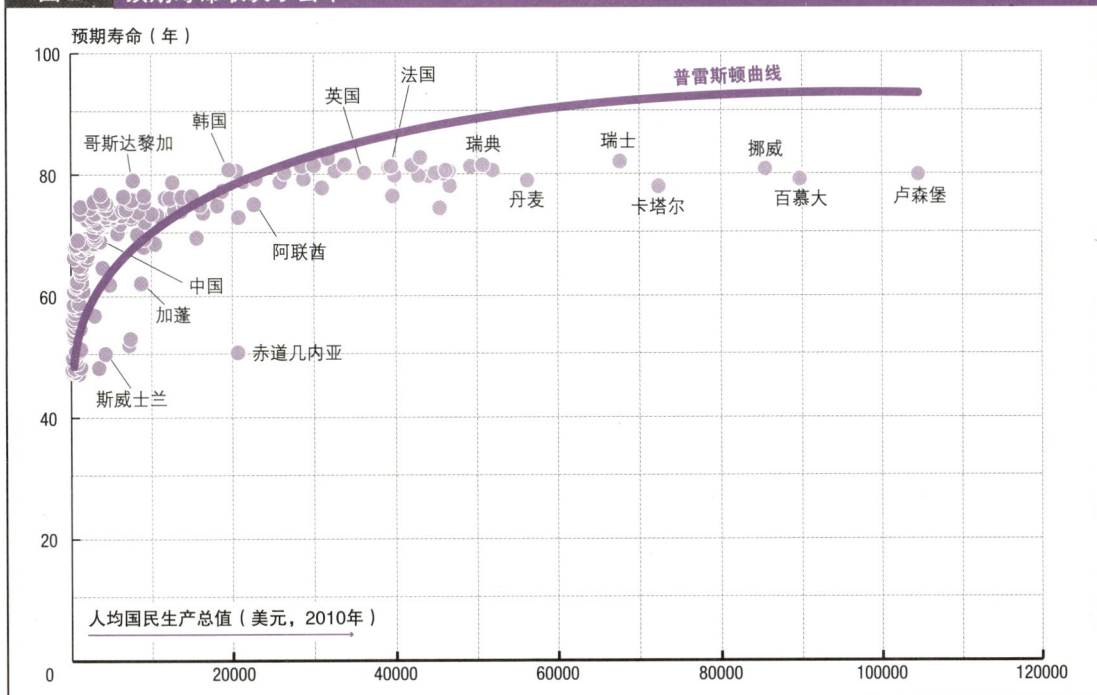

资料来源：世界银行，在线数据库。

说　明：普雷斯顿曲线是研究健康与公平之间关系的一个经典工具。一个社会越公平，其成员的预期寿命就越长。挪威或卢森堡——这两个国家在收入方面是最平等的社会之———人的平均寿命要比斯威士兰——这个国家是世界上最不平等的国家——人高出 30 岁。

者说整合被认为是创造出了一种所谓的"套盒"范式（Susser et Susser，1996；Susser et Susser，1996b）。这个比喻传达出了这样一种想法，即一个人的健康是由多种的，而且越来越远端的因素所决定的，同时，这些因素又在深刻地打造着一个人所处的环境以及许多直接的因素。就像那个虽然距我们非常遥远却决定着世界不同地区人类生物功能的太阳一样，在各个层级同样存在着许多类似的社会因素，它们虽然相距遥远，但会对处于不同地区的个体的不同生存方式产生深刻影响。

　　将重点放在那些对健康状况可能产生影响的社会因素上，这种做法实际上并不新鲜。长期以来，

社会环境因素的作用早在社区医学和社会医学当中得到了确认，也在路易 - 勒内·维莱梅（Louis-René Villermé）和鲁道夫·菲尔绍（Rudolph Virchow）19 世纪对流行病学的研究中得到了确认。然而，现代社会流行病学开发出了一些更新的研究流行病学的工具以及一些与社会学分析相关的方法论，以便更好地弄清楚是哪些超个体的社会现象在影响个人及社会团体、一个国家内部以及国家之间健康问题的形成原因和分布格局（Berkman et Kawachi，2000；Marmot et Wilkinson，1999）。

　　鉴于社会流行病学的高效及其超常的洞察力，世界卫生组织已故总干事李钟郁曾在 2005 年下令建

立了世界卫生组织"健康问题社会决定因素委员会"（以下简称"委员会"）。其使命是收集和整理与健康问题社会决定因素有关的可靠数据，评估它们对健康不平等的影响，并就解决这方面的不平等提出建议[1]。"委员会"成员及其秘书处都对以下三个共同的问题感同身受：对社会正义的渴望，对确凿证据的尊重，以及看到现实中人们对健康的社会决定因素的忽视而感到失落[2]。

正是在这些深层次动机的驱使下，"委员会"用了整整三年的时间对相关研究成果进行详细的编写和分析，与世界各地来自各行各业的专家磋商，与各国政府和一线的实践者会面，最后形成了这份最终报告并提出了相关建议。"委员会"所做的工作以及编写这份名为《用一代人时间弥合差距——针对健康的社会决定因素采取行动以实现健康公平》的最终报告本身不是最终目的，其实际目的是在相关机构和公共领域激发起人们的讨论，最终帮助推动国家及跨国层面在健康和改善健康公平方面的社会行动和社会政策。

当社会流行病学第一次真正在全球被关注时，"委员会"使用了以下这样一个因果关系的嵌套框架。

（1）个人的日常生活环境，即他们出生、成长、生活、工作及衰老的环境，决定了他们患病的情况以及生命的长度。

（2）这些日常生活条件会产生出一些近端决定因素，如接触有害物质和生物风险；会提供一些食品、饮用水、住所和医疗卫生等物质条件的供应；也会产生出一些能影响精神生物学轨迹和健康行为的社会环境。

（3）这些日常生活条件本身也是各类结构因素的产物——这些由经济、社会和政治条件所构成的结构因素会和社会以及文化背景一道，在个人和社会团体之间形成一种近因关系，并将其传播开来。

社会流行病学的起点是：光用个人因素不足以解释人群之间在健康方面所存在的根本差异——这些差异主要体现在国籍、教育、收入、职业、性别、种族或民族以及居住地等社会特征上。这其中存在着这样一个假设，即这些由社会环境所造成的因素会对疾病在个人身上的致病轨迹产生影响，并导致不健康状态在不同群体间形成不平等的格局。在这一基本假设的基础上，人们正在对不同的轨迹进行研究并试图给出不同的解释（Bambra，2011；Mackenbach，2012）。根据这一思路，"委员会"提出了这样一条基本原则，即不同国家的寿命差别不能用纯粹的生物学原因来解释。例如，日本（人的平均寿命为83岁）和马拉维（人的平均寿命为48岁）在寿命预期上的严重不平等不能用日本人和马拉维人之间的生物学禀赋差异来解释。相反，"委员会"认为，寿命预期和健康水平方面的差异是由社会环境所决定的，社会和文化价值会打造出自己的经济、政治和社会措施及相关进程，这些措施和进程会为世界不同地区的人们创造出不同的生活条件并将其传播开来。

一个重要的事实是，社会流行病学研究不仅打破了传统流行病学模式只对个体因素进行分析的局

---

[1] 有关该"委员会"的详细资料，见以下网址：wwwho.int/social_determinants/thecommission/fr/index.html。有关"健康问题社会决定因素委员会"的最终报告，请参阅《用一代人时间弥合差距——针对健康的社会决定因素采取行动以实现健康公平》，2008，日内瓦，世界卫生组织（见以下网址，http://whqlibdoc.who.int/publications/2009/9789242563702_fre.pdf）。

[2] 这种失落主要体现在两个方面。首先，在探讨那些可避免的疾病以及死亡率时必须跳出医疗卫生这一局限，而应当把造成这一切的原因，尤其是社会条件也考虑在内。大多数国家和全球的健康政策往往只把关注点放在医疗卫生上。出现失落的第二个方面原因在于：最近几十年有关不健康和死亡率的流行病学研究成果并没有被医疗卫生领域的决策者所利用。

限，而且它也在抵御生物医学模式在应用时产生的各种社会后果。这些社会后果包括在改善健康状况时只把目光狭隘地放在为医疗卫生提供支持和行为方式的改变上；不关心不同社会群体在健康方面的不平等；夸大健康后果方面的个人意志和责任；只关注穷人在物质方面的贫困，而忽视了那些给全体民众带来可预防性疾病的社会和心理环境因素。纯粹从个体因素进行分析的方法，其缺点不仅仅体现在国家卫生政策上，而且也会体现在国际层面的卫生政策上。这些国际卫生政策可能包括对跨国卫生计划或卫生政策所提供的发展援助，或者对一些涉及跨地区的健康威胁的国家卫生政策提供支持等。

"威尔金森命题"

威尔金森的著作正是在流行病学的应用范围扩大以及社会决定因素作为造成疾病和过早死亡及其分布格局的原因得到认可这样一个背景下问世的。自20世纪90年代初开始，理查德·威尔金森（Richard Wilkinson）所发表的研究成果揭示出收入高度不平等的社会与民众的平均健康状况相对更差以及民众健康方面的不平等程度更高之间的关联性（Wilkinson，1992）。与《平等，就是健康》一书所得出的结论相比，"威尔金森命题"所涉及的范围更窄一些：它认为在那些人均国民生产总值超过25 000美元这一阈值的国家，不同阶层之间的平均收入差异越大，健康领域的梯度变化就越明显，民众总体的过早死亡率就较高。如果低于这一阈值，收入的不平等与这一梯度变化或健康问题的分布之间就没有任何相关性。

威尔金森的研究还表明，在一些工业化国家和同一国家的不同地区，健康方面的梯度变化与收入不平等的程度有着很大关系。在《平等，就是健康》一书中，威尔金森和皮克特表明，收入不平等除了与医疗卫生领域的成就有关之外，还与很多社会问题有着关系（Wilkinson et Pickett，2009）。当许多人在解读过程中都把目光放在医疗卫生条件这一决定因素时，威尔金森指出，收入不平等的影响首先体现在心理层面，包括因为自身社会地位低下、做下属的受气经历以及得不到人们的尊重等而产生的心理影响。收入不平等是根深蒂固的，而且差距越来越大，这会对一个人的社会地位产生影响，而社会地位反过来又会在个人心里引起一些生物反应，如长期的焦虑、皮质醇类的应激激素不断增加、增加动脉粥样硬化的风险以及导致免疫力的下降等。这些进程都是通过精神生物途径发生的，其后果则是衰老的加速（Kawachi et alii，1999：493）。此外，在《平等，就是健康》一书中，威尔金森和皮克特还进一步证明，高度的不平等环境还会导致人们对于社区生活信任感的下降，尤其可能导致暴力的增加。它还会导致人们对于地位的争夺，导致保护消费者权益运动的兴起。这种环境影响从一个人出生之时起就已存在，它们影响到个人建立人际关系的能力、一个人的同情心和攻击性（Wilkinson et Pickett，2009：231）。

"威尔金森命题"、发展与健康不平等

快速浏览社会流行病学的相关文献便可以清楚地知道，大部分有关健康领域社会决定因素以及社会不平等对健康领域成就的影响等研究，主要是在发达经济体进行的。社会流行病学所关注的是那些始终存在的健康问题以及那些可预防疾病和死亡率的不均衡分布——尽管那些能满足基本需要的卫生和社会计划是存在的——的问题。相反，对发展中国家健康问题的研究主要集中在传染病的病因以及控制人口出生上，而忽视了社会不平等对健康领域的影响。没有人对发展中国家的社会决定因素进行过研究，此举似乎证实了经济学家安格斯·迪顿（Angus Deaton）的一

种说法。他认为，几个世纪来，最富有的人往往是先进医疗技术的最先受益者（Deaton，2011）。换句话说，富人和富裕国家通常是那些先进技术，尤其是先进科技成果的最先受益者。

然而，"委员会"的研究表明，健康领域的社会决定因素以及健康方面的不平等对所有国家都产生了影响（Organisation mondiale de la santé，Commission des déterminants sociaux de la santé，2008）。最终报告还显示，社会梯度无论在富裕国家还是在贫穷国家都同样存在。然而，将社会流行病学的理论付诸应用，把健康领域社会决定因素提高到全球的高度等，这方面的努力恰恰是因为对社会流行病学本身的一些

研究而有所减弱了。尤其是"威尔金森命题"认为，（只有）在人均国民总收入超过 2.5 万美元这一阈值之后，死亡率的水平和梯度形态才会与收入不平等之间存在关联。他认为，这一阈值将是两种不同情况相互转化的一个临界点：第一种情况是物质制约重于社会制约因素；第二种情况则是制约的优先次序发生了逆转（Kawachi et alii，1999：27）。

但是，虽然威尔金森的研究成果涉及的主要是超过这一阈值时所发生的情况，但是对在低于这一阈值时究竟会出现什么情况，他得出的结论似乎有些仓促，而且他把物质制约和社会制约作出区分的方式似乎也存在类似问题。对于在低于这一阈值的情况下那

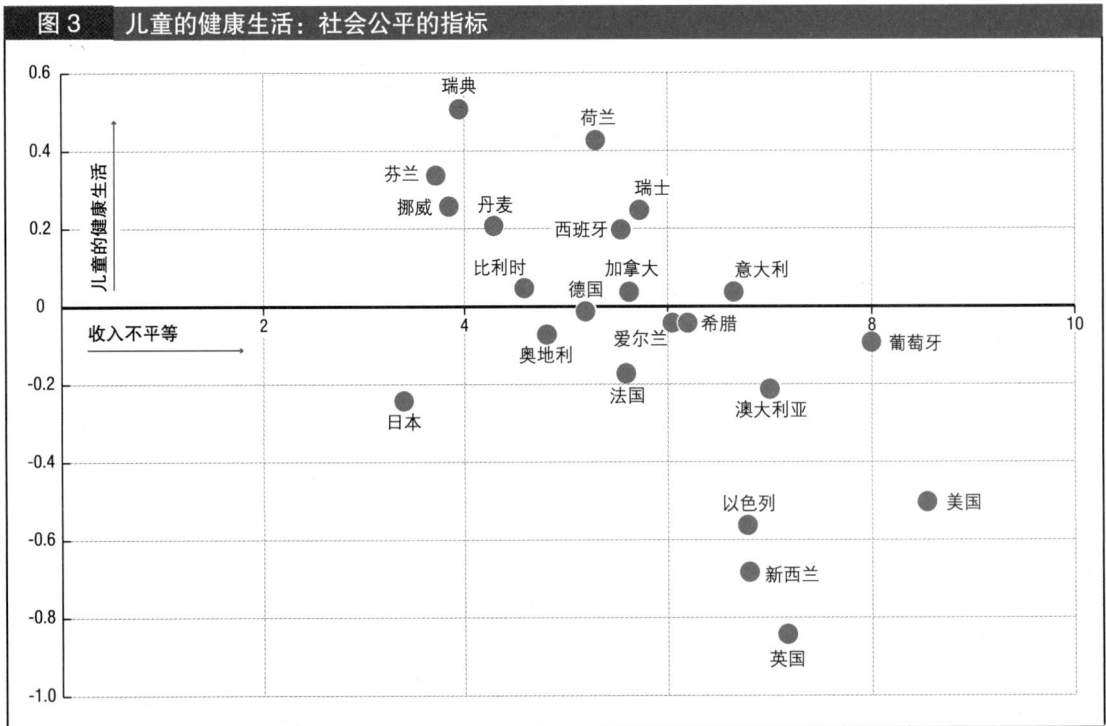

图3　儿童的健康生活：社会公平的指标

资料来源：www.gapminder.org/upload-data/motion-chart/，https://e-activist.com/ea-action/action。

说　明：儿童的健康生活不仅是指儿童身体上的健康。公平社会一般都会为最年轻的成员提供一个良好的发展框架，只有日本是个例外：这个国家尽管在收入分配方面非常平等，但在儿童健康生活方面的得分却不高。

些导致过早死亡的原因及其社会分布以及社会所存在的不足，仅用物质制约来解释是很难得出令人满意的结果的，尤其是在缺乏医疗卫生条件的情况下。其中的风险在于可能会犯这样一个共同的错误，即把针对这些原因的处理过程与真正的解决之道混为一谈。例如，妇女和女童在生殖健康方面的问题，尤其令人遗憾的是产妇高死亡率在很大程度上是可以避免的，以及艾滋病毒／艾滋病的蔓延，这一切既与社会和文化习俗有关，也与物质匮乏有关。如果仅用人均收入超过 2.5 万美元这一收入不平等的结果来加以分析，就会得出结论，认为低于这一阈值时，健康状况不佳以及过早死亡主要是由物质制约所造成的，这种做法等于是把那种在富裕国家遭到断然拒绝的东西强加给了贫穷国家。如果说物质条件与健康问题以及生活质量之间的关系在富裕国家并不是那么直接，那么它在贫穷国家的情况也是一样的。

如果根据"威尔金森命题"而得出这样的结论，即认为随着经济的发展，人均国民总收入超过 2.5 万美元时，人们的预期寿命将自动随之而提高，患病率将自动随之下降，那么就大错特错了。事实上，那种认为"当人均国民总收入超过这一阈值时，物质条件与健康领域所取得的成就无关"的观点会使一些人提出这样一种结论：在低于这一阈值的情况下，人均国民总收入的提高会自动导致生活条件的改善，因而会导致健康水平和生活质量的提高。那种认为经济增长将必然导致预期寿命的增长和婴儿死亡率的下降，从而使因疾病而导致的总体开支下降，并提高社会繁荣度的想法相当普遍，在一些经济学家那里尤其如此。这一理论通常会被归到塞缪尔·普雷斯顿的名下（Preston，1975；2007）。这一构想为一种更为流行的流行病学过渡理论提供了支撑，这一理论描述了一个社会由因为传染病高发而负担沉重的"不发达的初级阶段"进入到因慢性病负担沉重的"工业化阶段"这一变化过程（Omran，1971）。然而，西蒙·施雷特尔（Simon Szreter）和其他人则认为，几乎没有多少历史事实能证明经济增长与个人健康或生活条件的改善之间存在必然联系（Szreter，1997；Biggs et alii，2010）。

事实上，西蒙·施雷特尔这位研究公共卫生的历史学家认为，工业化将英国社会一些非常具有破坏性的力量释放了出来——这些力量曾经被一些维护公共卫生机构的政策所压制。换句话说，社会行动曾在工业化进程及后果的管理方面发挥过决定性的作用，而这一点似乎并没有被普雷斯顿（Preston）和奥姆兰（Omran）等理论家所注意到。阿马蒂亚·森（Amartya Sen）也指出了卫生政策领域的公开辩论和宣传运动在今天泰国、印度和中国等国所发挥的作用。在经济学领域的类似讨论中，苏迪尔·阿南德（Sudhir Anand）和马丹·拉瓦利翁（Martin Ravallion）则揭示了人均国内生产总值的增长与预期寿命增长之间的相关性。但寿命的增长主要得益于一些脱贫计划的实施以及医疗卫生领域设施和服务的改善（Sen，1999；Anand et Martin Ravallion，1993）。事实上，撇开了这两个被考虑的因素，平均收入的增长与预期寿命的改善之间就没有多大的关系了。因此，只有在相关资金被投入到医疗卫生领域和服务设施的情况下，国民生产总值的提高才会导致健康状况的改善。阿马蒂亚·森和让·德雷兹的研究表明，印度就存在着类似情况（Drèze et Sen，2002）。最近，比格斯（Biggs）和他的同事们对 22 个拉美国家进行了研究，并揭示出人均国内生产总值与健康之间的关系和一个国家的贫穷程度及收入不平等水平之间的关联度并不是特别大（Biggs et alii，2010）。

能对经济发展与健康之间的关系作出解释当然是有用的，其中的原因在于：无论人均国民总收入是高于还是低于威尔金森（Wilkinson）所说的阈值，社会因素都会对健康和人们的寿命产生影响。虽然威尔金森对物质和社会"制约"作出区分，并对人均收入定出了一个阈值，而实际上这一切所告诉我们的只是心理因素——它与一个人的社会地位是密切相关的——在疾病发生过程中所起的作用而已，而且当收入超过一定程度时，我们会对自己更加重视，因此心理因素所起的作用就会更大。他把心理和社会轨迹与那些在收入低于这一阈值时对个人身体产生影响的物质条件这两者对立了起来。但是真正重要的问题是：为什么威尔金森或其他任何人把社会心理因素看成是唯一会对健康产生影响的社会因素呢？在社会流行病学所研究的不同类型的社会因素中，为什么偏偏要复制专门探究穷国疾病和残疾之近因的这样一种模型？正如前文所列举过的施雷特尔（Szreter）、阿南德（Anand）、拉瓦利翁（Martin Ravallion）、比格斯（Biggs）、森（Sen）和其他人的研究所揭示的那样，光靠经济增长并不会自动带来健康状况的改善和寿命的延长，尤其是在它不能给民众带来机会平等的情况下。只有在伴随着经济增长的同时，各种社会政策计划，尤其是减贫、对医疗和公共健康计划进行投资以及一些教育计划等被付诸实施，这方面的情况才有可能得到改善。经济政策本身也是重要的社会决定因素。当然，人们也可以列举出包括哥斯达黎加、古巴、斯里兰卡和印度喀拉拉邦的例子：这些国家和地区的人均国民收入虽然不高，但它们在健康领域的成就比有些发达国家还要好，其中的原因就在于它们的政策选择对一些影响健康的近因产生了影响（Sen，1999：46~47）。

界定一个阈值——超过这一阈值时，那些与相对不平等有关的社会心理因素会对健康状况不佳（以及其他社会问题）产生影响——并不意味着在收入低于这一阈值时社会因素就不会对健康产生影响。无论是在富裕国家的社会心理轨迹背后，还是在贫困国家的物质轨迹背后，都包含着社会因素。无论富国还是穷国，只要人们对造成任何健康问题的背后原因加以

分析，都不可避免地会看到其中必然会有一个社会因素在起重大作用。皮克特和威尔金森的书之所以会引起发达国家公众的兴趣，是因为它十分关注收入不平等的问题。然而，对于全世界的公众来说，设定一个阈值并认为只有收入超过这一临界点后，物质因素的作用才会让位于社会—心理—生物因素，此举很可能导致这种想法的盛行，即国内生产总值的提升或者经济的增长将自动或者说在无需采取额外社会政策的情况下，就能导致健康状况的改善。那种认为在无需采取额外社会政策的情况下经济增长会导致健康领域出现好结果并导致生活水平提高的想法，在主流经济学中早已遭到人们的广泛质疑，但这种质疑似乎并未在社会流行病学中出现。其中的原因可能在于：大多数社会流行病学家的研究主要是在发达国家展开的，他们很少接触到与发展中国家有关的数据材料。

在富裕社会以及贫穷社会里、在不同的个体身上，各种不同因素给人们健康状况带来的相对影响会有所不同。威尔金森的研究发现，在美国和英国等发达国家的一些地方，健康状况在很大程度上受到了心理因素的影响。而上述发展领域的经济学家在其他地方进行的研究却发现，健康状况更多是由物质因素所决定的，尤其取决于公共开支在社会产品和社会计划等方面的投入。在发展中国家，即使那些导致疾病的近因也与社会决定因素有关。

需要指出的是，威尔金森和皮克特也看到了某些旨在增进社会平等的干预措施所发挥的作用，尤其是减少税前毛收入差距的措施、各类社会计划以及税收再分配计划等。由于他们已清楚地宣布自己把社会等级现象也纳入了研究范畴，这说明仅在收入方面的行动显然只是缩小不同社会阶层间收入差距的方式之一。既然收入不平等不是导致健康状况下降的直接原因，一个人不会因为自己的月薪低于另一个人而导致自己生病，因此真正的目的是研究一个人在生活过程中与其他个人和团体之

间所发生的关系。在收入方面采取干预行动只是避免人们患病以及其他社会权利被剥夺的辅助手段之一。无论国民总收入是低于还是高于某一阈值，人们真正忧虑的或者说真正关注的是个人的生理和心理功能是否发挥出预期功效，尤其是在防止疾病发生和过早死亡方面。

鉴于社会流行病学家在对生物医学模式做补充研究时会涉及很广的范围，同时还必须对有关健康和发展的辩论进行整合，因此在健康的原因及分布这方面制定出"统一的理论"成了当务之急。社会流行病学家们都已意识到流行病学研究需要一种更好的范式、一种同时能抓住个体因素和宏观层面因素的范式。但是，正如上面提到的"威尔金森命题"所分析的那样，即使是最好的社会流行病学研究都有必要对健康与可持续发展方面最先进的研究成果进行整合，或者说应当更加贴近富裕和贫穷社会的现实；目前相关的宏观和微观的分析仍然局限在发达国家的背景之下，许多有关发展中国家的假设仍有待人们作进一步的研究和探索。"统一的理论"必须能对自然／生物学、社会条件、环境条件以及行为／个人机制这四个门类的健康原因及其分布状况作出解释。虽然说这方面有一些候选的范式存在，但阿马蒂亚·森（Amartya Sen）[1] 把发展作为一种能力建设的研究成果在理论方面具有巨大的挖掘潜力（Venkatapuram，2011）。

结论

《平等，就是健康》一书的出版使人们再次关注到了收入不平等问题。它成功地使人们再次关注到了这个问题在经济学，尤其是发展经济学中所引发的长期讨论。过去几十年来，森（Sen）一直主张采

用单一的或者说统一的方法来对所有国家——不管它们是高收入、中等收入或低收入国家——的社会进步和可持续发展作出评估。这种方法的核心思想是：要把社会和分析的关注点从收入的不平等转移到经济的不平等上来。森（Sen）的思想反映了他之前的许多经济学家的看法。他认为，收入的重要性会受到工具和环境因素的制约，而不是内生式的、不容置疑的（威尔金森的研究证实了这一观点，它揭示了收入对于健康与生活质量的影响，而不是其内在的性质所致）。森（Sen）通过大量的例子说明，除了从收入和不平等的角度入手之外，从其他社会和经济因素对生活质量的影响这一角度入手进行研究，同样会揭示出许多重要的信息。事实上，森并没有把人们对于收入不平等的担忧——收入不平等会造成严重后果——彻底抛开，只是想采用一种能更多地关注到个人的能力和自由——他们不仅拥有生存自由，而且能想做什么就做什么——的研究方法。

在把这种方法融入"威尔金森命题"之后，我们的道德和现实目标将不仅是减少收入的不平等，而且也包括减少个人在获得健康和幸福生活方面所存在的能力上的不平等。事实上，威尔金森已经清楚地表明，社会不平等的性质会对个人在社会拥有幸福生活的能力产生影响。但不平等的坏影响是双重的，因为不平等程度越高，处在社会底层的人们所拥有的自由就越少，全体民众的自由也就越少。

虽然说收入不平等体现着并且也导致了社会的不平等，虽然说许多社会因素是导致健康状况不佳及其他社会弊端的原因，但是只将目光放在收入上则是一种不完整的，甚至是不合适的解决之道。就在威尔金森研究人员和其他一些社会流行病学家们揭示出

---

[1] 阿马蒂亚·森（Amartya Sen）是世界卫生组织"健康问题社会决定因素委员会"成员，对于该委员会提出的论据发挥过重要作用。

导致富裕国家某些民众生存问题的社会因素时，另外一些研究人员，特别是那些研究发展问题的经济学家则揭示出了社会行动和公共政策——除经济增长之外——会对穷国健康领域的成就产生怎样的影响。因此，这就需要定义一个分析框架，把所有的人都放在同一层面上来。"委员会"在提出适用于所有人的健康原因和分布状况这一框架时，就是想要做到这一点。"威尔金森命题"中的最重要思想在于：它揭示了各种不同领域的社会不平等，尤其是收入的不平等，将会对个人、不同社会群体以及全国民众的生活水平以及那些影响生产水平的制约因素的分布产生深刻影响。将目光只放在收入不平等这一人们熟悉的话题上，而忽视了这一重要思想实在是件令人遗憾的事。

参考文献

ANAND S. et RAVALLION M., 1993, "Human development in poor countries: on the role of private incomes and public services", *Journal of Economic Perspectives*, 7: 133-150.

BAMBRA C., 2011, "Health inequalities and welfare state regimes: theoretical insights on a public health 'puzzle'", *Journal of Epidemiology and Community Health*, 65: 740-745.

BERKMAN L.F. et KAWACHI I., 2000, *Social Epidemiology*, New York, Oxford University Press.

BIGGS B., KING L., BASU S. et STUCKLER D., 2010, "Is wealthier always healthier? The impact of national income level, inequality, and poverty on public health in Latin America", *Social Science & Medicine*.

DEATON A., 2011, "What does the empirical evidence tell us about the injustice of health inequalities?", Princeton, Princeton Center for Health and Wellbeing.

DRÈZE J. et SEN A. K., 2002, *India: Development and Participation,* Oxford, Oxford University Press.

KAWACHI I., KENNEDY B.P. et WILKINSON R.G. (eds.), 1999, *The Society and Population Health Reader. Income Inequality and Health,* New York, The New Press.

KRIEGER N., 1994, "Epidemiology and the web of causation: has anyone seen the spider?", *Social Science & Medicine*, 39: 887-903.

KRIEGER N., 2000, "Epidemiology and social sciences: towards a critical reengagement in the 21st century", *Epidemiologic Reviews*, 22: 155-163.

MACKENBACH J. P., 2012, "The persistence of health inequalities in modern welfare states: the explanation of a paradox", *Social Science & Medicine*, 75: 761-769.

MARMOT M.G. et WILKINSON R.G., 1999, *Social Determinants of Health*, Oxford/New York, Oxford University Press.

OMRAN A. R., 1971, "The epidemiologic transition. A theory of the epidemiology of population change", *The Milbank Quarterly*, 49: 509-38.

ORGANISATION MONDIALE DE LA SANTÉ, COMMISSION DES DÉTERMINANTS SOCIAUX DE LA SANTÉ, 2008, *Combler le fossé en une génération. Instaurer l'équité en santé en agissant sur les déterminants sociaux*, Genève, Organisation mondiale de la santé.

PRESTON S.H., 1975, "Changing relation between mortality and level of economic development", *Population Studies – A Journal of Demography*, 29: 231-248.

PRESTON S.H., 2007, "Response: on 'the changing relation between mortality and level of economic development'", *International Journal of Epidemiology*, 36: 502-503.

ROTHMAN K.J., GREENLAND S. et LASH T.L., 2008, *Modern Epidemiology,* Philadelphia, Wolters Kluwer Health/ Lippincott Williams & Wilkins.

SEN A., 1999, *Development as Freedom*, New York, Knopf.

SUSSER M. et SUSSER E., 1996a, "Choosing a future for epidemiology: I. Eras and paradigms", *American Journal of Public Health*, 86: 668-763.

SUSSER M. et SUSSER E., 1996b, "Choosing a future for epidemiology: II. From black box to Chinese boxes and eco-epidemiology", *American Journal of Public Health*, 86: 674-677.

SZRETER S., 1997, "Economic growth, disruption, deprivation, disease, and death: on the importance of the politics of public health for development", *Population and Development Review*, 23: 693.

VENKATAPURAM S., 2011, *Health Justice. An Argument from the Capabilities Approach,* Cambridge, Polity Press.

WILKINSON R.G., 1992, "Income distribution and life expectancy", *BMJ*, 304: 165-168.

WILKINSON R.G. et PICKETT K., 2009, *The Spirit Level: Why More Equal Societies Almost Always Do Better*, Londres, Allen Lane.

WILKINSON R.G. et PICKETT K., 2010, *L'égalité, c'est la santé*, Paris, Demopolis.

全民社会医疗保障有望在柬埔寨推行

维尔吉尼·迪亚斯·佩德里加尔
（Virginie DIAZ PEDREGAL）
法国开发署，法国

斯特凡妮·帕米－萨姆纳
（Stéphanie PAMIES-SUMNER）
法国开发署，法国

戴维·莱文（David I. LEVINE）
美国加州大学伯克利分校，美国

伊恩·拉马格（Ian RAMAGE）
多姆莱研究与咨询公司，柬埔寨

柬埔寨面临着"双重流行病负担"：一方面，该国正面临着一些发展中国家所独有的疾病（结核病、登革热、疟疾……）；另一方面则是一些繁荣社会所特有的疾病（糖尿病、心血管病、癌症……）。而柬埔寨在这方面相关设施的匮乏使这一问题变得更加复杂。

自我治疗是一种常见的做法（Poursat，2004）。部分民众经常到私人医生和传统的治疗师那里看病，而这些人受培训的程度参差不齐。目前，盈利丰厚的私营医疗行业未得到政府部门任何有效的监管。与此同时，公立医疗机构却没有得到充分利用。2010年的人口与健康调查（DHS，2010）显示，只有1/4的人在第一次看病时会选择公共医疗机构。这些公共医疗机构除了正常收费外，通常会索取一些好处费（Meessen et alii，2008）。由于公共医疗机构的薪水很低，一些医生和护士便会到私营医疗机构来找工作。监管的缺乏不仅导致医疗服务在定价方面出现了漫天开价的乱象，而且使所开出的药方在水准方面参差不齐（Duffau et Diaz Pedregal，2009）。

在国民医疗卫生支出中，柬埔寨政府所提供的资金只有10%，而国际捐助者所提供的资金超过了20%，其余70%的开支则完全由个人承担。对于柬埔寨中等收入的家庭，尤其是农村地区的家庭来说，医疗支出是一个很大的负担。在这些地区，平均每人每年的治疗费用约为25美元，相当于一个月的工资收入。

柬埔寨：迈向全民社会医疗保障的第一步

柬埔寨的社会医疗保障主要有四种形式：一个针对穷人的援助计划（医疗公平基金，HEF）；专门为非正规行业从业者提供的自愿型保险（社区医疗保险，CBHI）；为正规行业从业者提供的强制型保险（社会医疗保险，SHI）以及针对富裕人群的私人医疗保险（PHI）。此外，柬埔寨也存在着其他类型的医疗卫生筹资机制，尽管它们的覆盖面还很小（Annear et Ahmed，2012），其中包括孕产妇保健券，针对肺结核、疟疾和艾滋病患者所开展的一些国际性或全国性卫生计划以及儿童免疫接种计划等。尽管存在着这么多机制，但是大多数柬埔寨人（89%的女性和92%的男性）并没有任何医疗保险（DHS，2010）。从其覆盖的人数来看，医疗公平基金（HEF）是柬埔寨最重要的保险品种。柬埔寨政府认为，该国26%~30%的人口是穷人（Gouvernement Roval ou Camboge，2011），而且大多数穷人有资格参加医疗公平基金（HEF）或享受诊费的减免。

然而，由于官方统计数据和实际覆盖率所存在的差异，参加医疗公平基金（HEF）的人数只占到柬

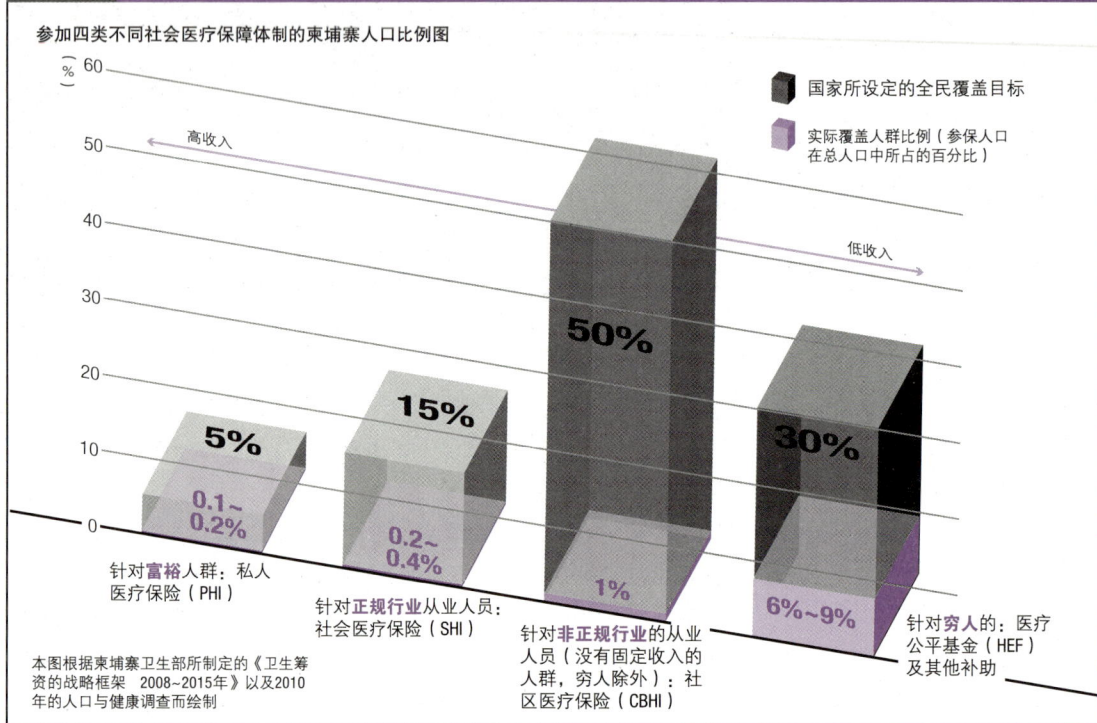

图1　医疗保险体制的构建

参加四类不同社会医疗保障体制的柬埔寨人口比例图

■ 国家所设定的全民覆盖目标

■ 实际覆盖人群比例（参保人口在总人口中所占的百分比）

高收入 →

低收入 →

5%

0.1~0.2%

15%

0.2~0.4%

50%

1%

30%

6%~9%

针对**富裕**人群：私人医疗保险（PHI）

针对**正规行业**从业人员：社会医疗保险（SHI）

针对**非正规行业**的从业人员（没有固定收入的人群，穷人除外）：社区医疗保险（CBHI）

针对**穷人**的：医疗公平基金（HEF）及其他补助

本图根据柬埔寨卫生部所制定的《卫生筹资的战略框架 2008~2015年》以及2010年的人口与健康调查而绘制

说　　明：柬埔寨政府建立了一套十分复杂的医疗保险体系，以满足全体民众的不同需求，但是参加各类保险的人数要明显低于政府的预期目标。

埔寨总人口的6%~9%（DHS，2010）[①]。因此，那些不能享受医疗公平基金（HEF）的穷人必须靠自己来解决医疗费用（自掏腰包）。

从参保人数来看，柬埔寨第二大医疗保障体系是社区医疗保险（CBHI）。然而，只有1%的柬埔寨人参加到了该国的九大社区医疗保险（CBHI）中的一个。国家的目标是所有非正规行业的从业人员（不包括穷人）都能参加社区医疗保险（见图1）。在实践中，社区医疗保险的低覆盖率可以用以下几方面的原因来解释：对"保险"这一概念缺乏了解与理解；对法律制度缺乏信任感；不愿意为一种假设存在的疾病风险付钱；公共医疗设施和服务的薄弱（Duffau et Diaz Pedregal，2009；Ramage et alii，2012；Polimeni et Levine，2012）。

① 据柬埔寨王国政府2011年提供的数字，68%的贫困人口能享受医疗公平基金（HEF）所提供的医疗保障或享受免费医疗，这一数字占总人口的18%~20%。2010年人口与健康调查（DHS）的结果与柬埔寨王国政府所提供的数字之所以会出现差异，其原因在于有些穷人"从理论上讲"是可以参加医疗公平基金的，因而他们被统计到了官方数据当中。然而，有许多潜在的受益者并不知道有这种保险的存在，或者说根本没有参保，因而在人口与健康调查时未被调查人员计算在内。

目前，社会医疗保险（SHI）正在建设之中。此类保险未来将成为正规部门工作人员（主要是公务员）的一种强制性险种，并将和工资挂钩。社会医疗保险（SHI）的目标是能覆盖约15%的人口。

最后，私人医疗保险（PHI）的目标人群是柬埔寨最富有的一小部分人，他们约占全国总人口的0.1%（DHS，2010）。此类保险十分昂贵，但非常有效。它将为投保人提供合理的社会保障。图1列出了每个保险品种参保人数的比例。国家所设定的目标与实际覆盖人口比例之间的差距相当明显。

各类社会保障机制试评

柬埔寨四类不同社会医疗保障体制的参保人数还不到全国总人口的10%（医疗公平基金的参保人数在6%~9%；社区医疗保险为1%；社会医疗保险和私人医疗保险各为0.5%左右）。被这些机制纳入报销范围的通常是一些基本医疗费和住院治疗费，药费不一定都能纳入其中。国际金融机构"抗击艾滋病、结核病和疟疾全球基金会"为肺结核、疟疾和艾滋病等疾病的治疗提供部分资金。这就意味着患上这些疾病的人在看病时无需全部"自掏腰

背景资料：保障健康还是保障财富？

2007年，法国开发署与加州大学伯克利分校和柬埔寨多姆莱（Domrei）研究与咨询公司共同发起[1]首个以随机试验的方式在柬埔寨展开的、对小额健康保险计划的影响进行严格评估的行动[2]。具体地说，这项研究旨在评估SKY（Sokhapheap krousar yeung，"为了我们的家庭健康"）这一小额医疗保险项目的影响，并对其被人接受的决定因素进行了分析。SKY（"为了我们的家庭健康"）小额医疗保险项目是由法国一个名为"技术研究交流集团"（GRET）的非政府组织在1998年发起的。

这项研究揭示出这种保险想让柬埔寨农村地区的目标人群达到一定参保比例所可能遇到的困难。在没有补贴的情况下，小额医疗保险计划被人接受的可能性非常小（在参与实验的小组中，只有不到5%的人参加了这一保险），而且非常不稳定（在六个月的最低参保期过后，人们通常都会弃保）。实验结果还发现，一些家庭

对保险这一概念本身并不熟悉，这表明通过宣传教育使人们来接受这一产品是多么重要。研究表明，那些最敢于冒经济风险的家庭也是参加SKY（"为了我们的家庭健康"）小额医疗保险最积极的家庭。SKY在这里成了一种风险产品。不过，保险费的多少似乎会对人们的参保需求产生巨大影响。保险费如果下降80%，那么参保率就可能提高41个百分点。

尽管这一保险项目在柬埔寨农村被人们接受的速度十分缓慢，但相关的实验证实了此类小额医疗保险预期将能带来巨大的经济效益。在出现重大卫生危机时，SKY小额医疗保险能使医疗开支减少40%以上，与那些未参保家庭相比，参保家庭的负担将有望减少1/3，从而能大大减少出售家产的情况。SKY小额医疗保险还将有助于改变柬埔寨农村家庭的医疗方式：由过去以没有国家监管的私营医疗机构为主转向以公立医疗机构

为主。然而，实验表明，病人在患病后到第一次去医院接受治疗的时间间隔上并没有任何缩短，接受医疗服务（尤其是预防性护理）的总体比例也没有提高。

最后，该研究还证实了公共医疗服务的供给对于人们长期参加医疗保险的重要性。许多家庭认为，公立医疗机构普遍存在质量相对较差（与私营部门相比）的问题。当人们需要长途跋涉才能抵达这些公立医疗机构时，许多已经参加了SKY小额医疗保险的人也宁愿选择收费更高的私人诊所，这最终将使他们放弃SKY小额医疗保险。

总之，这一评估活动既让人看到了此类自愿参加的医疗保险与其他保险机制——如"医疗公平基金"等——相比所存在的好处，也揭示了它的局限性。

① 这项研究由法国开发署和美国国际开发署（USAID）共同资助。
② 这项研究计划的成果见法国开发署的网站。这一研究很大程度上借鉴了该领域曾经进行过的唯一一次大规模的随机式的试验方法，即"兰德（Rand）医疗保险实验"（RAND Health Insurance Experiment）——它曾于20世纪80年代在美国展开。

包"——只有他们前往治疗中心的路费需要自己负担。从理论上讲，政府将提供必要的资金为一些慢性病（高血压、糖尿病等）的治疗给予报销。相反，大多数以赢利为目的的医疗机构，如私人保险公司，并不会为这些疾病提供保险。此类保险在经济上是无利可图的。在实际生活中，那些患有慢性病的病人并不一定都知道如何才能享受到此类公共卫生服务。许多人的居住地离公共医疗中心很远，他们也因此而无法定期接受治疗。由于柬埔寨疾病的发生频率往往是不可预知的，因此"风险因素"的评估是一个复杂的过程，这也为设计出十分合适的保险制度增加了难度。就社区医疗保险（CBHI）而言，2010 年在农村地区所进行的一项试验性研究表明，此类保险将使参保家庭的医药费开支明显下降，从而降低家庭四处借债和出售家产的风险（Levine et alii，2012；Voirégalement L'encadré p.242）[①]。

需要指出的是，这些医疗社会保障体系本身的财务成本也存在着很大的差别，有的为零，而有的则相当高昂（图2）。

图 2	对各类医疗保障机制进行评估				
保险的主要特点	广度 (受益者：医疗保险针对的是谁？)	深度 (哪些医疗费可以报销？)	高度 (医药费报销的比例？)	提供卫生服务的地点	保险的费用 (受益人承担的部分)
HEF 医疗公平基金	穷人	基本医疗费及住院费，药费除外	中等	医疗中心及公立医院：质量较差	无
CBHI 社区医疗保险	准穷人以及"中产阶级"、非正规行业的从业人员	基本医疗费及住院费，药费通常也包含其中	高	医疗中心及公立医院：质量较差	中等
SHI 社会医疗保险	公务员、雇员以及正规行业的从业人员	主要是基本医疗费及住院费	高	公立或企业的医疗中心、医院：质量较差	中等
PHI 私人医疗保险	富人、旅游者以及移民	各类费用（取决于所缴纳保险费的多少）	高或低（取决于所缴纳保险费的多少）	私人诊所（或国家及外国开设的诊所）；质量中等或较高	高或低

资料来源：由作者整理。

---

① 2010 年的人口与健康调查显示，柬埔寨病人在医院接受治疗所支付的医药费中，只有 2% 的钱来自医疗公平基金（HEF），0.5% 的钱来自社区医疗保险（CBHI）。那些小病的医药费更多的是来自工资、零用钱以及家庭的储蓄。对于各类重病，医药费的主要来源是借钱、出售家产或亲戚及朋友的帮忙。

结论

柬埔寨的医疗社会保障体系是根据个人财富水平和工作类型（正规行业或非正规行业）这些基础来设计的。到 2012 年，国家所设定的医疗保险覆盖范围的推广目标远未实现，绝大多数柬埔寨人还没有任何社会保障可言。

要想提高医疗社会保障的覆盖面，减少不平等，除了个人财富和就业类型之外，其他一些标准也应当被纳入考虑范畴。一些针对医疗领域弱势人群（老年人、残疾人以及慢性病患者等）的项目非但十分需要，而且迫在眉睫。为那些不太受社会关注的人群（妇女、儿童、少数民族、同性恋者等）建立保障体系也十分必要。其中一个良好的开端应当是为孕妇提供良好的医疗保健服务（Annear et Shakil，2012）。

在发展中国家继续与减少不平等作斗争的过程中，这些针对特定受益人的新项目应当被纳入到柬埔寨的公共政策当中。国际捐助者提供的资金援助也至关重要。

参考文献

ANNEAR P.L. et AHMED S., 2012, "Institutional and operational barriers to strengthening universal coverage in Cambodia: options for policy development", *Working Paper Series*, 18, Health Policy and Health Finance Knowledge Hub, The Nossal Institute for Global Health, University of Melbourne,

DUFFAU A. et DIAZ PEDREGAL V., 2009, "Micro health insurance and public health policy. To what extent does non profit private micro health insurance contribute to improving public health care?", *FACTS (Field Action Science) Reports*, 3(1).

GOUVERNEMENT ROYAL DU CAMBODGE, 2011, *National Social Protection Strategy for the Poor and Vulnerable (2011-2015)*, 104 pages.

LEVINE D., POLIMENI R. et RAMAGE I., mars 2012, "Insuring health or insuring wealth? An experimental evaluation of health insurance in rural Cambodia", AFD Ex-post collection, *Impact Analyses Series*, 8.

NATIONAL INSTITUTE OF STATISTICS (MINISTRY OF PLANNING), DIRECTORATE GENERAL FOR HEALTH (MINISTRY OF HEALTH), septembre 2011, *Demographic and Health Survey 2010* (DHS 2010).

POLIMENI R. et LEVINE D., décembre 2012, "Going beyond adverse selection: take-up of a health insurance program in rural Cambodia", AFD Ex-post collection, *Impact Analyses Series*, 11.

POURSAT C., juin 2004, « Quelles articulations entre politique de santé et micro-assurance ? Réflexions à partir du projet de micro-assurance santé du Gret au Cambodge », Gret, *Coopérer aujourd'hui*, n° 37, 33 pages.

RAMAGE I., RAMAGE K. H., MAZARD E., KAVENAGH M., PICTET G. et LEVINE D., août 2012, "SKY impact evaluation, Cambodia, 2010 village monographs", AFD Ex-post collection, *Impact Analyses Series*, 9.

第七章

戴维·萨特思韦特（David SATTERTHWAITE）
国际环境和发展学会，英国

戴安娜·米特林（Diana MITLIN）
国际环境和发展学会，英国

占世界半壁江山的城市中的不平等

世界上最不平等的现象出现在中低收入国家的城市区域。今天，这里生活着大约 28 亿人，其中城市非正规街区的居民遭受着令人无法接受的歧视。由于衡量城市贫困的方法存在问题，这一现象往往被低估。对众多旨在改善基础服务的计划进行分析，将使人们弄清楚地方政府、公民社会以及相关援助机构可以在什么样的条件下展开减少不平等的行动。

城市居民不平等的规模与程度

在当今这个一半人口生活在城市、需要靠城市里的公司来谋生的世界里，最大的不平等、最令人震惊的不平等常常出现在城市人口中间。在世界不同地区，各个城市在医疗卫生、居住条件、各类服务的提供、财产保护、通信网络和工作环境的质量等方面存在着很大差异。

直到最近，有关一个国家或一个城市内城市人口不平等的详细数据还十分少见。如今，这方面似乎正在开展一些大型研究，使人们对实际情况有了更好的了解。本文对图 2 中所列举的一些新数据进行了分析，说明那些好城市与坏城市之间的反差是何等强烈。

本文所依据的主要是非洲人口与健康研究中心（APHRC）2002 年在内罗毕的非正规街区所进行的一次创新研究，此次研究的结果证实了图 1 中所列举的大部分不平等现象。研究表明，在这些非正规街区——这里生活着内罗毕差不多一半的人口——婴儿和儿童死亡率极高（这是完全不能接受的）。此外，越来越多的研究表明，世界上许多非正规街区都具有图 2 中所描述的最差城区的特征（Mitlin et Satterthwaite，2012；Sverdlik，2011；Subbaraman et alii，2012）。

在等级体系的顶端

在高收入国家和一些中等收入国家，图 2 中所列出的大部分不平等现象已不复存在或者说已明显减少——尽管收入上的不平等通常都有所增加。虽然城市里的低收入人群依然存在居住条件差的问题，但他们已不再生活在那些没有任何基础设施的非正规街区，大部分人家里 24 小时都能用上干净的自来水，拥有了雨水和污水排水管道，道路铺上了沥青，

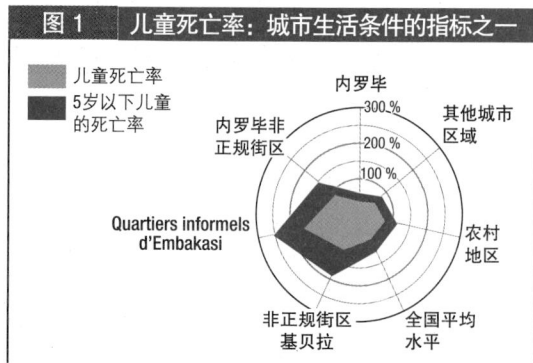

图 1　儿童死亡率：城市生活条件的指标之一

儿童死亡率
5岁以下儿童的死亡率

内罗毕
其他城市区域
内罗毕非正规街区
300 %
200 %
100 %
Quartiers informels d'Embakasi
农村地区
非正规街区基贝拉
全国平均水平

资料来源：非洲人口与健康研究中心（APHRC），1998 年全国人口普查以及 2000 年和 2002 年非正规街区普查的结果。

说　　明：造成一个城市富人区与穷人区之间不平等的不仅仅只是居民的收入。建筑物的质量、基础服务的存在、基础设施、公共或商业化市场所提供的专业化服务以及居民的人身安全等，这一切都对城市生活的质量起着至关重要的作用。

用上了电和公共照明。他们的生活垃圾会被定期收集，并有机会获得医疗服务，能上学，拥有各类应急服务，而且生活区内也有警察维持治安。他们有一个合法的地址，可以在选举名单上合法登记。在他们失业或失去工作能力或退休时，大部分人可以得到国家的补贴。尽管受过去30多年所实行的新自由主义政策的影响，这些公共机制或者由国家所控制的机制受到了人们的质疑，其作用有所下降，但它们对于减少图2中所列举的那些与收入无关的不平等发挥了很大作用。这些国家的民众也都承认，国家仍有责任为所有的人——不管他们的收入状况如何——提供某些服务[①]。这些服务主要包括极端天气的预警系统、出现极度危险情况时的应急措施（如对那些可能面临飓风袭击的人员的临时紧急疏散等）、各种向遭受自然灾难的灾民提供援助的措施、土地整治、限制在危险地带搞开发的机制等。此外，还有一些公用服务虽然需要付费，但大部分人都能负担得起，如公共交通、自来水、卫生设施、固体垃圾的收集以及电力等。而且现有的一些措施能使这些服务以低廉或者说免费的价格提供给低收入人群。此外，还有许多标准已经颁布实施，以保障人们在工作场所和居家生活的健康、对地面交通进行管理、对消费者进行保护。当然，上述一切需要有一个法律和体制框架作为支撑，并对那些旨在减少或消除公共权利获取方面歧视行为的公民和权利加以保护。这些社会还远远称不上完美，许多结构性的问题依然存在，但它们正在努力让大部分低收入人群的最基本需求能够得到满足。

所有这些减少不平等的措施要想发挥作用，离不开那些享受不到这些基础设施、服务和政府责任的民众长期不懈的努力，也需要在政治上进行组织并保

持一定的压力（Tilly，2004）。这些措施很大程度上是在很多人被疾病（尤其是霍乱）夺去了生命以及这些疾病对经济产生重大影响之后才出现的——它最终会促使企业和那些高收入人群加入到相关行动中来（Rosenberg，1962）。当然，如果精英阶层找到了别的自保方式，这些举措就可能不会被付诸实施（Chaplin，1999；McFarlane，2008）。今天高收入国家的各大城市在1850~1900年留下来的为数不多的数据表明，图2中所列举的这些不平等现象在当时的这些城市中也大部分存在（Bairoch，1988），尤其是婴儿的死亡率与今天内罗毕的一些非正规街区相当。

中低收入国家

尽管各地所取得的进步参差不齐，但是拉丁美洲现有的数据表明，图2中所列举的各种不平等在许多城市都有所减少。市政当局的态度——过去，它们都把非正规的街区视为（需要拆除的）违法建筑——也发生了很大变化：它们意识到这些地区生活着大量劳动力对于城市经济非常重要，因而可以赋予这些街区更大的活力。因此，非正规街区的改造——此举可以减少很大一部分的不平等——成了各个市政府日常工作的一部分。

从国家层面对非正规街区进行的最大规模、最有效的改造要属泰国的"安居计划"（Boonyabancha，2005，2009）。看看这一计划所导致的不平等下降的程度和性质将是一件很有意义的事：它不仅体现在房屋质量、居住条件、基础设施和服务等方面，而且也体现在公民和社群对公共事务的参与度以及与地方政府的互动上。

---

① 当然，纳税人要为这些服务买单，但也有一些服务的费用完全是由用户自己承担的。

图 2 城市区域生活条件不平等的测量

条件**最差**的城市区域	条件**最好**的城市区域

社会服务、交通、安全……

……**公共服务**（学校、医疗卫生、救援、社会援助等）**质量很差**	……公共服务**质量很好**，收入可使人们接受一些私人服务
……警察无力保障法律的遵守，**暴力程度可能很高**	
……**没有**公共交通	……**优质的**公共交通
	……拥有一些针对**自然灾难的预警和应对机制**
……**环境十分危险**，没有收入损失的补偿	……**环境很健康**，人们能遵纪守法

房屋状况……

……**质量很差**，通常用那些易燃或旧材料搭建而成，地面为硬土地，**通风条件不好**，家中时常十分潮湿	……**质量很好**，符合官方的卫生和安全标准
……**面积很小**，通常全家只挤在一间屋里，人均面积不到1平方米	……人均面积在20~50平方米之间。每个人有自己的房间
……固体**垃圾未被收集**	……生活垃圾**定期有人清理**
……家里**没有厕所**，能使用的公共或集体厕所数量也很少，而且很少有干净的	……每家都有自己**独立的卫生间，而且清扫起来十分容易**，也有洗手间
……**可饮用水很难获取**，它要从卖水处、售水亭或售水车那里以较贵的价格购买，购水的时间成本也较高	……饮用水**直接接到厨房、浴室和卫生间，24小时**不间断供水
……**没有供电网络**，使用各种肮脏的燃料（包括垃圾），对房屋污染严重	……**24小时**不间断**供电**，厨房和取暖（如果需要的话）都使用清洁能源
……出现滑坡、**水灾的可能性**很大；由于居住地人口密集，加之所使用建筑材料质地的缘故，发生**火灾的可能性**很大	……房屋都建在**安全可靠的地方**
……房屋及土地的所有权并不明确，**被驱逐的可能性**很大	……拥有**居住权**，不存在被驱赶的忧虑
……**没有雨水收集网络**	……**雨水收集网络**发达，不会发生水灾
	……附近有供**小孩玩耍的安全空间**
	……在购买或装修房屋时可以获得**贷款**

健康状况

千分之**一百二十**	千分之**三**	**出生时的婴儿死亡率**
千分之**二百五十**	千分之**五**	**5岁以前儿童的死亡率**
十万分之**一千五百**	不到十万分之**十**	**产妇死亡率**
13%的儿童出现出血性腹泻		
50%的儿童的身高与体重达不到正常水平		

寿命预期……

20岁	**超过85岁**

说　明：儿童是环境和卫生条件恶劣的最大受害者之一。内罗毕非正规街区内儿童死亡率是全市平均水平的三倍。

然而，尽管有些国家这方面的情况有所改善，但中低收入国家大部分城镇人口仍面临着非常惊人的不平等问题——尽管他们 60 多年来一直在接受着发展援助。例如，这些国家 20%~80% 的城市家庭面临着家里缺乏自来水的问题（UNICEF et OMS，2012；Mitlin et Satterthwaite，2012），他们还需要公共供水点、水井、水贩或水站来解决用水问题。他们为每升水所花的钱要比那些家里拥有自来水的中高收入家庭要高得多（ONU-Habitat，2003）。此外，中低收入国家的城市中有家庭住房里没有下水道或雨水排泄沟。例如，在撒哈拉以南非洲地区，许多大城市并没有下水道以及露天或地下雨水排泄管道——即使它们存在的话，也只有 5%~10% 的人能用上它们（Mitlin et Satterthwaite，2012）。此外，在中低收入国家，20%~70% 的城市居民生活在那些不符合建筑标准的建筑物里，这些建筑物要么是非法建筑，要么是非法占用了他人的土地。

今天，大约有 28 亿人生活在中低收入国家的城市区域（联合国，2011）。在这些人中，很大一部分人享受不到政府原本应当提供给他们的基础设施、服务、权利和公民权。而这一切是在这一大背景下出现的：自 20 世纪 70 年代以来，几乎所有国家的政府和国际机构都庄严地承诺要满足每一个人的"基本需求"，包括水、卫生设施、医疗服务以及中小学教育等。

此外，政治影响力和社会地位方面的不平等也在政府转移支付、产品和服务等获取方面产生了影响，甚至在一定程度上对劳动力市场产生了影响。基础设施和服务获取方面的不平等既体现在收入的差异，也体现在政治权力的差异上。虽然说住房市场，尤其是住房价格与低收入群体能承受的水平之间存在的差距，可以用来解释低收入街区基础设施和服务的匮乏，但是对基础设施领域进行投资的决定主要是政策行为（而不是市场行为）。在许多城市，造成基础设施和基本服务匮乏（如大部分民众用不上自来水和环卫设施）的主要原因是只考虑了政治精英们的利益。

此外，那些生活在非正规街区的居民通常也是劳动力市场上以及获取相关服务时各种歧视行为的受害者。除了与居住地有关的歧视之外，还有性别和种族方面的歧视。同时，参与决策过程的不平等增加了非正规工作的困难。市政府可能会为了美化市中心的需要而将一些商人或（以及）非正规经营者驱离（Bhan，2008；Crossa，2009；Fernandes，2004）。当城市管理当局认为它们的城市都应当遵循"迪拜"或"上海"等现代城市中心的模式时，那些生活在非正规街区中的居民就会面临被驱逐的威胁，而他们如何再融入城市的问题则很少有人关心。

贫困线不足以解释城市的不平等

问题并不仅仅只是收入的不平等，人们对生活成本的差异以及接受各种产品和服务时的价格因素——而穷人在其中显然处于不利地位——关注得太少。几乎所有中低收入国家都开始设置并在实际中运用的"贫困线"，并不能详细地反映出不平等的现状，而只是简单地把人们划分成了"穷人"与"非穷人"。大多数发展中国家的政府都设定了两个绝对贫困线：一个是"极端贫困线"（这通常是指收入只能用来满足一些最基本的食品需求）；另一个是简单的"贫困线"（它要略高于前者），它是指收入中的一部分还能来满足食品以外的一些基本需求。由此，人们可以测算出低于这一贫困线的全国人口、城市人口或农村人口的比例。虽然这一衡量不平等的方式并不算精确，但它还是能在穷人的数量方面透露出一些信息，而且如果应用得当，它还能说明究竟有多大比例民众的收入无法满足最基本的生活所需。

不幸的是，大多数国家对贫困线的定义及其运用都是粗放式的。在划定贫困线时，很少有国家会就不同地区非食品类需求的真正成本进行调查，以便将食品需求与非食品需求的成本区分开来。这一点着实令人吃惊，因为不同地区在非食品类需求的成本方面往往存在着十分明显的差异，大城市这方面的成本显然要比其他地区更高。而且对那些无法享受到城市基础设施服务的人来说，此类服务的成本可能会更高——他们必须到卖水点、水贩或水罐车那里买水或者必须使用公共厕所（因为自己的家里没有卫生间）。生活在非正规街区的居民往往需要自掏腰包送孩子到私立学校上学（此类学校通常价格低廉、教学质量差，而且往往就设在本街区），因为他们无法将孩子送进公立学校上学；他们通常也需要自费到私营诊所就诊（同样也因为公立医疗机构看不了病或者它们根本就不存在）。然而，在定义贫困线——尤其是把按购买力平价计算的"一天一美元"作为贫困标准（它被当成了摆脱贫困的最低收入标准）——的时候，各国都没有考虑过这方面的因素。而实际上，国际发展领域的专家们是能够更详细计算出一个国家的不同地区以及不同国家之间在日常开支方面（住房、食物以及其他）的差异的。

为什么这一逻辑不能被用到贫困线上？当人们把"一天一美元"的贫困标准付诸应用时，许多国家将不再存在城市贫困的问题——尤其是那些城市贫困问题十分悠久、十分出名的国家。例如，用每天一美元的贫困线（按照 1993 年购买力平价计算，相当于每天 1.08 美元）来计算，拉瓦利翁（Ravallion）、陈少华和桑劳拉（Sangraula）认为，2002 年，中国、中东、北非、东欧和中亚地区的城市贫困人口只有不到 1%，拉丁美洲和加勒比地区的城市贫困人口还不到 10%。此外，还是根据这一贫困线来计算，中低收入国家 87% 的城镇人口都不是贫困人口。而这些地区大部分国家就城市贫困的广度和深度所进行

的研究表明，这些数据完全是无效的，用每天一美元的贫困线来计算根本行不通（Mitlin et Satterthwaite，2012）。最令人不安的是，每天一美元的贫困线被人们用来评估千年发展目标所取得的进展，也成了"2015 年后"发展框架探讨过程中的评估标准，这就使大多数国家的城市贫困问题被严重低估了。

另一个问题是，各国政府以及国际机构对不平等问题缺乏兴趣还体现在它们所选择的数据收集方法以及运用这些数据的方法上。人们通常会优先考虑那些通过调查——它们一般是在国家层面展开的——所获取的数据，这一点从国际机构通常资助那些人口及健康状况调查以及各国的一些抽样调查就能得到证明。然而，这些调查所抽取的样本通常规模太小，根本无法完全反映出前面所提到的人们在基础设施、服务和权利方面的不平等。此外，这些调查并不会说明那些被剥夺得几乎一无所有的人——他们通常会被划入到农村人口和城市人口等普通分类以外的类别——居住在何处。这些问题同样无法告诉人们究竟哪些人能享受到合适的服务，尤其是在供水、环卫以及住房质量等方面。例如，联合国官方统计团队就强调，他们无法说出哪些人能在供水和环卫方面享受到可靠、合适的服务，因为大多数国家并没有这方面的数据。

关于不平等的辩论通常只关注收入的不平等。它们很少会涉及人们在生活条件和享受社会服务方面的不平等。例如，基尼系数被广泛应用于评估收入不平等并对各国进行对比。这一系数也被应用在一些城市当中（ONU-Habitat，2008）。但人们始终未能开发出任何系数来评估人们在住房条件、在基础设施和服务获取方面的不平等，或对政治结构——它体现着多方面的不平等——进行评估。

低收入城市居民所面临的各种不同形式的不平等之所以会被人们了解，这在很大程度上要归功于一些在非正规街区进行的详细研究，尤其是卡罗琳·莫

泽（Caroline Moser）的研究，她对厄瓜多尔基亚瓜尔的同一街区进行了长达 30 年的追踪研究（Moser，2009），以及南希·舍佩尔—休斯（Nancy Scheper-Hughes，1992）或贾尼丝·帕尔曼（Janice Perlman，2010）等人的研究。这些研究虽然没有很大的代表性，但是其所得出的结论得到了一系列范围更广的研究的认可，这些研究揭示了不平等存在着许多可对比的层面，尤其是非正规街区居民每天所受到的歧视。许多国家政府和富裕群体都认为这些民众是肮脏的、非法的——那些来自农村的移民应当回到自己的村庄去。他们被视为是公共资金的负担（Voir, par exemple, Bhan, 2009），而实际上如果没有了这些人，城市经济（许多高收入人群正是这种经济的受益者）就将崩溃。此外，他们中的大部分人并不是来自农村的移民，况且他们也很少能享受到公共权利，他们根本不是公共财政的负担。然而，这些毫无根据的负面成见仍被人们用作对清除此类街区的论据，尤其是当他们开始"冒犯"邻近的中等收入人群居住区时，或者当土地价格飞涨之时。

本地社区如何能减少不平等？

尤其重要的是，对不平等的衡量不能仅限于收入的不平等，因为政府和国际组织（以及公民社会的各类组织）更有能力减少的是其他层面的不平等。例如，住房和供水的质量、卫生设施、排水、医疗保健、学校、应急服务和各种能源（如逐步淘汰那些会对健康产生不利影响的污染严重的燃料）。这种情况对于地方政府以及一些由非正规街区的居民——他们是不平等的最大受害者——所组成的机构来说尤其如此。事实上，不平等之所以会变得十分严重，其中的部分原因在于以下这一事实，即各国政府和国际组织对于这两类行为体重视得不够。这并不意味着收入的不平等可以被忽略不计。但是，在通过影响劳动力市场来改善低收入群体的薪酬方面，政府（尤其是地方政府）的行动余地十分有限。劳动者本身也很少有机会对雇主施加影响。阿加瓦拉（Agarwala，2004）描述了（在劳动力市场信息化程度、劳资纠纷减少的背景下）印度那些非正规行业的从业人员是如何集中力量来改善自己获取基本服务的状况的。

地方政府只能在其管辖的范围内与不平等现象进行斗争。人们经常看到的一种现象是，凡是最弱势的地方政府，其民众在基础设施和基础服务方面的匮乏程度往往也是最高的。相反，正如引言部分所写的那样，在高收入国家和一些中高收入国家的城市里，图 2 中所列出的大部分不平等现象已不复存在，或者说已明显减少。在相关中等收入国家，人们通常会看到这样一种"组合拳"的形态：强烈的政治意愿（例如，一个致力于与不平等作斗争的市长）+ 国家政府有意改变权力分配并要让地方政府（尤其是市长和民选的地方政府）肩负起更多的责任 + 存在着的大量社群组织，这种"组合拳"能够代表那些生活在非正规街区的人说出自己的需求和优先事项。

拉丁美洲的许多城市都有过对贫民窟和棚户区进行大规模改造的成功经验。这些计划大大减少了人们在获取自来水和下水道管网建设等方面的不平等（Campbell，2003；Gilbert et Davila，2002；Almansi，2009；Satterthwaite，2009）。这些工程往往能得到国家政府的支持，它们提高了地方政府的行动能力。又比如，泰国由当地社群开展的对贫民窟进行大规模改造的"安居计划"（Baan Mankong）也为减少人们在住房、基础设施和获取服务等方面的不平等作出了贡献。这一计划得到了一个国家机构——社区组织发展会（Community Organizations Development Institute）的支持。哥伦比亚和巴西在减少城市不平等方面之所以能推出许多创新之举，一定程度上是因为这些国家的地方政府拥有了责任、权力和能力。

为使所有的城市人口都能享受到基础设施和基本服务，最好的方法是在国家层面能出台一些措施，向那些最脆弱、最缺乏资源的地方政府提供资金支持。然而，数百座城市都已经证明了自己在减少不平等方面的能力，它们或亲自推出或支持了一些由民众参与的预算管理计划来增加自己的决策和行动在公民心目中的透明度，并使每个街区的民众都能对公共投资的优先选项发挥影响（Cabannes，2004）。在阿根廷的罗萨里奥，现任市长和他的前任都采取了一系列措施来减少城市内部的不平等，尽管上级政府所提供的支持并不多（这两位市长都出自反对党，而且直到不久之前，省政府的情况也是如此）。这些措施包括服务经营权的下放、提高服务供应商的服务质量和责任、建立市级的全民医疗体系、增加公园和其他公共场所的建设（Almansi，2009）。在哥伦比亚的马尼萨莱斯市，过去的20多年里，历任市长都致力改善低收入群体的住房条件，降低发生灾害的风险（特别是针对居住在危险地带的非正规街区的居民），加大公共空间的开发力度，并建立起了一个公共监控系统（环境状况预警信号系统）——它能告诉人们不同街区的环境条件（Velasquez，1998，2005）。越来越多的城市当局在自己有限的管辖权限内致力加强减灾的风险管理，这往往意味着要与非正规街区的居民共同合作，对住房和基础设施进行修缮（UNISDR，2012）。所有这些例子都说明了一个强有力的市政当局的重要性，它能表现出政治领导力，并回应那些面临最严重不平等的人的诉求。

公民社会如何帮助减少不平等？

想减少图2中所列的各项不平等，将不仅仅取决于国家和地方政府的改变，而且还要求不平等的受害者能加强自己的存在、扩大自身的影响力。高收入国家以及部分中等收入国家在减少住房、基础设施和服务等领域的不平等方面取得了显著成效，这在很大程度上要归因于城市内的贫困群体，他们被组织起来了，并最终在政策变化方面达到了自己的要求。在过去的15~20年，"贫民窟"或棚户区居民组织和联合会在非洲和亚洲许多国家相继出现，这些组织的前身往往是一些互助储金会（其主要成员以妇女为主，领导者也是妇女）。所有这些民间组织和联合会都采取了一些行动。例如，住房修缮、改善供水网络或厕所，有的甚至通过协商免费或以极低的成本获得了建房用地，使其有机会证明自己的建设能力。许多组织和联合会对于自己在非正规街区乃至整个城市内所做出的成果都有着详细的记录（真正的调查），这使它们能与地方政府就整个城市的现代化，或者重新安置展开真正的对话。在地方政府的支持下，它们当中大部分目前都在开展着街区改造或兴建新住房等行动，这种情况在印度、南非、泰国、纳米比亚、马拉维、肯尼亚、菲律宾和津巴布韦尤为常见[①]。在这些联合会中，超过20万个家庭在1993~2008年获得了土地的产权，大部分非正规街区对住房和基础设施进行了现代化改造（Urban Poor Fund International，2011）。这些联合会也组成了一个小型联盟组织——棚屋/贫民窟居民国际（Shack/Slum Dwellers International），以帮助组织一些观摩学习、对外来的资金进行管理并与国际机构谈判。

如今，许多城市和棚屋/贫民窟居民国际下属的组织和联合会展开了合作，旨在直接减少各种形式的不平等，尤其是那些与住房、基础设施、服务、

---

① 有兴趣的读者可以去阅读 *Environment and Urbanization* 杂志上许多有关这方面的文章。

巴亚特（Bayat，2000）介绍了中东地区的城市居民对于城市治理的质疑。他认为，流动商贩占领街道、住房的违规扩建以及非法享用一些基本服务等，是各类大规模、悄无声息的违法和违规行为的主要表现形式，它们也表明人们很难将城市治理本身全盘否定。他建议，不能将此类活动"看成是经过深思熟虑的政治行为；而应当看成是一些实际需要所驱动的结果——生存的需要以及有尊严地生活的需要"（ibid，p.547）。但是，如此一来，他就揭示出了这样一个道理：在资源获取之路被堵死，又得不到那些旨在控制资源的规章制度的保护时，在城市内进行维持生计的斗争将面临多大的困难。

遵守法律和参与机会等有关的不平等。所有这些项目都直接或间接与最深层次的不平等有关——生活在"贫民窟"或非正规街区民众所受到的歧视。例如，在菲律宾的伊洛伊洛（Iloilo）市，市长与无家可归者联合会建立了十分可靠的伙伴合作关系，重点帮助那些房屋被洪水破坏或冲毁的人重新安置或重建家园，或帮助展开一些防灾减灾行动（Carcellar et alii，2011）。亚洲许多城市都为社区发展基金提供了资金支持——这些社区发展基金是在非正规街区居民的互助储金会的基础上建立起来的，旨在为一些改善基础设施和服务的项目提供资金（Boonyabancha et Mitlin，2012）。

滞后的官方援助机构和开发银行

有一种最深层的不平等体现在谁将能成为各类援助机构、国际非政府组织和开发银行所提供资金的受益者这一问题上。事实上，此类资金很少能进入低收入人群或其社区组织手里，尽管这些国际机构常常以自己能满足这些社群的需求自居。即使在资金为数不多的情况下，也有极少量的资金会进入这些社群手中，它的使用也会受到出资者所设定的严格条件的限制。这些国际机构强调的是责任制和透明度——但它们对于低收入群体来说根本没有或者说几乎没有什么透明性可言（Satterthwaite，2001）。

官方援助机构和开发银行并不是为了与低收入社群直接携手合作而创建的。它们的创建是为了能与各国政府合作，并为其提供融资。援助机构只对那些为其提供资金的政府负责（以及对那些投票选举了这一政府的选民们负责）。多边开发银行，如世界银行、亚洲开发银行、非洲开发银行和美洲开发银行等，则主要对其董事会组成国的政府负责，尤其是对那些出资国负责。最初，人们认为这些国际融资机构会帮助各国政府（受益方）去应对那些未得到满足的需求。也有人预计，这种做法将对那些强大的经济体有利，它将把投资引入到那些需求未得到满足的领域，从而带动收入增长，提高政府提供基础服务的能力——包括可靠的住房、饮用水、环境卫生、医疗、学校、遵守法律以及投票权等。

一个致力于减少不平等的发展融资体制会是一种怎样的形态？它显然应该致力提高那些直面严重不平等的人们的影响力。对于国际机构向各国政府提供的资金，有没有一种参与制的预算管理形式？此外，人们还应采取措施，帮助低收入人群面对那些深层次的不平等。

人们可以从以下两个针对低收入人群的投资行动中得出一些经验教训。第一个例子是，城市贫困国际基金（Urban Poor Fund International）曾向棚屋/贫民窟居民国际（Shack/Slum Dwellers International）下属的一些国家联合会或无家可归者联合会提供帮助，帮助它们决定如何来使用可用资金。自2002年以来，城市贫困国际基金共出资 1500 万美元，用于资助在 17 个国家开展的 100 多个地方项目和活动。这些项目包括：柬埔寨、哥伦比亚、印度、肯尼亚、马拉维、尼泊尔、菲律宾、南非和津巴布韦开展的稳定土地使用权行动（购买土地和谈判）；柬埔寨、印度、肯尼亚、菲律宾和巴西开展的贫民窟/棚户区改造和稳定土地使用权行动；为印度、菲律宾和南非（政府曾承诺提供资金支持，但相关款项始终没有到位）所展开的安居项目提供过渡性融资；柬埔寨、斯里兰卡、乌干达和津巴布韦展开的改善供水和卫生设施的项目；巴西、加纳、纳米比亚、斯里兰卡、南非和赞比亚展开的对非正规街区进行的普查和制图工作——它将为街区整治和稳定土地使用权的谈判提供必要的资讯；对安哥拉、东帝汶、蒙古、坦桑尼亚和赞比亚贫民区的一些联合会进行走访（在坦桑尼亚和赞比亚，这些走访活动帮助这两个国家建立起了国家级的联合会）；2004 年的海啸过后，印度和斯里兰卡分别建立了一些由当地社区管理的庇护所；在印度、马拉维、南非和津巴布韦展开的安居项目建设过程中，联合会与地方政府建立起了密切的合作关系[1]。

第二个是亚洲社区行动联盟（Asian Coalition for Community Action - ACCA）的例子。自 2009 年以来，该联盟向 19 个国家 165 个城市的 950 个社区项目提供小额补助，用于"贫民窟"或非正规街区的改造。每个社区项目都是由当地居民自主选择的。每个小项目可获得的资助款最高可达 3000 美元，这些钱可由社区自主支配使用，如用于建设或改造供水系统或厕所、下水道、道路、小路、桥梁、社区活动中心、家庭垃圾管理、游乐场或公园等。涉及整个城市的大型项目，获得补助的额度则可以高达四万美元。与所要

解决的问题的规模相比，这些钱固然显得微不足道，但组织方会给出这样的解释：所有非正规街区所面临的所有问题不能光靠发展基金来解决。提供给社区团体的资金固然十分有限，但它马上能够到手，而且社区团体对其拥有自主支配权，用于缓解某一燃眉之急的项目是足够的。资金不足也会催生出一些使用资金的新方式，人们将不得不更多地思考自己能提供资金的额度、思考他们所能商谈到的额外支持、思考能与他们合作的其他行为体，并最终形成一些能满足其他需求的伙伴关系。亚洲社区行动联盟（ACCA）在其下属的成员国内总共设立了 107 个城市发展基金，同时也为 110 多个与住房相关的大型项目提供了资金支持（ACHR，2010；Boonyabancha et Mitlin，2012）。

这些例子描述了一个具体的融资机制，在这一机制下，城市里那些直接面对最严重不平等的人们有权决定投资什么项目并负责项目的实施，而决策者既要对低收入社群负责，也要对外来的捐助方负责。这两个基金所资助的项目是由生活在非正规街区的居民按照集体决策的进程来规划和实施的。集体信息的收集（设施的测绘、在整个城市内展开调查等），由集体对问题作出研判并研究共同的解决方案，由互助储金会负责管理的集体融资体系（城市发展基金）。一些新型的集体关系由此得到建立：它们把生活在非正规街区的民众与地方政府联系在了一起。

结论

从多种角度看，城市的不平等往往会在健康、教育、生活水平、生活质量和经济机会等方面造成严重的后果。与不平等的斗争必须超越收入不平等这一

---

① 有关这方面的详细内容，请参阅棚屋/贫民窟居民国际（Shack/Slum Dwellers International）的网站：www.sdinet.org。

范畴，而应当包括减少以下多方面的差异：安全可靠并拥有基础设施和各项配套服务的住房的获取机会，上学的机会，维护治安、公民权以及发挥政治影响——对政治施加压力，以使其变得更加负责、更加透明——的机会等。当不平等的领域扩大到能涵盖上述层面的内容时，地方政府和城市贫民代表组织的作用就变得显而易见了。

在获取援助机构以及开发银行的资金或者对它们发挥影响方面，依然存在着严重的不平等。因此，各级政府和国际机构不必试着去直接减少此类不平等，而是应当想出更多的方法来帮助个人、家庭和社区与不平等现象作斗争。亚洲社区行动联盟和城市贫困国际基金的例子表明，向非正规街区的社群组织或者它们在许多国家已建成的大型联合会或网络提供直接帮助，将不仅有助于减少基础设施和服务提供方面的不平等，而且还能减少代表性和行动力上的不平等，最终将帮助它们提高与地方政府合作的能力，提高其在寻求积极解决方案过程中的谈判能力。

参考文献

BAIROCH P., 1988, *Cities and Economic Development: From the Dawn of History to the Present*, London, Mansell.

BAYAT A., 2000, "From 'dangerous classes' to quiet rebels': politics of the urban subaltern in the global south, *International Sociology*, 15(3): 533-557.

BHAN G., 2009, "This is no longer the city I once knew. Evictions, the urban poor and the right to the city in millennial Delhi", *Environment and Urbanization*, 21(1): 127-142.

BOONYABANCHA S. et MITLIN D., 2012, "Urban poverty reduction: learning by doing in Asia", *Environment and Urbanization*, 24(2).

CABANNES Y., 2004, "Participatory budgeting: a significant contribution to participatory democracy", *Environment and Urbanization*, 16(1): 27-46.

CAMPBELL T., 2003, *The Quiet Revolution: Decentralization and the Rise of Political Participation in Latin American Cities*, Pittsburgh, University of Pittsburgh Press.

CARCELLAR N., RAYOS CO J.C. et HIPOLITO Z.O., 2011, "Addressing vulnerabilities through support mechanisms: HPFPI's ground experience in enabling the poor to implement community-rooted interventions on disaster response and risk reduction", *Environment and Urbanization*, 23(2).

CHAPLIN S. E., 1999, "Cities, sewers and poverty: India's politics of sanitation", *Environment and Urbanization*, 11(1): 145-158.

CROSSA V., 2009, "Resisting the entrepreneurial city: street vendors' struggle in Mexico City's historic center", *International Journal of Urban and Regional Research*, 33(1): 43-63.

FERNANDES L., 2004, "The politics of forgetting: class politics, state power and the restructuring of urban space in India", *Urban Studies*, 41(12): 2415-2430.

GILBERT A.G. et DAVILA J.D., 2002, "Bogota: progress within a hostile environnent", *in:* MYERS D.J. et H.A. DIETZ (eds), *Capital City Politics in Latin America: Democratization and Empowerment*, Boulder and London, Lynne Reinner: 29-64.

MANDA M.A.Z., 2009, "Water and sanitation in urban malawi: can the millennium development goals be met? A study of informal settlements in three cities", *Water Series Working Paper 7*, London, IIED.

McFARLANE C., 2008, "Governing the contaminated city: infrastructure and sanitation in colonial and post-colonial Bombay", *International Journal of Urban and Regional Research*, 32(2): 415-435.

MITLIN D. et SATTERTHWAITE D., 2012, *Urban Poverty in the Global South: Scale and Nature*, Abington, Routledge.

MOSER C.O.N., 2009, *Ordinary Families, Extraordinary Lives: Assets and Poverty Reduction in Guayaquil 1978-2004*, Washington, Brookings Institution Press.

ORGANISATION DES NATIONS UNIES, DÉPARTEMENT DES AFFAIRES ÉCONOMIQUES ET SOCIALES, DIVISION POPULATION, 2012, *World Urbanization Prospects: The 2011 Revision* (disponible sur : http://esa.un.org/unpd/wup/index.htm).

PATEL S. et MITLIN D., 2004, "Grassroots-driven development: the Alliance of SPARC, the National Slum Dwellers Federation and Mahila Milan", *in:* MITLIN D. et SATTERTHWAITE D. (eds), *Empowering Squatter Citizen; Local Government, Civil Society and Urban Poverty Reduction*, London, Earthscan Publications: 216-241.

PERLMAN J., 2010, *Favela: Four Decades of Living on the Edge in Rio de Janeiro*, New York, Oxford University Press.

RAVALLION M., CHEN S. et SANGRAULA P., 2007, *New Evidence on the Urbanization of Global Poverty*, WPS4199, Washington D.C., Banque mondiale.

ROSENBERG C.E., 1962, *The Cholera Years*, Chicago, University of Chicago Press.

SATTERTHWAITE D., 2001, "Reducing urban poverty: constraints on the effectiveness of aid agencies and development banks and some suggestions for change", *Environment and Urbanization*, 13(1): 137-157.

SATTERTHWAITE D., 2009, "Editorial: what role for mayors in good city governance?", *Environment and Urbanization*, 21(1): 3-17.

SCHEPER-HUGHES N., 1992, *Death Without Weeping: the Violence of Everyday Life in Brazil*, Berkeley, University of California Press.

SUBBARAMAN R., O'BRIEN J., SHITOLE T., SHITOLE S., SAWANT K., BLOOM D.E., APPADURAI A. et PATIL-DESHMUKH A., 2012,

SUBBARAMAN R., O'BRIEN J., SHITOLE T., SHITOLE S., SAWANT K., BLOOM D.E., APPADURAI A. et PATIL-DESHMUKH A., 2012, "Off the map: the health and social implications of being an unrecognized slum", *Environment and Urbanization*, 24(2): 643-664.

SVERDLIK A., 2011, "Ill-health and poverty: a literature review on health in informal settlements", *Environment and Urbanization*, 23(1): 123-156.

TILLY C., 2004, *Social Movements, 1768-2004*, London, Paradigm.

UN-HABITAT, 2003, *Water and Sanitation in the World's Cities: Local Action for Global Goals*, London, Earthscan Publications.

UN-HABITAT, 2008, *State of the World's Cities 2008/9: Harmonious Cities*, London, Earthscan Publications.

UNICEF et OMS, 2012, *Progress on Drinking Water and Sanitation; 2012 Update*, Joint Monitoring Programme for Water Supply and Sanitation, New York et Genève, Unicef et OMS.

UNISDR, 2012, *My City is Ready; a Global Snapshot of how Local Governments reduce risk*, Making Cities Resilient Report 2012, , Genève, UNISDR.

URBAN POOR FUND INTERNATIONAL, 2011, *Rapport annuel 2011*, Cape Town, SDI.

VELÁSQUEZ L.S., 1998, "Agenda 21: a form of joint environmental management in Manizales, Colombia", *Environment and Urbanization*, 10(2): 9-36.

VELÁSQUEZ L.S., 2005, "The Bioplan: Decreasing poverty in Manizales, Colombia, through shared environmental management", *in:* BASS S., REID H., SATTERTHWAITE D. et STEELE P. (eds), *Reducing Poverty and Sustaining the Environment*, London, Earthscan Publications: 44-72.

贫民窟——从城市中心割裂出来

路易斯·安东尼奥·马查多·达席尔瓦（Luiz Antonio MACHADO DA SILVA）

社会和政治研究所，巴西

从 地理位置上看，里约热内卢是介于海和山之间的一个狭长地带，这在很大程度上决定着这座城市在空间上的扩展和人口的增长。从 20 世纪初开始一直到 30 年代，巴西出现了大规模现代化，而里约热内卢则在两种相互竞争的占地进程中得以扩大。

在原先的城郊地带，许多大众住宅不断兴起，从而将城市的边界不断向外推进（Santos et Bronstein, 1979）。这些投机取巧的并在多数情况下属违规的建筑使得房屋的新主人无论在法律上还是在社会上都处于一种不稳定状态（Fisher, 2008；Gonçalves, 2010；Magalhães, 2010）。除了产权不清晰的问题之外，这些街区还面临着没有或者几乎没有公共服务的问题，新业主们只能通过自己向公共机构施加压力来获得这方面的服务（这方面的文献有很多，其中包括 Ribeiro, 1982, 1997；Ferreira dos Santos, 1979）。郊区由此诞生，直到今天，这里仍聚集着各种形式的违章建筑，而公共服务则依然十分有限。它们的管理则交给一个新的专门行政机构［"自治市"（município）——它是巴西联邦的三个组成部分之一］。

尽管生活在这里的人口众多，而且这里也进行过长期的斗争，但是大众住宅区从未在巴西的公共议程中占据重要位置。与此同时，那些散落在传统城区的一小块一小块空间，一度由于建筑成本高昂而被建筑商所遗忘，但它却引起了民众以及小开发商的兴趣。渐渐地，

这些被视为没有开发价值的地段最终进入了房地产市场。在没有任何集体组织的情况下，民众纷纷在这里盖起建筑物，一些非正规的开发商和某些正规行业也纷纷入驻，抢占这些位于城市中心的地块。随着新型建筑技术和新型开发手段的出现，这些地块最终引起了传统房地产开发商的兴趣。自 20 世纪 40 年代以来，这两个进程处于共存状态，但在公众辩论中，人们谈论更多的是贫民窟问题，而不是这些城郊街区的问题。这一局面一部分是历史原因造成的，另一方面也与所使用的语言有关，特别是语意丰富的"贫民窟"一词。

历史展示

"贫民窟"这一概念所包含内容的变化，可以用三个历史阶段来划分。人们也可以从中看到当局对贫困街区的干预方式发生的变化。

当"贫民窟"在 20 世纪 20 年代初开始出现的时候，尽管那时正处于工业化初期，但这座城市基本上仍只是殖民者的一个仓库而已。生活在贫民窟的居民那时尚未组织起来，更谈不上要对那些与他们有关的政策发挥影响力。那时，人们要想在城市出现会受到严格的限制。贫民窟被认为是一些肮脏的建筑群、需要被拆除的棚户区、一个对健康和城市景色有害的问题，因此对它感兴趣的只是少数市政官员而已。到了 20 世纪 30 年代初，随着热图利奥·巴尔加斯（Getúlio

Vargas）当选巴西总统，这个国家进入了一个以进口替代为基础的工业化时期。当时的里约热内卢市推出了一些城市现代化计划，"贫民窟"的情况及其命运被纳入了公共政策的范畴，但是在创造出怎样的政策应对措施上，各方存在严重的分歧。

1945 年第二次世界大战的结束以及巴西的再民主化运动使这个国家出现了一场对"贫民窟"构成双重利好的运动。当时一种新的主流思想——发展主义（developmentalism）导致经济的强劲增长，从而也导致了劳动力需求的增长——实际上加强了工人的政治权力。当时的两大政治势力——教会和共产党——相互对立。他们的辩论和冲突在贫民区尤其容易产生

共鸣：这里出现了大规模的群众组织。这个地方也因此而成了一种象征。贫民区进入了公共舞台，首先进入的是一些居民协会，之后则是居民联合会。虽然不同地区的表现形式有所不同（为扩大影响而采取拉拢支持者的政策与手段，革命的激进主义以及改良主义等），但是城市"贫民窟"在政治上的兴起主要是由于经济增长和城市人口增加带动的结果。这种迈向包容和政治正常化的势头一直持续到了20世纪70年代，直到被第一次石油危机所引发的各种危机所打断。

公众对"贫民窟"的辩论主要集中在移民的生产效率（他们因为生产效率低下甚至没有效率而受到批评）以及他们融入城市的方式上——主要是通过非正规

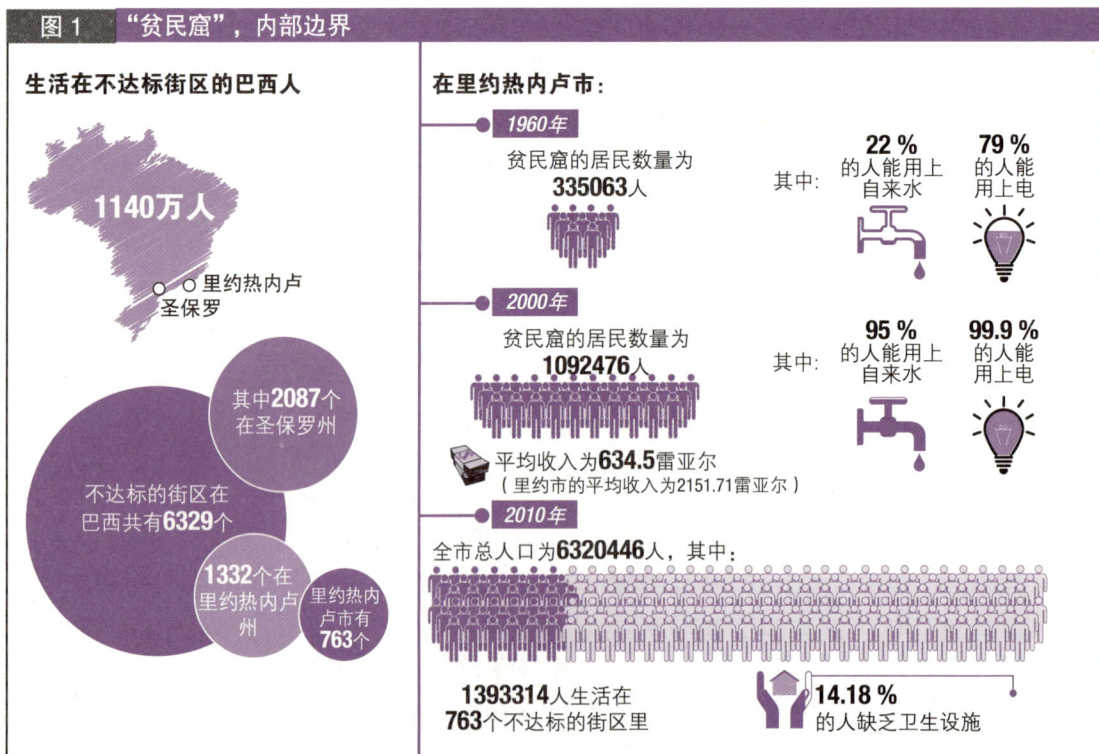

图 1　"贫民窟"，内部边界

生活在不达标街区的巴西人

1140万人

里约热内卢
圣保罗

其中**2087**个在圣保罗州

不达标的街区在巴西共有**6329**个

1332个在里约热内卢州

里约热内卢市有**763**个

在里约热内卢市：

1960年
贫民窟的居民数量为**335063**人

其中：22 %的人能用上自来水　79 %的人能用上电

2000年
贫民窟的居民数量为**1092476**人

其中：95 %的人能用上自来水　99.9 %的人能用上电

平均收入为**634.5**雷亚尔
（里约市的平均收入为2151.71雷亚尔）

2010年
全市总人口为**6320446**人，其中：

1393314人生活在**763**个不达标的街区里

14.18 %的人缺乏卫生设施

资料来源：Armazem de dados /recensement de 1960 et/ ou de 2000，aglomerados subnormais –Primeiros resultados/ Censo 2010，IBGE/Obervatorio das favelas。

说　　明："贫民窟"在供水、供电等城市规划设施方面出现了重大变化，这是生活在这里的民众坚持斗争的结果。然而，这些地区直到今天仍是城市里最穷困的地方。里约市"贫民窟"居民的收入只有全市平均水平的 1/4。

经济融入的。曾经有一个十分短暂的时期，政府曾经强调要改变城市治理，但很快军人于 1964 年取得了政权。从那时候开始，有关"贫民窟"的辩论发生了变化。政治组织受到了严厉的镇压。住房成了人们探讨的唯一问题。此时，出现了两种对立的替代干预方式：一种是"切除"，即将在"贫民窟"的居民迁往城郊地区；另一种是"城市化"，即改善规划设施，在被"贫民窟"占据的地方兴建建筑（Machado da Silva，1967，2002；Lima，1989；Fisher，2008）。

围绕着社会团结所产生的各种冲突——包括那些与"贫民窟"有关的冲突——都是在权利诉求这一狭窄的范畴内展开的。

随着 20 世纪 70 年代经济危机的出现，人们对

"贫民窟"的看法又发生了改变。它成了反对军政府斗争的一部分，成了与侵犯公民和政治权利行为作斗争的一部分：所有这些斗争都是由镇压行动的受害者——中产阶级发起的。20 世纪 80 年代，维护公共秩序成了政府用来维持既得利益的一个借口。有关"城市暴力"的说法也是在这个时候出现的（Machado da Silva，1995，1999，2010a，2011），它强调城市居民在日常生活中可能面临的各种风险。犯罪和暴力不再被视为一种夹缝中的东西，而是已经侵入到了日常生活的各个角落。这种说法赋予"贫民窟"以新的含义，使人们在提到它时往往会浮想联翩。暴力犯罪以及警察对它的日常镇压成了公众关注的一个核心问题。

随着各种形式的私人警察和武装犯罪团伙的出现，

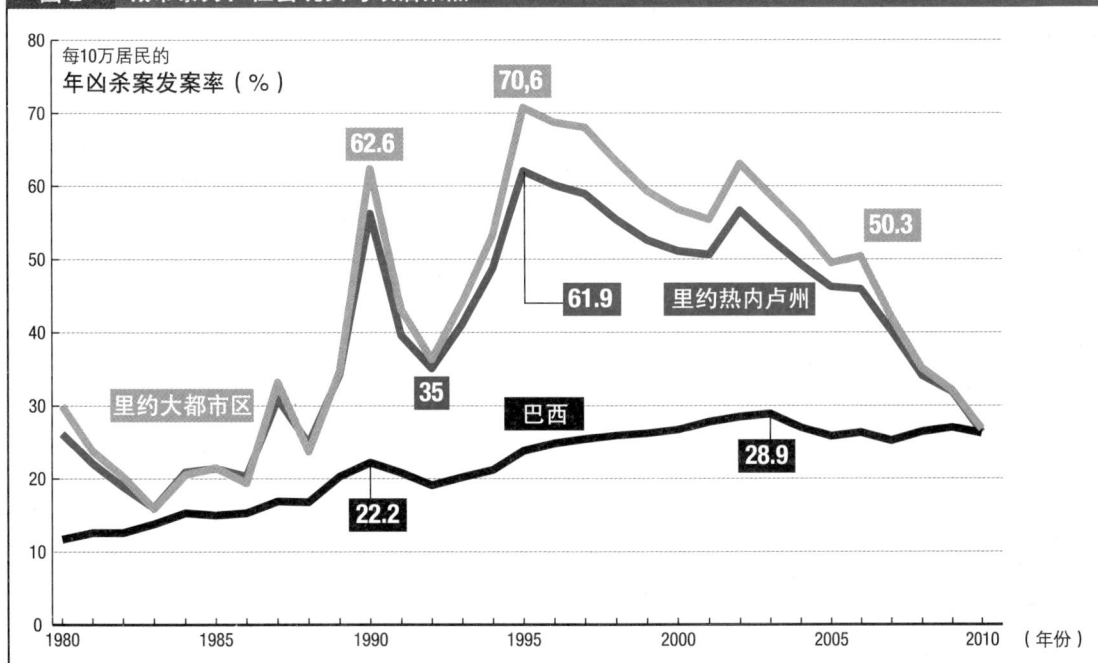

图 2　城市暴力：社会现实与政治聚焦

每10万居民的
年凶杀案发案率（%）

（数据标注：62.6，70,6，50.3，35，61.9，22.2，28.9；图例：里约大都市区、里约热内卢州、巴西）

（横轴年份：1980　1985　1990　1995　2000　2005　2010　（年份））

资料来源：Julio Jacobo Wajselfisz，Mapa da violência 2012 - os novos padr.es da violência homícidia no Brasil，CEBELA-FLACSO/Brésil. S.o Paulo：Instituto Sangari，2011，pp. 183-184.

说　明：过去的 15 年间，里约热内卢每年凶杀案的发案率明显下降，而全国的平均水平是在持续增长的。然而，每年所发生的凶杀案的绝对数量仍然非常高：在里约热内卢市，2010 年发生凶杀案 1535 起，而整个巴西为 49932 起。

暴力也出现了分散化。许多地区相继落入了贩毒集团的控制，国家对此却无能为力，它也因此而遭到公众的广泛批评。如今，维护日常社会治安意味着需要进一步的军事化（Leite，2001），"贫民窟"被看成是集体问题的看法也随之改变（Machado da Silva，2008）。

自 2008 年，一项得到公众广泛认可的强化城市治安的政策开始在里约热内卢市实行。这一政策的军事化色彩更加强烈，维稳警察部队（UPP）将专门针对"贫民窟"采取行动。这一部队的出现似乎降低了毒贩之间火并以及毒贩和警察之间冲突所造成的死亡数量，而该城市的凶杀率在这一政策实施之前已经出现了下降（需要指出的是，这些结果并没有改变当地居民对暴力行为的感受）。2010 年，维稳警察部队的人员再次增加，新增加了一支国家派来的"社会维稳警察部队"（这等于是承认了传统的维稳警察部队具有暴力或者至少具有残酷的性质）。"社会维稳警察部队"将帮助"贫民窟"内的居民获得充分的公民权利。

从一个词到社会创新的体现

城市中的郊区、夹缝中生存、失控的城市空间，里约热内卢的"贫民窟"这个词在历史上曾用来指一个社会群体、一种建筑、一些物理和生态特性，也可以用来指一种经济形态或者说一种经济、社会、政治和文化进程。在此，不妨借用瓦拉达雷斯（Valladares，2005）所提出的一种贴切的表述：这是一种社会"创新"的体现，而且这种创新一直处于不断地再创新之中。然而，这种创新不应该——像瓦拉达雷斯所建议的那样——被看成一种"神话"，而是应当被看成城市形态演变过程中的一个重要参考。这个词使"贫民窟"与有关城市社会融合问题的辩论有了落脚之地。"贫民窟"的力量不在于它体现了或远或近的现实。相反，这种力量正是来自其语义的模糊性和多义性——这一切赋予了其作为政治舞台的价值并成了斗争的武器。

参考文献

BROADWYN F., 2008, *A Poverty of Rights – Citizenship and Inequality in Twentieth-Century Rio de Janeiro*, Stanford, CA, Stanford University Press.

DA SILVA PEREIRA LEITE M., 2001, *Para além da metáfora da guerra. Percepções sobre cidadania, violência e paz no Grajaú, um bairro carioca*, thèse de doctorat (sociologie), Rio de Janeiro, PPGSA/IFCS/UFRJ.

DE QUEIROZ RIBEIRO L.C., 1982, « Espaço urbano, mercado de terras e produção da habitação », in: MACHADO DA SILVA L.A (org.), *Solo urbano – tópicos sobre o uso da terra*, Rio de Janeiro, Zahar, p. 29-47.

DOS SANTOS F., NELSON C. et BRONSTEIN O., 1979, « Metaurbanização: Rio de Janeiro », *Revista de Administração Municipal*, vol. 25, nº 149, p. 6-35.

GONÇALVEZ R.S., 2010, *Les favelas de Rio de Janeiro – histoire et droit, XIXᵉ et XXᵉ siècles*, Paris, L'Harmattan.

LIMA N.V.T, 1989, *O Movimento de Favelados do Rio de Janeiro: Políticas do Estado e Lutas Sociais (1954-1973)*, Mémoire de master (sociologie), Rio de Janeiro, IUPERJ/UCAM.

MACHADO DA SILVA L.A (org.), 2008, *Vida sob cerco – violência e rotina nas favelas do Rio de Janeiro*, Rio de Janeiro, Nova Fronteira/Faperj.

MACHADO DA SILVA L.A, 1995, « Violencia y sociabilidad: tendencias en la actual conyuntura urbana en el Brasil », *Ecuador Debate*, nº 34, p. 116-129.

MACHADO DA SILVA L.A, 1999, « Criminalité, violence et ordre public au Brésil », *Les Annales de la recherche urbaine*, nº 83-84, p. 65-71.

MACHADO DA SILVA L.A, 2002, « A continuidade do "problema da favela" », *in:* OLIVEIRA L.P (org.), *Cidade: história e desafios*, Rio de Janeiro, Editora FGV/CNPq, p. 220-237.

MACHADO DA SILVA L.A, mai-juin 1967, « A política na favela », *Cadernos Brasileiros*, vol. 9, nº 41, p. 35-47.

MAGALHÃES A.F., 2010, *O direito da favela no contexto pós-programa favela-bairro: uma recolocação do debate a respeito do « direito de pasárgada »*, thèse de doctorat, Rio de Janeiro, IPPUR/UFRJ.

SANTOS C.N.F et BRONSTEIN O., octobre-décembre 1979, « Metaurbanização: Rio de Janeiro », *Revista de Administração Municipal*, vol. 25, nº 149, p. 6-35.

VALLADARES L., 2005, *A Invenção da Favela*, Rio de Janeiro, FGV.

第八章

让－夏尔·乌尔卡德（Jean-Charles HOURCADE）

环境与发展研究国际中心，法国

公平的论据如何扼杀了碳排放税——"萨科齐税"失败的教训

拿公平原则来说事，其目的根本不是为了改革和社会进步的需要，而是为了替政治上的不作为辩解。这是人们可以从碳排放税在法国的失败中得出的一个教训。如果想让一个现代税收工具避免陷入遭人抛弃的陷阱——这个陷阱是那些自称是"穷人"或"少数派"的人所布下的，它就必须面向全体公民而不仅仅只是消费者，还必须花时间就如何使用环境税所带来的收入举行辩论或谈判，以期在理性的情况下重振人们的信心。

本文试图揭示究竟在哪些机制的作用下，那些有关公平的论据才成功地挫败了萨科齐总统任期内曾试图实行的碳排放税计划。当然，这些机制有一部分是法国体制框架下所特有的，与特定的政治—媒体运转方式有关，也与法国总统独特的执政风格有关：这种执政风格过于重视向媒体爆料所产生的轰动效应，而忽视了社会协商的作用——这种协商被认为步调太慢而会影响改革进程。我并不想掉进那种认为"发生在法国的一切都具有普世价值"的圈套，但我会试图证明，那些用来反对这一计划的论据十分奏效，此举本身能反映出一些超越碳排放税计划的、具普遍意义的根本问题。这些问题与当时各国与国际层面的改革陷入僵局有关，而改革之所以会陷入僵局是因为这个被媒体操控的世界以"公平的名义"把普通消费者的利益放在了第一位，并且把公民的"最佳利益"抹得一干二净。

从普遍共识到迅速败北的闪电战

"萨科齐的气候税"这一故事始于 2007 年 1 月 31 日，五位参加 2007 年法国总统选举的候选人——其中包括在第一轮投票中领先的三名候选人（萨科齐，罗雅尔和弗朗索瓦·贝鲁）[①]——在这一天签署了尼古拉·于洛（Nicolas Hulot）的《绿色公约》。尼古拉·于洛是一档十分知名的电视节目"乌斯怀亚"（Ushuaïa）的主持人兼制片人，他在《绿色公约》中提出了设立"碳排放税"的建议。成功当选总统后，萨科齐在 2007 年 10 月 25 日的"格勒内勒环境保护圆桌"会议的闭幕式上以及在 2009 年 1 月的新年献词中都重申了这一主张。当时的政治背景对此似乎十分有利：巴拉克·奥巴马当选美国总统使人们产生了这样一种希望，即因为美国总统布什而陷入僵局的气候谈判有望在 2009 年年底的哥本哈根会议上重新启动；在 2009 年 5 月的欧洲议会选举中，欧洲生态党人获得了 15.8% 的支持率，表明欧洲民众对环境的关注度进一步提高。

最后，选择由曾经担任法国总理的社会党人米歇尔·罗卡尔来担任"气候—能源税"筹备小组主席，此举表明了愿意达成跨党派妥协的意愿。而选择另一

---

① 在第一轮投票中，他们三人总共获得了 78.51% 的选票。

位从20世纪90年代以来便有此类想法的高官伊夫·马丁（Yves Martin）担任他的助手则为此提供了重要的技术保障，同时也表明了真诚的态度。专家会议从7月初开始召开，至7月28日便提交出了《罗卡尔报告》。该报告建议，征税标准在实施之初定为每排放一吨二氧化碳交纳32欧元，到2030年则要上调到每吨100欧元。罗卡尔（RAPPORT ROCARO，2009：67）表示："这的确太了不起了，而且完全出乎意料：在我们这样一个充满冲突的社会里，居然能达成这样一个共识，来自各行各业的与会专家几乎全部对此表示赞同。"我们花了半年时间达成的这一明显共识，在当年12月18日获得参众两院批准后成了一个法案，但到了12月29日法国宪法委员会却宣布该法案无效。而到了2010年3月23日，也就是这一项目启动差不多一年的时候，时任法国总理的弗朗索瓦·菲永宣布将它彻底放弃。为什么会出现这种情况呢？

为此，我们不妨回顾一下《罗卡尔报告》所提出的两项重要建议：一是不设定任何特例情况；二是通过开展社会协商来明确这些税收收入的使用方式，并可能在未来几年间成立一个合适的管理机构——这可能会是一个与国外一些国家现有的"绿色税委员会"相类似的机构——将这一治理需求制度化，对其影响作出评估并明确这一税收收入的使用方式。当然，在2009年1月，萨科齐曾说过碳排放税的收入将用于补贴职业税——这是一个由企业交纳的地方税种，被一致认定存在着极度扭曲的问题——下调所造成的损失。他的这一表态立即产生了这样一个不好的效果：碳排放税被人看作是一个送给"企业家的礼物"，因而受到了工会的批评。但《罗卡尔报告》决定对此进行全面观察，认为这一税收收入也可以用于补贴社会保障费用的下调，这就等于是认同了法国环境与发展研究国际中心（CIRED）所得出的研究结论（Combet et alii，2009）。此举为下一步的谈判打开了方便之门，法国第二大工会组织"法国工人民主联合会"（CFDT）对这一谈判持支持态度，而第一大工会组织"法国总工会"（CGT）也没有表示反对。

但失败的迹象从7月初开始显现。在谈及面对能源价格上涨如何来保护极度弱势的消费者时，当反税声浪开始出现的时候，一个名为"消费者联盟——如何选择"（UFC-Que choisir）的消费者保护协会在媒体上变得异常活跃，它提出了向普通家庭返回这一税款的要求[①]。与总统关系亲密的"尼古拉·于洛（Nicolas Hulot）基金会"也深信，这个既能带来社会正义，又不会产生任何预算压力的选项是唯一能被大众接受的方案，它应该可以使"气候—能源税"迅速获得通过。为了避免自己被指责为创造了一个新税种，法国环境与可持续发展部长让—路易·博洛（Jean-Louis Borloo）于7月5日在接受《观点》周刊采访时提出了用"绿色支票"给相关家庭提供与所付税款等额补偿的方法[②]。预算部长埃里克·韦尔特（Eric Woerth）在7月6日的《论坛报》上则公开对这一想法提出异议。此次交锋使得有关税收收入用途的谈判建议变得过时：7月28日发布的报告没有采纳举行谈判的建议，到了最后更是被彻底抛弃。

导致该计划失败的机制由此被触发。公众不明

---

① 事实上，UFC-Que choisir 并不相信这一税种能改变人们的行为，Bazot A.，29 septembre 2009，《Taxe carbone. L'impôt s'habille en vert》（disponible sur：www.quechoisir.org）。

② 5 juillet 2009，《Borloo défend l'idée du chèque vert》（disponible sur：www.lepoint.fr）。

白这种把征收来的钱又加以返还的改革究竟蕴藏着一种怎样的逻辑。法国民调机构特恩斯—索福瑞（TNS-Sofres）2009 年 9 月 3 日进行的民调显示，2/3 的法国人反对"气候—能源税"。资方则提出了需要加强竞争力的论据，因为在被征收碳排放税的时候，企业在负担增加的同时却不能从其他税种上获得任何减免优惠。9 月 10 日，总统终于对人们所争议的这些技术问题给出了明确的答案：不会征收电力税，向家庭提供"绿色支票"，参加欧洲碳排放交易体系（SCEQE）的企业可以享受免税。随着这些例外的设立——《罗卡尔报告》曾强烈建议不能设置任何例外情况，掉入失败的陷阱将不可避免。

然而，那些参加欧洲碳排放交易体系的企业——它们通常也是高排放型的企业——只有在二氧化碳的排放量超过了免费获得的配额时才需要付钱。因此，法国宪法委员会指出了这种税收的不平等：（那些排放大户所享受到的）巨额的豁免与应对气候暖化的目标是相违背的，而且这也有悖于公共税负面前人人平等的原则。屠夫或木匠只要排放出第一吨二氧化碳就必须交税，而钢铁厂或化学工厂却只需为超出的排放量付费。这一措施加剧了税收的不平等，早在 1998 年，法国宪法委员会就曾用它来否决过当时若斯潘政府提出的有关征收碳排放税的建议。

（2010 年）3 月 23 日弗朗索瓦·菲永总理决定放弃这一计划。24 日，萨科齐强调，未来必须先设立"碳关税"之后再来考虑在国内征收"碳排放税"的问题。当然，人们可以把这场失败归咎于萨科齐个人的做事方法，但这样做很可能会使我们无法从中汲取一些有益的经验教训。事实上，人们可以提出这样一个疑问：为什么绿党或社会党人（他们的总统候选人都签署了尼古拉·于洛的《绿色公约》）没有积极采取行动，要求就碳排放税展开谈判。他们只是为这一反社会的征税计划被撤销而欢呼，却未能在一个整体计划的框架内提出一个新税种、一种替代方案，也未能在上一次总统选举中把碳排放税作为一个争论焦点。事实上，萨科齐碳排放税计划的失败揭示出了两个带有普遍性的问题：第一个问题与经济学家的职业有关，与他们能否高效地解决公平问题的能力有关；第二个问题则与媒体传播过程中"告知"公民的方法有关。

在公平与效率关系问题上，经济学家缺乏教育能力？

导致萨科齐碳排放税失败的机制与一个拥有双层刀片的剃刀相类似：第一个刀片是有关"公平"的论据——它的作用是把毛发抬起来；第二个是有关"竞争力"的论据——它是用来刮的。这一失败向那些 20 多年来曾在"一般均衡"方面开发出不少模型与推理的经济学家们提出了问题。这些模型的结果当然不会完全一致，但它们足以证明有关"绿色支票"的构想必然会产生出与预期完全相反的效果，而且它还忘记了这样一个事实，即由于经济上的相互依赖关系，交税者不一定就是最终费用的承担者。这就是说，从实际操作层面看，这样一个再分配举措貌似公平，而实际上很可能会在未来产生出与其初衷完全相反的结果。

从当时所宣布的内容来看，"绿色支票"正属于这种情况。对所排放的每一吨二氧化碳——消费者当然是其中的直接责任者——要付费 20 欧元，而这笔钱要由企业来承担，因此企业一定会把这笔多出的负担转嫁到他人身上；这笔额外费用一定会从一个行业转嫁到另一个行业，并最终会对产品的价格产生放大效应。为弥补能源开支增加而以每吨 20 欧元的价格补偿给消费者的"绿色支票"将不足以抵消这一能源领域额外费用所导致的其他物品价格的上涨。正是为了阻止这种机制的出现，才有必要将一部分碳排放税的税收收入用于降低社会税负，用降低劳动成本的方式来弥补能源开支的额外增加。如果没有这一补偿，每吨 100 欧元的（这是"气候—能源税"计划草案准备到 2030 年征收的额度）——这是使我们的经济真正实现"去碳化"所需要的——价格势必将带来一个令人无法承受的额外负担。

在让公众和决策者理解这些传导机制所可能造成的简单现实方面，经济学家肩负着一定的责任。如果对过去 20 年来人们在碳排放税方面所做的工作作一总结，那么人们很容易发现过去对于所谓的"双重红利"强调得太多了，即如果能用碳排放税来减少那些最为扭曲的税收品种，那么人们不仅可以使环境得以改善，而且还能收到另一种经济红利——就业形势的改善。这一理论遭到了许多本能反应的质疑，这些本能反应源自于人们应对一切"免费午餐"都要心存疑虑这种想法。就碳排放税而言，人们应避免产生这样一种幻想，即认为这一神奇税种的推出将能解决一切经济问题，尤其是与就业有关的问题。古尔德（L. Goulder）在 1995 年曾把"双重红利"划分成"强式"（strong form）和"弱式"（weak form）两大类，并强调前者并不会自动出现，而是需要十分明确的实现条件，但这不应该将后者掩盖，即要想减少环境政策的经济和社会成本，设立环境税是必要的（Goulder，1995）。

但光靠它是不够的，而且经济学理论家们之间的紧张关系始终存在。他们当中一些人强调在第一梯队的经济体内不可能出现"双重红利"（因为这些经济体处于生产第一线），并指责那些实证主义的经济模型只对第二梯队的经济体进行研究——而经济学并没有为这些经济体提供一些通用的理论原则。第二种批评——它是第一种批评的附属物——则认为，这些模型只有在设立碳排放税的同时也推出一些同步改革的情况下才可能见到"双重红利"，而实际情况是这些改革并未被同步推出；因此他们把碳排放税归入到了改革的红利当中，而这些改革的推出与气候政策将没有任何关系。这种说法被博芬贝格（Bovenberg，2000）概括成了一个极具挑衅性的标题《双重红利已死》。

人们首先可以提出这样一个问题：用"紧张关系"这个词来描述"理论家"和"实证主义者"之间的辩论是否合适，因为我们可以看到的是，那些实证主义的经济模型往往会得出结论认为，国内生产总值将出现适度的增长——从长远来看，很少能超过 2%，而就业数字在其中会占据更重要的位置。从数字上看，"双重红利"问题的重要性比不上碳排放税传导效应所产生的问题，也比不上为了控制这种传导效应而进行的调控，即把这一税种的收入用于补偿，从而下调其他税种的税率，而这最终会影响到生产成本。对这个问题的正确理解是："弱式"双重红利是一个无可争辩的理论结果——但这种正确理解一直没有出现在公共辩论中。法国环境与发展研究国际中心（CIRED）所制定的"IMACLIM 模型框架"认为，轻微的"强式"双重红利是有可能在法国出现的，因为该税种一定程度上会影响到食利收入以及石油进口。但是，这还不是关键所在。关键问题在于，要对能源成本上涨的传导效应进行控制的必要性作出明确解释，并且要强调，如果不对其加以控制，"绿色支票"将成为一个虚幻的礼物。

法国未能就此展开宣传教育，其中的原因或许与知识界的一种姿态有关，它认为真正有意义的事是对碳排放税的一般均衡效应进行分析，而不是对这一措施的真实成本进行计算。这一姿态是根据世界第一梯队国家的情况来推理的（也就是说，假设中的各项改革都必须同时推出，从而导致各种生产要素的税收最优化并实现充分就业），因而必然会导致一些带有经院色彩的推理结果。在一个特定的历史时期内，唯一一个合适的问题是：由于碳排放税是一个把部分收

图1	（环境税）能实现经济效益与社会公平的双赢吗？

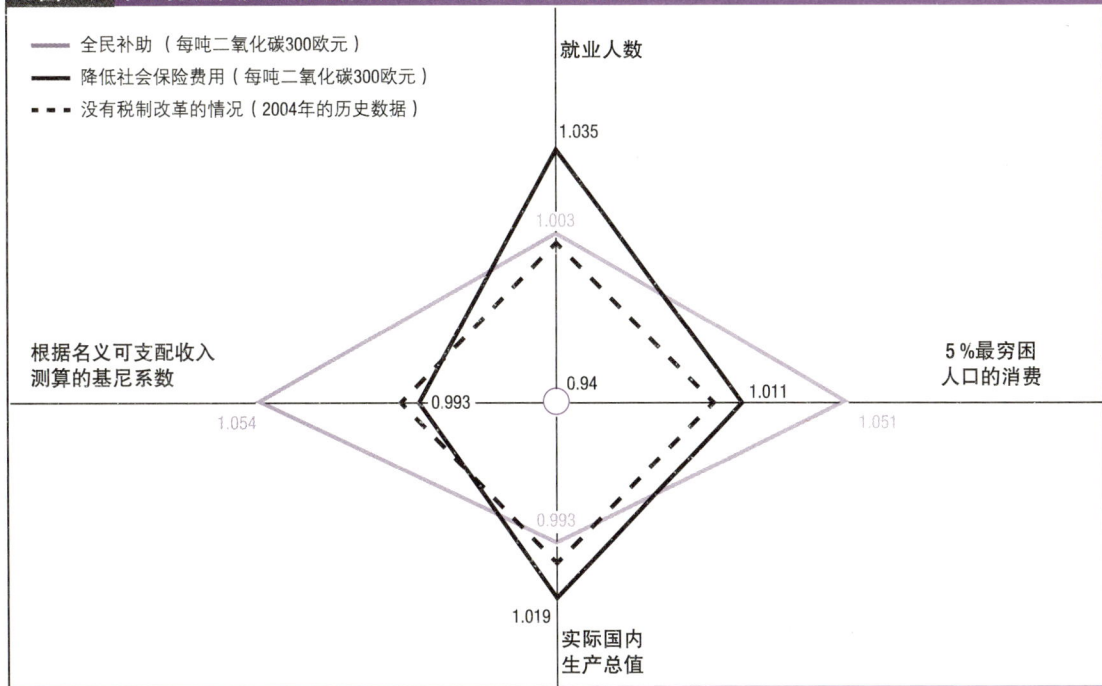

—— 全民补助（每吨二氧化碳300欧元）

—— 降低社会保险费用（每吨二氧化碳300欧元）

- - - 没有税制改革的情况（2004年的历史数据）

就业人数

1.035

1.003

根据名义可支配收入
测算的基尼系数

0.993　　0.94　　1.011

1.054

5%最穷困
人口的消费

1.051

0.993

1.019

实际国内
生产总值

资料来源：埃马纽埃尔·孔贝：《碳排放税与社会进步：以法国为例》，法国社会科学院高等研究院（EHESS）博士论文，2013年。

说　　明：罗卡尔委员会分两种不同情况用"IMACLIM-S 模型"对法国每吨二氧化碳 300 欧元的碳排放税的影响进行了对比：给消费者发放"绿色支票"、降低社会保险费用。这一模拟计算表明，将经济效益（创造就业机会和财富）及公平相结合是可以实现的。社会保险费用的降低对经济是有利的，但不足以补偿能源价格的上涨给贫困家庭带来的负担。相反，"绿色支票"的比例与收入是成反比的，因而从社会的角度来看更加公正，但它并不创造新的就业机会或财富。

入征收上来，尔后又将其返还的过程，它究竟会不会有助于某些迄今尚未推出的改革的最终进行？在降低社会保险费用的情况下，这一问题显得尤其贴切[①]。

　　或许，正是这种辩论结构导致了有关公平的问题无法得到足够的重视。事实上，在世界第一梯队国家里，人们能给出的解决办法就是向那些因改革而受到不利影响的家庭提供一些补偿性的转移支付。在这里，公平和效率之间存在着"可分离性"。然而，在现实世界里，这种"可分离性"并不一定能够实现。图 1 所揭示的就是它所面临的一些问题。图 1 所依据的是罗卡尔委员会用"IMACLIM-S 模型"得出的模拟计算结果，并把它与法国 2004 年的情况进行了对

[①]　在我们写这篇文章的时候，法国政府开始了一些旨在降低社会保险费用的动作，它提高了与消费有关的增值税税率，同时提高了普遍社保分摊金（CSG）——它是所得税的一种形式。不过，这两种方法的局限性很快显现出来：前者将对购买力形成压力，而后者会遭到富裕人群以及中产阶级的反对。我们所做的研究表明，与这些解决方法相比，碳排放税具有与提高增值税相同的效果，并且能降低能源的进口；此时唯一的真正问题是，碳排放税能否作为一种融资多元化的手段——其目的是为了降低社会保险费用——而在政治上被人们所接受。

比分析。它首先假设法国早在 20 年前就已实行了碳排放税，到 2004 年时达到了每吨二氧化碳 300 欧元的水平，而进行比较的情况则分成两种：一种情况是这一税收收入用"绿色支票"的形式返还给了消费者；另一种是这一税收收入被用于降低社会保险费用和劳动成本。它把这种对比建立在了四个标准之上（国内生产总值、就业、5% 最穷困人口的消费和基尼系数），而没有设立碳排放税的参考情形则用虚线方框来表示。

人们一眼就可以看到，税收收入被用于削减社会保险费用（图中的黑色菱形）时能够大大改善就业状况，国内生产总值以及穷人家庭的收入也会出现明显的增长，但它却会导致日益严重的不平等。这一结果可以用这样一个良性循环来解释，税收负担转移到了食利收入上、净工资有所增加、劳动成本下降、出口增加（再加上石油进口的减少），这会导致就业的增加，从而使弱势群体所获得的好处足以抵消因能源价格上涨而导致的购买力缩减。但是这种机制会导致不平等的加剧（基尼系数恶化），因为富人阶层在能源方面的支出总额要远远低于弱势群体的总支出。而对任何人一视同仁的"绿色支票"虽然有助于基尼系数的改善，因为富裕家庭所收到的支票上的额度将大大低于他们的支出，而弱势群体的情况则刚好相反，但是，这一机制却会牺牲经济的增长，而在就业方面也不会有什么好处，因为劳动成本将因此而增加；因为弱势群众收入的提升而导致的国内消费的上升并不能弥补竞争力的丧失；此外，还有一点是在图 1 中没有体现的，即投资将会减少，国家的债务将会增加。

如何来裁定这一税收收入的用途分配似乎已十分清楚，罗卡尔委员会所建议举行的社会谈判的目标也因此得以实现。该谈判的目标是找到一种妥协方案，决定到底应有多少份额用于补贴最脆弱家庭，多少份额用于降低社会保险费用。然而，碳排放税与社会保险费之间的这种替代离不开与工资谈判以及为社会保障融资而进行的谈判。这是一个在政治上极为敏感的话题，因为它将涉及企业与工会在社会保障管理中的"对等制"问题。要想让经济良性循环得以启动，有一点十分关键，即社会保险费用下降的幅度究竟多大才最合适：既要使员工得到实际工资增长的实惠，同时又不会影响到生产成本的下降。

这一寻求妥协的过程可能会涉及两个敏感的问题。首先是针对某些活动的一些特殊机制，这不仅包括欧洲排污权交易制度所覆盖的活动，而且也包括渔业和山区农业等极为脆弱的活动。第二个问题是地理位置在能源价格方面的脆弱性中所具的重要性。图 2 是根据对 35000 个家庭的调查得出的。它表明，能源开支在家庭预算中所占的份额固然与收入有关，但这种变化在同一收入阶层内部更为明显。能源需求与所居住的位置关系很大，这不仅与气候有关，更主要的是与对经济流动性的依赖有关。居住在不同的地方，经济流动性也存在巨大差异：一个生活在地铁和步行相结合的十分便利的巴黎市中心的人，与另一个生活在大都市郊区或山区的人，其经济流动性显然是不一样的。

事实上，如此复杂的差异性令经济学家们感到担忧，因为这种用现金转移支付来提供补偿的方式——如果在补偿时要考虑到这些千差万别的具体情况的话——将会迅速导致一些从行政角度来看极为烦琐的解决方法，并为日后无休无止的游说活动埋下伏笔。要想找到解决方法，唯一的办法就是扩大谈判领域，使那些能源开支有所加重的社会阶层能从就业机会、租金等其他开销方面得到一定的补偿；对于那些经济上较为脆弱的从业者（农业、山区的畜牧业以及渔业等），则应为其提供一个制度框架，使他们看到保持经济活力的希望。换句话说，碳排放税税基的下调或货币转移支付并不是用来帮助这一改革的"输

图 2	能源消费并非只取决于收入

能源支出在法国10305个不同收入水平的家庭预算中所占的份额

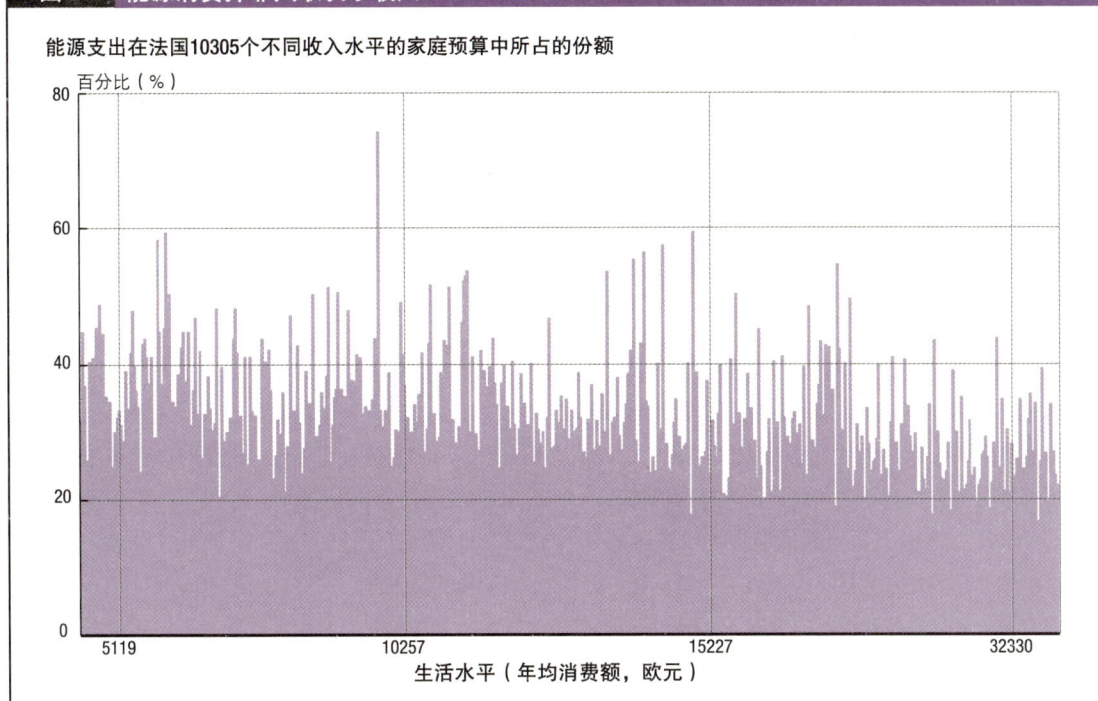

资料来源：埃马纽埃尔·孔贝：《碳排放税与社会进步：以法国为例》，法国社会科学院高等研究院（EHESS）博士论文，2013 年。

说　明：收入越高，能源支出在家庭预算中所占的份额就越小。但这一趋势掩盖了同一收入阶层内部的巨大变化。能源的需求既取决于收入，同时也取决于居住地和生活方式。

家"的唯一工具。罗卡尔所提出的应当对"气候—能源税"收入的使用进行专项管理的建议，其重大的政治意义在于：它把相关的问题、人们的担心以及专家的意见都集中在了一起，它让退休金融资、公共债务、医疗卫生、社会住房等各个领域的专家都来思考环境税可能为其带来的机遇以及应当采取的一些补充措施（例如建筑物的隔热工程等）等问题，从而形成一种"双赢"的局面 [也就是经济学家们所说的"帕累托改善"（pareto-improving）]。

仓促行事：理由与方式

之前的论述足以表明，在没有进行任何社会谈判的情况下强行通过碳排放税注定了它将以失败而告终。萨科齐碳排放税这一小插曲正是瑞典在这方面成功经验的一个反面教材——托马斯·斯特纳（Thomas Sterner）在本书中对瑞典的成功经验作了深入分析。然而，在有关公平的论据很容易被驳斥的情况下，有关碳排放税的想法为何会销声匿迹，连反对派也没有利用它来大做文章，这又该如何解释呢？

首先，我们必须重申这样一个心理背景因素。当人们必须为碳排放税的决定拍板时，媒体对于气候问题的热情因为哥本哈根会议的失败而急转直下。那些曾经有过很高预期的人如今普遍感到沮丧。同时，人们也在怀疑气候问题的严肃性，甚至认为这是一种欺诈——克洛德·阿莱格尔（Claude Allègre）在 2010 年 2 月出版的一本畅销书就用了这一名字①。尽管他所依据的是一些错误的材料，而且法兰西科学院也驳斥了他的论点，但这一切都不重要。真正重要的在于，这本书大获成功背后所体现的是人们并不相信这一有关不幸的预言，而且人们出现了一种反环保的条件反射。这种条件反射是很容易解释的：我们可以在历史上找到许多事例，来证明那些厄运的先知们所讲的许多故事都是假的，就像卡桑德拉（Cassandra）警告特洛伊人不要相信木马却无人理睬那样。这个反环保的条件反射因为一个特殊背景而变得更加厉害：当时的人们正受到金融危机的打击、受到失业的威胁，而所有的人都觉得这场危机并不是自己造成的（Huet，2010）。有关气候问题的警告是以灾难的形式表达出来的，因此它们就不可能被视为是一种"开明的灾变说"。在被逼到墙角的情况下，其中就没有多少选择的余地，民众在听到有关生态税的说法时自然会把它看成是一种惩罚性的、有负罪感的东西。

最具代表性的是曾参加法国 2007 年总统选举第二轮角逐的社会党候选人罗雅尔在（2010 年 3 月 25 日法国电视二台）一档名为《你来评判》的栏目中对碳排放税所表现出来的反对立场："在未给人们提供自由选择权——选择购买电动汽车或者选择公共交通工具——的情况下就征税，这显然是不公平的。"这个问题的答案很简单，正是自 1983 年以来的低油价影响了人们对此类汽车的投资热情，而且"气候—能

源税"的失败挫伤了雷诺公司在这方面所下的一个战略赌注：1989 年，该公司曾有 5000 名工程师从事电动汽车的研制。然而，这还不是问题的关键之所在。真正的关键之处在于一部分民众心里产生了一种"圈套"的感觉——他们就是在图 2 中处于消费峰值的那部分人，其中也包括一些中、高收入者，因为人们在消费选择上并没有什么灵活的余地。

一个典型的例子是人们在上下班出行时对汽车的依赖。过去 30 年来，人们对汽车这种出行工具的购买力不断增强，同时也越来越不能容忍汽油价格的上涨②。产生这种悖论的原因在于，随着房地产价格的上涨，再加上燃油价格保持在低位，使得越来越多的人都搬到了人口密度较低、公共基础设施相对较少的城郊地带，这就使他们对汽车产生了依赖——就连上班都离不开汽车。在 20 世纪 90 年代，每一次油价上涨时，媒体的采访和街头的随机采访都会把有车族的痛苦记录下来（油价下跌时却没人报道！）。这种做法产生了一种坏作用：让人们形成了高油价是可以避免的这样一种错觉。

正是这种"圈套"解释了为什么当反环保主义把碳排放税说成是一种惩罚性的、有负罪感的东西时能如此成功，并最终引起了媒体对保护消费者的广泛关注。如果人们除了呼吁在气候变化问题上应小心从事之外，也能提出其他论据来为化石能源的涨价辩解，那么这一手法就可能不见得会如此奏效。人们至少可以提出三方面的论据。

① 克洛德·阿莱格尔（Claude Allègre）：《气候欺诈或虚的自然环境保护学说》（L'imposture climatique ou la fausse écologie），Plon 出版社，2010。克洛德·阿莱格尔曾在前总理利昂内尔·若斯潘的内阁中担任过部长，是法兰西科学院院士，是"贩卖怀疑的商人"（merchants of doubt）（《贩卖怀疑的商人》讲述了一伙有影响力的科学决策者如何干扰公众了解科学事实，以便推进某种政治和经济议程的令人不安的故事——译者注）在法国的代表人物。他是许多重量级报纸的专栏作家，在那段时间曾经是各家电台和电视台的常客。在与萨科齐的关系变得紧密后，他要求法兰西科学院作出表态，在证明气候变化研究的科学性方面有所作为。

② 工资在上涨，而用年均价格来计算，2010 年的燃油价格要低于 1981 年的价格（其中最主要的原因是大量的汽车成了柴油车）。此外，如今道路状况的改善和汽车发动机技术的进步使得每升燃油能跑的路程更长了。

首先，最明显的是能源安全。事实上，人们没有向法国人清楚地说明，这一税种的设立主要是为了减少法国对石油输出国组织（欧佩克）的过度依赖。然而，为法国的学校或养老机构提供资金肯定要比投资迪拜828米的高塔而扩大他人的石油收益和比增加海湾国家的金融实力更具合法性。

其次，正如我们已经看到的那样，把碳排放税的收入作为补偿，从而降低其他税种税率的做法对经济是极为不利的。除此之外，还要考虑到这样一个事实，即在对能源征税之后，企业所要承受的税负会根据生产的变化而波动，生意不好的时候就会下降；这将降低现行体制在雇用人员方面的抑制作用，根据现行体制，当公司的营业额低于预期时，单位产量所分摊的社会保险费用就会增加，这就等于是向多余的员工征税。

这一切既是劳动法所造成的，但也与这样一个事实有关：保留那些有技能的、高忠诚度的员工对公司是有好处的，这样日后订单增加时就会有保障。在对重工业企业的担忧作出回应之后，它们可以选择留在欧洲碳排放交易体系（SCEQE）内，也可以选择按降低后的税基来纳税，人们可以把碳排放税纳入到旨在增加中小企业和制造业竞争力的总体税制改革当中。

最后，人们可以作出这样的解释，即碳排放税从长远来看能为那些旨在使农业、建筑业、运输体制（如果没有碳排放税，与铁路以及水路运输相比，公路货运的竞争力将进一步增强）、集中式创新、更均衡的国土整治等实现转型的政策提供支撑。这会影响我们的农业模式（更能发挥出当地的潜力、更好地利用生态工程以取代那些昂贵的能源和化学投入物、增加运输成本从而降低大型分销网络的地域之争）以及我们的城市模式（家与工作地点的距离）。

绝口不提这些论据，就很容易引起一部分民众产生反环保的条件反射。有些评论家甚至断言，碳排放税是一种愚蠢的税种，它等于是向那些呼出二氧化碳的小宝宝征税，而且他们也强调，萨科齐此举主要是为了讨好于洛（Hulot）先生。此类言论已经影响到了对于碳排放税知之甚少的公众舆论——人们很容易把这一税种看成是"波波族"["波波族"从字面上理解，意思是"布尔乔亚－波希米亚人"（Bourgeois-Bohemian），是20世纪70年代的嬉皮和80年代的雅皮的现代综合版，这里是指生活在大城市的富裕阶层，他们一般都支持环保主义——译者注]的怪念头：自20世纪90年代以来，许多经济学家以及欧盟委员会都把那种强调环境、就业和竞争力以及和谐发展的想法称为"波波族"的怪念头。接下来要关注的一个问题是：为什么会出现此类"疏忽"。碳排放税在这里具有了普遍价值，它折射出了当前公共空间中存在的一种隐晦的人类学——正是它把人和公民割裂开来了。

首先要对忽略气候论据、迟迟不愿倡导解决社会谈判所揭示出来的那些问题以及战斗精神进行归类。比如，人们坚持要把碳排放税看成是一个纯粹的环保问题，那么人们就应当弄清这究竟是出于对环境目标被稀释的担忧，还是仅仅因为不愿与那些为其他事业而奋斗的人谈判。环保主义的非政府组织和工会之间存在着文化差异。这种差异会由于为其他事业而奋斗的人更容易接受媒体采访而进一步加剧：这些人不像工会代表那样只能按照工会的授权来行事。这些代言人可凭借其对公众舆论和政策的影响力而在这场小战斗中"胜出"。然而，一旦那些抽象的愿望被"谁出钱"这一具体的问题取代时，公众的态度很容易发生变化。

最后，在2010年7月以"消费者名义"而采取的干预行动，尤其是对低价格的追求取得成效之后，一个障碍也随之显现。正是在保护消费者利益的名义下，人们一直在反对天然气和电力价格的上涨，或者说人们声称要通过反对燃料的价格上涨来更好地保护人民。但是，今天消费者没有支付的这部分钱，日后岂不是会全部落到纳税人或企业的身上？或者说由于化石能源行业的价格扭曲在不同行业间的蔓延，未来那一位被解雇工人以及未来的消费者在能源方面的负担岂不会变得更重？

事实上，媒体以将维持公正和保护弱势群体的忧虑转化到消费者身上的方式，阻碍了一切有关未来的规划，今天的消费者所看到的只是眼前的价格，他并不会去考虑是什么原因要将价格定在这个位置，也不会考虑自己为了现在（低工资、恶劣的工作条件）和未来（低投资、环境成本）需要作出的牺牲。在这样一种博弈中，未来消失了，因为人们无法就每一个人的真正利益进行讨论，无论这个人是作为今天的消费者，还是作为明天的消费者、员工，或是关心子孙后代成长的父母或祖父母。

结论

总体而言，萨科齐碳排放税是被一种试图发动

"政变"的企图所扼杀的，它不想花时间就这一税收收入的用途问题展开谈判，但同时又未能在知识层面准备好充足的论据，以便提出一些针对全体民众——而不只是针对一个个分散的群体（所有的人都被围于消费者、纳税人、主张生态主义的"波波族"或穷人这样的地位上）——的论据。

到这里，一个比我们所分析的例子涉及面更广的大问题出现了，即建立一个公共辩论空间，能阻止那种将民众与重大社会问题割裂开来的邪恶博弈，而公平问题当然将是这些辩论的一个重要内容。当然，在皮埃尔－诺埃尔·吉罗（Pierre-Noel Giraud）所说的"一场培养公平意识的大运动"（Giraud，2008）出现之前，要建立这样一个空间并不是件易事。这可能是问题的关键之所在——它主要体现在道德层面，我们不能只有在自己需求他们帮助我们去阻止某种不想要的措施时，才会想起那些"穷人"（或任何少数团体）。要想遏制这些操控行为，就人们真正需要的团结互助展开讨论，人们必须在一个综合性的集体计划下掀起一场运动，以便在保护子孙后代利益时不会损害到当前最脆弱群体的利益。

参考文献

ALLÈGRE Cl., 2010, *L'imposture climatique ou la fausse écologie*, Paris, Plon.

BOVENBERG L., 2000, Préface "The double dividend is dead", in: MOOIJ R. A. de (ed.), *Environmental Taxation and the Double Dividend* (Contributions to Economic Analysis, Vol. 246), Emerald Group Publishing Limited, vii-ix.

COMBET E., GHERSI F., HOURCADE J.-C. et THUBIN C., 30 juin 2009, *Économie d'une fiscalité carbone en France*, étude du Cired réalisée avec le soutien de l'ADEME et de la CFDT-IRES, Paris. Disponible sur : www.parisschoolofeconomics.eu/IMG/pdf/hourcade-cired.pdf

GIRAUD P.-N., 2012 [2008], *La mondialisation. Émergences et fragmentations*, Paris, Sciences humaines Éditions.

GOULDER L.H., août 1995, "Environmental taxation and the 'double dividend': a reader's guide", *International Tax and Public Finance*, 2(2):157-183.

HUET S., 2010, *L'imposteur, c'est lui. Réponse à Claude Allègre*, Paris, Stock.

ROCARD M., juillet 2009, *Rapport de la conférence des experts et de la table ronde sur la contribution Climat et Énergie*, Paris, ministère de l'Écologie, de l'Énergie, du Développement durable et de la Mer.

瑞典的二氧化碳排放税及税制改革的经验

亨里克·哈默（Henrik HAMMAR）
财政部，瑞典

苏珊·阿克费尔特（Susanne ÅKERFELDT）
财政部，瑞典

托马斯·斯特纳（Thomas STERNER）
环境保护基金会，瑞典

经济工具，如二氧化碳排放税或排放交易机制[①]等是用来实现温室气体减排目标的重要手段。征收二氧化碳排放税是让污染者为其对环境的影响付出代价所必不可少的手段。二氧化碳排放税最重要的特点是为使用化石能源——不管这些化石能源是何种类型——所排放的二氧化碳规定一个征收标准，从而认同"谁污染谁付费"的原则。但是这一原则在运用过程中可能会在不平等方面产生一些后果，而这一点是人们必须加以考虑的。

本文介绍了瑞典 1991 年开始实行的二氧化碳排放税的基础，而这一税种也成了瑞典全国税收制度改革的一项重要内容。

1990~1991 年的税制大改革

瑞典很早就开始对能量载体征税。直到 20 世纪 70 年代，这一税种的主要目的是增加公共收入，当时这方面只有一个税收项目——能源税。

1991 年，作为对能源税的补充，瑞典又推出了两种针对二氧化碳和硫的特别税，因为环保政策此时在政治议程中变得越来越重要。各种主要化石燃料都要被征收二氧化碳排放税，税率为每吨二氧化碳 27 欧元。与此同时，能源税的税率则下调 50%，但各种燃油的总体税负仍然有所增加（虽然不同品种燃油税率的增幅有所不同）。与其他国家相比，瑞典的燃油税税率水平是很高的，堪称是这一领域的先驱。

二氧化碳排放税是在瑞典进行大规模税制改革的背景下推出的，这一改革涉及范围很广，其中主要包括大幅度下调资本收入和劳动收入的边际所得税税率、消除一些税收漏洞以及扩大增值税的税基等。需要强调指出的是，正是两种截然不同的政治进程的共同作用才为这一税种的推出创造出了一个难得的政治机遇。一方面，人们对于大幅度下调边际所得税税率有着强烈的要求，因为这一税率一直处于很高的水平（在某些情况下，甚至接近 90%）。

另一方面，与此同时环境问题不仅成了一个人们越来越感兴趣的政治话题，而且也引起了全社会的广泛关注。因此，二氧化碳排放税正是在为了填补减税后所留下的空白这一背景下出台的。根据改革

---

① 在本文中，我们将只分析二氧化碳（CO_2）排放税。碳的（C）原子量为 12，二氧（O_2）的原子量是 32（2 × 16）。因此，CO_2 和 C 之间的比例是 44/12= 3.67。当人们对碳排放税进行比较时，必须明白这样一种换算关系，即一吨碳（C）是相当于 3.67 吨二氧化碳（CO_2）。也就是说，每吨二氧化碳（CO_2）征收 10 欧元，相当于每吨碳（C）征收 36.70 欧元。

前的估算，税率下调所导致的收入再分配将涉及占国内生产总值 6% 左右的份额。这一改革可以被看做是一个向绿色税转型的先期改革。征收结构变化使得能源领域的税收收入在 1991 年占到了国内生产总值的 1% 左右，其中很大一部分来自能源消费增值税（Swedish Green Tax Commission，1997）[1]。

1991~2015 年的二氧化碳排放税

过去几年间，二氧化碳排放税的税率逐年增加，以期在改善成本—效率比的前提下实现二氧化碳减排的目标。事实上，使用财政手段一直被认为是最合算的减排方法。然而，税制的变化是分阶段来实施的，以便给家庭和企业留出一定的调整适应时间。一般情况下，瑞典在给家庭和企业增加能源和环境税的时候，都会同时下调其他领域的税，以防止总体税率的上升，减轻分配领域可能出现的一些意想不到的后果，并刺激就业的增长。

此类组合措施背后所体现的是这样一个意愿：在税收制度的设计过程中要确保各种政治考量之间的平衡。需要强调指出的是，把二氧化碳排放税作为减少温室气体排放的主要手段，是瑞典各个政党多年来一直存在的一个普遍共识。多年来，瑞典左翼和右翼政府相继上台，但这一领域的税制改革却始终没有太多偏离最初所制定的轨迹。此外，政府所提出的所有重大提案，它们所依据的都是一个由来自社会不同领域的专家所组成的独立委员会作出的透彻分析。而且，这些提案在提交议会讨论前都必须经过公共咨询。瑞典这种立法程序使得各利益攸关方以及其他有关各方有机会就未来的税收政策发表意见。

例如，在劳工税方面，与上下班交通费用（包括燃

油成本）有关的征税，其税率下调幅度进一步加大，从而一定程度上能抵消燃油税所带来的潜在不良后果。

此外，多年来劳工税领域还相继出台了其他一些更重要的措施。对中低收入家庭提高了征税的起征点，并向最近几年才就业的人员提供了高额的在职退税。然而，这些与就业有关的退税改革，其主要目标是在经济衰退期内增加劳动力和就业岗位的供应量，尽管它也可能被视为是在环境税增加的情况下向各个家庭提供补偿的一种手段。其中的一个例子是，2007~2012 年，家庭和企业所承担的环境税增加了 5 亿欧元，而同期劳动收入税减少的额度达到了 86 亿欧元。因此，从瑞典的角度看，把二氧化碳排放税看做是减少温室气体排放的一种必要和有效的手段至关重要。

这一税种还有一个好处在于：它可以被视为是一个以市场为基础的工具，而每个家庭和企业则因此而有机会根据各自不同的情况来选择不同的减少化石燃料消费的措施——也就是温室气体的减排措施。然而，应当在特定时间段内推出一些扶持机制，使家庭和企业真正拥有选择的空间，这样才能使二氧化碳排放税的效果得到强化。就瑞典的情况而言，我们可以举出以下这个例子：20 世纪 90 年代，国家一直对那些不用生物燃料发电的投资——主要是一些地热发电和生物燃料发电相结合的项目——提供支持。此外，基础设施领域的项目则把重点放在了公共交通系统的正常运作上。

二氧化碳排放税的推出和发展以及相关税收收入的使用都是按照瑞典在国家预算方面的通行规则进行的。其中的关键并不是为这一税收收入设计特殊的用途，而是按照国家年度预算的正常程序来决定税收收入的支出。不过，自二氧化碳排放税设立以来，决策者们一直致力确保这一税种在设计上是均衡的，尤其是采取了税率分

---

[1]　对瑞典全面税制改革有兴趣的读者，请参阅阿格尔（Agell）等人 1996 年的相关著作。

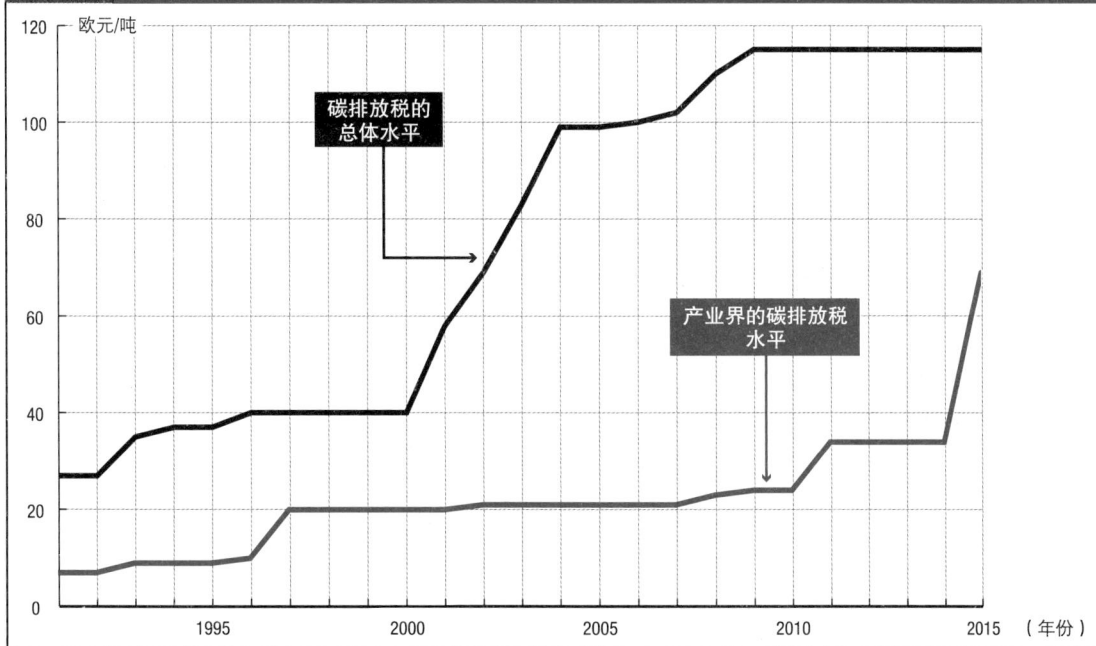

图 1　对碳排放征税，不会影响经济的税务负担吗？

碳排放税的
总体水平

产业界的碳排放税
水平

120　欧元/吨

资料来源：由作者整理。

说　　明：自2000年以来，瑞典碳排放税的提高所针对的主要是家庭，而不是产业界。2010年以来，工业企业的碳排放税有所提高，之后又保持在
　　　　　一个相对稳定的状态。这意味着缓解压力的努力正逐步由家庭转移到了产业界。

阶段上涨的方式，或者同时对收入税也进行调整，以防止二氧化碳排放给低收入家庭带来不良影响。

两种税率的二氧化碳排放税制

能源税征收制的一个重要内容是在环境目标以及充分考虑到"碳泄漏"[碳泄漏指的是，如果一个国家采取二氧化碳减排措施，该国国内一些产品生产（尤其是高耗能产品）可能转移到其他未采取二氧化碳减排措施的国家——译者注]风险这两者之间搞好平衡（这是为了保住那些面临国际竞争压力的行业的竞争力）[1]。自从二氧化碳排放税设立以来，取暖以及固定式发动机所用燃油的燃油税一直低于工业和家用燃油（有关这两种税率的变化，参见图1[2]）。为避免在竞争力方面产生负面影响，在这些行业实行低税率可以被看做是在其他行业实施高税率；它也将有助于家庭和服务行业大大降低二氧化碳的排放量[3]。不过，双重税率并不是瑞典在设计和实施有效的二氧化碳减排机制方面最重要的因素。

汽车用燃油是按照二氧化碳排放税的一般税率

---

[1]　高二氧化碳排放税和能源税很可能会导致企业将生产外迁，也就是说将其排放量外迁至《京都议定书》气泡架构（即排放权分配协定——译者注）"以外的国家。因此，气候领域一个原本雄心勃勃的政策很可能会造成意想不到的影响，即导致全球二氧化碳排放量的增加。

[2]　关于产业界二氧化碳排放税税则的详细介绍，请参阅哈默和阿克费尔特（Hammar, Akerfeldt, 2011）的相关文章。

[3]　城市居民区以及大型商业区采用集中供暖的比例不仅大大增加，而且这种供暖已越来越多地采用了生物燃料（如木材废料和木屑）和家庭废弃物。

来征税的。2000~2004 年二氧化碳排放税的大幅提高，在一定程度上弥补了能源税——尤其是燃油领域的能源税——下调后所带来的税收收入下降。二氧化碳排放税在全部燃油税（包括能源税和二氧化碳排放税）中所占的比例大幅增加。另外，在二氧化碳排放税大幅增长的同时，家庭和服务行业所用的取暖燃料的能源税并没有随之下调[①]。

2009 年，瑞典议会通过了一批修正案，对能源和气候领域的一些税种进行修改，它们将于 2010 年、2011 年、2013 年和 2015 年分阶段实施。其目的是提高这些税种在气候和能源政策领域的透明度和效率。2011 年，对于被列入欧洲碳排放交易体系（SCEQE）的

图 2　碳排放税会成为一种社会税吗？

资料来源：Pye, S., Skinner, I., Meyer-Ohlendorf, N., Leipprand, A., Lucas, K., Salmons, R., *Adressing the Social Dimensions of Environmental Policy: A Study on the Linkages between Environmental and Social Sustainability in Europe. AEA Energy and Environment, Ecologic, and University of Westminster*, Report commissioned by the European Commission, 2008。

说　明：瑞典能源领域的环境税，其累进特征并不太明显。从平均水平来看，中、高收入者所交纳的环境税只比穷人高出约 10%。而在其他国家，比如这里所列举的英国，被征税最多的既不是那些最富裕家庭（ID10），也不是最贫困家庭（ID1）。介于这两个层次间的中等收入家庭（ID2）的税负负担最重。

---

① 能源税和二氧化碳排放税应当被结合起来看，它们应当被视为是同一税种的两个不同组成部分，而不是两种不同的税。在瑞典，这些税被作为用来支持其他战略目标的工具。除了导致财政收入的增加之外，能源税还会考虑到二氧化碳排放以外的其他外部效应（如噪音、交通堵塞以及交通对于道路所造成的磨损等），而且它也被当成了一种促进能源效率提高的工具。

工业设施征收二氧化碳排放税的措施被废止，因为各国的排放政策都被纳入欧盟统一管理，在不影响排放总量的情况下，它们的排放量都应纳入欧洲碳排放交易体系（SCEQE）当中。需要指出的是，此举意味着工业企业实际支付的税金将会下降，这也从另一个侧面反映出对税收政策和碳排放限额和交易计划进行协调的难度。

2012 年，瑞典二氧化碳排放税的税率为每吨二氧化碳 118 欧元（相当于每公斤二氧化碳 1.08 瑞典克朗）。相比之下，欧洲碳排放交易体系内排放额度的购买价格为每吨不到 10 欧元，而欧盟在《能源税指令》的修正案中提议的二氧化碳排放税的最低水平为每吨 20 欧元[①]。

结语

我们认为，瑞典的二氧化碳排放税从以下几个方面来看具有借鉴意义：

——它是较早开始实行二氧化碳排放税的一个例子；

——它被纳入了瑞典税制重大改革的范畴，成为其中的一个重要组成部分，而且由于税收在国内生产总值中所占的份额下降了，因此人们不能说二氧化碳排放税导致了"国进民退"；

——瑞典的二氧化碳排放税的税率是逐步提高的，如今它的征收水平大大高于其他实施类似税种的国家，而且也远远高于其他碳排放交易体系的价格；

——对于那些国际竞争开放度很高、碳泄漏风险也较高的行业，实行较低的税率（尽管从国际范围来看，它还是较高的）可以有效地控制碳泄漏的风险；

——这一税种已被证明在政治上得到了广泛接受，因此一些旨在统一全国化石燃料二氧化碳排放税税率，甚至提高征收标准的措施近期得以出台；

——瑞典的经验表明，减少二氧化碳的排放可以与经济增长并行不悖。

从 1990~2011 年，瑞典的二氧化碳排放量减少了16%，而同期经济活动增长了58%。（与碳排放限额和交易计划相比）碳排放税的另一个重要好处是，它可以与气候和能源领域的其他工具政策同时实行，如绿色证书、对可再生能源的补贴以及碳排放税实施后（有的是在其实施前）所出台的一些法规等。

参考文献

Agell J., Englund P. et Södersten J., 1996, "Tax reform of the century – the swedish experiment", *National Tax Journal*, 49(4): 643-64.

Bruvoll A. et Larsen B.M., 2006, "Greenhouse gas emissions in Norway: Do carbon taxes work ?", *in:* Sterner T. et Muller A., *Environmental Taxation in Practice*, London, Ashgate Publishing Limited.

Hammar H. et Åkerfeldt S., 2011, "La imposición del CO₂ en Suecia: 20 años de experiencia, mirando hacia el futuro" (en espagnol. Titre français : « La taxation du CO₂ en Suède – 20 années d'expérience et perspectives d'avenir »), *Fiscalidad Verde en Europa*, Objetivo 20/20/20, Centro de Innovación del Sector Público de la Fundación de PwC e IE Business School. Disponible sur : www.globalutmaning.se/wp-content/uploads/2011/10/Swedish_Carbon_Tax_Akerfedlt-Hammar.pdf

Sterner T., 2007, "Fuel taxes: an important instrument for climate policy", *Energy Policy*, 35(6): 3194-3202.

Sumner J., Bird L. et Dobos H., 2011, "Carbon taxes: a review of experience and policy design considerations", *Climate Policy*, 11(2).

Swedish Green Tax Commission, 1997, *Taxation, Environment, and Employment*, Stockholm, Fritzes.

---

① 用每公斤多少瑞典克朗的二氧化碳排放税率，是瑞典税收法用来计算不同化石燃料的征税单位（按体积或重量来计算，如每公斤多少克朗）。本文中所采用的是 2011 年 10 月 1 日瑞典克朗与欧元的官方兑换价，即 9.1582 克朗兑换 1 欧元。如果用美元来计算，则目前的征税标准为每吨二氧化碳 150 美元，即每吨碳 550 美元。

第九章

彼得 · 乌廷 (Peter UTTING) ①
联合国社会发展研究所，瑞士

在危机的世界里探寻可持续发展之路

危机的背景必将使人们走上"反思发展"之路。面对当前这场动摇了可持续发展每一个支柱的危机，我们至少可以作出三种不同于市场与社会关系的回应，并最终会对可持续发展产生影响。

当前的全球粮食、能源和金融危机，气候变化以及就业领域极不稳定的状况，这一切使人们意识到自己正处于一场广义上的可持续发展危机的中心。这场危机可以从"可持续发展危机"这个词所包含的两层意思来理解：一是发展的经济、社会和环境层面的整合（裂解）或平衡（失衡）；二是经济、社会和环境体系的长期再生产面临着持久的不稳定。里约地球首脑会议 20 周年峰会（"里约＋ 20 峰会"）把可持续发展作为现代发展战略的核心挑战，其中最具象征意义的便是会议呼吁用可持续发展目标（ODD）来取代联合国千年发展目标（OMD）。

危机的背景必将使人们走上"反思发展"之路。在粮食危机和金融危机出现之后，新自由主义的一些特点，尤其是金融化，被放置在了聚光灯下，一些新的监管和治理机构相继问世。社会上一些新旧力量都被动员起来，要求进行政治变革，对国家、市场和社会之间的关系进行重新定位，并重新确定新的发展重点。此外，随着气候变化问题日益受到人们的关注，一些与"绿色经济"有关的解决方案、环境监管和大量来自民间的经济社会替代方案开始流行。

在实践中，不同的参与主体和各层级机构提出了许多完全不同的危机应对方案以及迎接可持续挑战的方案。本文以"市场自由主义""嵌入式自由主义"和"反全球化"这三种有代表性的不同路径为切入点，对这些方案进行分析。它将提示出每种方法的主要特点，并提议人们就其对可持续发展的影响进行反思。在这里，"可持续发展"所指的是一个整体的发展过程，它能促进经济的发展，有利于社会的融合，对环境无害，并且一切都建立在法律的基础之上。本文最后部分重点关注每一条路径的局限及其所面临的挑战以及那些来自机制的动力、抗议以及利益团体的行动在现实世界所可能出现的变化前景。目前人们所建议的以及一些正在进行的政治和机构重大改革，其所依据的主要是一些与市场自由主义和嵌入式自由主义相关的理论，因此当前占主导地位的知识界和政界似乎应更加关注反全球化运动所提出的一些理念，从而更好地应对可持续发展方面的挑战。然而，要想达到这一目标，持这一观点的社会力量必须团结一致，进行更好地组织和动员，形成一个促进变化的联盟。

---

① 作者是联合国社会发展研究所副主任，但这篇文章是作者以私人身份撰写的。本文采用了彼得·乌廷 (Peter UTTING)、拉扎维 (Razavi) 和瓦尔盖塞·布克霍尔斯 (Varghese Buchholz) 2012 年合著的作品中的部分内容。作者在此要感谢纳迪娜·鲁普莱希特 (Nadine Ruprecht) 所做的研究及其在作者撰稿过程中所提供的帮助，同时也要感谢沙赫拉·拉扎维所提出的意见。

不同的路径

这场全球危机不仅深刻地影响了经济增长和民众的生存，而且也动摇了一些与发展的意义和动力有关的基本思想和假设。在全球金融危机的余波中，各地相继围绕着以下这个问题展开了激辩：现在我们将向何处去？国际社会为制定"2015年后发展议程"而做的努力更为这场辩论注入了新动力。

在金融体系崩溃的时候，人们注意到凯恩斯主义思想出现了短暂的复兴：与新自由主义不同，它更加注重国家和反周期的公共开支在发展战略中的重要作用。金融化和投机活动被放置在了聚光灯下，同时受到拷问的还有那种导致不平等恶化、财富集中到1%最富裕人群手中的发展模式的伦理道德。与"第三世界"的发展型国家以及北方的福利国家在20世纪30年代作为危机化解方案以及去殖民化所导致的地缘政治重组的一部分兴起一样，此时摆在人们面前的问题是：一种与发展和全球治理完全不同的方法能否真正形成气候。或者退一步说，能不能像1997年的亚洲金融危机之后那样，也有一些国家能开始进行政治改革（Kwon，2005），例如，税收的"政治空间"进一步扩大，社会政策更加健全等。

正如鲍勃·杰索普（Bob Jessop）所强调的那样，关键的问题在于知道当前这场全球危机究竟是一场"体制内"的危机，还是一场"体制外"的危机。如果有关危机的解读认为它是一场"体制内"的危机，那么危机的解决方法就应当集中在对那些占主导地位的政策和机构进行调整上。但是，如果这是一场"体制外"的危机，那就有必要开展一种更为深刻的转型——这将涉及权力关系的转型以及商品化模式、增长模式和消费模式的转型（Jessop，2012）。

本文接下来的内容将对不同的应对方法作一详细的介绍[①]。第一种方法旨在稳定和支持市场自由主义，并赋予其合法性。它所依靠的是市场和技术的力量，并对现有的监管和治理机构进行小规模的调整，对社会保障和环境保护的一些内容进行改进。第二种方法是嵌入式自由主义。它想通过社会保障、再分配和权利等方式建立起一个属于21世纪的社会契约和"绿色新政"，同时又尊重那些为现代性与资本主义提供了保障的机制架构。第三种方法是反全球化主义。它呼吁从根本上对国家、市场与社会之间的关系进行重新调整——这些关系被认为是有利于社会对市场的控制和解放。

我们只介绍了这三种路径，并不意味着我们认为不存在着其他的方法。不过，这三种路径在当前有关危机、发展和可持续等问题的探讨过程中引起了广泛的关注。接下来的内容将对每一种路径的特点进行介绍，并将它们归纳在图表当中。

市场自由主义

数百年来资本主义的一个显著特征始终体现在它的忍耐力及其在危机阶段结束后所表现出来的强大的自我修复能力上。从可持续发展的角度来看，在当前危机的背景下，市场自由主义范式所面临的挑战不仅仅只是找到一种方法来振兴和保住经济增长和就业，而且要在这一过程中考虑到气候变化以及其他环境制约所提出的挑战，同样还要考虑到由于工作不稳定和粮食不安全等因素给社会再生产和社会合法性所带来的威胁。

为了安抚国际金融市场和投资者，在2008年金融市场崩溃之后，大部分北方国家都推出了一些旨在

---

① 这一方法受到了 Jennifer Clapp 和 Peter Dauvergne 在 *Paths to a Green World*（2011）一文中所作的分析的启发。

图表 构建可持续性的三条路径

经济及金融	粮食	能源与气候

通过市场自由主义能实现可持续性吗？

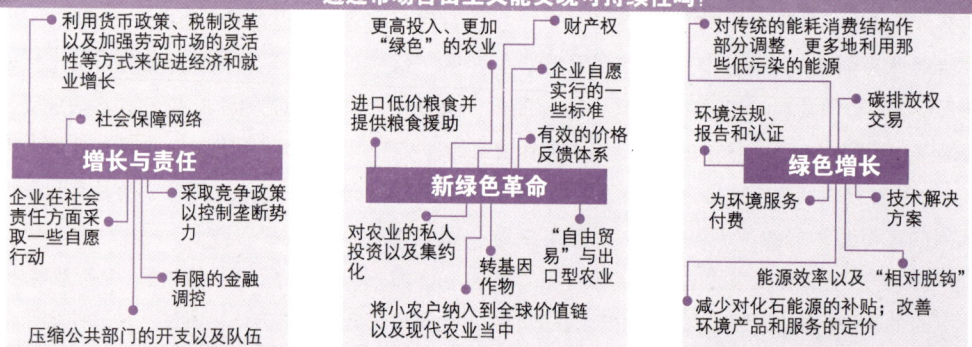

经济及金融
- 利用货币政策、税制改革以及加强劳动市场的灵活性等方式来促进经济和就业增长
- 社会保障网络

增长与责任
- 企业在社会责任方面采取一些自愿行动
- 采取竞争政策以控制垄断势力
- 有限的金融调控
- 压缩公共部门的开支以及队伍

粮食
- 更高投入、更加"绿色"的农业
- 财产权
- 企业自愿实行的一些标准
- 进口低价粮食并提供粮食援助
- 有效的价格反馈体系

新绿色革命
- 对农业的私人投资以及集约化
- "自由贸易"与出口型农业
- 转基因作物
- 将小农户纳入到全球价值链以及现代农业当中

能源与气候
- 对传统的能耗消费结构作部分调整，更多地利用那些低污染的能源
- 环境法规、报告和认证
- 碳排放权交易

绿色增长
- 为环境服务付费
- 技术解决方案
- 能源效率以及"相对脱钩"
- 减少对化石能源的补贴；改善环境产品和服务的定价

通过嵌入式自由主义能实现可持续性吗？

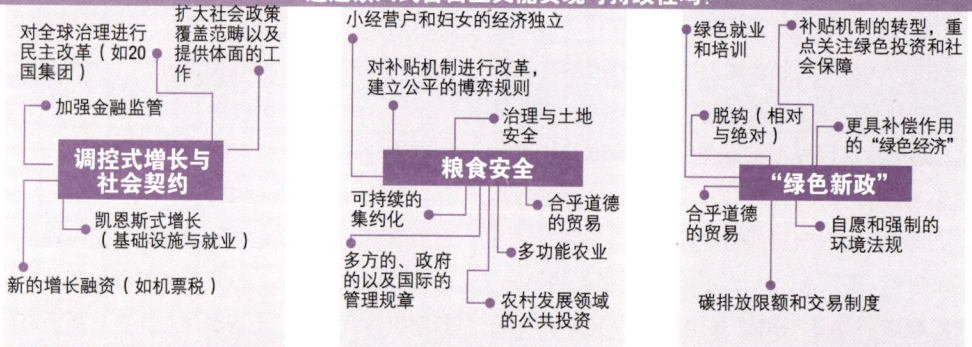

经济及金融
- 对全球治理进行民主改革（如20国集团）
- 扩大社会政策覆盖范畴以及提供体面的工作
- 加强金融监管

调控式增长与社会契约
- 凯恩斯式增长（基础设施与就业）
- 新的增长融资（如机票税）

粮食
- 小经营户和妇女的经济独立
- 对补贴机制进行改革，建立公平的博弈规则
- 治理与土地安全

粮食安全
- 可持续的集约化
- 合乎道德的贸易
- 多方的、政府的以及国际的管理规章
- 多功能农业
- 农村发展领域的公共投资

能源与气候
- 绿色就业和培训
- 补贴机制的转型，重点关注绿色投资和社会保障
- 脱钩（相对与绝对）
- 更具补偿作用的"绿色经济"

"绿色新政"
- 合乎道德的贸易
- 自愿和强制的环境法规
- 碳排放限额和交易制度

通过反全球化能实现可持续性吗？

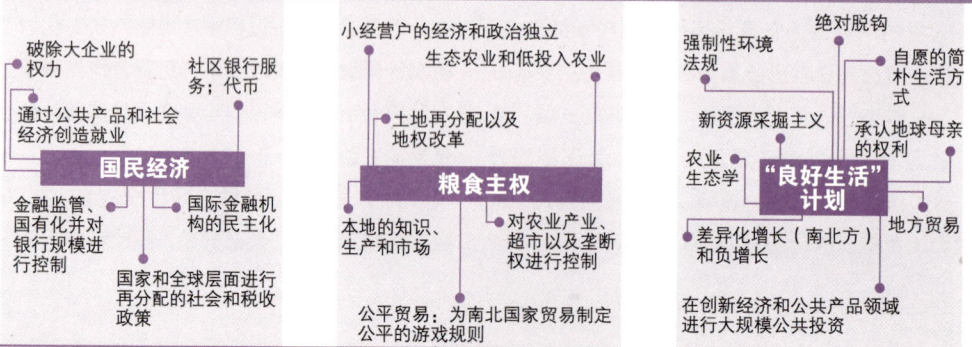

经济及金融
- 破除大企业的权力
- 社区银行服务；代币
- 通过公共产品和社会经济创造就业

国民经济
- 金融监管、国有化并对银行规模进行控制
- 国际金融机构的民主化
- 国家和全球层面进行再分配的社会和税收政策

粮食
- 小经营户的经济和政治独立
- 生态农业和低投入农业
- 土地再分配以及地权改革

粮食主权
- 本地的知识、生产和市场
- 对农业产业、超市以及垄断权进行控制
- 公平贸易：为南北国家贸易制定公平的游戏规则

能源与气候
- 绝对脱钩
- 强制性环境法规
- 自愿的简朴生活方式
- 新资源采掘主义
- 承认地球母亲的权利
- 农业生态学

"良好生活"计划
- 差异化增长（南北方）和负增长
- 地方贸易
- 在创新经济和公共产品领域进行大规模公共投资

资料来源：由作者整理。

削减社会开支、减少公共部门人数的措施，进行了税制改革，提高了劳动市场的灵活性。市场自由主义开始采取这样一种做法：通过提高公共部门效率、使用社会保障网络等方式来减轻危机以及紧缩政策在社会领域所造成的负面影响，以遏制社会的不满情绪。

从体制层面看，精英阶层在经济利益方面所面临的主要挑战是通过在发展中国家建立或扩大市场、新的产业、商业化和私有化等行动来为多余的资金寻找出路（Harvey，2010；Ghosh，2010）[1]。从这个角度来看，那些与"绿色增长"（BANQUE MONDIALE，2012b）有关的言论、政策和做法，与政府和企业为开辟新能源、粮食和其他原材料的来源而确定的优先目标一样，都显得至关重要。市场自由主义路径将对私人投资者和私营企业所采用的"绿色经济"方法起到推动作用：这些私人投资者和私营企业所感兴趣的是清洁能源、生态服务付费以及自然和公共资源的商品化所带来的盈利机会。市场自由主义路径将对这些参与主体进行定位，使其能从环境产品和服务市场上获利：这一市场份额将由金融危机时的 13 亿美元增加到 2020 年的 27 亿美元（PNUE，2009）。

就粮食危机而言，市场自由主义路径具有以下几个特点。一些存在粮食不安全问题的国家，它们的政府会鼓励在发展中国家的大片土地上进行投资（这种做法被称为"强占土地"）。农业的低产被确定为造成粮食不安全的一个主要原因。鉴于"新绿色农业"在提高效率方面所存在的潜能——就像此前的绿色革命在 20 世纪 70 年代凭借技术和集约化使农业走上了现代化一样，它也将成为那些追求潜在高回报的新投资所钟爱的一个领域。相关预测显示，到 2050 年农业产量必须提高 70% 才能满足人们的需求

（BANQUE MONDIALE，2012），这使得农业对于私人资本的吸引力进一步提高。

农业的高投入、更好的环境管理、更绿色的技术以及转基因作物的使用等，这一切被认为是未来应走的道路（Paarlberg，2010）。大企业，尤其是那些农业食品企业，都把低收入人群看成是一个"处于金字塔底部"、尚未得到开发的市场（Prahalad，2005）。小农户可以被整合到全球价值链当中，他们既是中间产品的消费者，同时也是廉价农产品的供应者。在几十年前放弃了对土地和原材料生产的直接控制之后，如今农业食品企业需要通过契约关系来（重新）确保自己的原材料供应，这些契约关系不仅能提高劳动效率，而且还能通过出口指导、培训、对外来投入物的依赖以及企业的社会责任等措施来增加生产者对于贸易的依赖（Lucas，2012）。有关企业社会责任的话语与实践主要集中在环境、社会和治理标准方面的一些主动行为上，它们能使企业的扩张变得名正言顺，同时又能缓解一些与贸易行为和全球价值链有关的负面外部效应（Utting，2012）。

在能源和气候方面，市场自由主义路径将在一个更加"简化"的监管框架下，促进以市场和企业为主导的"绿色经济"或低碳式增长。其主要特征是碳排放权交易、对生物燃料等新能源的投资以及能源消费结构的逐步改变，更多地使用煤、天然气和核能等"清洁能源"，少用化石燃料和传统的生产方法。这种方法还要求从那些"脏"的原油（海上石油、油页岩）中汲取新能源，但它要求企业采取一些担负社会责任的行为，并接受一定程度的环境监管。这些与生态效率和清洁技术相关的管理和技术解决方案对于实现经济增长与环境之间的"相对脱钩"——也就是

---

① 投机和军事化是其他可能被运用的手段。

说在生产增长的同时，能源和资源的消耗却有所下降——至关重要（Jackson，2009）。

为了能稳定市场自由主义，有必要对一些用来增加其合法性的说法做出改变。这其中就可能包括诸如"购买美国货"等带有保护主义色彩的言论。不过，鉴于"自由贸易"在法律上和思想上被封闭的方式，通常情况下，把话语落实为政策要更加艰难。有关经济活动"绿色化"和企业社会责任的言论也是合法化过程中的一个关键因素。企业社会责任的重点放在了（大）企业通过一些自愿的标准和行动来"整理内务"的能力上。这些措施包括行为守则、企业的可持续发展报告以及各种形式的监控和认证。这种方法通常被称为"漂绿"（Greenwash），而从体制的角度来看，这种"新伦理主义"（Somme，2010）可以被看成是一切制度和法规改革的必要补充，这些改革旨在通过一系列自由贸易协定、世界贸易组织的规则或者人们所说的"新宪政"来锁定经济自由化和新自由主义的正统体制（Gill，2003）。

嵌入式自由主义

人们用来解决大萧条以及两次世界大战之后的经济和社会危机的方法是"嵌入式自由主义"（Ruggie，1982）。它既是一种思想体系，也是一个具体计划。它承认市场和经济的自由化需要用一些价值观和制度来加以塑造，从而减轻市场的缺失、社会的不公正和不平等。20世纪的嵌入式自由主义的主要特征是凯恩斯主义、国家的规划和调控能力、一些有利于企业和劳动的新统合主义治理安排以及福利国家的强化等。在实践中，这些特性在一些先进的工业化国家非常明显，而且给某些特定的社会群体——尤其是正规部门的工人——带来了巨大好处。

在当今世界，嵌入式自由主义必须迎接它在20世纪中叶没有放在心上的三大挑战：①大量就业集中在"非正规行业"这一现实结构以及社会政策在（正规）工作单位与劳动关系中的普及程度有限；②妇女的经济和社会权利；③需要找到一种对环境不会产生有害影响的工业模型或增长模式。

最近几年来，人们对于建立全球社会契约以及实行全球绿色新政等方面所发出的呼声，或许已经勾勒出了当代嵌入式自由主义的大致形态（Birdsall，2005；Brown，2010；联合国环境规划署，2009）。与国家的退却以及某些新自由主义的规章不同，这种方法将进一步加强国家的调控、新增或强化一些旨在增加治理和民主责任的机构、扩大社会政策（特别是有关劳动市场方面的）和环境政策的覆盖范围。规章制度、政策和社会对话机制旨在为人们提供"体面的工作"，并与不稳定的就业外包所导致的工作条件恶化现象作斗争。嵌入式自由主义路径的一些关键要素通常能在联合国机构的一些出版物中找到，尤其是全球化社会影响世界委员会的报告《公平的全球化——为所有人创造机会》；一些发展领域知名的经济学家不久前发表的一项声明《被激怒：还有替代选项》（Be Outraged: There are Alternatives，Jolly et alii，2012）；或2008年金融崩溃后由联合国大会授权成立的斯蒂格利茨（Stiglitz）委员会所提交的报告等。联合国秘书长全球可持续性高级别小组所发表的报告《具有承受力的人类、具有复原能力的地球：值得选择的未来》拉近了那些旨在促进"绿色经济"和"绿色增长"的前景与人权之间的距离。英国前首相戈登·布朗（Gordon Brown）在其著作《跨越危机》（Beyond the Crash）中也明确介绍了这些思想（Brown，2010）。

最近出现的两个变化导致21世纪社会契约的问世。首先，"金砖集团"（巴西、俄罗斯、印度、中国和南非）国家和其他几个发展中经济体已经开始扩大自己社会政策所覆盖的范围，并推出了一些新的大型社会计划。其次，在国际层面，有关建立全球最低社会保障底线的理念正被越来越多的人所接受。它是指所有的国家都应当为儿童、失业人员、老年人和残疾人提供一套最基本的社会服务，尤其是能享受到基本的医疗保健和收入保障（Deacon，2012；国际劳工组织，2011b）。

从把环境的可持续与包容性或社会保障相融合这一角度来看，"经济—社会"政策这一新舞台具有特别意义（联合国社会发展研究所，2012；Gough，2012）。

在这方面可以举出许多事例，如印度所开展的旨在对农村和环境基础设施进行修复的各类"以工代赈计划"（workfare）项目；欧盟成员国针对那些受能源价格上涨影响的低收入家庭所发放的补贴以及国际货币基金组织（IMF）的新战略——它鼓励发展中国家减少燃料补贴，并扩大社会保障的覆盖范围（就像印度尼西亚的做法那样）（国际货币基金组织，2012）。

嵌入式自由主义应对粮食危机的方法将重点放在了为基础设施和能力开发提供支持和公共投资来扭转昔日趋势的必要性上，过去几十年来，各国以及国际决策层一直存在着忽视农业和农村居民的倾向。它的一个主要目标是通过提高农业劳动生产率、使小农户实现经济独立以及发展多功能农业等方式来确保粮食安全 [国际农业发展基金会（FIDA），2010]。与土地或土地使用权管理相关的法规和标准以及合乎道德的贸易也将在其中占据突出地位。

与"绿色经济"相关的话语和政策将重点放在了非实物化、各类补贴的改革、巨大的投资需求、培训以及在"更清洁"、更"绿色"的行业创造就业机会上。"绿色经济"的社会层面也在考虑范畴之内，尤其是体面的工作，为向低碳经济过渡过程中的输家提供补助的社会政策以及让各利益相关方参与到磋商进程当中等。

反全球化

近年来，公民社会的大聚会活动，如世界社会论坛以及 2012 年在"里约＋ 20 峰会"期间举行的人民峰会等，揭开了第三种变化前景——我们将它称为"反全球化"路径。它建议，要想应对当前这场周期性的经济、粮食和气候危机，所需要的不仅仅是让新自由主义政策退潮、加强国家的监管权、实现全球治理的民主化，而且还要对市场和权力关系进行彻底的重组——这些关系被视为是造成社会和环境不公的症结所在。

在相关反思和批判性陈述领域，人们通常把关注重点放在转变资本主义关系和制度的必要性上（Bello，2005；Cavanagh et Mander，2004）；放在社会如何重新恢复对金融、生产、分配和消费的控制上（Harvey，2010）；放在增长模式和消费模式的深刻转型上（Jackson，2009）以及与性别和种族有关的统治形式的解放上（Fraser，2012）。然而，反全球化路径超越了物质和政治层面的变化，呼吁基本价值观的彻底转变。为筹备 2012 年里约热内卢的人民峰会而召开的社会主题论坛通过了一份名为《另一种未来是可能的》的最终文件，这份文件的结构就很能说明这方面的问题。在谈及经济转型（第 2 部分）和政治转型（第 3 部分）之前，该报告用这样一个事实展开了讨论，即可持续发展需要一个新的伦理、哲学和文化基础。这些基础所涉及的内容包括公平、照顾、自我管理、多样性、团结、非暴力等切实需求以及承认人类生命与自然之间的共生关系（Forum social thema tique，2012）。

在有关可持续性问题上，反全球化路径与嵌入式自由主义方法存在着一些共同点，它也强调创建一种以人为本的经济。在这里，就业将由经济的全面现代化来创造；金融业是一个为生产和民众服务的行业；国际税收 [如托宾税（Tobin）] 则主要用来控制投机活动并为可持续发展提供必要的资金；国际金融机构将实现民主化，而大企业则必须变得更负责任或者将被"拆解"[1]。

但是真正值得忧虑的并不在于通过社会保障或监管改革等方式为自由主义的重塑提供手段，而是要表达出这样一种需求：必须通过更深层的结构、文化和政治变革来改造资本主义。真正的挑战并不在于进行一些简单的体制调整，而是在于生产模式和消费模式的重大变化。在这里，关键点在于建立一种以低碳排放和低物质消耗的经济活动、面向社区的社会企业以及以公共物品供应为基础的新的增长模式（Jackson，2009）。

权力关系的深刻变化是必不可少的，这既是为了限制精英阶层（特别是大企业）对政策的影响力（Reich，2010；Marques et Utting，2010），同时也是为了给弱势的公民及社会群体提供更好的参与机会。虽然市场自由主义和嵌入式自由主义在不同程度上都承认"参与"的重要性，但"参与"在前者那里往往是变成了利益相关方进行磋商这样一个简单的概念，而在嵌入式自由主义那里，它则变成了由雇主、工人以及非政府组织共同参加的社会对话。而在反全球化路径中，"参与"这一概念更符合联合国社会发展研究所（UNRISD）在20世纪70年代后期所给出的定义，即弱势群体为控制自然资源以及那些对其生活有影响的管理机构而进行的有组织的努力（UNRISD，2003）。以民众集体组织和社会运动为核心的社会行动对于大规模的参与至关重要。

"粮食主权"这个词因为"农民之路"（跨国草根组织）的努力而变得深入人心，它可以用来描述反全球化路径应对粮食危机的方法及其所采取的粮食战略。它把重点放在了保障弱势群体的土地权上；扩大旨在重新分配的土地改革的范围；注重本地的知识、生产和市场。反全球化主义不仅支持公平贸易以及农业生态学的原则，支持提高小农户实现经济独立，而且也支持通过集体组织和行动帮助他们实现政治独立。反全球化路径所寻求的是用其他替代方案来取代现行被各大农业食品企业所把控的、以"自由贸易"协定为基础的粮食体系。这种体系重点关注的是跨国企业、投资者以及知识产权，并为从北方国家进口低价粮食——这些国家的农业都享受着高额补贴——提供便利。

粮食主权计划大部分内容，尤其是那些极具特色的内容——如农业生态学、低投入农业以及本地贸易等——也可以被应用在应对气候变化和能源危机上。盖丘亚语所说的"Buen vivir"（良好生活）这个概念（Fatheuer，2011）把重点放在了捍卫地球母亲的权利以及与各种不同文化和自然的和谐生活上。这一概念很好地描述了反全球化主义用来应对气候挑战的方法。

反全球化路径的要素不仅包括了"相对脱钩"和"绝对脱钩"，而且还包括一种自愿的简单化，这意味着对消费主义提出质疑并从根本上改变人们的消费习惯，还包括了一些从国家和国际层面推出的公共环境法和规章制度。例如，它包括"非资源采掘主义"或"新资源采掘主义"（Eduardo Gudynas，cité dans Fatheuer，2011）：它是指为那些不开采地下石油资源的政府提供补偿（如厄瓜多尔政府所提出的那样），或者像玻利维亚那样将采矿业国有化，并把所产生的收入用于各项社会计划。

一些反全球化路径的支持者把希望寄托在短期之内出现一个能与资产阶级相抗衡的有凝聚力的联盟

---

[1] 这个词主要得名于2012年6月在里约热内卢的人民峰会期间所发起的一场运动——"拆解跨国集团"。

上。这将可能会是一些社会运动、非政府组织、工会、地方组织以及左派政党等所组成的联盟（Bello，2005；Harvey，2010）。短期来看，一些人也可能会转向那些民粹主义的替代方案，如美洲玻利瓦尔联盟（ALBA），或无数个由以社会经济和互助经济为重点的合作社和工人、生产者和社区集体组织。

出现偏差的可持续发展？

在这场经济风暴以及危机所造成的严重社会后果的中心地带，却出现了一种乐观的思想，它认为危机的背景将导致一些有利于可持续发展的渐进式变化。许多评论家都会把这场危机与1929年的经济危机（Organisation des Nations unies，2009）相比——那场危机导致了国家对经济更加积极主动的管理，并使得以"新政"为代表的各种社会政策迅速扩张。因此，他们认为，当前这场金融危机将为结构转型开辟出必要的政治空间，从而使人们能真正应对各类社会、经济和环境挑战（NEF，2008）。事实上，其中的一个论据是：危机有利于政治变革的实现，因为它可以使社会推出一些在平时情况下无法推出的措施（Hirschman，citè dans Drazen et Grilli，1993）。一些新的社会运动，如"占领华尔街"运动以及西班牙和希腊的"愤怒者运动"（indigados），还有一些全球性的农村运动，如"农民之路"（La Via Campesina）和印度的"团结论坛"（Ekta Parishad）等都认为应当保持一定的社会压力来促进变革。

紧张局势和盲点

上述各种不同路径中，每一种都提出了一些与可持续发展挑战有关的问题。这体现在以下两方面因素之间的关系上：一方面是与发展有关的经济、社会、环境和解放性因素；另一方面则是与福利和权利（人类和地球的权力）以及与代内和代际间平等有关的规范性因素。每一种路径都有着自己所独有的一些偏差、一些盲点，也就是人们通常所说的"屋子里的大象综合征"（指闭口不谈，但又确实存在的事实——译者注）。

今天，许多社群面临着严重的脆弱性和不安全的问题，但是摆在可持续发展面前真正的核心挑战是未来几代人的生活条件。如果债务、不平等和"脱钩"等问题不能得到正面解决，真正的遭殃者将是我们的孩子以及子孙后代。

面对这些挑战，市场自由主义迈向可持续发展的路径所采取的是一种狭隘的，甚至是矛盾的方法。对债务问题的关注很大程度上导致了财政紧缩政策，一些社会开支因此而被削减。对不平等的关注主要与机会的平等（而不是结果的平等）有关。其中摆在首位的是教育和积极的劳动力市场政策。"脱钩"所指的是"相对脱钩"（而不是"绝对脱钩"），它在很大程度上需要通过与生态效益有关的技术和管理创新来实现。

金融危机的应对政策——特别是美国的应对政策——主要是由一些与金融机构有着密切关系的人设计的，而且他们的世界观与市场自由主义范式密切相关。政府的政策或许使金融业避免了全面的崩溃，但主流的政治论调降低了公众辩论的影响力，使它变成了一套余地有限的政策选择，并把人们的关注点从一些与制度设计有关的问题以及导致危机再现的深层原因转移到了其他问题上（Jessop，2012）。

市场自由主义的方法从经济和技术上来看都是决定论的。这种方法最大限度地降低了机构和政策对于发展进程的起草以及发展结果的作用，但又将其他一些关键问题束之高阁：如国家和社会在塑造转型过程中的作用，变化进程给不同收入和社会阶层在分配方面所带来的后果，在金融化、放松对市场的监管以及公共开支减少的背景下逐步显现出来的一些固有矛盾等。在金融危机的背景下，资本必须通过一些增强劳动力市场弹性的政策和行为来利用当前富余的劳动力。这可能会有利于人员的聘用，也可能会导致更多的解聘或一些不稳定的工作形式（Standing，2011）。此外，它还可以把全球价值链下游的风险和成本转移到供货商和生产商身上。

金融危机的应对政策包括向金融系统大规模注入流动性资金以及向各大金融机构提供直接支持（Nations unies，2009）。人们对救助银行行为的主要批评在于：它恢复了华尔街的活力和高管的薪酬，却未能救活企业和普通大众的就业。虽然说 2009 年和 2010 年全球曾出现过经济复苏的迹象，但是这是一种"没有就业的复苏"（OIT，2011）。2011 年，全球弱势就业[①]的总人数估计为 15.2 亿人。近 30% 的员工（总数超过 9 亿人）及其家人的生活费低于每天 2 美元的贫困线，人数比危机之前增加了 5500 万（OIT，2012）。

市场自由主义认为，那些不能支撑可持续发展的宏观经济基本面和基本结构并未受到完全质疑。从根本上说，社会发展的关键之处仍在于通过经济增长带动就业增长、让企业自愿承担社会责任、社会保障（为最穷困人员提供保障网络）、教育和培训。通常被搁置一边的还有再分配政策以及一些与医疗保健和社会再生产有关的公共政策——这些政策往往会赋予妇女更多的选择权，从而对增强社会凝聚力十分重要（Fraser，2012）。被边缘化的还有那些能够最大限度降低以市场为导向的发展和社会福利之间紧张关系的各种强制性规定。环境支柱所谈到的问题通常是那些更环保的技术、生态效益、环境管理以及更高效的价格反馈机制等，但它在很大程度上会忽略造成环境退化和气候变化的结构、体制和政治基础。市场自由主

义路径不仅可以通过竞争政策和反垄断法规对垄断所造成的经济权力作出回应（《经济学家》，2012），而且也能最大限度地降低气候变化的挑战（以及"脱钩"的需求）以及那些不对称的权力关系和有组织的商业利益集团的政治影响。

嵌入式自由主义所强调的是通过强化机制来重塑发展过程。债务问题将通过诸如累进税、提高公共部门的效率以及加强对银行保证金的监管等手段来加以处理。在通过一些再分配政策来减少不平等这一问题上，它的态度更积极而且还强调在环境的影响和经济增长之间应实现"相对脱钩"。与市场自由主义相反，它拓宽了社会政策的领域，它所指的将不仅仅是社会保障，而且还包括再分配政策、经济社会政策、粮食安全和绿色就业等。但是，与市场自由主义一样，它也十分重视增长、就业和消费者需求之间的关系。21 世纪社会契约的概念将直接涉及社会保障和再分配的公平等重大问题，但它必须被纳入传统的增长和消费模式这一框架当中（Birdsall，2005）。

嵌入式自由主义的环境保护主义将技术解决方法与高效的价格反馈机制相结合，使环境能得到更好保护，相关的环保法规也因此而变得更加严格。但是，在一些与"绝对脱钩"的可能性有关的问题上——即需要减少的绝对排放量或者经济活动对自然资源的影响所需减少的绝对量上，它则完全持开放态度。它虽然也强调问责制、社会对话和全球治理的重要性，但是对于彻底改变不同社会集团之间的关系以及南北方国家间关系的必要性上，它可能存在着低估的倾向。尽管嵌入式自由主义也认为有必要对市场开放所造成的某些社会和环境不公现象作出修正，但它大大低估或者说忽视了各种与性别（父权制）以及种族有关的控制形式以及与

---

① 按照国际劳工组织的定义，弱势就业是指那些自谋生路和没有薪酬的家务劳动者。

此相关的一些"呼唤解放"的需求（Fraser，2012）。

反全球化阵营则更加关注"脱钩"、不平等和解放等问题。在债务问题上，反全球化所关注的重点是减少防务开支、减少对国有企业的补贴、加强对货币发行的控制、加强银行发放贷款的控制以及对低收入国家进行债务减免等问题。然而，正如下面所要分析的那样，它也忽略了其他方面的一些因素。反全球化主义把传统的增长和消费模式看成是造成不可持续发展现状的诸多问题中的核心。它要求要么实行一种负增长，要么在发达国家和发展中国家实行有区别的发展模式，而且还要求人们自愿实行简单化的消费模式。可持续发展的社会和环境支柱不仅体现在全面的社会政策（与社会援助、服务、医疗保健、培训和再分配有关的政策）上，而且也体现在社群和地方主动自觉发展、社会经济和团结经济体内的组织和企业以及粮食主权等问题上。

虽然反全球化路径的支持者也触及到了一些重大的结构性问题，但他们往往忽略了其他一些对彻底转型产生阻挠的问题（民粹主义或社会主义）。尤其是人们很难理解或者说无法预测到这些复杂的市场机制出现失灵后所可能造成的经济、社会和政治后果，这里所涉及的不仅是市场力量、投资者、储户以及消费者的反应，而且也包括那些遭到市场排挤的行为体以及机构的各种作用。税收问题通常容易被低估，这主要是由于融资手段和方式的变化、新建机制的可持续性以及债务和通货膨胀的影响等因素所造成的。政治问题也同样被低估，因为那些与弱势群体有关的领导人和政党需要拥有葛兰西所说的"领导性"（hégémoniques）。这意味着要在协商一致——而不是胁迫——的基础上进行治理的能力，能建立广泛的联盟、能对不同的利益和诉求——尤其是中产阶级和企业的利益和诉求——进行协调。政治问题还涉及社会运动和公民社会领袖以及妇女和土著居民的一些权利

始终被忽视或者社群内部的不公正等问题。那些与国家能力和合法性有关的问题——它们对于转型至关重要——很可能会受到冷遇，尤其是中产阶级的人才外流问题、公权机关的职能问题以及公共机构的透明度和问责制等问题。

思想、行为体和机构之间相互作用

理想的形态并不像现实世界中的政策和实践，而是更像不同行为体所说的话或给出的理性解释，因为它们更符合他们的危机应对之策以及在"可持续发展"方面所作出的选择。正如许多学者所指出的那样，现实是由各种混杂物和多种多样的非正统的体制安排所构成的。各类机构复杂的动态变化以及政治经济学正在发生的变化意味着那些标准化处方只能存在于纸面上而不是实践当中。

现实世界的政策以及与可持续发展有关的体制变革将由以下各种因素的相互作用来打造。这些因素包括对制度路径的依赖；社会用来化解市场压力和市场缺失的其他方法；政治机会和国家能力在结构上所出现的变化以及制度性学习或"边做边学"的可能性。事实上，正如本·莫内（Ben Fine，2012）所说的那样，政策的每一个领域（如卫生、教育、贸易等）都可能是由社会、政治和体制等不同的动态变化所打造的，而且从社会影响或分配影响的角度来看，每一个领域都可以拥有不同的轨迹。

除了特殊政治领域的动态变化外，以下两种因素之间的紧张关系是永恒的，而且是不断变化的：其中的一方是以利润最大化、"创造性破坏"、强制竞争、集中、增长和以消费主义为核心的"资本主义逻辑"；另一方则是通过某种形式的社会调节来降低这些关系对环境和社会所造成负面影响的社会回应手段（Polanyi，2001；Streeck，2008；Harvey，2010）。除了与商品化和去商品化相关的紧张关系和斗争之

外，还出现了其他形式的解放斗争（Fraser，2012）。人们最终可能达到的并不是最接近未来的理想模式或一种"由各个委员会起草的乌托邦"（Wolfe，1996）这样一个结果，而是一种折中物和混合体。渐变空间很可能会在一个地区出现，哪怕仅仅是为了在另一个空间内实现自我封闭。例如，那些参加了公平贸易的生产者协会——它将有助于农业生态学、生产者独立以及社群的发展———的小农户同时也融入了跨国集团所主导的全球价值链。这些关系所涉及的条款、标准和优先事项很可能会与公平贸易的要求大相径庭。

正如埃莉诺·奥斯特罗姆（Elinor Ostrom）和其他人所观察到的那样，通常情况下，正是在各个不同层级（地方、国家、区域和全球）运行的、由各种多中心的（国家、私人和社群）制度安排所组成的一个复杂混合体在发挥着互补和协同作用，从而保障了监管、效率和治理（Ostrom，2009；Brett，2009）。

在宏观层面，可能存在着多种多样的方法，有时甚至可能是相互矛盾的方法。代表着20世纪欧洲嵌入式自由主义主要特点的某些福利国家制度如今更像是一个"灵活保障"（flexicurité）模式：它保留了基本的社会服务，但在劳动力市场方面变得更加灵活，而且部分取消了累进税制。美洲玻利瓦尔联盟（ALBA）的一些成员国政府提出了一种倡导南南合作和团结互助的替代发展模式，但它们与自己的意识形态对手——尤其是美国——的自由贸易协定谈判处于搁置状态。

不过，思想和言辞也很重要。它们能对公众辩论起到引导和影响的作用，而且还能对优先目标的确定产生影响。它们还能影响人们对于发展的意义、所要走的道路、哪些是合法的忧虑、哪些是禁区等一些问题上的直观看法（Ocampo，2006）。

最近出现的一些进程以及"里约+20峰会"（包括正式的首脑会议以及人民峰会），其目的都是为设计可持续的未来重新注入政治动力。上述三种对于世界的看法和前景分析在其中十分常见（Utting，2012）。里约峰会的最后官方文件《我们憧憬的未来》（德班气候大会所通过的文件也是一样）是各种原则、建议和倡议的混合体，而这些原则、建议和倡议则主要借鉴了市场自由主义和嵌入式自由主义的方法。在当前这种经济危机盛行、地缘政治力量扩张、大企业和市场力量对优先目标确定和政策起草的影响力越来越大以及里约峰会筹备期间各种民间声音不断涌现这样的大背景下，出现这样一个结果也许并不令人惊讶。

当代经济、社会和环境危机的规模和范围告诉人们：我们正处在一个十字路口。政策上的回应措施和解决方案必须超越这样一种假设，即认为当前的危机只是一场"体制内"的危机，它可以通过"简单的"机制改革来加以化解。与过去一样，我们仍可以继续依靠一些与市场自由主义和嵌入式自由主义相关的政策和机制安排。然而，这种做法所带来的体制和结构的变化似乎不太能够把人们带出一场"体制外"危机。决策者必须跳出自己的"安乐窝"。反全球化路径为人们提供了不少新思路和创新思想。它指明了一些生活方式以及一些已经历过考验、有利于可持续发展的机制，但这一切迫切需要得到支持。

要想让决策者善于听取意见，关键之处不仅在于他们自身应该对复杂问题有更好的理解，而且还与社会和政治压力有关。例如，其中的一个问题是，那种曾在20世纪中叶，即第二次世界大战后社会契约出现过程中发挥重要作用的声势浩大的工人运动，在今天的公民社会里还会不会再现？人民峰会为各种分散的社会运动提供了一个锻炼能力的机会，增加了它们在相互联合、创建联盟、共同动员民众以及制定行动战略的能力。如果这一势头能够在国家和全球层面得到保持，而且各地以及全球的一些斗争运动能在发展问题的分析和战略层面形成合力，那么反全球化路径的一些特点必将能更多地出现在主流政策和言论当中。

参考文献

AGARWAL B., 2010, *Gender and Green Governance: The Political Economy of Women's Presence Within and Beyond Community Forestry*, New York, Oxford University Press.

BANQUE MONDIALE, 2012, *Food and Nutrition Security: A Framework for Action for Sustainable Development*, Washington D.C., Banque mondiale.

BANQUE MONDIALE, 2012b, *Inclusive Green Growth: The Pathway to Sustainable Development*, Washington D.C., Banque mondiale.

BELLO W., 2005, *Deglobalization: Ideas for a New World Economy*, London, Zed Books.

BIRDSALL N., 2005, "The world is not flat: inequality and injustice in our global economy", *WIDER, Annual Lecture 9*, Helsinki, UNU World Institute for Development Economics Research.

BISSIO R., 2010, "Time for a New Deal after the fall Montevideo", *Social Watch Report 2010*.

BRETT E.A., 2009, *Reconstructing Development Theory: Responding to the Crisis of Global Equality*, London, Palgrave Macmillan.

BROWN G., 2010, *Beyond the Crash: Overcoming the First Crisis of Globalization*, New York, Free Press.

BUREAU INTERNATIONAL DU TRAVAIL, 2004, *A Fair Globalization: Creating Opportunities for All*, World Commission on the Social Dimension of Globalization, Genève, BIT.

CAVANAGH J. et MANDER J., 2004, *Alternatives to Economic Globalization: A Better World is Possible*, Report of the International Forum on Globalization.

CLAPP J. et DAUVERGNE P., 2011, *Paths to a Green World: The Political Economy of the Global Environment*, Cambridge MA, MIT Press.

CROTTY J., 2003, "Structural contradictions of current capitalism: a Keynes-Marx-Schumpeter analysis", *in:* GOSH J. et CHANDRASESEKHAR C.P. (eds.), *Work and Well-Being in the Age of Finance*, New York, Tulika Books.

DEACON B., 2012, "Shifting global social policy discourse and governance in times of crisis", *in:* UTTING P., RAZAVI S. et VARGHESE BUCHHOLZ R. (eds.), *The Global Crisis and Transformative Social Change*, London, Palgrave Macmillan/UNRISD.

DRAZEN A. et GRILLI V., 1993, "The benefit of crises for economic reforms", *The American Economic Review*, 83(3): 598-607.

DUNCAN G., 2008, *From Poverty to Power: How Active Citizens and Effective States Can Change the World*, Oxford, Oxfam International.

FATHEUER T., 2011, *Buen Vivir: A Brief Introduction to Latin America's new concept of the Good Life and the Rights of Nature*, Berlin, Heinrich Böll Stiftung.

FINE B., 2012, "Financialization and social policy", *in:* UTTING P. et alii, 2012, *The Global Crisis and Transformative Social Change*, New York, Palgrave Macmillan and Geneva, UNRISD: 103- 123.

FONDS MONÉTAIRE INTERNATIONAL, 25 juin 2012, "IMF sets path for sustainable development", *FMI Survey Magazine*.

FORUM SOCIAL, 2012, *Another Future is Possible*, Porto Alegre, Thematic Social Forum.

FRASER N., 2012, "Can society be commodities all the way down? Polanyian reflections on capitalist crisis", document de travail, n°18, Paris, Fondation Maison des sciences de l'homme.

GHOSH J., 2010, "The unnatural coupling: food and global finance", *Journal of Agrarian Change*, 10: 172-86.

GIBBON P., LAZARO E. et PONTE S., 2010, *Global Agro-Food Trade and Standards: Challenges for Africa*, Basingstoke, Palgrave Macmillan.

GILL S., 2003, *Power and Resistance in the New World Order*, Basingstoke, Palgrave Macmillan.

GOUGH I., 2011, *Climate Change, Double Injustice, and Social Policy – A Case Study of the United Kingdom*, Geneva, UNRISD.

GREEN D. et alii., 2010, *The Global Economic Crisis and Developing Countries*, Oxford, Oxfam International.

HARVEY D., 2010, *The Enigma of Capital: And the Crisis of Capitalism*, London, Profile Books.

INTERNATIONAL FUND FOR AGRICULTURAL DEVELOPMENT (IFAD), 2010, *Rural Poverty Report 2011*, Rome, IFAD.

JACKSON T., 2009, *Prosperity without Growth: Economics for a Finite Planet*, London, Earthscan.

JESSOP B. et SUM N.-L., 2006, *Beyond the Regulation Approach: Putting Capitalist Economies in Their Place*, Cheltenham, Edward Elgar.

JESSOP B., mars 2012, "Economic and ecological crisis: green new deals and no-growth economies", *Development: Greening the Economy*, 55(1): 17-25.

JOLLY R. et alii., 2012, *Be Outraged: There are Alternatives*, Brentford, Waterstone.

KUMHOF M. et RANCIERE R., 2010, "Leveraging inequality", *Finance and Development*, 47(4): 28-31.

KWON H.J., 2005, "An overview of the study: the developmental welfare state and policy reforms in East Asia", *in:* KWON H.J (ed.), *Transforming the Developmental*

Welfare State in East Asia, Basingstoke, Palgrave Macmillan, Genève, UNRISD.

Lucas L., 18/19 août 2012, "Food producers: a shift from subsistence", *Financial Times*: 8.

Martens J., 2010, *Steps out of the Global Development Crisis: Towards an Agenda for Change*, Berlin, Friedrich Ebert Stiftung.

NEF (New Economics Foundation), 2008, *A New Green Deal*, New Economics Foundation.

Ocampo J.A., 2006, "Foreword: some reflections on the links between social knowledge and policy", *in:* Utting P. (ed.), *Reclaiming Development Agendas: Knowledge, Power and International Policy Making*, London, Palgrave Macmillan/UNRISD.

Organisations des Nations unies, 2012, *Pour l'avenir de l'homme et de la planète : choisir la résilience*, rapport du groupe de haut niveau du Secrétaire général sur la viabilité mondiale, New York, ONU.

Organisation des Nations unies, 21 septembre 2009, *Report of the Commission of Experts of the President of the United Nations General Assembly on Reforms of the International Monetary and Financial System*, New York, ONU.

Organisation des Nations unies pour l'alimentation et l'agriculture (FAO), 2009, *How to Feed the World in 2050*, Rome, FAO.

Organisation internationale du travail, 2011a, *Global Employment Trends 2011: The Challenge of a Jobs Recovery*, Genève, ILO.

Organisation internationale du travail, 2011b, *Social Protection Floor for a Fair and Inclusive Globalization*, Genève, ILO.

Organisation internationale du travail, 2012, *Global Employment Trends 2012: Preventing A Deeper Jobs Crisis*, Genève, ILO.

Ostrom E., 8 décembre 2009, "Beyond markets and states: polycentric governance of complex economic systems", Nobel Lecture delivered in Stockholm, Suède.

Paarlberg R., 2010, *Food Politics: What Everyone Needs to Know*, Oxford, Oxford University Press.

Polanyi K., 2001 (1944), *The Great Transformation: The Political and Economic Origins Of Our Time*, Boston MA, Beacon Press.

Prahalad C. K., 2005, *The Fortune at the Bottom of the Pyramid: Eradicating Poverty through Profits*, New Delhi, Pearson Education/Wharton School Publishing.

Programme des Nations unies pour l'environnement (PNUE), 2008, *Green Jobs: Toward Decent Work in a Sustainable, Low-Carbon World*, Nairobi, PNUE.

Programme des Nations unies pour l'environnement (PNUE), mars 2009, "Global green New Deal", *Policy Brief,* Nairobi, PNUE.

Reich R., 2010, "Reading America's tea leaves", *The American Interest*, 6(2): 6-17.

Ruggie J.G., 2003, "Taking embedded liberalism global: the corporate connection", *in:* Held D. et Koenig-Archibugi M. (eds.), *Taming Globalization: Frontiers of Governance*, Cambridge, UK, Polity Press.

Ruggie J.G., 1982, *International Regimes, Transactions, and Change: Embedded Liberalism in the Postwar Economic Order*, New York, Cambridge, University Press.

Schumpeter J., 1976, *Capitalism, Socialism and Democracy*, London, George Allan & Unwin.

Standing G., 2011, *The Precariat: The New Dangerous Class*, London, Bloomsbury.

Streeck W., 2008, *Re-Forming Capitalism: Institutional Change in the German Political Economy*, Oxford, Oxford University Press.

Sum N.L., 2010, "Wal-martization and CSR-ization in developing countries", *in:* Utting P. et Marques J.C. (eds), *Corporate Social Responsibility and Regulatory Governance: Towards Inclusive Development?*, London, Palgrave and Geneva, UNRISD: 50-76.

The Economist, 11 octobre 2012, *Special Report: The World Economy*.

United Nations General Assembly Stiglitz Commission, 2010, *Comprehensive Study on the Impact of the Converging World Crisis on Social Development*, 65th session, New York, ONU.

UNRISD, 2012, *From Green Economy to Green Society*, Genève, UNRISD.

Utting P., 2012, "Introduction: multistakeholder regulation in a development perspective", *in:* Mukherjee-Reed A., Reed D. et Utting P. (eds.), *Business Regulation and Non-State Actors: Whose Standards? Whose Development?*, New York, Routledge and Geneva, UNRISD: 1-14.

Utting P., Razavi S. et Varghese Buchholz R., 2012, "Overview: social and political dimensions of global crisis: possible futures", *in:* Utting P., Razavi S. et Varghese Buchholz R. (eds.), *The Global Crisis and Transformative Social Change*, London, Palgrave Macmillan/UNRISD.

Wade R., septembre/octobre 2008, "Financial regime change?", *New Left Review*, 53: 5-12.

Wolfe M., 1996, *Elusive Development*, London, Zed Books.

中产阶级在撒哈拉以南非洲地区的兴起

皮埃尔·雅克莫 (Pierre JACQUEMOT)
国际和战略关系研究，法国

撒哈拉以南非洲近年来出现了巨大变化，自2000年以来经济已经连续十年保持增长（国内生产总值的平均增长率在5%~6%）、人口保持增长势头、城市化进程快速推进、经济管理也得到改善，因此"中产阶级"开始在这里兴起。非洲开发银行的数据显示，非洲的中产阶级已达到了数千万甚至数亿人。这些中产阶级会像有的人所说的那样，成为包容和民主式增长的一大支柱吗？要回答这个问题，必须考虑到以下三方面的因素。伴随着中产阶级兴起的同时，社会的不平等程度往往也在加深。社会关系也出现了重组，人们之间的互助团结精神正在变弱。民主方面的一些诉求虽然也有所显现，但它们往往是在"对政治漠不关心"这样的大背景下出现的。

三个类别

非洲的"中产阶级"存在着一个难以识别问题。非洲开发银行率先进行的统计识别尝试（针对整个非洲大陆），如今成了最主要的参考（非洲开发银行，2011）。它提出了三个类别的划分方式——这表明这些新兴群体并没有形成真正意义上的"阶级"，而是由于找不到一种更好的划分方式，只好把这些既不太穷也不太富的人划归到"介于两者之间"这一类别当

中。第一个不太穷的阶层属于"不稳定阶层"，是指那些刚刚脱离了贫困线的人，而处于中间的那个阶层则属于刚刚进入"小康"的人，最上层的则属于"上层中产阶级"，他们约占总人口的5%，平均每天的收入超过了10美元。这三组人群与真正意义上的"有产阶级""暴发户"之间存在着明显的差别：这些人每天的收入超过100美元，他们的生活方式令许多中间阶层感到嫉妒，也是他们的嘲讽对象。

在每一个国家，处于"金字塔中部"这三个阶层都有着属于自己的不同故事。在非洲大陆人口最多

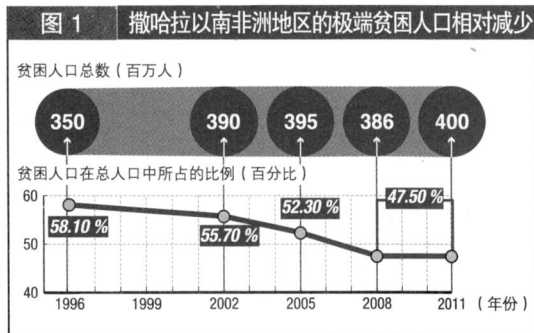

图 1 撒哈拉以南非洲地区的极端贫困人口相对减少

贫困人口总数（百万人）

350 390 395 386 400

贫困人口在总人口中所占的比例（百分比）

58.10% 55.70% 52.30% 47.50%

1996 1999 2002 2005 2008 2011（年份）

资料来源：Banqne Mondiale，2012。

说　明：得益于经济前所未有的强劲增长，撒哈拉以南非洲地区的极端贫困人口自20世纪90年代以来持续下降。在贫困下降的同时，一批中产阶级开始兴起，消费和生活条件方面的新预期也随之出现。

的国家尼日利亚，得益于石油收入的再分配，随着银行、电信以及服务业等私营行业的发展（这些业务主要集中在拉各斯），中产阶级的队伍在不断壮大。然而，人们还是难以从中得出一种趋势性的结论：有人认为仍有 2/3 的尼日利亚人生活在贫困线以下。这种低渗透效应在一定程度上可以用收入的极度不平等来加以解释。在加纳，中产阶级的收入主要是靠在海外的侨民汇回来的钱。在利比里亚，中产阶级主要是那些受过良好教育、如今又参与到国家和平重建进程中的企业家。

社会不平等加剧

尽管各有各的特点，但是非洲各国的中产阶级都在日益不平等的收入格局中、在最穷困与最富裕的人群之间找到了自己的位置，在经济快速增长时期，各国的不平等差距也在进一步扩大。在莫桑比克、肯尼亚、赞比亚等国，它们的基尼系数（数值越高，则意味着越不平等）大约在 0.45~0.55 之间，而博茨瓦纳、莱索托和南非的基尼系数则超过了 0.60（African Progress Panel，2012）。

南非社会的不平等程度在非洲堪称绝无仅有，然而在这里中等收入的中产阶级队伍的壮大进程也是最为壮观的。在 1994 年颁布的《黑人经济振兴法案》（*Black Economic Empowerment Act*）的框架下，许多后种族隔离时代的政策开始实施，这一切导致南非社会的巨变。十年间，12% 的黑人得已进入中间产品消费市场。

这个进程所导致的结果却是一个悖论：在种族间不平等下降的同时，种族内部的不平等却进一步加剧，越来越多的人陷入了贫穷的困境当中。针对南非的这种情况，人们甚至可以得出这样一种结论，即在中产阶级队伍壮大的同时，也造就了新的贫困阶层——他们主要由来自津巴布韦、莫桑比克或刚果民主共和国的外国人所组成，他们来南非的目的就是为了向这里的中产阶级提供廉价服务。

对增长的影响和内部市场的多元化

如果认为非洲新兴起的中等收入阶层都会有着同样的行为以及有着同样的目标，这种想法可能是错的。然而，那种认为经济和社会的动态变化不会有任何结果、不会催生出一个独立的"中产阶级"集体的想法同样也是错误的。中产阶级自己也会从这种转化过程中获得动力。因此，对他们的识别必须在动态过程中完成。

早在十多年前，威廉·伊斯特利（William Easterly，2001）就曾预言，一种良性循环将在中产阶级和城市化双重崛起的作用下出现。消费者将越来越多，市场规模将进一步扩大；房地产建设将进入繁荣期；银行在经济中的比重不断增加。而今天的实际情况如何呢？

社会演变和新阶层的兴起所导致的变化在今天的消费领域最为明显。麦肯锡咨询公司（2010）认为，在人均国内生产总值出现强劲增长之后，2015 年将会约有一亿新增的非洲人进入基本消费品市场。法国开发署下属的经合促进公司认为，"有消费能力的消费者"在 2020 年将达到 1.32 亿人，在 2040 年将达到 2.43 亿人，相当于到 2020 年会出现一个年消费达 5840 亿美元的市场，到 2040 年会出现一个年消费达 1.75 万亿美元的市场，比中国三亿城市网民今天的消费额度还要大。因新兴阶层的兴起而产生的内需增长在以下两个行业最为明显：一是汽车，二是电信。手机以及互联网的迅速普及与这种社会演变息息相关。

要想透过这些数据更好地看清这一现象对非洲未来所可能带来的影响，我们必须把分析的领域扩大到收入和消费潜力等其他因素上。在非洲所进行第一组被称为"不稳定阶层"，是指刚刚走出贫困线的人。其成员每天的收入为2~4美元（按2005年的购买力平价计算）。这一处于贫困线之上的组别，其人数是最近几年增加最快的：由1980年占总人口的大约10%增加到了2010年的20%以上。它的成员虽然"告别了"特别贫困的状态，但其实际境遇仍然十分不稳定、十分脆弱，一旦出现任何风吹草动（失业、经济衰退），他们很可能回到贫困状态。

属于"中间的"第二组成员每天的收入为4~10美元（按2005年的购买力平价计算）。它的成员进入了"小康"阶段，也拥有了更好的社会地位。这些人约占总人口的9%，他们不必为每日的生计担忧，拥有了相对安逸的生活，在基本食物需求有了保障之后还有一部分"余钱"来购买其他一些物品。

属于"高一级"的第三组成员每天的收入超过10美元。它约占总人口的5%。其成员属于那些能用一部分积蓄在大城市郊区购买别墅的中产阶级，而任何政治上的不稳定、不安全、治理不善或通货膨胀都可能让他们失去一切。

当每日收入超过100美元时，人们便跻身到了"有产阶级"的行列。他们当中既有那些"暴发户"[南非的"黑钻"老板、尼日利亚的石油大亨以及刚果（金）的"人上人"等]，也可能是遍布整个非洲的、数以百万计的高收入人群，他们的生活方式主要体现在四个"V"上：汽车（voiture）、别墅（villa）、旅游（voyage）和银行转账（virement bancaire）。

的相关专题调查（如波尔多政治研究所的"世界中的非洲实验室"在南非、埃塞俄比亚、肯尼亚和莫桑比克所进行的调查以及收录在2012年《当代非洲》杂志中的专题调查等）显示，这些人主要由教师、护士、小商户、私营部门的雇员以及中层官员所构成。他们当中更多的人在私营部门工作，有的是在20世纪80年代结构调整计划的冲击中幸存下来的一些行业工作。他们所追求的是一些稳定、高薪酬、能使自己"出人头地"的"好工作"。

这些人的妻子会以越来越独立的方式参与"家庭经济"。她们优先考虑的是那些资源资产化程度较低的行业、医疗卫生尤其是儿童教育领域。统计数字显示，中产阶级生育孩子的数量往往更少，而在教育方面的开支更多。除了那个可领到薪水的第一职业外，他们当中有很多人往往有第二份"非正规"的工作。调查还显示，城市中产阶级社会阶层一般都拥有这样一种价值观：认同市场经济的竞争机制、主张加强政治和行政治理、重视男女平等、加大对科学技术的投入等。

社会关系重组

"中产阶级"还拥有一个"城市梦"。其中那些更早涌现出的上层阶层都希望在某些特定的街区安家落户，买到一所牢靠的、通自来水和通电的房子。他们所想的是拥有房子的产权，而不只是租住，想改善自己的生活，能用上大众化的电子消费产品。这种追求可能导致城市在空间布局和住房方面出现割裂。中产阶级和公务员的住房常常会与"社会保障房"的概念故意混为一谈。他们通常是社会保障房计划以及市区修整计划的最大受益者。在约翰内斯堡、利伯维尔、内罗毕、达喀尔以及如今的巴马科和瓦加杜古，一些由高大建筑物、高档住宅区和行政及商业中心等组成的享有特权、受到良好保护的"群岛"相继形成。围绕着这些"群岛"的则是由一些小康人家所构成的居住区，再往外就是城市贫民区，最后则是众多零零散散的临时建筑——这里生活着大量被城市现代生活"排除在外的"人。

这种隔离形态在社会关系层面同样十分明显：人们想从传统的大家庭模式中解放出来的意愿越来越强烈，那些外来的家庭模式成了参照标准，有关

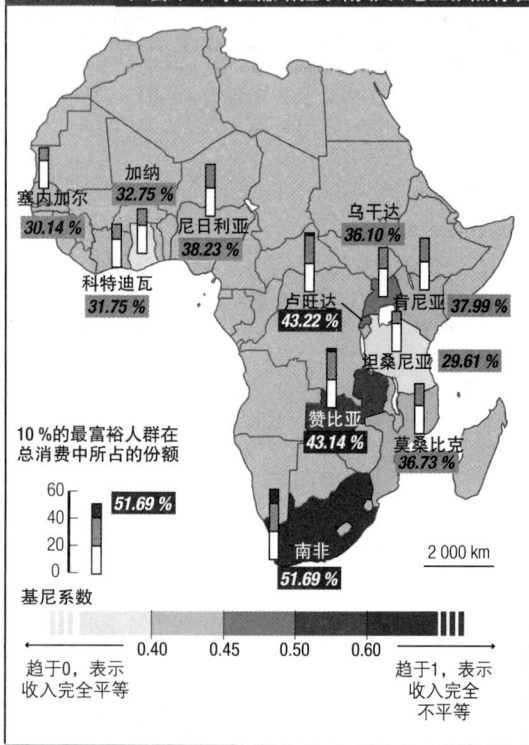

图 1　社会不平等在撒哈拉以南非洲地区依然存在

塞内加尔
30.14 %

加纳
32.75 %

尼日利亚
38.23 %

乌干达
36.10 %

科特迪瓦
31.75 %

卢旺达
43.22 %

肯尼亚 37.99 %

坦桑尼亚 29.61 %

赞比亚
43.14 %

莫桑比克
36.73 %

10 %的最富裕人群在
总消费中所占的份额

51.69 %

60
40
20
0

南非
51.69 %

2 000 km

基尼系数

0.40　0.45　0.50　0.60

趋于0，表示
收入完全平等

趋于1，表示
收入完全
不平等

资料来源：联合国开发计划署：《人类发展报告》（2012）；世界银行网上
　　　　　贫穷分析工具（PovcalNet），2012。

说　明：非洲中产阶级的兴起并不意味着不平等现象会自动减少。南
　　　　非的中产阶级队伍迅速壮大，但这个国家的不平等程度也
　　　　是最高的，在这个国家，10% 的最富裕人群占了消费总量的
　　　　近 52%。

这些模式的介绍主要来自媒体，包括电视和互联网，他们不仅有机会接触到这一切，而且也是其主要用户。面对与自己的身份地位有关的两种截然相反的倾向，他们必须在其中找到一种平衡：一方面他们要考虑到来自大家族的、要求其与其他成员相互帮助的巨大压力；另一方面则是他们自己对城市生活的向往、个人主义以及以自我为中心的想法。由于不可能将这些社会关系彻底摆脱，因此他们的社会地位可以被看成是面临着"双重约束"，要在不同生存方式上作出艰难的妥协。

但渐渐地，他们继续改变生活习惯并通过一种迂回曲折的方式找到了一些回避策略。例如，他们不再向村里寄钱，不再接待来自村里的人，也不再一定要雇用家族里的人。小家庭、贸易或企业可以不再理会这些要求。

民主的推进还是对政治变得相对漠不关心？

一些学者对于这种变化感到忧虑，随着中产阶级的兴起，社会将出现一个同化过程，团结互助的价值观将丧失。阶级的去政治化、日益加剧的不平等、过度消费主义、故步自封、集体感的丧失等，这一切为新"大师"的涌现打开了方便之门，他们所利用的正是市场新力量的代理人及其受害者心里所产生的社会不安全感。

与此同时，人们对于"中产阶级"的期待也在增强，人们希望他们能成为民主变革的驱动力量。按照各地不同的情况，中产阶级的潜在力量既可能使那些篡权企图变得更加困难，也可能使存在专制倾向的现政权在采取反民主行动时有所顾忌。人们也以为，这个社会中间阶层是作为一个"胸怀抱负的阶层"而出现的。他们身上将承载着构建这样一个国家的诉求：这个国家必须能提供保障，弥补在传统的社会保障机构受到侵蚀后而带来的不安全感。

实地调查告诉我们些什么呢？这些调查一致显示，非洲的中产阶级往往存在一种对政治"漠不关心"的倾向。这些调查所得出的结论完全推翻了一些国际和地区银行所提出的观点：它们都把这些新出现的"中产阶级"作为金融支持的重点，认为其承载着进步和民主化等一些积极的价值观（Banque mondiale，2012）。事实上，一个阶层的形成并不一定会导致一种旨在促进整个社会体制开放的集体行动。在这里，我们看到了所谓的"奥尔森（Olson）悖论"：既然集体行动的好处将被所有的成员——不管他们是否参与其中——所分享，因此最好是什么都别去做，只要等着他人采取行动就可以了。最后，由于每个成员都存在这样一种心理，因此就不会有任何集体行动。在那些经济和权力密切相关的国家，在自身地位还不稳固的情况下，不向精英阶层公开发出挑战难道不是更明智吗？

参考文献

AFRICAN PROGRESS PANEL, 2012, *Emploi, justice, équité. Les opportunités à saisir en période de bouleversements économiques, politiques et sociaux*, rapport 2012 sur les progrès en Afrique.

BANQUE AFRICAINE DE DÉVELOPPEMENT, 2011a, *The Middle of the Pyramid. Dynamic of the Middle Class in Africa*, Tunis.

BANQUE AFRICAINE DE DÉVELOPPEMENT, 2011b, *L'Afrique dans 50 ans. Vers la croissance inclusive*, Tunis, équipe dirigée par Mthuli Ncube.

BANQUE MONDIALE, 2012, *Global Economic Prospects: Uncertainties and Vulnerability*, Washington, Banque mondiale.

BARDELETTI J., 2011, *Petite prospérité, les classes moyennes en Afrique*, Paris, Images en manœuvres éditions.

DARBON D. et TOULABOR C., 2011, *Quelle(s) classe(s) moyenne(s) en Afrique, une revue de la littérature*, document de travail, Agence française de développement.

EASTERLY W., 2001, "The middle class consensus and economic development", *Journal of Economic Growth*, 6(4): 317-335.

JACQUEMOT P. et alii, 2012, *Afrique contemporaine*, n° 244 (dossier classes moyennes).

MCKINSEY, 2010, *Lions on the Move: The Progress and Potential of African Economies*, McKinsey Global Institute.

第十章

巴尔博萨·蒂亚戈·瓦兰达
（Barbosa THIAGO VARANDA）
社会发展和消除饥饿部，巴西

奥利韦拉·迈拉·茹鲁阿
（Oliveira MAYRA JURUÁ）
管理和战略研究中心，巴西

21 世纪巴西的社会政策

巴西被称为是世界上最不平等的国家之一，但近年来该国在消除不平等以及改善非正规行业员工的生活条件方面取得了长足进步。要想更好地理解这些成就，就必须对巴西 20 世纪 30 年代以来的所作所为以及最近的"零饥饿"（Fome Zero）和"家庭补助"（Bolsa Familia）计划等进行研究。巴西在构建社会保障体系方面积累了丰富的经验：它既创造性地设立了许多新机制，同时又顾及到了各地的不同实情。

21 世纪头十年间，巴西在社会领域取得了巨大的成就，而且已经引起了全世界的关注。事实上，这个国家已成了对社会政策进行大规模测试和实践的大实验室。消除极端贫困和饥饿的进程仍在进行当中，而为使这一势头得以保持，国家必须迎接中低收入阶层所可能面临的诸多挑战。要想符合社会和环境可持续发展模式的标准，这些变化是必不可少的。

读者应该知道这样一个事实，即这个实验室并不能提供任何现成的解决方案，它所揭示的是这样一个道理，首先必须弄清楚哪些是需要解决的社会问题，这是务实的政府行动的基础之所在。所有的解决方案必须源自于每个国家所特有的体制框架和特殊的社会结构。本文接下来所描述的正是过去十年来巴西在社会融入方面所选择的路径——它考虑到了巴西社会特有的体制、政治和社会背景。

巴西社会政策的历史视角

贫穷和饥饿都是一些社会现象，对于在这样条件下生活的人来说，它们是实实在在的问题，而对那些从未体会过这些苦难的人来说，它们是一些非常遥

远的东西。无论如何，一个事实是：在一部分民众始终面临经济萎缩问题的情况下，没有一个社会能充分发挥出自己的潜力（见第四章）。

为了克服贫困和饥饿问题，一个社会必须有政治意愿来建立一整套全面的、实质性的政策。为此，人们必须有勇气去直面因过去的政策和做法而遗留下来的各种困难，并找到彻底解决这些难题的方法。理解贫困和饥饿问题看起来并不是什么难事，但实际上这个问题要困难得多。

1889 年，巴西变成了共和国。奴隶制在此一年前被正式废除。农业是该国主要的经济产业，自从定下了基础产品出口这一方向之后，农业一直主要集中在沿海地区。从这项活动中受益的只有一小部分人，主要是那些大农户和大商人，而大量穷人则主要集中在内陆地区。

20 世纪 30 年代，巴西的经济逐步由出口型经济变成了更多依靠内需的产业经济。当时，城市中产阶级在这个国家开始兴起。一些主要针对正规行业劳动者而设计的社会政策相继出台，所涉及的主要是劳工法、医疗卫生和教育等领域。生活在农村地区的绝大多数人都被排除在了这一进程之外。

在接下来的 50 年里，这个国家进入了一个持续时间相当漫长的工业化进程。为了支持工业增长，当时人们把重点放在了正规社会阶层的社会条件改善上。从卫生服务网络到社会数据的收集，其中的重点十分明确：城市里的正式工人。当时的一个核心想法是，这一社会经济模型早晚会在整个社会普及。然而，无论是在巴西，还是在整个世界体系内，这种情况始终都没有出现（Wallerstein，1995）。

民主重生后的社会政策

在这一漫长发展期内，巴西将半数左右的人融入了正规行业当中，但这一模式在 20 世纪 80 年代出现了停滞——正是在这个时期，巴西刚刚走出了 30 多年的独裁统治。在 20 世纪 80 年代中期，巴西终于出现了一位非军人总统——尽管他是通过间接选举产生的，而且在三年之后，也就是在 1988 年，该国颁布了新宪法。

然而，在此期间，巴西的经济停止了高速增长，而联邦预算则因为过去十年所累积的巨大外债负担而被大打折扣。新兴民主政体对于社会深层改革的渴望因此而受到压制。受经济和金融领域意外情况以及人们要求进行大规模改革的社会压力这些因素的共同影响，政府的社会预算一直处于停滞状态。

新宪法不仅对于一系列社会权利作出了明确定义，而且还对三个层面的角色进行了明确分配：市政府、州政府和联邦政府。然而，这一新宪法架构并没有得到一种司法体制的支撑——这种司法体制能明确三个层级政府各自的权责。由于法定义务没有作出清晰的界定，各层级政府的领导人始终想方设法在政治

上和法律上回避某些社会责任。

在后民主化时代第一个政府任期结束时（1986~1990 年），巴西五岁以下的儿童中有 1/3 以上的人存在营养不良问题 [国家食物与营养研究所（INAM）/ 巴西地理统计局（IBGE）/ 巴西应用经济研究所（IPEA），1990]。劳动力人口的失业率在 7% 左右 [宏观经济数据库（IPEADATA），2012]。饥饿和贫困在巴西社会已经具有了政治含义。来自知识界和文化界的一些知名人士掀起了一场运动[1]，使得社会各界开始更加关注这一问题，即在这个被称为世界十大粮食出口国之一的国家出现饥饿是不能被接受的。

接下来担任总统的费尔南多·科洛尔（Fernando Collo）并未能使情况出现好转（1990~1992 年）。相反，当他就任总统的第二年，粮食和营养政策方面的预算减少了约 80%。他的继任者伊塔马尔·佛朗哥（Itamar Franco，1993~1994 年）所继承的是一个社会已被广泛动员起来的政治气候。各级政府都提出了一种表达政治诉求的新方式，而国家粮食和营养安全委员会的成立则为公民社会参与政府决策提供了便利。它所提出的将政策权力下放、增强与各级市政府合作的建议受到了联邦政府的重视。

与此同时，一个重要的官方智库[2]所公布的饥饿地图（Pelianno，1993）揭示了这样一个事实：巴西仍有 3200 万人在忍饥挨饿。这些人分布在全国各地，包括农村和城市地区。这份地图还对巴西的粮食生产情况进行了分析，并得出了这样的结论：巴西所生产的热量和蛋白质可以养活比现在还多 50% 的人口。它还注意到了粮食生产价格与最终消费成本之间存在着巨大而令人担忧的差异。

---

[1]　Ação da Cidadania Contra a Fome，a Miséria e pela Vida（反饥饿、反贫困生活公民行动），创立于 1993 年。

[2]　Instituto de Pesquisa Econ.mica Aplicada（巴西应用经济研究所）。见以下网址：www.ipea.gov.br。

公民社会始终在关注着贫困和饥饿等问题，人们所反对的是巴西在发展进程中存在的局限。普及正规行业工人的收入模式，这样一个目标在 20 世纪里变得深入人心，也改变了许多国家的社会保障体制（Wallerstein，1995）。社会援助普及化的观念被写进了 1988 年的巴西宪法。

享受医疗卫生服务和教育成了巴西的公民权。然而，由于这些权利历史上只属于城市里那些正规行业的从业人员，因此整个社会中只有在这一行业的人享受着较高质量的服务。那些推动了民主化的力量促使政府将这些服务扩大到全体民众的身上。然而，在预算日益减少的情况下，这些服务覆盖范围要想得以扩大，唯一的可能就是以牺牲质量为代价。因此，得益于所得税下调所带来的好处，中产阶级的上层人群越来越多地转向了私立的教育和医疗服务。

这就是 20 世纪 90 年代巴西社会政策的现实：越来越多的人有机会到学校上学、到医院看病，但这些服务的质量却越来越差。此外，虽然成本压缩导致了质量下降，但这些服务仍然无法覆盖全部人口。社会援助十分分散，而且经常会被一些地方政府出于竞选的目的而挪用，这不仅容易导致援助的连续性无法保障，而且也可能使那些真正需要的人无法得到援助。也就是说，实际上在贫困家庭的社会融入问题上并不存在任何明确的途径。

在减贫方面，20 世纪 90 年代这十年时间里政治所作出的最大贡献是在 1994 年，它是作为高通胀期结束的副作用而出现的。穷人将不再面临每个月的收入都被通货膨胀侵蚀的问题。这意味着他们工资的货币价值增加了，从而有更多的钱用于消费。1000 万人因此告别了贫困（Peliano，2010）。

1995~2002 年，费尔南多·恩里克·卡多佐（Fernando Henrique Cardoso）政府通过了一个新自由主义计划，并在削减预算方面作了巨大努力。国家粮食和营养安全委员会被另一个用更宽泛的方法来应对贫困的委员会所取代，而且这个委员会由第一夫人亲自执掌。该委员会还专门设立了一个没有预算的执行秘书处，其使命是对不同部委和公民社会所采取的各种扶贫行动进行协调，使之形成合力。

然而，收缩型的宏观经济政策导致了失业率增加——1999 年的失业率达到了 10.4%[宏观经济数据库（IPEADATA），2012]，并导致了社会关系的紧张。在政府实行新自由主义计划以及削减国家开支的背景下，社会政策受到了严重影响。为了应对预算的削减，那些最贫困的穷人成了重点的扶持对象，而那些传统的面向所有民众的社会政策则成了输家，如教育、医疗卫生、退休制度以及工人所能享受的其他权利。

巴西的新一代社会政策

由于新自由主义路径并未能降低再民主化进程之后所出现的社会压力，因此路易斯·伊纳西奥·卢拉·达席尔瓦（也就是人们通常所称的"卢拉"）凭借总统竞选期间所打出的有组织的社会计划而赢得了巴西 21 世纪第一次总统选举。反饥饿与反贫穷成了巴西联邦新政府的首要任务。

当卢拉所领导的劳工党掌握了联邦政府的领导权之后，他很快推出了"零饥饿"计划。这一计划所依据的是以下四种方式：①食物的获取；②加强家庭农业；③增加收入方案；④机构间的联系、动员和社会监督（Aranha，2010）。此外，新政府还制定了以巩固巴西国内市场、创造就业机会和增加国家行动能力等为核心的全面发展战略（Brasil，2003）。社会政策不仅成了反饥饿工具的一部分，而且也成了刺激巴西国内市场的发展并为那些收入停滞的地区提供创收机会的重要工具。

如今，许多政策建议出现在了桌面之上——这些政策建议借鉴了 20 世纪 80 年代曾被人们辩论并经过一些地方实践检验的思想。将上届政府所制定的社会政策切实落实到位同样十分必要。这一因素十分重要，尤其是在不连续性——不连续性的特征表现为制度和法律框架十分脆弱——被看成是一个与扶贫政策息息相关的大问题之时。这些努力都被分散到了各个不同的部委，而且很少出现在那些跨部门的对话当中①。

粮食安全和消除饥饿部（MESA）这个特殊大部的建立正是为了协调在反贫困和反饥饿方面的行动。由第一夫人亲自执掌的粮食安全委员会虽然地位比以前有所提升，但它并没有任何预算来执行自己的政策。它协调各部门行动的能力与其他各级政府所拥有的类似功能相比显得多余，比如说"民政办公室"（Casa Civil）就是其中的一个代表，它后来成了在协调各部门行动方面（包括基础设施领域的投资以及反饥饿行动等）为总统提供最多帮助的机构。从第一年起，"零饥饿"（Fome Zero）计划开展了 36 项不同的行动。然而，通常情况下，光对这些政策建议——它们都是建立在理性的价值观的基础之上——抱有乐观的态度是不够的。社会政策必须证明自己的有效性和性能，而且就巴西而言，它们还必须能得到大规模的实际应用。

这是第一次如此大规模的扶贫政策在一个永久框架和透明规则下开始实施。在卢拉政府自成立以来所实施的各种政策中，有一些取得了不错的成效，有的则难以执行或影响很小。因此，凡是那些政策有所发展的地方，一个临时的进程就会出现；就"零饥饿"计划而言，这一进程变成了一种结构性进程，而另一些政策的影响非常有限，最终只能作为一种试点模式；而有的政策则干脆被放弃了。联邦政府在社会政策领域的年人均支出由 2003 年的 950 美元增加到了 2010 年的 3325 美元 [巴西应用经济研究所（IPEA），2012]；联邦社会支出在联邦总预算中所占的百分比也不断提高。这一预算的实际额度也有所增加，达到了 3200 亿美元，这也体现出了巴西在改善社会保障方面所作的政治努力。

识别和定位

目标人群及其生活条件的识别是扶贫政策所面临的第一大挑战。在此之前，识别系统是以社会保障的受益者或拥有正规就业的人群为基础建立起来的。按照设计要求，这些系统所提供的就是一些个人信息，它们与个人的家庭结构是分离的。这些社会政策所呈现的是一种碎片化现状，正如相关的登记系统分散在各层级的政府部门和联合会当中一样。创建于 2002 年的联邦政府社会计划"统一登记系统"（Cadastro Único）以及统一的社会身份号码的设立是试图治理社会数据方面乱状的重要步骤。在卢拉任期之初，"统一登记系统"无论是在质量还是在覆盖范围方面都存在许多缺陷。联邦层面还没有任何协定来加强各参与主体的责任。

2004 年，社会发展和消除饥饿部（MDS）正式成立，它由社会救助部、粮食安全和消除饥饿部与粮食和营养安全秘书处合并而成。这个新的大部今后将能够对社会救助、"家庭补助"（Bolsa Familia）计划（"家庭补助"是一个向贫困家庭提供有条件补助的

---

① 此类跨部门的工作在巴西很难开展起来，其中有多方面的原因，包括多党制的政治制度、为了选举而结盟的逻辑思维以及获胜联盟的每一个政党都有权任命属于自己的部长或秘书长。

计划）、"统一登记系统"以及食品安全等进行整合。在 2003 年 10 月"家庭补助"（Bolsa Familia）计划推出之际，总统启动了一个联邦层级的谈判过程，这一谈判最终达成了一个联合管理协议，明确了各级市政府和联邦政府各自所应承担的责任。"统一登记系统"的数据收集工作今后将由各级市政府负责，联邦政府则颁布了一个分权管理索引——它既被当成一种监测工具，也被作为联邦政府为各地报销与收集数据有关的行政经费的依据。

在"统一登记系统"中，收入的多少以及家庭的规模是以家庭为单位来登记的。这一资料是用来衡量一个家庭能否有资格领取"家庭补助"以及领取多少（如果有资格领的话）的依据。2012 年，共有 1370 万个巴西家庭领取了"家庭补助"，而目标人群的误差率大约只有 5%——为此，世界银行认为，"其定位之精准令人印象深刻"（Lindert et alii，2007：2）。联邦政府使用了此前已经存在的一些调查机构所采用的估算标准 [①]。在巴西全国 5565 个市镇中，社会发展和消除饥饿部（MDS）对每一个市镇的贫困家庭数量都作出了估算，并对那些被市政府登记在册的家庭制订量化目标。由于不正规是穷人的一大特征，因此在获取社会援助时需要对家庭收入进行申报，但却不会要求各个家庭提供任何证明材料 [②]。这种精确性来自于地方政府对于本辖区内贫困地区情况的了解，但也需要用社会发展和消除饥饿部（MDS）所提供的统计预测数据来加以校正。

在所有"零饥饿"计划框架下所实施的政策中，

从预算、期限、影响以及公众舆论的支持度等各方面来看，"家庭补助"计划堪称是一个最重要的支柱项目。它有着简单而清晰的规章，采用了一种以家庭为单位的方法，并通过设定条件的方式来促进医疗卫生及教育等普及的全民政策。为使相关家庭能享受到这些社会服务，这些家庭中孩子的入学率必须超过 85%，而且必须按照卫生部所规定的期限接受疫苗接种，而孕妇也必须定期接受检查。

贫困和极端贫困是根据家庭的人均收入来定义的。当然，贫困不仅限于收入的不足上（Stiglitz、Sen et Fitoussi，2008），但"家庭补助"计划却把它作为能否享受补助的唯一标准，因为它具有便于管理的特点，而且也能促进那些旨在加强社会责任的实践。"家庭补助"计划与"统一登记系统"以及那些覆盖全民的政策共同发挥作用，帮助政府克服了全民政策与有针对性行动之间的对立。由于"统一登记系统"和"家庭补助"计划的覆盖范围已经很广——登记在册的人数超过了 7200 万人，相当于巴西全国总人口的 1/3，而且其中 5000 万人成了这一计划的受益者，因此他们完全能够为其他项目提供许多有价值的信息，如农村地区的电气化、基本的卫生设施和供水情况等（见图 1）。

在扶贫政策大规模实施的初期，人们很容易能找到那些在等着融入社会的贫困家庭。2011 年，巴西仍有 1600 万人被排除在社会、政治和经济权利之外。人们所付出的努力还不足以覆盖到所有的人，未来的解决方法似乎在于：要以地区和文化

---

① 巴西很早就出现一些统计机构，如 1936 年成立的巴西地理统计局（IBGE）。自 1967 年以来，巴西地理统计局（IBGE）定期对各家庭展开全国性的调查，而且每十年举行一次人口普查。

② 社会发展和消除饥饿部（MDS）通过其他一些行政管理部门的资料来对"家庭补助"（Bolsa Familia）的发放情况进行审计，如有关正规行业的员工的资料、车主信息或退休金机构的资料等。另外一个用来降低目标人群定位误差的因素是社会监督。这种监督既可以由一个社群内部的成员负责，也可以由公民社会代表所组成的专门负责监督地方行政的市镇委员会负责。

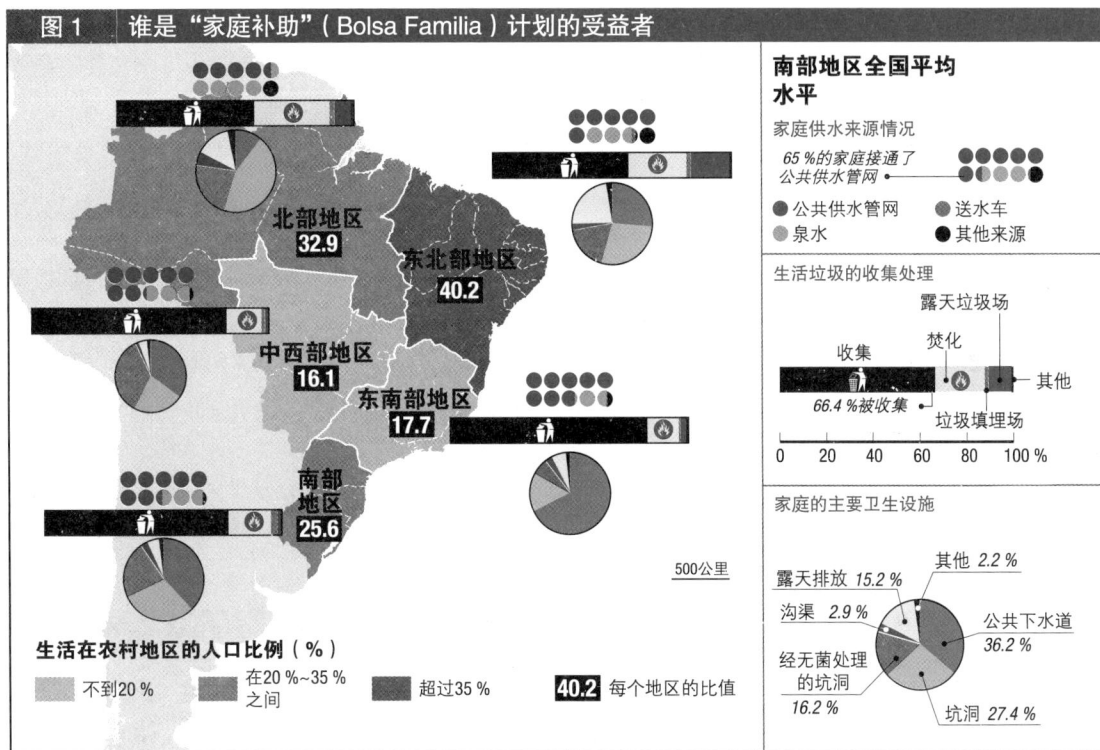

图 1　谁是"家庭补助"（Bolsa Familia）计划的受益者

南部地区全国平均水平

家庭供水来源情况
65 %的家庭接通了公共供水管网

● 公共供水管网　● 送水车
● 泉水　● 其他来源

生活垃圾的收集处理
露天垃圾场
焚化
收集
66.4 %被收集
其他
垃圾填埋场

0　20　40　60　80　100 %

家庭的主要卫生设施
露天排放 15.2 %　其他 2.2 %
沟渠 2.9 %
公共下水道 36.2 %
经无菌处理的坑洞 16.2 %
坑洞 27.4 %

北部地区 32.9
东北部地区 40.2
中西部地区 16.1
东南部地区 17.7
南部地区 25.6

500公里

生活在农村地区的人口比例（%）
不到20 %　在20 %~35 %之间　超过35 %　40.2 每个地区的比值

资料来源："统一登记系统"（Cadastro Único）以及"家庭补助"（Bolsa Familia）发放表，2008，由作者绘制。

说　明："家庭补助"（Bolsa Familia）计划不仅对巴西社会政策的方式进行了更新，而且也构建起了一些十分精确的统计工具——它们能以地域为基础为贫困家庭作出精确的定位。

归属感为依据，对一些特定人群，如非洲黑奴后裔（quilombolas）、印第安人、依河而居的民众、从事狩猎采集活动的人等，采取有针对性的措施。"统一登记系统"针对这些特定人群推出了各种不同的战略，而且相关行动是根据社会运动所提出的要求而采取的。事实上，这一方法使相关社会政策覆盖到了许多未被地方政府列入目标人群的贫困阶层。

社会援助原本是宪法所赋予的一项权利，如今得到了一个联邦条约和一项特殊立法的规范管理。在社会发展和消除饥饿部的努力下，今天在贫困地区已经建立起了许多"社会援助参考中心"

（CRAS），这将为基础设施的建设提供便利，这一过程是与各个市政当局合作展开的，后者负责提供人力资源。这些中心为一整套社会政策提供了用武之地。信息技术则为这些权力下放行动的管理发挥了重要作用。2010 年，社会发展和消除饥饿部对 6700 多个"社会援助参考中心"进行了追踪管理 [《巴西》（Brasil），2010]。

家庭农业

在粮食安全政策领域，家庭农业的重要性不断上升。虽然 70% 巴西家庭所消费的食物来自家庭农业，但农业食品行业仍因其在国家出口中所占的地位而让人们特别关注。不过，自20世纪90年代以来，政府已经出台了多项专门针对小规模农业的政策。例如，巴西专门推出了一个农村信贷计划[①]，旨在对小农户进行登记备案。

2006年巴西通过的一项法律，对家庭农业进行了专门的定义[②]，从而为针对此类家庭企业的政策的出台创造了一个良好的环境。同一年进行的农业普查确定了全国有430万个农业经营家庭，它们虽然只占据了农村耕地总面积的25%，但却集中了74.4%的农业就业人口（França、Del Grossi et Marques，2009）。

家庭农业已成为农村发展战略的核心，其所涉及的内容包括土地的获取政策、信贷政策、保险政策、技术援助政策和营销政策等。2009年，140万小农户获得了家庭农业支持计划的贷款，信贷总额达到了70亿美元（BRASIL，2010）。对小农户的技术援助也得到了改善和扩大。与过去一样，各种行动分散在了不同的部委当中，巴西因此于2008年推出了一个旨在对这方面努力进行整合的计划，并用划定地区的方法来规范政府在贫困地区的行动：它把各种政策所必须实施的区域划分成了120多个地区（由市镇所组成）。

长期以来一直困扰小农户，尤其是贫困地区小农户的销售问题也被这些措施列入了考虑的范畴。得益于国家向农业家庭购买粮食的政策以及穷人家庭粮食开支的增加，农业企业今后在经济上将变得有利可图。学校伙食预算中至少有30%应用于购买家庭

农场的产品。这方面另一个重要计划就是2003年的粮食收购计划，它规定每年要从每个农业家庭收购8000雷亚尔的粮食。2011年，这一计划总共从162242个农业经营户手里购买了4.76亿吨粮食，总价值为三亿美元，并把这些粮食赠送给了29800个社会机构（PAA DATA，2012），如学校、大众餐厅、社会救助中心、专门针对低收入人群的餐馆，或者直接发放给某些家庭。这些粮食也被当成了国家粮食储备——建立国家粮食储备一方面是为了平抑市场上的粮价，另一方面也是为了防备因为干旱或水灾等原因而带来的不时之需。这一计划目前正在重新修订之中，以便将其年度预算扩大到十亿美元左右。

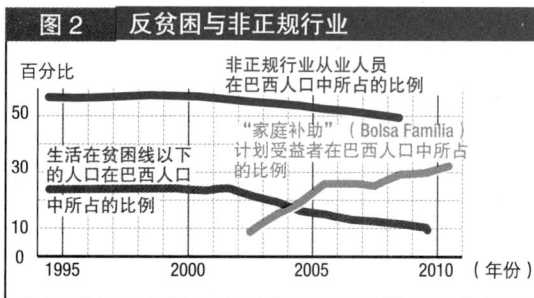

图2　反贫困与非正规行业

资料来源：社会发展和消除饥饿部（MDS）、巴西应用经济研究所（IPEA）。贫困线是按照联合国千年发展目标所设定的数据来计算的。

说　明："家庭补助"（Bolsa Familia）计划致力于与巴西的极端贫困现象作斗争，并向那些非正规行业的从业人员提供帮助。事实上，随着该计划受益家庭数量的不断增加，巴西国内每天生活费不到两美元的人数以及非正规行业的从业人数都出现了不同程度的下降。

---

① 家庭农业支持计划（PRONAF）与其所配套的家庭农业支持计划资格申报表（DAP），是一个对家庭农户进行登记备案的制度，它将涉及全国320万个农民家庭。登记注册将在本地完成，具体的工作由农村工会或一些技术援助机构来完成。在登记备案完成后，当全国货币委员会——它是一个高级的金融监管机构——通过了相关贷款规则后，一个家庭就可以从银行或任何信贷机构获得家庭农业支持计划贷款。

② 家庭农业是根据经营的最低规模来定义的：不能雇用超过两位工人；主要收入来源必须来自农业活动；农场必须由家庭成员经营。

对成果进行监测及未来的挑战

与社会发展和消除饥饿部同时设立的还有一个"评估与信息管理秘书处"，它主要负责对新一代制度化设计的、分权式的社会政策进行评估并对相关结果进行追踪监测。它主要通过以下两种方式展开工作：一是借助公共统计机构与研究机构所形成的网络来对相关政策作出评判与追踪监测；二是聘请外部机构对相关政策作出评估。

由于巴西社会政策领域的统计和行政数据库是以正规行业为基础而建立起来的，而贫困和饥饿更多是存在于那些非正规行业的家庭，因此这些针对穷人的政策要想得到很好地执行就要求人们对这些现象有更深入的了解。借助公共统计机构与研究机构所形成的网络，社会发展和消除饥饿部展开了一个方法论的辩论，并得出结论认为，应当对巴西家庭进行的传统调查以及全国人口普查增加一些新内容。正是得益于这一努力，巴西才在"建立一个能广泛收集各种有价值信息的统计体制"方面取得了长足进步（Stiglitz、Sen et Fitoussi，2008）。

如上所述，"零饥饿"（Fome Zero）战略已经被融入了以重启国内市场和创造就业为基础的更广泛的发展战略当中。在2008年"次贷"危机之前，巴西的失业率下降到了7.8%[宏观经济数据库（IPEADATA），2012]。这一点对于理解巴西近年来在社会领域所取得的成就非常重要。2003~2010年，正规行业的从业人数增加了1500万（Barbosa et alii，2010），而在同一时期，最低工资实际增加了66%。事实上，在21世纪头十年的时间里，劳动力市场的强劲势头是导致巴西家庭收入增加75%的主要原因[巴西应用经济研究所（IPEA），2012]，这也是贫困得以减少的一个关键因素。这也对不平等产生了影响：巴西的基尼系数从2001年的0.594下降到了2011年的0.527。对收入来源的剖析能表明哪些因素

对基尼系数的下降产生了相对影响：就业和实际工资增长，58%；退休金，19%；"家庭补助"计划，13%（IPEA，2012）。

不过，对于穷困家庭来说，巴西的劳动力市场仍然是一个极不稳定的收入来源。在经合组织成员国，员工的平均雇用时间为126个月，而巴西正规行业的从业人员的平均雇用期也只有62个月，而在"统一登记系统"登记在册的人员中，他们的平均雇用期只有22个月——也就是说大约只相当于全国平均水平的1/3，而"家庭补助"计划的受益者能保住正式工作的时间还不到一年（见图3）。

这一现实表明，必须通过发展经济生产来为社会融入注入新的动力。正如我们已经看到的那样，以促进农村地区生产、发展家庭农业为基础的一整套相互依赖的社会融入政策业已存在。但是，旨在促进城市和森林地区低收入企业发展的、能大规模实施的政策却始终没有出现。从迄今所获得的经验看，这一新政策所针对的应当是：①互助经济合作社；②小企业的正规化；③启用新的信贷额度。此外，相关的技术援助也存在不适合小型企业的问题。鉴于这些原因，罗塞夫新政府在2011年推出了"巴西无贫困"（Plano Brasil sem Miséria）计划。该计划认为，巴西目前仍然

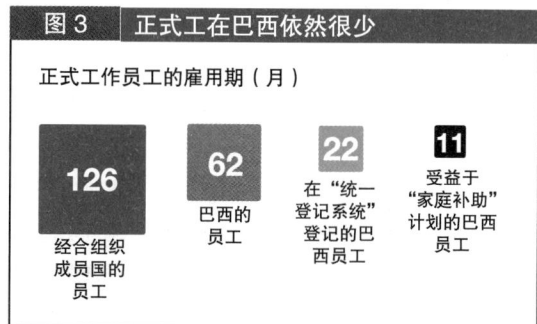

图3　正式工在巴西依然很少

正式工作员工的雇用期（月）

126
经合组织成员国的员工

62
巴西的员工

22
在"统一登记系统"登记的巴西员工

11
受益于"家庭补助"计划的巴西员工

资料来源：巴尔博萨（Barbosa）等，2010。

说　明：巴西劳动市场能提供的稳定工作很少，这使得贫困始终难以消除，也使得"家庭补助"计划对许多家庭而言显得至关重要。

有 1600 万人生活在极端贫困中，需要人们进一步努力去改变他们的处境。"巴西无贫困"计划主要以现有的政策为基础，旨在从以下三个方面来改善政策：收入保障、获得公共服务和生产性融入。

正如我们所看到的那样，生活在城市和农村地区的贫困家庭面临着各种不同的穷困，需要政府采取不同的公共政策来加以应对。在接下来的内容中，我们将会看到，巴西不仅仅只是在城市和农村地区面临着社会挑战，而且在该国北部的热带雨林地区也面临着社会政策的巨大挑战。

贫困与环境

在巴西，扶贫政策以及那些旨在促进社会发展的政策还面临着一个其他国家所没有的特殊挑战：除了传统的农村和城市地区的二元对立外，巴西还存在着第三个需要国家战略加以特殊对待的地区，即森林地区。有关自然资源，尤其是森林资源之经济用途的辩论通常会被纳入有关国家发展政策和道路的思考当中。这一位于该国北部的地区叫做"亚马孙行政区"（Amazônia Legal），它的面积约占巴西国土面积的 60%，人口约占 13%，也是全球最大的生物多样性和水资源的宝库。20 世纪 70 年代，当时的流行做法是用砍伐森林烧地的方式来开辟传统的农村和城市居民点。目前，亚马孙地区 2/3 的人口居住在城市地区，约 600 万人生活在森林或农村地区。

如今，热带雨林仍是社会信息和政策管理所无法企及的地方。人们始终无法掌握有关生活在森林中的家庭的社会数据，尽管巴西地理统计局（IBGE）很早就已经展开过入户调查。虽然生活在热带雨林中的人在巴西全国总人口中所占的比例很小，但是巴西为实现 21 世纪所制定的社会和环境可持续发展目标而采取的众多措施都应当把这些人和森林作为出发点。此外，森林居民也是巴西许多扶贫政策以及一些全民覆盖的社会政策出现定位错误的主要原因。毫无疑问，那些分散在内陆地带和沿河而建的传统民居，对于那些定向社会政策的有效实施带来了一定的障碍。

热带雨林资源开发最主要的方法是矿产开采和森林砍伐，其中有很大一部分是非法的；其次是农业和粗放型养殖。卢拉总统时代的一位环境部长曾一针见血地指出了其中的问题。虽然一个非法的锯木厂在一天之内就很容易被拆除，但是我们无法以同样的速度为这个厂里所有的工人提供高质量的就业机会。这里还必须强调指出另一个重要的问题，即人为焚烧森林所造成的温室气体排放问题[1]。虽然巴西政府在温室气体减排方面的努力已取得了相当大的成就，但是光靠这一点是无法打破在该地区占主导地位的经济逻辑的。

如前所述，在亚马孙地区占主导地位的社会技术模式无论从环保角度还是从社会角度来看都是不可持续的。就像 20 多年前的贫困和饥饿一样，最近十多年来可持续发展已成为巴西这个民主政体上下一致的政策目标。保护热带雨林不仅对于当地民众的生存至关重要，而且对于该地区所提供的自然产品的多样性得以保持、得以可持续利用同样至关重要。如今，所有的人都已经明白，大力推广生物多样性的可持续利用是确保长期可持续发展所必不可少的。当"脚下"的森林所产生的总价值超过森林砍伐所创造的价值时，人们就会自觉自愿地参与到可持续的活动中来。

联邦政府所提供的社会补助，如"家庭补助"

---

① 森林砍伐是巴西温室气体排放量的主要来源。

计划以及最近的"森林补助"计划①，是为亚马孙地区当地居民提供最低收入保障的一项重要的社会政策。尽管如此，要想真正促进可持续发展，其中仍有许多工作有待完成，关键是要推动建立起一些以自然资源为基础，同时又能把当地人们利用生物多样性的传统知识与科技及创新等相互结合的生产线。其中有一些产品，如天然化妆品、食品、饮料和草药产品（药用植物）已经开始生产。一些中型和大型公司，如Natura 和 Beraca Sabará② 已经在可持续发展领域投入了巨资，并与当地一些从事采集活动的社群携手合作。

然而，在利用森林资源方面，占主导地位的经济活动仍然是刀耕火种模式：它能获取珍贵的木材以及农田和粗放型牧场所需的土地。这种"采集主义"（Extractivisme，在巴西亚马孙流域，它是指一种林业经营方式，采摘森林中一些非树木资源用于商业目的——译者注）虽然是该地区一种公认的重要社会运动，但自身也面临着许多局限，如果传统的技术不能实现转型，它就无法吸纳更多的本地劳动力。这一问题已经成为影响亚马孙地区发展的一大挑战，也成为通过科学技术来改善"采集主义"的一大挑战。

结论

自 20 世纪 30 年代以来，巴西的社会政策逐步得到了发展。最初，它们所关注的只有那些正规行业的员工，但自 20 世纪 80 年代重新实现民主化后，贫困和饥饿问题在公共政策的定义过程中具有了相当重要的政治意义。为了对这些政策的定位和形式进行规划和校准，巴西当局使用了一些综合统计工具。然而，由于现有的数据资料和社会调查并不是专门为了收集有关贫困的数据而设计的，因此一些新的工具从而问世。

这些工具并不只是一些提供信息的机构。巴西拥有一整套行之有效的机构：三家大型国有银行和一个公共投资银行、一个由众多联邦级大学所构成的网络、一些统计机构、稳固的劳工法以及有效的外部监督。从政治上看，宪法权利将为社会成果的取得提供重要保障，而专项立法则对于政策的组织构成十分重要，它将使这些政策在执政党出现更迭的情况下得以延续。清晰的规则对于相关计划能被公众所接受以及明确社会责任也十分重要。社会运动也能发挥政治作用，正是在它们的压力下，一些特殊的群体才得以享受到相关的社会政策。在那些保障全民社会权利的政策以及其他一些针对贫困和饥饿问题的政策的综合作用下，一种新型社会保障体制已经在巴西出现。该社会保障体制与一种以巴西巨大国内市场为基础的广义发展战略有着密切关系。

巴西的社会政策所具有的一些特点提高了这些政策的效率。相关社会数据的合并与强化提高了人们对于不同社会环境下贫困问题的了解；行动权的下放降低了成本，同时又提高了针对性；定义良好的角色和责任分配提高了责任意识；简单明了的规则提高了社会的监控能力；专门针对穷人的补贴以及其他政策弥补了那些全民政策的不足；通过粮食机构和采购市场来提高农民的收入以及本地的财富网络；利用就业和提高最低工资标准来与贫困作斗争；引入了地区的视角，注重地区间政策的互动；对目标人群进行特别定位以纠正过去的失误；把对政策的监测和评估作为

---

① "森林补助"（Bolsa Floresta）计划是一个通过资金转移支付对可持续的季节性活动进行补助的计划。

② Natura 是巴西最大的化妆品公司。Beraca Sabará 则是该国化妆品公司绿色产品的最主要供应商，在鼓励当地民众使用传统方式采集生物多样性产品方面起着先驱作用。

行动指南；最后是承认这样一个事实，即探索是不可避免的，而政治意愿是必不可少的。

尽管取得了这么多成就，但巴西的社会政策要想彻底消除极端贫困和饥饿还面临着重大的挑战。在过去的十年中，社会政策与范围宽广的国家发展战略形成了合力，收入的增加——它是通过提供补助和向家庭农业提供补贴来实现的——以及社会服务和基础设施的发展，对经济停滞地区产生了刺激作用。得益于中低收入家庭消费能力的增加，这种收入增长的势头对于国家经济和社会的发展起到了促进作用。为使这种势头得以保持，经济供给领域如今出现一个新挑战，而且这个挑战必须由中低收入阶层的企业家出面来加以应对。对于农村地区来说，相关的选择方案已经明确，如生产性融入政策的扩展，而城市和森林地区的生产则似乎应当采取一些更有效的替代方案。

参考文献

ARANHA A., 2010, « Fome Zero: a construção de uma estratégia de combate à fome no Brasil », in: BRASIL, MINISTÉRIO DO DESENVOLVIMENTO SOCIAL E COMBATE A FOME, 2010, Fome Zero: Uma História Brasileira, Brasília, DF: MDS, Assessoria Fome Zero, V. 1, 2 e 3.

BARBOSA T. et alii, 2010, « O Direito ao Trabalho e a Necessidade de uma Política Nacional de Inclusão Produtiva », in: BRASIL, MINISTÉRIO DO DESENVOLVIMENTO SOCIAL E COMBATE A FOME, 2010, Fome Zero: Uma História Brasileira, Brasília, DF: MDS, Assessoria Fome Zero, V. 1, 2 e 3.

BRASIL, MINISTÉRIO DO PLANEJAMENTO, ORÇAMENTO ET GESTÃO, 2003, Plano plurianual 2004-2007, Brasília, MP.

BRASIL, MINISTÉRIO DO DESENVOLVIMENTO SOCIAL E COMBATE À FOME 2010, Fome Zero: Uma História Brasileira, Brasília, DF: MDS, Assessoria Fome Zero, V. 1, 2 e 3.

CENTRO DE GESTÃO E ESTUDOS ESTRATÉGICOS, 2009, Um projeto para a Amazônia no século 21: desafios e contribuições, Brasília, CGEE.

CENTRO DE GESTÃO E ESTUDOS ESTRATÉGICOS, 2011, "Brazilian fieldwork report (cosmetics and forest management)", in: Opening up Natural Resource-based industries for innovation: Exploring new pathways for development in Latin-America, Brasília, CGEE.

CENTRO DE GESTÃO E ESTUDOS ESTRATÉGICOS, 2011, "Brazilian sectoral report – the Amazon region and the use of its biodiversity", in: Opening up Natural Resource-based Industries for Innovation: Exploring New Pathways for Development in Latin-America, Brasília, CGEE.

CENTRO DE GESTÃO E ESTUDOS ESTRATÉGICOS, 2011, A Focus on the Amazon Brasília, Amazon Environmental Research Institute, Secretariat of Strategic Affairs of the Presidency of Brazil, REDD in Brazil, CGEE.

FRANÇA C., DEL GROSSI M et MARQUES V.P., 2009, O Censo Agropecuário 2006 e a agricultura familiar no Brasil, Brasília, MDA, 2009.

INAM/IBGE/IPEA, 1990, Pesquisa Nacional de Saúde e Nutrição, Brasília, março de 1990.

IPEA, 2012, Comunicado nº 155, Brasília, IPEA.

IPEA, 2012, Gasto Social Federal: prioridade macroeconômica no período 1995-2010, Brasília, IPEA.

IPEADATA, 2012, www.ipeadata.gov.br, consulté en novembre 2012.

LINDERT K., LINDER A., HOBBS J. et BRIÈRE B., 2007, "The nuts and bolts of Brazil's Bolsa Família Program: implementing conditional cash transfers in a decentralized context", in: BANQUE MONDIALE, Discussion paper, nº 0709.

OLIVEIRA M.J.G., 2006, A importância da ciência e tecnologia no desenvolvimento da Amazônia e o caso do Acre, mémoire de Master.

PELIANO A., 1993, O Mapa da Fome: subsídios à formulação de uma política de segurança alimentar, Brasília, IPEA, 1993.

PELIANO A., 2010, "Lições da história – avanços e retrocessos na trajetória das políticas públicas de combate à Fome e à Pobreza no Brasil", in: BRASIL, MINISTÉRIO DO DESENVOLVIMENTO SOCIAL E COMBATE A FOME, 2010, Fome Zero: Uma História Brasileira, Brasília, DF, MDS, Assessoria Fome Zero, V. 1, 2 e 3.

STIGLITZ J., SEN A. et FITOUSSI J.-P., 2008, Report by the Commission on the Measurement of Economic Performance and Social Progress, Paris, CMEPSP.

WALLERSTEIN I., 1995, After Liberalism, New York, The New Press.

南非：分权治理的失败

蒂埃里·焦尔达诺（Thierry GIORDANO）

法国农业国际合作研究发展中心，法国

1994年，纳尔逊·曼德拉当选为南非种族隔离时代结束后的第一位总统。在纠正旧政权遗留下来的失衡问题上，要做的事情很多。这些失衡体现在性别、种族和地域等各个领域。新政府很快启动了"重建与发展计划"（RDP），以期改变在接受教育、饮水、能源、住房、就业和土地权等方面的不平等。与此同时，南非民主大会（CODESA）开始了起草新宪法的工作。新宪法于 1996 年颁布，它被宪政专家们视为是世界上最好的宪法之一。《权利法案》被纳入到了宪法当中，它规定每个公民都拥有获得足够住房的权利，获得医疗服务的权利，获得充足的食物与水的权利，获得社会保障、接受基础教育和高等教育的权利以及拥有一个安全可靠环境的权利。没有什么能比执政党所起草的宪法和"重建与发展计划"更能证明当局对于减少不平等的重视程度。

在过去的 18 年间，南非取得了有目共睹的进步。例如，1996~2007 年（2007 年是最后一次进行家庭入户调查的年份）间，全国能用上自来水的家庭比例由 80% 增加到了 89%，而在过去的"黑人家园"（指过去南非种族隔离制度下的黑人有一定自治权的地区——译者注）东开普省，这一比例更是由 54% 增加到了 74%。用电情况也有了大幅改善，能用上电的家庭比例由 57% 提高到了 83%（见图 1）。类似的

进步几乎出现在了所有的领域（教育、卫生设施、垃圾收集、电信、住房和交通等）。然而，服务的提供与服务的质量并不是一回事，黑人居住区经常出现的一些示威游行在提醒着我们：大部分人的生活水平依然不高。因此，在全国平均水平的背后所隐藏的是堪称全球最严重的收入不平等；基本的公共服务远未达到普及的程度，尤其是在城郊的黑人居住区以及贫困的农村地区；昔日的"黑人家园"仍然是南非最贫困的地区，尽管这个国家的一些大城市十分繁荣。这究竟是怎么回事呢？我们并无意对造成这些不平等的原因作全面的剖析，只是想揭示南非在减少不平等方面的治理体制中所存在的一个常常被人忽视的问题，即地方政府的作用。

混乱的地方治理

"合作治理"的原则被写进了宪法——这就是当时很有吸引力的"分权治理"（或译作"权力下放"）原则。根据这一原则，相关的社会服务提供和经济发展要由被认为最适合的一级政府来承担。例如，供水、环境卫生、能源和住房属于市政府的责任范畴；教育、医疗卫生以及交通等方面的权力则由各省负责。在实践中，"分权治理"产生了许多功能失调的问题，其后果往往是灾难性的。

一方面，那些最穷的市镇每一年都会出现财政吃紧的问题，而且也无力在短期内偿还债务，这就使许多基础设施面临着无钱维护的问题，相关公共服务的质量和可靠性则更加无从谈起。另一方面，在财政部所拨付的投资预算中，有许多城镇有高达30%甚至40%的年度预算额度无法用完，这对公共服务的布局产生了严重影响，也使得一些历史欠账难以还清。2012年2月，南非财政部长在接受议会质询时称，2010~2011财政年度用于基础设施领域的2600亿兰特预算资金中，财政部和各市镇当局只花掉了其中的68%。而2012年7月的总审计长报告显示，2011~2012年，54个市镇共有37亿兰特的预算额度没有完成（见图2）。

各个市政府普遍存在着贪污腐败、利益冲突、任人唯亲、缺乏能力和技能（财务总管、城市规划者和工程师等许多重要岗位都出现了空缺）、一些无能之辈占据了执政党的一些重要职位等问题。而这一切又是在一个十分复杂的社会和文化背景下出现的：市长和市政议员与地方上一些传统势力（如国王和部落酋长）和机构之间出现了利益争夺。以下这个例子是能力缺乏的一个很好体现。南非国库委员会2011年9月公布的有关地方政府预算及支出的审查报告显示，各城市的用人形势非常令人担忧，2006年，那些已经批准可聘用人员的岗位中平均的

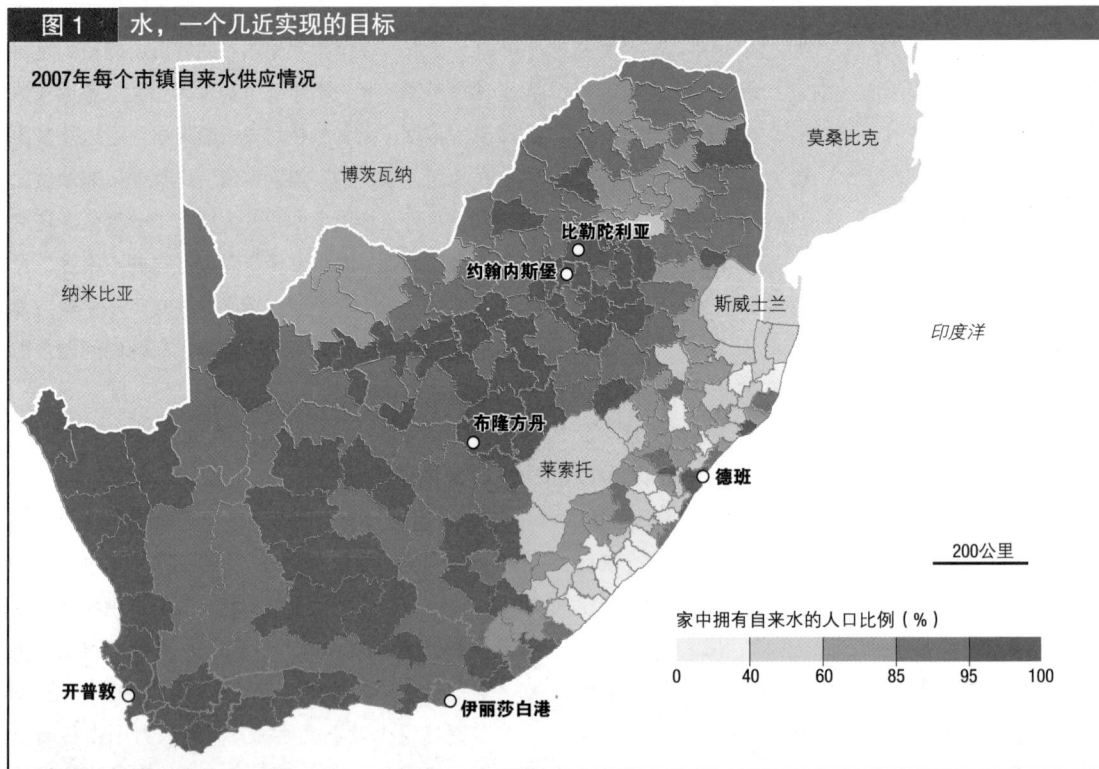

图1　水，一个几近实现的目标

2007年每个市镇自来水供应情况

家中拥有自来水的人口比例（%）
0　40　60　85　95　100

200公里

资料来源：www.statsonline.gov.za/news_archive/12march2008_1.asp。
说　明：满足基本需求被写进了南非的宪法，而且也是南非政策中一个十分流行的议题。如今，南非几乎所有的城市都实现了全民用上自来水的目标。

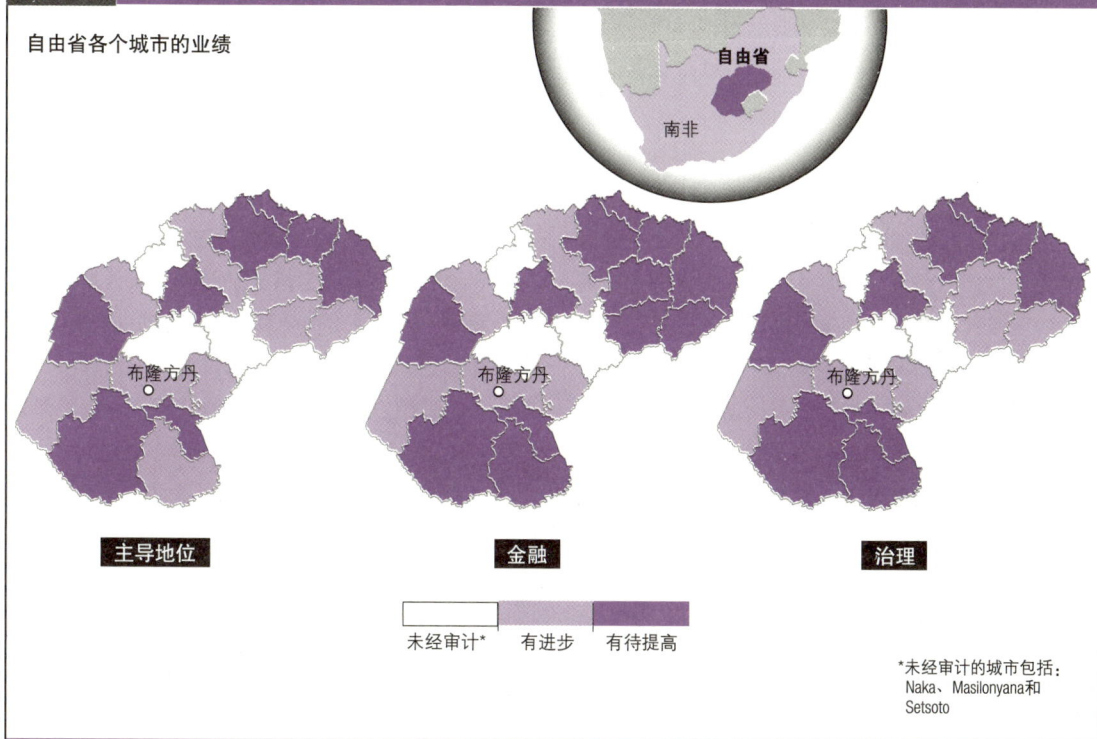

图2　城市依然脆弱

自由省各个城市的业绩

自由省

南非

主导地位

金融

治理

未经审计*　有进步　有待提高

*未经审计的城市包括：
Naka、Masilonyana和
Setsoto

资料来源：2010~2011年自由省地方政府收入审计报告。

说　明：官方的报告表明，各个市镇都很缺乏履行使命的能力。对自由省的评估（其中不包括其境内的昔日"黑人家园"）显示，在政策管理、金融管理以及治理（透明度、参与度、遵纪守法）方面，大部分城市都不能达到国家所规定的要求。过去的"黑人家园"林波波省和东开普省尤为困难。

空缺率达到了36%，而茨瓦内（Tshwane，即原来的比勒陀利亚市——译者注）市的岗位空缺比例高达51%。而且谁也不敢预言这些空缺的岗位可以通过提高现职人员的技能来加以弥补，因为相关预算中没有任何公务员培训开支方面的资料。

政府采购以及供应链管理过程的混乱似乎也是一个核心问题。招标程序相当不完善。当然，相关的监督和制约程序都是有的，但各种规章制度和规定是如此之复杂，而办事人员的能力是如此之低下，因此对相关机制进行规避要比遵守它们显得更加容易。项目前期准备不足，技术要求不够精确，资金支出计划

不周，这一切使得投标的报价往往偏高，而这正是那些没有资质的经营业者与某些市政议员和投标人相互勾结一起捞钱的结果，受损失的则是贫困的社群。总审计长的同一份报告还显示，在上一年财政年度，被各个地方政府浪费的资金达110亿兰特。如果据此得出钱不是问题的结论就大错特错了，因为一个城市可能需要连续多年用好自己的预算才能弥补自己在公共服务提供和基础设施维护方面所存在的差距。然而，在目前情况下，提高对市政府预算的拨付额度并不是一种潜在的选项，因为全国283个城市中只有13个城市在今年的审计过程中得到了好评，也就是说有关

公共资金使用的报告明晰而透明。但需要记住的是，良好的审计报告并不一定意味着钱用得其所，也不意味着所提供的服务就是最好的。各城市仍需要得到帮助。

城市责任的托管

宪法规定，各省应当为其下辖城市所出现的管理能力差的问题负责。然而，大多数省份都存在着类似的困难，其表现形式是未经批准的开支、违法行为、在供应链以及政府采购过程中违规操作等。各省所提供的公共服务质量很差，现在如何能让它们对那些出现功能障碍的城市提供帮助与监督呢？此外，局势的恶化是因为宪法还规定：当各省难以为继时将由国家的部委取而代之。自 2011 年 12 月以来，政府已将多个省份的管理职能收归到国家，如东开普省（教育）、林波波省（金融、教育、卫生、公共工程、道路和运输）、自由省（金融、警察、道路和运输）和豪登省（融资和卫生），以便纠正管理不善的问题并防止基本公共服务的崩溃。它所带来的后果必然会超出公共服务的提供这一范畴。最近，一家工程和建筑公司就因为林波波省、夸祖

鲁—纳塔尔省和自由省的相关部门未按合同规定支付资金而倒闭，导致 2500 人失业，而在这个失业率高达 24% 的国家，创造就业机会应当是政府的第一大优先目标。然而，国家层面同样也是问题成堆。自 2009 年 5 月总统选举以来，有几位部长（公共工程部长以及传统事务部长）或副部长（经济发展）以及警察总监均因为行为不端而被暂时停职或解职。国家财政和金融委员会指出了公共财政管理法所存在的漏洞，以及缺乏一个采取全国行动的统一标准。这一切都是真的，然而仅仅通过对一个法律条文的修改——哪怕它再完整、再结构合理——就能解决这些体系性障碍吗？当然不能。

因此，政府加大了努力，试图为这些问题找到解决方法。国家相关部门向那些被托管的地方政府派出了人员。此外，财政部成立了一个专门为各省提供支持的技术援助小组，帮助各城市规划和执行投资预算。联合执政与传统事务部建立了一个城市基础设施支持局，以便向那些没有项目规划和开发能力的乡村型自治区（municipalités rurales）提供帮助。总统基础设施协调委员会确定了 17 个战略基础设施项目。其中一个项目就是帮助 23 个最贫困的城

市（总共有 1700 万人）提高其向公民提供基本服务的水平和质量。

有一些省份——如西开普省——做得非常好，它们竭尽全力帮助各个城市搞好基础设施和提供服务的规划和开支管理。我们真的能对这些计划抱有很大的期待。有许多地方已经开展了一些旨在提高能力和技术支持的试验，但收到的成效十分有限，因为地方政府的能力提高并不足以使其彻底摆脱那些已侵蚀到整个体制的政治博弈。从这个角度看，相关的行动计划过于宽泛、过于单薄。因此，要想见到预期的结果还需要耐心等待，甚至是长时间的等待，而不平等现象仍将继续存在。

解决执行难的问题

这并不意味着人们没有取得任何进步，实际情况远非如此。但是，只有少数人从这些进步中获得了好处，仍有近半数的民众生活在贫困线以下。在南非第一次民主选举过去 18 年后，种族隔离的遗存依然存在，许多领域不平等现象有增无减，昔日的"黑人家园"如今在发展上仍然在拖后腿；黑人居住区（以及越来越多的白人居住区）处于一种十分混乱的状态。但是，人们不能把这一切都归罪于种族隔离——而这正是某些政客所想做的。首先，各个政党必须认真着手解决地方政府功能失调的问题，对其内部运作模式提出质疑，别再任命那些无能的管理人员，并促进良好治理。此外，地方议员、市长和市政官员以及各省的局长和行政议会成员都必须按照其实际工作能力来任命，而不是看他们的级别或关系。今天，他们更多的是在向自己所在的政党负责而不是向选民负责。其次，必须堵住一切行政和法律上的漏洞，从而使一切非法行为都会受到惩处——这其中必须首先做到对相关举报人提供有效的保护。"公共保护者"的权力和手段都必须扩大到促进国家事务的良好治理这一领域，相关的反腐败法律则应得到切实执行。解决现存问题的建议实际上早已存在，关键在于真正将它们付诸实施——这是不平等问题真正得到解决的先决条件。南非国家计划委员会发布了《2030 年国家发展规划》，这是一个被认为是雄心勃勃的同时也是可以实现的计划，前提是南非要变成一个"能力强大的、崇尚发展的、专业的以及反应灵敏的"国家。而这才是真正的挑战之所在。

第十一章

埃里克 · 西马尼斯（Erik SIMANIS）
康奈尔大学，美国

金字塔底层的商业活动：战略再思考

"金字塔底层"（BOP）战略试图把对利润的追求与发展的雄心这两者结合起来。那种认为跨国企业既能创造利润，又能减少贫困的想法似乎很难经得起事实的考验。因此，对于"金字塔底层"的定义需要作出修改，进行一定的简化，必须始终将企业的忧虑纳入其中。

与当今美国随处可见的流行美食墨西哥菜（Tex-Mex）一样，"金字塔底层"（BOP）战略旨在将两种完全不同的文化结合在一起。所不同的是，"金字塔底层"战略所要结合的并不是烹饪传统，而是在全球发展机构的核心理念下，对大企业的能力和基本资源进行融合，这是一种将利润和减少不平等相融合的有远见的观点（Prahalad et Hammond，2002；Prahalad et Hart，2002）。

但是这种认为跨国公司向全球40亿最贫困的消费者出售商品和提供服务的过程既能使其赚取利润，又能减少贫困的想法在实际上很难变成现实。自这一概念提出12年多来，许多针对"金字塔底层"消费者而展开的商业项目试验均未产生效益（Karamchandani、Kubzansky et Lalwani，2011；Karnani，2007）。

"金字塔底层"计划所可能面临的挑战被某些大型企业的一些项目所掩盖，这些项目因其可操作性以及某个试点的推进而在媒体上被大肆宣传，一个个都成了成功的案例，而实际上其真正的盈利能力和投资回报率并没有保证。有两个例子经常会被人提及。一是印度斯坦利华公司（Hindustan Lever）的"沙克蒂计划"（Shakti，印度语为"力量"的意思——译者注）。它是在印度开展的一个项目，通过一些互助团体招募一些妇女并对其进行培训，帮助其建立小企业，向印度偏远村庄的家庭直销化妆品和家庭护理品。另一个项目是印度综合性企业 ITC 公司的"电子会所"（e-Choupal，其字面意义是"乡村会所"——译者注）计划。它通过设在乡村的网吧使农民接触到市场信息以及农业知识。

令人失望的不仅仅只是这一模式的商业结果。对于这些大企业所采取的初步行动，整个发展界所给出的评价也不高。在他们看来，这些计划都把重点放在了向穷人兜售产品上，因此"贫困漂白"（poverty wash）一词便进入了"金字塔底层"的术语当中（Karnani，2007）。针对这一批评，一些学者（包括我自己在内）和发展实践者要求那些对"金字塔底层"感兴趣的企业把重点放在穷人收入的提高上——让他们通过彼此交易来提供生活必需品，并将他们纳入到企业的价值链当中（Drayton et Budinich，2010）；放在对当地民众的扶持、帮助其实现独立上——与当地低收入社群成立合资公司，与他们合作生产产品（Simanis，2008 A；Simanis、Hart et Duke，2008B）；放在对这些活动对扶贫计划的影响进行严格评估上（London，2009）。总之，企业被要求要像非营利组织那样行事。

因此，企业对"金字塔底层"的关注点逐步由商业利益转向慈善和社会责任也就丝毫不足为奇了。达能公司与格莱珉（Grameen）银行（孟加拉语中，"格莱珉"意为乡村的，所以也有人称其为"孟

图1 "金字塔底层"（BOP）市场规模预估

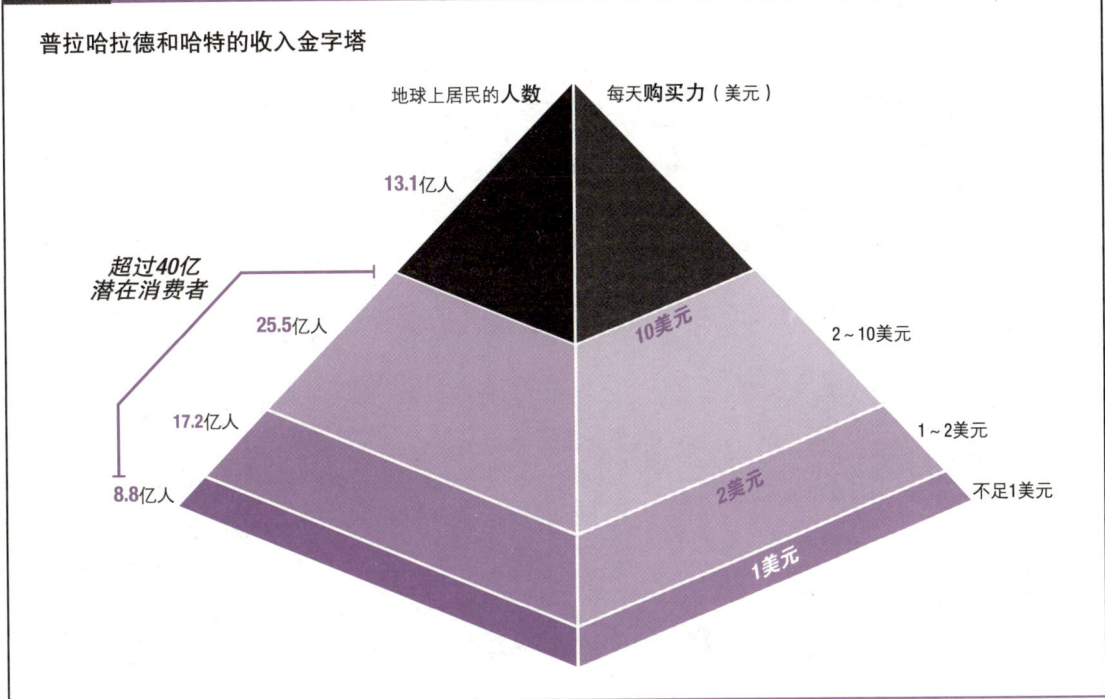

普拉哈拉德和哈特的收入金字塔

地球上居民的**人数**　　　每天购买力（美元）

13.1亿人

超过40亿
潜在消费者

25.5亿人　　　　　　　　10美元　　　　2～10美元

17.2亿人　　　　　　　　　　　　　　1～2美元

8.8亿人　　　　　2美元　　　　　不足1美元

1美元

资料来源：陈少华和拉瓦利翁（Ravallion），*The Developing World is Poorer than We Thought，But No Less Successful in the Fight Against Poverty*，世界银行，2008；普拉哈拉德和斯图尔特，《金字塔底层的财富》*The fortune at the bottom of pyramid*，2002。

说　明：普拉哈拉德和斯图尔特的研究（2002）表明，近40亿贫困消费者的需求并未得到市场的充分重视。为这一人群开发出特定商品的想法由此产生。

加拉乡村银行"）通过一个妇女经营网络在农村地区销售营养丰富的酸奶，这一合作关系就是一个被媒体广泛报道的例子。如今，许多"金字塔底层"计划的投资并不是为了竞争力的回报以及对发展的影响——这正是最初曾引起大企业投资热情的想法，大企业投资这些项目更多的是为了能对企业的名声产生影响。尽管企业在社会责任方面所做的努力会给项目实施地的社群带来巨大的效益，而且这些努力还应当得到鼓励和扩大，但它们不过是最初设想所投射出来的投影而已。

本章的目的是帮助企业重拾对"金字塔底层"战略的兴趣，把它作为一种盈利机会，把商业因素放在第一位。要做到这一点，我将把我认为的人们对在低收入市场商业成败原因所存在的误解进行总结，对企业在削减贫困方面的潜力进行总结。这一挑战存在于各个层级，从一线的实践地区到会议室当中。我还想补充的是，我不仅提出了一些造成误解的观点，而且还亲自领导过一些已经失败的"金字塔底层"商业项目，或担任过这些项目的顾问。因此，这篇文章既依据了具体的实践经验，也是我个人的一个学习过程，并对我个人以前的一些立场作了彻底的修正。

图2 "金字塔底层"(BOP)市场由什么构成？

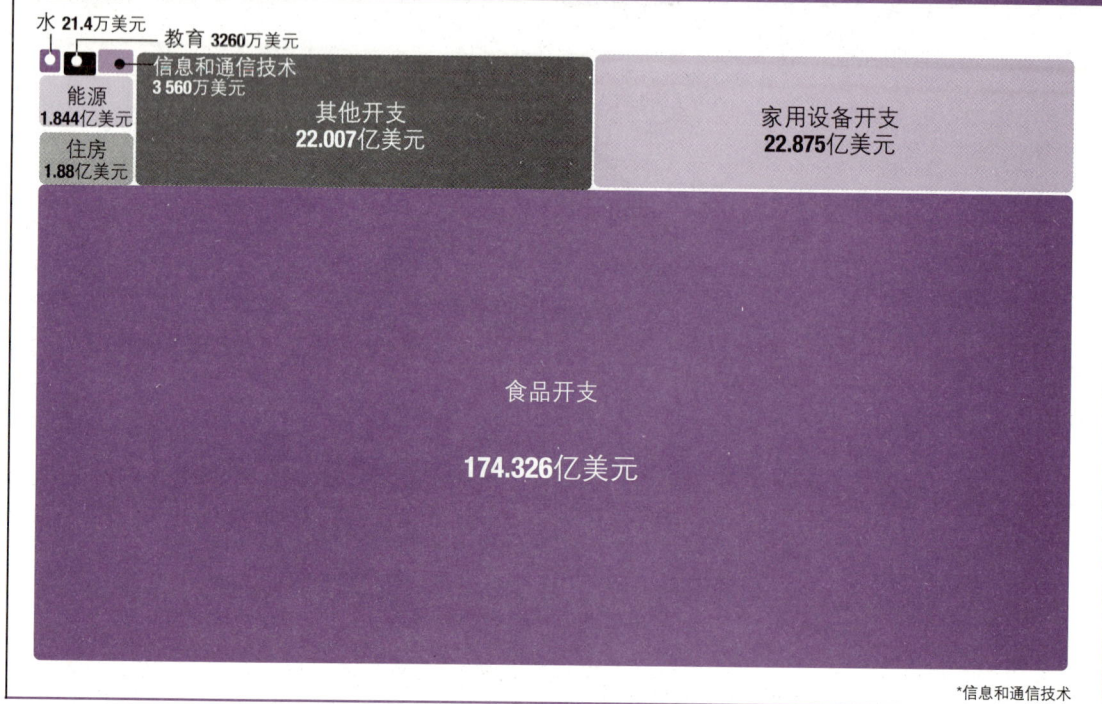

水 21.4万美元 ── 教育 3260万美元
── 信息和通信技术 3 560万美元

能源 1.844亿美元

住房 1.88亿美元

其他开支 22.007亿美元

家用设备开支 22.875亿美元

食品开支

174.326亿美元

*信息和通信技术

资料来源：世界资源研究所（WRI）和国际金融公司（IFC），2007。

说　　明：世界资源研究所（WRI）2007 年提供的数据显示，适销对路的产品能满足穷人的各种基本需求。食物供应的改善和家用设备将是两个最大的市场。

误解之一：只要设计得好，人们就会蜂涌而至

首先，人们经常会听到、会说起这样一种观点，即今天"金字塔底层"市场所面临的真正挑战首先是对贫困消费者的需求要有充分的了解，并能把它们转化成高质量的产品。在这种观点看来，企业压根儿就不明白这些消费者是如何生活的、他们所喜欢的是什么、他们所希望的是什么。如果一个产品所产生的需求数量达不到有利可图的程度，这是经常出现的情况，这家企业就会被指责没有真正听取客户的意见。

事实上，这一理论是在 20 世纪 90 年代初"金字塔底层"运动刚刚兴起之时出现的，企业如果能与"金字塔底层"的消费者密切合作，"共同创造"需求，那么它们就能对消费者的需求进行解码。这种观点从发展的角度来看也很有吸引力，因为它与人们通常所说的"参与式发展"这一基本原则是完全相符的，这是 20 世纪 80 年代开始推广的一种发展方式，它所强调的是让穷人充分、积极地参与到所有解决方案的设计和实施过程中。这种深度参与有助于穷人实现独立，提高其能力，确保相关解决方案能符合本地实情（Chambers，1983，1997）。

究竟发生了什么事？企业深入到了一线，也曾做了深入的调研（我个人在非洲和印度参与领导以

及担任顾问的所有项目中，我和我的团队都曾在那些我们想要提供服务的贫民窟和农村家庭里居住过），还利用各种参与制手段与当地社群进行"共同创造"，推出了一些似乎能满足各种迫切需求的产品……结果却以失败而告终。在许多情况下，需求始终无法被激发出来，尽管人们进行了"共同创造"，也付出了巨大努力，即使有些产品看起来是健康和正常的生活所必不可少的，如饮用水问题的解决方案、营养丰富的食品以及无烟炉灶等。

我已经清楚地看到，需求和市场之间存在差异（Simanis，2009，2010）。市场是围绕一种产品而构建的生活方式。当一个市场存在时，消费者就会把一个产品及其所拟议的价值纳入他们的生活网络当中，购买和使用这个产品就成了第二天性。在这种情况下，市场研究专家和产品设计师可以获得很好的消费数据，因此他们与消费者密切合作以提高产品的功能便成了理所当然的事。

"金字塔底层"项目所推出的大多数产品之前并不存在任何市场，这个市场需要人们去创建。在创建市场方面，有关消费的研究以及传统的数据所能提供的最多是一些模糊的信号，因为消费者没有任何一种参考标准来了解一种新功能的价值；他们不知道使用这一产品会如何导致他们的习俗、预算和生活方式发生改变。因此，收集更多有关消费者的资料和反馈是有可能的，但是当消费者真正需要为自己头脑中已接受的产品付钱时，他们却退缩了。

要想成功创建市场，需要一种完全不同的产品定位以及更广泛的营销策略。其主要目标是帮助消费者启动一个"意义建构"的初始进程，这是一种"从失败中找到解决办法"的试验形式，它鼓励消费者用自己的想法去理解一个产品是如何进入到他们生活当中的，其价值究竟是什么，并催生出一种"从众效应"——用社会学的用语来说，它将使供给出现正常化，并使之成为所有人的必需品。例如，在这些特有的营销技巧中，我曾成功地使用了"多次使用定价法"（而不是根据单一样品来定价），即在供给中纳入了一些"附属的东西"或者说消费者所处环境所熟悉的东西（如奖励计划等）。我还试行并完善了一种"种子小组"战略，即通过各种讲座构建出一个愿意使用一种产品的第一个小组，其目的是鼓励参加者形成与产品供给相关的关键行为模型，使他们感到自己是知名品牌消费群体中的一员。

误解之二：设立产量高、利润薄、价格低的目标

第二个误解出现在了有关"金字塔底层"的第一篇文章当中：它认为要想有利可图，所提供的产品必须具有目标产量高、利润薄和价格低的特点。从直觉来看，这一计算方法似乎十分正确："金字塔底层"的消费者每天只能花一美元，但他们的总人数占到了全球总人口的 2/3。除了这个简单的算术式外，我认为这种商业模式之所以会被人们很快地盲目接受，是因为它有助于缓解企业的管理人员和领导层面对赚穷人的钱这一问题而可能出现的迟疑心态：在面向"金字塔底层"人群的生意中赚取极低的利润在道德上似乎更容易被接受。

然而，以直觉和情感为基础的商业模式注定将以失败而告终。"产量高、利润薄、价格低"的模式在大多数"金字塔底层"市场根本行不通，因为它所要求的目标市场普及率是不切实际的（Simanis，2012）。有两个因素可以解释这一点。

第一个因素与"金字塔底层"市场的费用有关。这些市场的经营成本要远远高于传统的市场。为了弥补基础设施（如经常出现故障的电网或坑坑洼洼的道路等）的缺失以及社会机制的缺失或低效（包括腐败的警察和落后的教育体系），作为备用的柴油发电机

以及针对内部员工的扫盲计划使得这些项目的经营成本大大高于传统市场的水平。低收入消费者所受到的"贫困惩罚"——它是指低收入穷人在获取最基本的产品和服务时往往要比中产阶级付出更高的代价（Prahalad et Hammond，2002），——在这一等式中的"供给"方也同样存在。

如上所述，由于市场还有待建立，因此必须实行一条高技术、个性化的销售和市场营销策略来争取并留住客户。要想让他人理解一种新功能的好处、让民众改变生活习俗以及长期形成的习惯是件十分困难的事，哪怕这一切会改变他们的命运。人们还会联想到那些为劝告人们佩戴安全带、戴自行车头盔或使用避孕套而举行的大规模宣传和推广活动。所有这一切都会增加成本，并会推迟实现盈利的时间点，因为企业是根据未来盈利预期才愿意掏钱开展一些旨在改变人们行为习惯的宣传活动的（即使这些企业与一些非政府组织、互助团体和地方政府建立伙伴关系，因为它们也不会无偿劳动）。

第二个因素是，这些面对低收入市场的"经营单位"是在极低的"有效（经济）规模"的基础上预先设定的。在经济学中，"有效（经济）规模"是指商业设施的规模、设备和经营运作达到最高效的状态，也就是利润最大化的状态。就拿上面提到的 ITC 公司旨在向贫困农民提供农业信息的"电子会所"（e-Choupal）计划例子来说：每个网吧辐射到方圆五公里范围内的农民，这是当地交通基础设施较差所导致的。农村地区道路质量极差，企业若将把产品卖给地处偏远的消费者，其成本势必大增。相反，当地相对极为昂贵的交通成本使得消费者在多数情况下只能在自己的村庄里（或邻近地区）购买东西。例如，在加纳的农村地区，乘坐公共小巴往返八公里的费用是1.40 美元，比一个四口之家的农业家庭一天的开支还要高出 20%。

其结果是，一个"经营单位"将被迫根据一个有限区域内的消费者数量——在农村地区可能只是一个村庄的民众，而大型贫民窟则可能包括几个街区的人——来设定自己的销量目标。要想收回高额的运营开支并在合理的期限内产生回报，但又不会把整个目标市场变成只剩一些固定客户，唯一的方法就是提高会计所说的"每笔交易的贡献度"（一个产品的售价减去各种成本）。要提高贡献度，一个企业就必须提高其毛利率（通过降低各种成本来实现）和 / 或提高售价。

要想在"金字塔底层"的背景下产生很高的贡献度，企业必须对整个商业模式进行彻底重组：包括企业的"价值主张"（它是指一个企业通过其产品和服务所能向消费者提供的价值——译者注）、价格结构以及整个供应链。我在早期的作品中曾描述过几种能有效提高贡献度的基本策略，包括将各种散装产品组合在一起进行捆绑销售；将有客户参与的"提升服务"纳入到与捆绑销售有关的经营活动中，使客户自己学会如何让一种产品发挥出最大功用；最后是将同一个消费群体的客户组织起来（Simanis，2012）。

误解之三：高利润是不道德的

另一个误解——或者更确切地说是不了解——是：大企业"金字塔底层"战略的利润究竟应当保持在什么水平才会被认为是合理的。在这方面，我本人就曾因为支持过上述这样一种想法而遭到批评，这种观点认为，在低收入的市场中，只有在非常高的毛利润率的情况下才能获取利润。

虽然这一辩论当然会包含伦理和道德层面的内容，但是我相信其中很多的混乱——特别是那些针对非营利行业和企业的混乱——源自于一些不太具有哲学色彩的东西，即定义上的矛盾。换句话说，人们在说话的时候并不会注意去彼此倾听，而是用"利润"

这个词来表示一些完全不同的东西。

在日常商业用语中，这个词通常是指三个完全不同的东西：毛利润、经营利润以及投资收益。当在我写下企业需要极高的利润时，我所指的是前两方面的内容。如上文所述，高毛利润率（营业额减去各种成本）是必要的，因为这些市场的经营成本往往要高于平均水平。如果一个经营单位在启动之初没有很高的毛利润率，在扣除了经营成本后它很可能出现亏损。

一个经常会被商业部门以外的人误解的问题是，一个企业虽然其投资利润可能是负数，但它似乎能够年复一年地保持始终高额的经营利润——经营利润差不多可以被视为是纯利润。投资回报率是用来衡量一个项目的整体投资回报的，它代表着那些为该项目成为可能而投了钱的人（如股东）所获得的收益。这正是医药行业——医药产品在进入市场正式销售前需要高额的研发投入以及多年的临床试验——经常想向公众解释的一种情况。举个例子来说，一家企业每年能产生 100 万美元的营业利润。假设这家企业最初成立时投入了 200 万美元，而且需要两年时间才能正式运营，无论从哪个角度来看这个企业的投资回报率都是很高的；但是如果投入资金总额达 2000 万美元，而且相关投资需要五年时间才能产生第一笔利润，考虑到通货膨胀的因素以及把钱存入储蓄账户所可能获得的稳定回报，因此那些冒险投资这笔生意的人实在是得不偿失。

与医药产业一样，低收入市场的机会同样要求非常高的经营利润率以便能获得更多的投资回报。这其中有两个原因。首先，这些机会中有许多可能多年内不会产生利润，因为在最终投入市场销售前，还需要进行大规模的市场研究、新产品开发以及必要的临床试验。

从理论上讲，这个问题在新兴市场上将变得更

加严重，因为用来评估未来利润之现值的折现率在这里是非常高的——许多公司都超过了 30%。换个角度来看，比如一个项目在十年后的净利润假设为 100 万美元，如果用 30% 的折现率来计算，那么这一净利润的现值大约只有 72000 美元。

第二个原因是，那些需要收回的初始投资的成本往往是相当高的，因为"金字塔底层"的投资项目多数情况下需要一些人员庞大的跨国投资团队，所倚仗的是企业多方面的能力，并需要企业在资产和新的基础设施领域（尤其是销售环节）进行大量投资。

换句话说，高毛利润率和经营利润率并不会使投资回报率自动达到一个"不合理"的水平。同样，一个"真正的投资机会"从本质上看绝不是强取豪夺——它只是在一个特定的时段内收回最初的开支、收入的损失或者经济学家们所说的"机会成本"（例如，确定能得到资金的回报，通常情况下与政府担保证券的收益相等）以及对投资者所承担风险的回报。正如人们所能想象的那样，新兴国家和发展中国家市场的机会成本更高（因为新兴市场的通货膨胀水平一般都很高，这就推高了利率水平），而且这里的商业风险也要高得多，因为这其中将涉及新市场建立的问题。因此，这里所涉及的并不是要从穷人身上赚到更多的钱，而是投资环境本身的困难为"金字塔底层"项目企业设置了高门槛。

这就是说，在某些市场建立起来后，随着商业风险的降低以及竞争的加剧，投资所要求的盈利率可能会下降。这是一个动态的变化，也就是金融分析师所说的"平均回报率"。这种情况在一些小额信贷产业市场已经出现（Porteus，2006），这迫使一些企业通过降低成本的方式来维持投资的盈利能力（因为在通常情况下，竞争使其无法提高价格，企业甚至经常会面临着降价的压力）。这就是人们所说的市场魔力，

而且也说明了为什么市场最终能给消费者带来更多的价值。

误解之四：企业应当用价值整合的方式进入"金字塔底层"市场

最后一种误解涉及了有关大企业定义的核心内容。"金字塔底层"领域一些说法的出现使企业会用一种越来越宽泛的方法来评估自己投资的价值。基本资源分配决策所依据的不再只是股东的预期收益，而且还包括可能给穷人团体所创造的价值。从这个角度看，即使一个项目达不到企业的内部最低回报率，企业也应该继续投资来支持"金字塔底层"企业的发展，由此而造成的损失则可以由扶贫计划所产生的社会价值以及穷人某些未被满足的需求得到满足来弥补。

这一辩论因为两个概念的出现而受到了干扰。其中一个是"（为了）影响（而进行的）投资"的概念，即所进行的社会投资一方面（也是最重要的方面）是为了产生社会和环境影响，另一方面才是为了产生经济效益。另一个概念是诺贝尔奖得主、格莱珉银行的创始人穆罕默德·尤努斯（Mohammed Yunus）所提出的"社会化企业"。在尤努斯眼里，社会化企业是为了解决社会问题而建立的，它所赚取的只是运营所需的成本，而不会向投资者支付红利；所有的利润都将重新投入到企业当中（Yunus，2007）。

这一说法完全是可以理解的，而且具有很强的吸引力。但这是一个老生常谈的问题，它未能明确承认机构的运作，尤其未能说出这些机构的行为是如何被吸引资源供应者这一需求所左右的。对于这种观点，有一种人们更熟悉的说法，即"资源依赖理论"。它主要是指任何组织都离不开来自外部的资源；要想保持住资源的流动，保持一个组织的生存，这个组织必须首先满足在各种资源主要供应者看来十分重要的东西（Pfeffer et Salancik，1978）。受到这种外部力量制约的不仅仅只有上市公司，而且还包括那些社会企业、非营利组织、教会、教师协会和市政议会。正如鲍勃·迪伦（Bob Dylan）在他一首歌中所写的那样："好吧，这或许会像个魔鬼，但也可能像个绅士；但你必须为某人服务。"

因此，那些以不同法律形态存在的"非营利组织"，如社会企业、"影响投资"基金、多边机构和基金会等，并不是出于一种善心才使用了价值综合的方式，是资源供应商要求它们这样做的，而且要求它们把重点首先放在社会影响上而不是利润上。为什么呢？因为这些组织掌握资源的目的就是为了能对外部的社会和环境因素产生影响，而不是为了组织本身的发展。相反，当一个组织变得过时时，说明它的使命已经完成。

但企业并不是这种情况。绝大多数的企业投资者（如股东）拿出专门的钱用于企业的发展，目的是为了获取作为初始投资之回报的红利，就像银行必须向所有的储户支付利息一样。企业的产品和服务给民众生产带来的变化只是用来确保企业增长和长期存在的一种手段。

因此，不同的机构会将各种不同的限制和约束强加给自己的员工，因为其对资源供应者所应承担的义务是不一样的。一家大企业不可能采用与社会企业一样的方式来做"金字塔底层"阶层的生意。要想使大公司将像普拉哈拉德（Prahalad）、哈特（Hart）和哈蒙德（Hammond）等人所设想的那样，将"金字塔底层"战略纳入其核心业务当中，就必须按照金融市场以及出钱投资的股东眼里的成功标准来配置"金字塔底层"的资源和管理资金，即收益率必须高于或者至少相当于其他投资机会。大企业能通过提倡进步价值观来实现这一目标，而且我们也希望这种现象越来越普遍，但这些价值观本身并不能使人们有能力支付账单、使企业发展壮大或吸引到更多的新投资。

情况可能发生变化，价值整合的方法有朝一日甚至可能成为股东的一个诉求，但这一天仍很遥远，因为体制环境的变化非常缓慢。因此，为使大企业从今天开始就能将自己的能力和资源用于为社会和环境问题服务，必须对相关目标进行重置，使之能与管理者的标准、压力及其日常所面临的现实形成合力，而不是相反。正如20世纪70年代著名的社区组织者索尔·阿林斯基（Saul Alinksy）在其著作《反叛手册》（Rules for Radicals）中所写的那样，"如果你不能够与你所处的社群沟通……，你就根本没有融入其中"（Alinsky，1971）。

这正是过去十年间"金字塔底层"项目在实践过程中所发生的情况。我们——包括我自己在内——始终沉湎于那些美妙的理论以及抽象的概念中，如共同价值观的创造、包容性企业文化，从而忽视了管理者在实现季度销售和收入目标时所面临的压力。我们在构建理论时忽视了针对性。正如我在引言部分所说的那样，其结果使许多企业正在远离这一区域，或者只有在社会责任项目的框架下才会接近这一区域。这是一种真正的损失，因为企业可以带给穷人一种独特的价值。

但是，这种损失既与大企业决策时所受到的一些反常压力有关，也与人们在一线实践中创造力的缺乏有关。人们无法对概念和目标进行重置，以便

图3	对"金字塔底层"（BOP）方法的误解	
	误解	**实地的经验**
产品	用**参与制的方式**来设计产品使之能满足"金字塔底层"消费者所独有的需求，并能打开一些**新市场**	通过**市场的开辟**让"金字塔底层"消费者接受新行为和新产品
经济模式	"金字塔底层"市场要求一些**利润薄、价格低、产量高的模式**	大部分"金字塔底层"市场要求每笔交易提供**高贡献**（高数量和高价格）
投资模式	在"金字塔底层"（BOP）市场追求高利润是**不道德的**	如果毛利润率和经营利润率过高，那么"金字塔底层"将不利于**投资**
"金字塔底层"范式	企业必须以**社会、环境和经济三方面的总体价值**来决定对"金字塔底层"市场的投资并对其进行评估	把"金字塔底层"作为核心的商业目标，要求企业把扶贫作为自己的一项**正常服务**

资料来源：埃里克·西马尼斯（Erik SIMANIS）。

说　明：目前所实施的"金字塔底层"方法给人们带来的既有希望、社会动员，也有失望。在作者看来，导致这些令人失望结果的正是那些在产品定义和市场调研过程中各行为体所使用的原则。其他方法也是可行的。

使其能被管理者所认知，不管他们是高层管理人员还是一线的参与者（Simanis et Milstein，2012）。我们从现在起就应当把那些旨在避免出现一些"自上而下"或"推着走"的解决方案的建议付诸实施。我们需要深入到最基层，找到一些对管理者来说可行的解决方案，这些管理者年度绩效的评估也将取决于这些方案的成功实施。

我们不妨把"全面质量管理"（IQM）和"实时管理"（JIT）这两种革命形式作为研究对象。我敢打赌，这些管理实践——今天它们被看成是任何令人尊敬的企业所必须具有的基本技能——在减少企业和工业的环境影响方面所发挥的作用要比其他所有"环境管理措施"所发挥的作用至少要高出十倍。但是，"全面质量管理"和"实时管理"之所以能对环境产生深远的影响，恰恰是因为它们并不是为了这一目的而付诸实施的。

"全面质量管理"和"实时管理"的目标、实践、语言和设置都是为了提高企业的盈利能力和营业额，环境效益不过是机构在实现基本目标过程中的一种派生结果。如果"金字塔底层"战略以及创造社会价值成了大企业的日常活动，它们也将需要同样的框架和方法。

结论

勇气与大胆的想法是发生变化所需要的必要工具。在摆脱了现实的种种约束之后，它们能启迪思想、激发希望、催人上进、推进行动。"金字塔底层"的概念无疑能产生出这样的效果。但是光靠想法——不管它们会被重复多少次，也不管它们是如何被大张旗鼓地加以宣称的——并不可能导致持久的制度变迁。持久的变化既需要脚踏实地去干，同时也需要将想法纳入到日常现实和实践当中，正是它们造就了一切机构的特征。然而，这一进程是一个互相适应和互相商谈的进程，结构发生变化，观点也将随之改变。而且这将是一个不稳定的进程，因为它要求人们放弃思想上的纯洁性和满足于那些半吊子成就并接受分步走的现实。

今天，"金字塔底层"的概念必须作出选择，要么我们对这些概念作出调查，使之能符合社会的现实；要么我们去冒这样一个风险，即这些概念从此将完全退出企业所关注的视野。说得更明确一些，这并不是退回到"照常营业"的状态，也不是要彻底放弃一个更美好世界的愿景。相反，将商业因素重新引入"金字塔底层"的概念将是持续变化进程中一个令人欣喜的新阶段，这一阶段要求有更多的创造性，也将揭开新的研究步骤，并将为大学、发展界和全球贸易提供新的互动和学习机会。我希望这篇文章能为人们指明几条新的潜在道路——它们将使"金字塔底层"战略以一种更持久的方式融入企业的关注当中。

参考文献

ALINSKY S.D., 1971, *Rules for Radicals: A Pragmatic Primer for Realistic Radicals*, New York, Vintage Books.

CHAMBERS R., 1983, *Rural Development: Putting the Last First*, Essex, Pearson Educational Longman Limited.

CHAMBERS R., 1997, *Whose Reality Counts: Putting the First Last*, London, ITDG Publishing.

DRAYTON B. et BUDINICH V., septembre 2010, "A new alliance for global change", *Harvard Business Review*.

HAMMOND A., KRAMER W.Y., TRAN J., KATZ R. et WALKER C., mars 2007, *The Next 4 Billion: Market Size and Business Strategy at the Base of the Pyramid*, WRI.

KARAMCHANDANI S., KUBZANSKY M. et LALWANI N., mars 2011, "Is the bottom of the pyramid really for you?", *Harvard Business Review*, 107-111.

KARNANI A., 2007, "Misfortune at the bottom of the pyramid", *Greener Management International*, 51: 99-110.

LONDON T., mai 2009, "Making better investments at the base of the pyramid", *Harvard Business Review*.

PFEFFER J. et SALANCIK G., 1978, *The External Control of Organizations*, New York, Harper & Rowe.

PORTEUS D., 2006, *Competition and Microcredit Interest Rates*, CGAP Focus Note 33.

PRAHALAD C.K. et HAMMOND A., 2002, "Serving the world's poor, profitably", *Harvard Business Review*, 80(9): 48-57.

PRAHALAD C.K. et HART S.L., janvier 2002, "The fortune at the bottom of the pyramid", *Strategy + Business*: 1-14.

SIMANIS E.N. et MILSTEIN M.B., avril 2012, "Back to business fundamentals: making bottom of the pyramid relevant to core business", *FACTS Reports*: 79-85.

SIMANIS E.N., 2010, "Needs, needs everywhere but not a BOP market to tap", *in*: LONDON T. et HART S.L. (eds.), *Next Generation Strategies for the Base of the Pyramid*, FT Press.

SIMANIS E.N., 2012, "Reality check at the bottom of the pyramid", *Harvard Business Review*, 90: 120-125.

SIMANIS E.N., 26 octobre 2009, "At the base of the pyramid", *Wall Street Journal*, New York City, Dow Jones and Co.

SIMANIS E.N., HART S.L. et DUKE D., 2008b, "The base of the pyramid protocol: beyond basic needs business strategies", *Innovations*, 3(1): 57-84.

SIMANIS E.N., HART S.L., DEKOSZMOVSZKY J., DONOHUE P., DUKE D., ENK G., GORDON M. et THIEME T., 2008a, *The Base of the Pyramid Protocol*: *Towards Next Generation BOP Strategy* (2nd ed), Ithaca, New York, Center for Sustainable Global Enterprise, Johnson School of Management, Cornell University.

YUNUS M., 2007, *Creating a World Without Poverty: Social Business and the Future of Capitalism*, New York, Public Affairs.

中国妇女：社会服务私有化的受害者

萨拉·库克（Sarah COOK）
温尼伯（Winnipeg）大学，加拿大

董晓媛
联合国社会发展研究所，瑞士

中国过去 30 多年的经济改革深刻改变了市场化和非市场化领域的产品和劳动分配机制。国家和国有企业（单位）作为产品和社会服务提供者的功能进一步变弱，社会服务，尤其是对家庭的"照顾"责任基本上都落在了家庭身上。而在计划经济时代，在城市地区这些领域主要由国家负责。这些变化对于妇女的劳动及其地位——无论是在家庭中还是在职场上——都产生了重大的影响，但这种影响的程度一直被人们所低估。

本文探讨了一些社会和经济发展趋势对于"照料经济"（care economy）所造成的压力，尤其是给改革后的肩负着照顾家庭和赚钱养家双重责任的中国妇女所带来的压力。改革进程对于那些非市场化的活动，尤其是照顾孩子和老人——传统上这些任务都落在了妇女的身上——带来了什么样的影响？这种照顾家庭的责任会不会影响到女性进入劳动市场？工作与家庭之间的冲突会对女性及其家庭幸福产生什么后果？

"照料经济"出现困难

在后改革时代，中国政府最关心的一个问题是找到一种最有效的方法对生产性经济进行重组，同时又能确保社会再生产也能随之作出调整。其结果是，

妇女生育方面的社会保障大幅压缩；政府和雇主在照顾家庭方面所提供的服务明显减少；新的社会保障制度在设计过程中完全忽略了妇女为家庭所付出的无偿劳动这一贡献。这些政策的变化进一步加剧了女性在就业市场的不利地位，因为她们本来就要承担更多照顾家庭的责任，使得她们的就业状态进一步恶化 [贝里克（Berik），董晓媛和萨默菲尔德（Summerfield），2007]。在中国这个处于转型期的经济中，一些体制、经济和人口的变化对孩子和老人的照顾产生了影响，使那些试图扮演好照顾家庭和挣钱养家这种双重角色的女性面临着更大的压力。

在制度变迁方面，对年幼孩子的母亲们影响最大的莫过于儿童的看护服务。在毛泽东时代，中国曾经建立了一个公共系统，为那些出生几个月的孩子提供照顾服务，直到他们进入小学（刘伯红、张永英和李亚妮，2008），尽管这些由国家提供补贴的托儿所和幼儿园主要集中在城市而不是农村地区。经济改革给中国的看护政策带来了两个重大变化。首先，改革后的政策话语更多地强调的是正规幼儿园对于学前教育所起的促进作用，并开始淡化女性上班为家庭所做的经济贡献（朱家雄和王晓慧，2005）。其次，政府和雇主都大幅度减少了在儿童看护方面的支持。2006年进行的中国企业的社会责任调查显示，只有不到

20% 的国有企业仍然保留了幼儿园，而在所有抽样调查的企业中，拥有幼儿园的只有 5.7%（杜凤莲和董晓媛，2010）。

在承认了儿童看护服务领域的这些变化后，中国政府在 2001 年公布的《幼儿园教育指导纲要》中正式承认了多种形式创办幼儿园的方法，提出了"以公办幼儿园为骨干和示范，以社会力量（它是用来指代'市场力量'的简便说法）兴办为主体"的方针。1997~2006 年，国家公办的幼儿园数量由 157842 家减少到 55069 家；与此同时，民办幼儿园的数量迅速增长，其所占的份额由 13.5% 增加到了 57.8%。从总体上看，中国的幼儿园数量在 1997~2006 年减少了 28.5%（教育部《中国教育统计年鉴》以及其他各种出版物）。幼儿保育领域的改革使人们对于中国托幼机构的总供给量、人们的承受程度以及质量产生了担忧 [科尔特（Corter）等，2006；和建花和蒋永萍，2008；刘伯红、张永英和李亚妮，2008]。

与托幼机构一样，针对老年人的护理机构在经济转型期内也面临着一些新挑战。与世界许多国家一样，照顾老人的责任在中国也主要落在了家庭身上。与儿童看护所采取的方法一样，改革后中国的养老政策也把侧重点放在了家庭上，并注意通过市场来提供相关养老服务。1996 年颁布的《老年人权益保障法》强调，赡养年迈的父母是成年子女不可推卸的责任，尽管越来越多的雇主不太愿意满足员工在照顾家人方面的需求。

当前中国人口日益老龄化的趋势将使家庭在养老方面的负担越来越重。据官方统计，中国 65 岁及以上的人口的比例已由 1982 年的 4.9% 上升到了 2008 年的 8.3%（国家统计局，2009：90）。分析人士预测，中国的老年抚养比例将在 2020 年超过工业化国家，并在 22 世纪中叶在这方面成为全球冠军 [波斯顿（Poston）和段成荣，2000]。受独生子女政策的影响，越来越多的已婚夫妇将面临着要赡养四个老人和一个孩子的重任，而且这些重担中很大一部分将落在女性身上 [陈澜燕和施坦丁（Standing），2007]。

中国经济由农业经济向工业经济的结构转型过程也给"照料经济"带来了新的紧张。工业生产的快速增长以及快速的城市化导致了工作地与居住地的分离，这就需要更多的妇女来照顾与自己没有亲缘关系的孩子。然而，由于无法将孩子送进那些有补贴的托幼机构，绝大多数生活在农村或进入城市打工的妇女都得靠那些非正规的替代机构或有偿的日托服务才能使自己进入劳动市场。

从农村进入城市也导致民工家庭的破裂。户籍登记制度（户口）和土地使用权限以及其他许多经济和文化因素，使外出打工始终只是一种临时之举，许多儿童、已婚妇女和老年人由此成了留守一族（范芝芬，2009）。中国 18 岁以下农村留守儿童达 5900 多万，约占全部农村儿童的 28%，他们仍生活在农村，与父母中的一方（通常是母亲）或者其祖父母、外祖父母或其他亲戚生活在一起（全国妇联，2008）。越来越多的老年人生活在农村地区的"空巢家庭"中，往往靠配偶之间的相互照顾——其中以男性老年人获得的照顾更多——直到其中一方去世便不再有人照顾（刘伯红、张永英和李亚妮，2008）。

经济增长，加上私有化、家庭照料服务的市场化以及人口老龄化，使得家庭服务和照料市场迅速发展。分析人士估计，1500 万 ~2000 万中国人将靠为那些中高收入家庭做家务、做饭、照顾孩子、看护老人和病人等方式谋生（胡，2010）。这些家政服务人员主要是城镇下岗女工和外来务工的女性。与其他许多国家一样，中国家政服务市场的管理并不规范；家政服务的特点是工资低、社会地位低，而且没有被纳

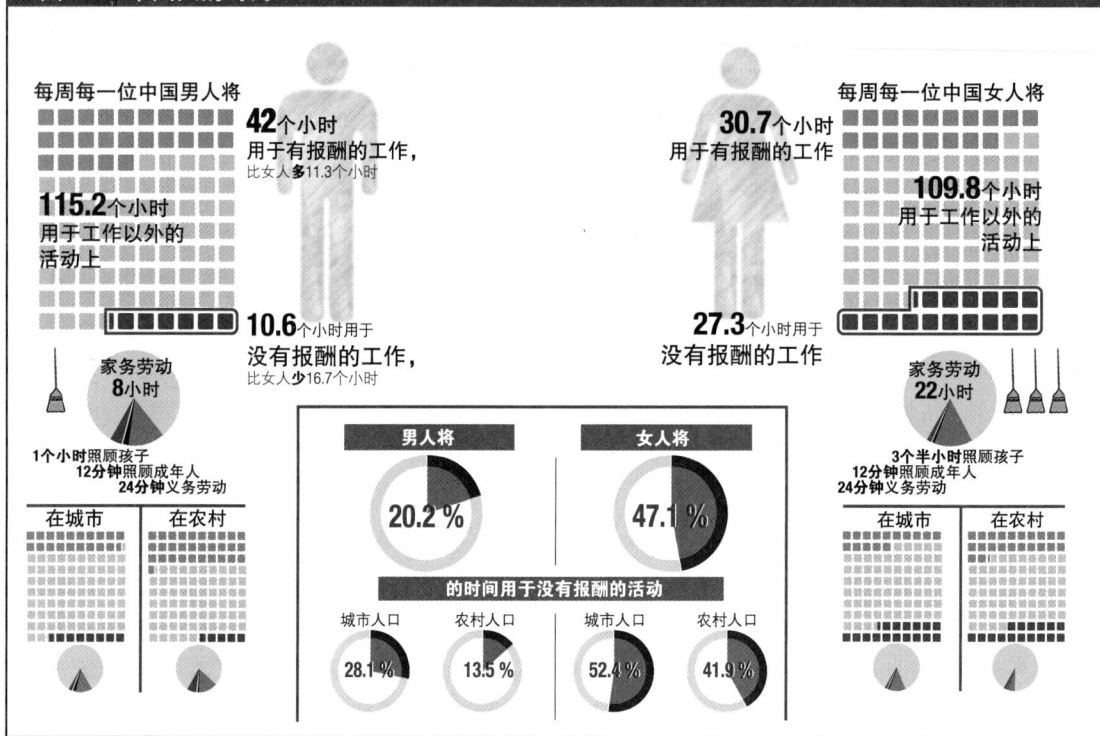

图 1　中国人的时间

每周每一位中国男人将 **42个小时** 用于有报酬的工作，比女人多11.3个小时，

115.2个小时 用于工作以外的活动上

10.6个小时用于没有报酬的工作，比女人少16.7个小时，

家务劳动 **8小时**

1个小时照顾孩子
12分钟照顾成年人
24分钟义务劳动

在城市　在农村

每周每一位中国女人将 **30.7个小时** 用于有报酬的工作

109.8个小时 用于工作以外的活动上

27.3个小时用于没有报酬的工作

家务劳动 **22小时**

3个半小时照顾孩子
12分钟照顾成年人
24分钟义务劳动

在城市　在农村

男人将	女人将
20.2 %	**47.1 %**

的时间用于没有报酬的活动

城市人口	农村人口	城市人口	农村人口
28.1 %	13.5 %	52.4 %	41.9 %

资料来源：2008 年中国人时间利用调查。

说　　明：中国女性——无论生活在城市还是在农村——承担了大部分照顾家庭的任务，包括照顾孩子和家务劳动。她们照顾家庭的时间是其配偶的三倍。

入当前的社会保障体制当中；家政服务人员还经常受到他人的歧视（胡，2010；王菊芬、Min Si 和陈月新，2010）。随着家政服务和"照料市场"的发展，中上阶层妇女的一些家务负担被转移到了处在就业市场边缘的一些贫困妇女身上，从而延续了社会和经济的不平等。

照料家庭与挣钱养家：女性双重角色的矛盾

"照料经济"领域所发生变化，再加上政治改革以及人口的转型，这一切加剧了女性在照料家庭和挣钱养家这一双重角色上的矛盾。近期的一些实证分析表明，工作和家庭之间冲突的增加会影响到妇女及其家庭的幸福。

儿童看护服务的提供对妇女进入劳动市场带来了深刻影响。杜凤莲和董晓媛（2010）利用1991~2004 年中国健康营养调查的数据对托幼体制改革对于妇女在托儿所和幼儿园的选择及其参与城市劳动市场的影响进行了分析。

两位作者指出，儿童看护方面的多元化方式以及过去一些单位遗留下来的社会化服务使中国出现了一种"双轨制"。在这种体制下，那些能得到国家补助的优质儿童看护服务主要提供给了原本就有钱

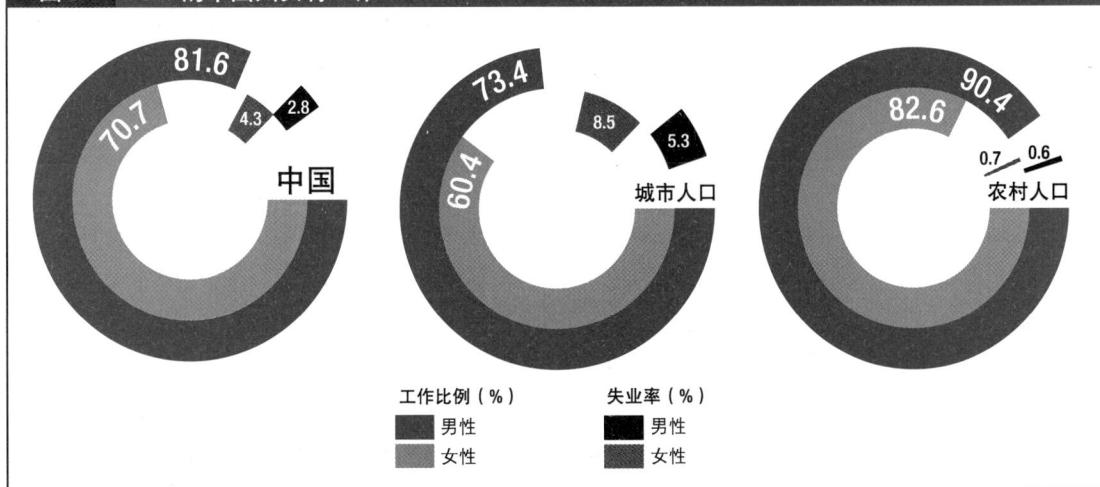

图2　70%的中国妇女有工作

中国
81.6
70.7
4.3　2.8

城市人口
73.4
60.4
8.5
5.3

农村人口
90.4
82.6
0.7　0.6

工作比例（%）　失业率（%）
■ 男性　■ 男性
■ 女性　■ 女性

资料来源：2008年中国人时间利用调查
说　明：中国妇女——无论是城市还是农村——工作的比例很高（超过了70%）。正规儿童看护服务的减少给许多家庭带来了一些难以解决的矛盾。

有势的父母，那些还有能力开办托儿所和幼儿园的事业单位和国有企业的职工，而其他的父母则只能依靠那些需要付费的私人托幼机构或过去属于单位、如今已被私有化的一些托幼服务机构。

作者还发现，不同的社会和经济阶层在女性进入劳动市场和儿童托幼机构的选择上存在着巨大差异。学历较低或者家庭收入较低的妇女更容易退出就业市场，将孩子送入托儿所或幼儿园的比例也低。在那些有工作的妇女中，与高学历男性结婚的妇女则更愿意把孩子送入托儿所或幼儿园。这一结果表明，那些没有考虑到性别因素、以市场为导向的儿童看护体制改革将加剧社会和经济的不平等，尤其是性别的不平等以及儿童看护服务质量和学前教育水平的不平等。

进城农民工家庭成了改革后的中国城市里社会和经济上最为弱势的群体。根据2007年对北京农民工家庭的调查所获得的数据，袁（2010）研究了进城务工的已婚妇女是如何协调有酬劳动与看护孩子

之间的矛盾的。分析结果表明，针对农民家庭日益增长的需求，一些私人托幼服务在北京的外来务工人员生活的地区发展非常迅速。大部分外来务工人员本身工资就不高，因此针对他们的儿童看护服务一般也都价格低廉、质量较差。大多数儿童托幼机构都没有进行合法登记，因为它们无论在安全、卫生、工作人员的资质上，还是在老师与儿童数量的配比上都不符合规定。然而，这些低价看护机构的存在对于外来妇女进入就业市场十分关键。因而，在她们家庭能承受得起的高质量的托幼服务体系缺失的情况下，她们必须在提高收入和自己孩子的幸福之间作出选择。

工作与看护孩子之间的矛盾不仅存在于城市的民工家庭当中，它同样也存在于农村低收入的妇女身上。她们通常既找不到任何方法来代替家庭照料，同时又面临通过工作来挣钱的经济压力。王姮和董晓媛（2010）发现，唯一的替代方法是由孩子的祖父母、外祖父母或者更大一点的孩子帮忙带着，缺

乏支付得起的正规的幼儿照料机构是这些女性实现非农就业的主要障碍。研究结果表明，家有幼儿将显著降低女性对高收入自营活动和挣工资活动的参与。

结束语

在中国经济转型期间，国家从再生产领域的退出增加了妇女的家务负担，她们必须在家务与进入劳动市场之间进行协调，这就限制了她们的职业选择和自主权。受影响最大的是处于社会和经济底层的妇女弱势群体。儿童托幼服务的私有化和市场化不仅限制了那些来自社会和经济底层的妇女在劳动市场的选择，而且也使得她们的孩子无法享受到高质量的托幼服务。人口的老龄化、政界对于儒家价值观和家庭责任的日益重视，这一切都加剧了已婚中年妇女是外出挣钱，还是在家照顾不同年龄段的家庭成员之间的两难选择。外出打工而造成的社会错位大大增加了留守在家中的已婚中年妇女、学龄儿童和老人的劳动负担。非农就业机会出现的同时又未能在家庭以外的儿童看护方面提供合适的、人们能承受的解决方案，这使得那些拥有学龄孩子的农村妇女面临着艰难的选择，从而加剧了母亲的工作与孩子的幸福之间的冲突。

这些选择可能会对儿童和老人的照顾产生负面影响。它们也限制了妇女对劳动市场的参与程度，限制了她们的选择范围，因而也限制了她们的收入和福祉。有一点似乎已十分清楚，妇女被过度地排除在正规就业的机会之外，她们比男性更可能离开劳动市场，而且她们所从事的大多是低报酬、不固定的非正规工作。从劳动需求的角度来分析，对此所得出的解释通常与人力资本和歧视有关，而这里所介绍的研究表明，有必要从供给方面的约束——尤其是需要兼顾工作与家庭责任这一对矛盾——来对影响妇女参与有报酬工作的能力加以分析。从长远来看，这些妇女很少有机会获得社会保险和退休金，对她们赡养的责任也因此被推到了下一代人身上。要打破这一恶性循环，社会政策和劳动市场必须加强性别的针对性，而作为这些政策的配套措施，人们还必须加大在社会再生产领域的投资。

BERIK G., DONG X.Y. et SUMMERFIELD G., 2007, "China's transformations and feminist economics", *Feminist Economics*, 13(3-4): 1-32.

BUREAU NATIONAL DES STATISTIQUES, 2009, *China Population and Employment Statistics Yearbook 2006–2008*, Pékin, China Statistics Press.

CHEN L. et STANDING H., 2007, "Gender equality in transitional China's health policy reforms", *Feminist Economics,* 13(3/4): 189-212.

COOK S. et DONG X.-Y., 2011, "Harsh choices: chinese women's paid work and unpaid care responsibilities under economic reform", *Development and Change*, 42(4): 947-965.

CORTER C., JANMOHAMMED Z., ZHANG J. et BERTRAND J., 2006, "Strong foundations: early childhood care and education", Document préparé pour le Rapport mondial 2007 de suivi sur l'EPT.

DU F. et DONG X.Y., 2010, "Women's labor force participation and child care choices in urban China during the economic transition", *in:* DONG X.Y et COOK S. (eds), *Gender Equality and China's Economic Transformation: Informal Employment and Care Provision*, Pékin, Economic Science Press, 173-191.

FAN C., 2009, "Flexible work, flexible household: labor migration and rural families in China", *Research in the Sociology of Work*, 19: 377-408.

FÉDÉRATION DES FEMMES DE CHINE, 2008, "Zhongguo Nongcun Liushou Ertong Qingkuang Yanjiu Baogao" [« Rapport d'étude de la situation des enfants délaissés dans la Chine rurale »], Pékin All-China Women's Federation.

HE J. et JIANG Y., 2008, "An analysis of China's child care policy and current situation from the perspective of supporting women and balancing family and work", *Studies in Preschool Education* (*xueqianjiaoyuyanjiu*), 8: 3-7.

HU X., 2010, *Paid Domestic Labor as Precarious Work in China*, thèse de doctorat, Women's Studies, Simon Fraser University.

JUFEN W., MIN S. et YUEXIN C., 2010, "Domestic workers' access to social security in Shanghai: a case study", *in:* DONG X.-Y. et COOK S. (eds), *Gender Equality and China's Economic Transformation: Informal Employment and Care Provision*, Beijing, Economic Science Press: 113-128.

LIU B., ZHANG Y. et LI Y., 2008, *Reconciling Work and Family: Issues and Policies in China*, ILO, Asia.

POSTON D.L. Jr. et DUAN C.C., 2000. "The current and projected distribution of the elderly and child care in the people's republic of China", *Journal of Family Issues*, 21(6): 714-32.

WANG H. et DONG X.-Y., 2010, "Child care provision and women's participation in off-farm employment: evidence from China's low-income rural areas", *in:* DONG X.Y and COOK S. (eds), *Gender Equality and China's Economic Transformation: Informal Employment and Care Provision,* Pékin, Economic Science Press, 228-241.

YUAN H., 2010, "Migrant family's choices of mother's employment and child care: empirical evidence from Beijing", *in:* DONG X.Y et COOK S. (eds.), *Gender Equality and China's Economic Transformation: Informal Employment and Care Provision*, Pékin, Economic Science Press, 192-205.

ZHU J. et WANG C., 2005, "Comtemporary early childhood education and research in China", *in:* SPODEK B. et SARACHO O. (eds), *International Perspective on Research in Early Childhood Education*, Greenwich, CT, U.S., Information Age Publishing.

第十二章

布鲁诺·弗雷尔（Bruno FrRÈ RE）
列日大学，比利时；巴黎政治研究所，法国

"团结经济"：应对政治挑战的解放行动

"替代经济"和"团结经济"在任何地方都是一种解放行动。它绕开了市场经济规则，是对管理思想的一种批判。由于没有形成自身的特性以及自己所特有的政治议程，它很可能始终处于交易和社会的边缘地带。

社会学家罗伯特·卡斯特（Robert Castel）分析说，尽管社会保障的覆盖面自第二次世界大战结束以来不断扩大而且今天已经覆盖到了绝大多数的法国人，尽管长期以来饱受人们批评的劳动法和福利国家依然十分强大，但是卡斯特所说的那个"脱离了工资社会"的阶层仍在不断壮大。他们当中既包括了20多年来社会学文献中一直所说的"被排斥者"（即长期失业人员），也包括那些有过短暂和不稳定就业的人（这些人也是人们所长期谈论的，但是其人数在不断增加）（Castel et Haroche，2001）。

"脱离"的时代

在那些纳入到工资社会的职业圈——它构成了优等劳动市场（在这里，员工始终拥有集体协商权、工会的保护以及社会保险等）——内部，那些"脱离者"构成了一个由失业人员或长期临时工所组成的次等市场，它所提供的服务只是偶尔会引起企业的兴趣（Castel，1995）。这一市场由一些"临时雇员"以及"无用之人"所组成，他们甚至没有机会被某家企业所"剥削"来进行重复而单调的劳动，因为他们已

经长久没有工作了，而且只能接受这种"半额工资制""部分工资制"，说得再简单一些就是"低工资制"。这些"非典型的"就业形式（固定期限劳动合同、临时工、非全日性工作、零工、假期顶班、实习）越来越普遍[1]；而且虽然工资仍在工作组织形式中占主导地位，但是当前我们所看到的现象很可能说明工资条件正在迅速恶化，将跌至传统就业（按照规划，这种就业形式是能长期存在的）"以下的水平"，不能再享受任何劳动法和社会保障的保护（Castel，2007：416-418）。

近10多年来，许多学者证实了这样一种分析，即在当今依然存在的众多不平等现象（性别、种族等）中，有一种根本的不平等现象在死灰复燃，即两个社会阶级间的等级差异（Chauvel，2001，2004，2006）。21世纪，这种不平等将不再是资产阶级和工人阶级之间的不平等。这应当是这样两个阶级之间的不平等：其中的一方是人数众多的"脱离者"阶级——他们主要由失业者以及从事低等、不稳定工作的人所构成，但他们并不知道自己已形成了一个阶级；另一方则是中产阶级[2]（Castel，1995，2007：

---

[1] 2006年，他们占了新签订合同总数的74%（Castel，2007）。

[2] 按照卡斯特（Castel）的解释，中产阶级是那些处于不同职业等级岗位上的人：从最低等的领取最低工资者到最高级的高管。但他们当中所有的人都能享受到劳动法律及相关法规的保护，也能享受到国家的保护及其所提供的社会保障。

415）——中产阶级的队伍将从底部开始逐步缩小，因为人们认为他们的社会权利影响到了灵活性和竞争能力[①]。

社会不平等这种新的两极化不仅仅具有与工资社会"脱离"这种旧的不平等形式，而且还包含着地域上的不平等，这种不平等也不像人们所想象的那样，只是体现在北方国家和南方国家之间。失业和不稳定的工作所涉及的往往是某些特定地区、特定街区的某些特定人口。如今，世界各地都散布着各种贫民窟或准贫民窟，生活在这里的人们丝毫没有被全球经济一体化这一奇迹所拯救的希望。相反，正如另一位社会学家曼努埃尔·卡斯特利斯（Manuel Castells）所分析的那样，资本主义的流动逻辑将使这些"黑洞"不断被边缘化，因为电信技术已经把世界各地能产生财富的场所连接在了一起（Castells，2000）。资本主义有选择性的连接绕开了这些不受欢迎的街区或地区，从而使生活在这里的人们甚至在获得教育方面也没有任何指望（我们会很容易联想到巴黎的一些郊区、像底特律这样荒芜的美国城市、中国的农村地区、印度或南美的贫民窟以及非洲差不多所有的地方）。

然而，在这些"黑洞"内部——属于不稳定工资阶层的"脱离者"大部分生活在这里，人们正在组织起自己的生活。每一天都能看到这里出现一些协会和合作社，其目的是帮助成员建立社会联系，并参与到各自生存所需的一种团结互助经济活动当中。本文所提出的一个主要假设是：这种互助运动当前的发展势头不仅可以在一定程度上遏制工资社会所受到的侵蚀（这也是世界各地的政府普遍对其所抱有的期待），而且也蕴含着另一种经济模式的种子——这是一种彻底的替代型模式，一种自我管理的、非资本主义的模式。我们已经注意到，许多中产阶级成员已本能地感觉到了自己在传统工资社会里所面临的威胁，尽管他们目前还很好地融入其中，但他们已开始加入到"脱离者"队伍当中。善心并不是他们这一行动的唯一原

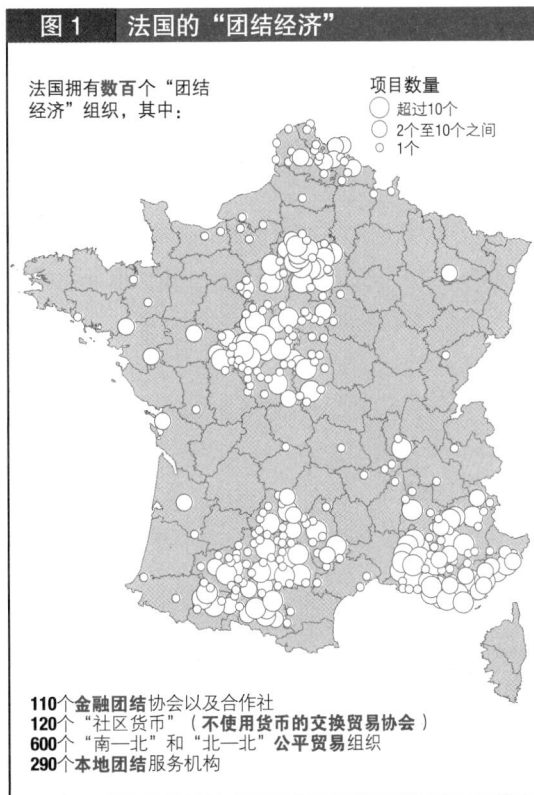

图 1　法国的"团结经济"

法国拥有数百个"团结经济"组织，其中：

项目数量
○ 超过10个
○ 2个至10个之间
○ 1个

110个**金融团结**协会以及合作社
120个**"社区货币"**（**不使用货币的交换贸易协会**）
600个**"南—北"**和**"北—北"公平贸易**组织
290个**本地团结**服务机构

资料来源：经济和团结项目在线数据库，www.la-bdis.org。

说　明："团结经济"（MES）成立于2002年，当时是为了取代另一个不太正式的机构。今天，"团结经济"已不仅仅只是一个象征性的代表，而且是为法国各种协会参与各类项目提供的政治平台。绘制该运动的现状图就属于共同行动之一。

[①] 人们认为，在当前这场危机中表现最为抢眼的德国之所以能取得如此成绩，主要是由于该国2004年通过了对劳动力市场进行大规模改革的法案（"哈尔茨四号"改革），增设了大量低报酬、低保障的"临时"工。

因，他们也清楚地知道，自己随时可能被降级到次等劳动市场当中，去从事这些不太稳定的工作（Castel，2007）。强大的地方"团结经济"有朝一日很可能会与他们息息相关，届时，他们将不再是志愿者，而是这些产品和服务的消费者。

本文的第一部分将重点通过数据资料的展示以及欧洲、盎格鲁－撒克逊和亚洲国家一些例子的剖析来解密"团结经济"。第二部分将对这一结论作进一步的深化分析，即"团结经济"是一种替代模式——用卡尔·波兰尼（Karl Polanyi，1985）的话来说，在这种模式下，经济将被"重新嵌入"在政治和民主当中。我们还将发现，"团结经济"把两个基本因素结合在了一起。首先，尽管一些中产阶级对此进行了投资，但"团结经济"很大程度上是由上面提到过的"脱离者"所构建的，而且主要是为其服务的——不管这种经济处于哪个国家、哪个大陆。其次，它孕育着资本主义（应注意它与市场的区别）会被推翻这样一种乌托邦思想，因为其组织模式显然借鉴了 19 世纪联合社会主义和自由意志主义的思想——对此，我们已在别处做过介绍（Frère，2009）。

然而，正是联合社会主义运动在与马克思主义和自由主义的较量中先后败下阵来这一事实告诉了我们这样一个道理：一种模式要想具有活力，必须在政治上十分稳固，而且要组织严密。这正是本文最后部分所要探讨的问题。"团结经济"今天有没有能力实现自己的愿望，即成为一种潜在的替代模式，而不是像市场和国家所要求的那样，成为一种管理工具、一种失业者或脱离者的统计工具呢？

自下而上的国际经济革命？

正如让－路易·拉维尔（Jean-Louis Laville，2011）在其新著中所强调的那样，一种与"团结经济"相类似的联合社会主义大有卷土重来之势，而且这种

势头在世界各地都存在。人们说得更多的是拉丁美洲的"民众经济"、非洲的"非正规经济"或亚洲和盎格鲁－撒克逊的"社会经济"（"社会经济"的概念最近才厘清了自己与"第三产业"及"慈善经济"的区别）。不过，这些不同表述之下所包含的都是一些相同的实践行动。团结替代方案大致由四种形式组成：社区货币、团结金融、"南—北"和"北—北"公平贸易组织以及社区服务。所有这些项目在北方国家和南方国家自然有着不同的版本，但它们的分布范围非常广泛，以至于奥尔蒂斯（Ortiz）和穆尼奥斯（Munoz）等一些专家最近 15 年来一直毫不避讳地将其称之为反霸权的全球化（Ortiz et Munoz，1998）。

金融与团结储蓄大家族有着多种形态，如本地储蓄协会——在法国为"团结储蓄另类和本地管理投资者俱乐部"（CIGALES）；对一些小型互助项目进行投资的信贷协会，如法国专门向团结互助企业进行风险投资的企业"加里格公司"（Garrigue）或者名气更大的"新互助经济"（NEF）。这些小型互助项目通常由一些社团、没有固定工作的人、失业人员或者不想再做临时工或对自己当前工作状态不满意的人所发起。大部分所谓的"北—北"团结金融机构均拥有特殊的项目计划书，它要求公司的投资结构中必须考虑到一定的社会或文化团结因素。在这方面，真正摆在人们面前的一个问题显然是要考虑如何避免——当然，这很难做到——小规模的微型资本主义，或者如塞尔日·拉图什（Serge Latouche，2003）所说的"赤脚资本主义"[他所指的主要是穆罕默德·尤努斯（Muhammad Yunus）在孟加拉国搞的小型信贷] 的再现，因为它所做的不过是在执行传统的市场规则而已。正是在这一背景下，许多倡导公平贸易或生态贸易的"本地"商店在法国和其他国家相继出现。数据本身最能说明问题。虽然"团结储蓄另类和本地管理投资者俱乐部"的第一个市民储蓄俱乐部问世才 30

年，但是今天在法国境内已经拥有了 136 个类似的协会，它们目前已向 350 家企业和 1800 个就业岗位（包括自谋职业）提供了资金支持。24 年前成立的"新互助经济"（NEF）现在拥有了 31000 名成员——与"团结储蓄另类和本地管理投资者俱乐部"一样，它的成员主要来自中产阶级，正是这些人构成了卡斯特（Castel）所说的优等劳动市场（高度敬业的员工、活跃的公务员、退休的小企业家……）。2010 年，它投资的项目超过了 350 个，投资金额超过 2000 万欧元。

团结金融在国际层面的兴起同样备受瞩目，2006 年，让－米歇尔·塞尔韦（Jean-Michel Servet）曾经指出，1997~2004 年，"社会经济投资者国际协会"（INAISE）[①] 所资助的客户人数和项目数量增加了 36%。例如，在日本，一个社区银行（未来银行）于 1994 年问世。在该银行存钱的民众有权决定将自己的钱投入到哪一个微小项目上，前提是这些项目必须涉及环境、社会或文化等领域，而且项目的持有人必须是这一信贷协会的会员。今天，日本国内共有 12 家此类银行（它们被称为非营利银行）。最小的只有 20 名会员，资金规模也只有几千美元。但其中最大的拥有 500 名会员，2010 年的投资额达到了 200 万美元（Makino，2011）。

第二种类型是社区货币。社区货币的历史较为漫长，在此我们不作介绍[②]。在整个 20 世纪，社区货币始终十分罕见，有的也只是一些孤立的个案。但自 20 世纪 80 年代起，社区货币在世界各地，尤其是在欧洲、北美、南美和日本等地得到了巨大发展。据让－路易·拉维尔（Jean-Louis Laville）估计，如今全世界各地拥有此类协会达 2500 个，会员总数超过 150 万人（Jean-Louis Laville，2011：148）。在法国，他们的主要代表是"本地交换服务系统"（SEL）。这是一个集体内部人们通过互换券来对产品和服务进行双边交换的系统，也就是说这种独有的计算单位[③] 能对相关的内部交易进行换算。维修工作、看护孩子以及语言课程等都可以通过这一系统来加以交换。有的时候，一些十分贫困的成员可通过这种交换成果而得以维持生计。需要指出的是，法国的相关实践（目前法国共有 300 多个"本地交换服务系统"）和意大利的"时间银行"以及德国的交换服务系统（Tauschringe）一样，它们所使用的货币单位都不能与欧元进行兑换。此举的目的就是防止相关产品和服务的市场化，否则，它们会因为传统市场的价格波动而出现升值或贬值。盎格鲁－撒克逊（澳大利亚、加拿大、新西兰、英国和美国）式的"本地交换和贸易系统"（LETS）则通常会把它们所使用的替代货币与美元挂钩，以便使那些穷困家庭能把自己的收入换成钱，从而获取本系统内部没有但却是他们日常的必需品。

今天，每当人们在谈及社区货币时一定会提到阿根廷的例子。20 世纪 90 年代中期，在布宜诺斯艾利斯最早出现了"易货贸易俱乐部"，这些俱乐部获得了巨大成功。居住在"准黑洞"地区——该国大部分城市边缘区是此类地区——的"脱离者"

---

① International Association of Investors in the Social Economy（《Association internationale des investisseurs dans l'économie sociale》）.

② 在法国，这方面最早的探索是强调极端自由的无政府主义者蒲鲁东于 1848 年创办的"国民银行"（有关这方面的内容，请参阅布鲁诺·弗雷尔 2009 年的相关著作）。有关欧洲和美国在这方面的其他例子，请参阅以下作品：Blanc L.，2000，*Les monnaies parallèles. Unité etdiversité du fait monétaire*，Paris，L'Harmattan。

③ 它们有着多种不同的名称，如 Le grain de SEL，le Pigalle，le Piaf，le caillou 等。

阶层和中产阶级纷纷效仿，一个"易货贸易全国网络"（RGT）很快应运而生，以便彼此能实现互助互惠。然而，由于该网络的发展是如此之迅速，以至于不同俱乐部——它们被称作是网络中的"节点"（nodo）——成员之间的交易变得越来越困难，因为各种不同货币之间没有一个统一的等价换算机制。为此，"易货贸易全国网络"决定创建一种单一货币："信用券"（crédito）。这一现象继续不断发展，结果在进入 21 世纪后一些问题开始显现：因"信用券"（crédito）的过度发行而导致了通货膨胀；一些俱乐部在经过搬迁之后也发行了自己的货币；"易货贸易全国网络"的区域化（和分裂）以及社会化连锁服务的出现等。尽管得到布宜诺斯艾利斯市工业、贸易和劳工秘书处支持的、每月举行两次的"大市场易货贸易"计划[①]取得了巨大成功，但是这一计划在阿根廷各地吸纳了 500 万名会员后最终宣告解体。虽然如今的布宜诺斯艾利斯只剩下了 20 多个"节点"（nodo）、近 4000 名成员，而且每一个系统都在使用自己的货币，但是阿根廷的经验已经表明，建立一个大规模的经济体制是有可能的，这种体制不仅能将那些最穷困的人纳入其中，而且重新绘制经济交易规则的大致轮廓也是有可能的，因为在这里囤积是不必要的，而且成员之间存在着严格意义上的社会平等：所有商品和服务的价值都是用时间来衡量的（做出这些商品或提供这些服务所需要的时间），而不是根据供需关系来决定。一个总经理或大学教授的时间并不会比工匠或工人更值钱。

有人也许会提出这样一种论据，即任何一种平行经济——只要它不是公共经济或资本主义经济——将注定难以摆脱同样的命运。用日本的例子来回答他们似乎最为贴切。在日本，yichikris 网络汇集了 27 万个独立于国家的自治协会（每个协会包括 180~400 户家庭）。它们会向自己的成员提供各式各样的本地产品和服务。正如弗朗索瓦·普拉萨尔（François Plassart）所写的那样，yichikris 告诉我们，在家庭和市场经济的中间地带——正是它把家庭和公共服务隔离开来——可能存在着一个能对团结进行自我管理的独立空间（Plassart，1997）。

第三方面的内容是"南—北"和"北—北"公平贸易。在法国，它的代表包括碧欧客集团（Biocoop）或"保护小农经营农业协会"（AMAP）[②]（它们所代表的是"北—北"贸易）以及"世界工匠"（Artisans du monde）和"安第斯"（Andines）（它们所代表的是"南—北"贸易）。虽然公平贸易目前只占全球贸易总量的 0.02%，但是其份额却在不断增长之中，2007 年，法国的公平贸易总额达到了 2.41 亿欧元，比 2004 年增加了 157%。与"世界工匠"（Artisans du monde）一样，"世界商店"（World Shops）的数量 20 世纪 70 年代在其诞生之地荷兰还屈指可数。如今，它已经遍布欧洲 18 个国家，商店数量超过 3500 个（员工 4000 人，另外还有 6 万名志愿者）。当然，这一行业也会面临各种紧张关系。其中"世界商店"（World Shops）流派与"认证派"——其中最主要的代表是马克斯·哈韦拉尔（Max Havelaar）组织——之间的关系最为紧张。在"认证派"看来，那些被认证的商品应当出现在大超市当中，从而被普通民众所

---

① 1997 年，在位于基尔梅斯一家名为 La Bernalesa 的纺织厂的旧址，600 人按照"企业"的组织模式在这里交换自己的产品和服务（电工、美发师、会计师、工匠、厨师、教师……）。有关这一话题，请参阅以下网站：www.taoaproject.org。

② Associations pour le maintien d'une agriculture paysanne.

熟知。相反，"世界商店"（World Shops）流派却对大商场的"在北方国家消费者与南方国家生产者之间'去人性化'"的做法提出批评，因为真正的公平贸易本意是为了拉近双方关系的（比如说组织聚会、在商店中明确标示相关产品的生产条件以及生产者的身份等）。然而除此之外，有一点已经十分明确，即大商场只把公平贸易当成是一个橱窗，多年来它们一直没有提高它的地位，既没有给它柜台，也没有改变对公平贸易、对其供货商以及工作人员的严格态度[①]。

然而，就公平贸易而言，最令人感兴趣的并不是那种乐善好施的冲动。过去40多年来，正是这种力量使得北方国家一些公民社会的行为体（主要来自中产阶级）与南方国家的生产者携起手来，以帮助其克服在国际市场所受到的不公正待遇。最近十几年来，人们在用"北—北"和"南—南"公平贸易来形容一种新型的生产和消费合作形式。在这方面，法国的"保护小农经营农业协会"（AMAP）最令我们感兴趣。我们并无意对19世纪以来的历史作全面梳理，例如，我们将因此要介绍米歇尔-玛丽·德里翁（Michel-Marie Derion）1835年在里昂建立的第一个消费合作社——"真正社会贸易"（Bayon，2002），但人们可以推断第一批现代"保护小农经营农业协会"是20世纪70年代在日本出现的。日本第一个"提携"（"Teikei"字面意义是"相互提携"或"伙伴关系"）组织是公民为了应对蓬勃发展的集约农业而出现的，它使东京的11户家庭与当地一些不使用化学投入物的农民建立了联系（Zimmer，2011）。

这一概念取得了一定的成功，如今日本有1/4的家庭参加到了"提携"组织中。美国的马萨诸塞州和新罕布什尔州20世纪80年代中期也出现了第一批"社区支持农业"（CSA）项目。与日本一样，其中既有意识形态的原因，也有饮食健康方面的原因。"社区支持农业"运动在加拿大也大获成功，仅在魁北克就有100个农场、8500多个家庭参与其中。最新调查显示，美国如今共有近13000个"社区支持农业"项目（Charlebois，2011；Flores，2006）。

"保护小农经营农业协会"（AMAP）项目在法国的发展要迟得多，因为第一个"保护小农经营农业协会"是在2001年出现的。它旨在向其成员提供在本地城镇或村庄生产的优质产品，而"保护小农经营农业协会"则会参与到农民的销售或（以及）生产过程中。这种互助形式能使会员以较低的成本获得生态产品，因为一系列中间环节将由此省去。这些行动为大规模"绿色"产业的出现提供了一种替代方案，而且它们还能把商品交易转移到那些原本不可能出现生态产品公平贸易的地方，因为这些产品可以被飞机运送，从世界各地运送到我们的餐桌上。需要强调指出的是，无论是"公平贸易"还是"本地贸易"，它们目前只是中产阶级阶层的一些自愿投资行为。正是这种投资行为使得规模经济得以形成，从而有能力向那些优质产品的生产者（他们的地位通常十分脆弱）支付报酬。"保护小农经营农业协会"的成果越来越显著。正如法布里斯·里波尔（Fabrice Ripoll，2013）所说："到2011年底，'保护小农经营农业协会'的发起人宣布旗下拥有1600个集体、66000个家庭、近27万消费者、年营业额约为4800万欧元。"

这种"被迁移的"公平贸易在南方国家同样得

---

① 有关大商场作用的详细研究，请参阅 Ferreras I.，2007，*Critique politique du travail*，Paris，Presses de Sciences Po。

到了发展。2001 年在利马成立了由 12 个国家组成的"拉丁美洲社区贸易网络"(REL ACC),这就是一个证明。其目的是促进国内贸易的增长,同时减少中间环节,以便以土著居民为主的生产者能获得更好的劳动报酬。至于消费者,他们则能在被控制的价格范围内获得生活必需品;在秘鲁,有 3000 多家大众餐厅就是用这种方式来采购的。"墨西哥公平贸易"这一标签则是国内市场上"南—南"贸易强劲交易势头的又一例证(Laville,2011:143)。

最后一个因素就是 20 世纪 80 年代以来专家们所说的"本地服务"——它们通常以协会或合作社[如"合作与参与协会"(SCOP)、"集体利益合作社协会"(CICS)等]的形式出现。这些服务主要涉及四大领域:日常生活和健康服务(帮助老人等),改善生活质量的服务(房屋维修等),文化和娱乐服务以及环境服务(对绿色植物的维护、废旧物品回收等)。在法国,最常见的例子是 20 世纪 80 年代初在法国各大城市相继出现的街区管理处(Régies de quartier)或托儿所,而且这些机构都集合了各方面的资源:公共资金、市场和志愿服务。有一些现存的机构在为此类服务的发展提供支持(例如一些"团结经济产业群")。这里集中着一些愿意为项目发起者提供支持的志愿者和专业人士。有时,所有的人会与一些团结金融机构携手合作(它们有着相同的项目计划书),甚至会与一些生态或公平贸易网络合作。

与"团结经济"大家庭的其他形式一样,"本地服务"无论在拉丁美洲的"民众经济",还是在北美的社会经济内都出现了许多形式上的变化。自 20 世纪 80 年代以来,"社区发展合作组织"(CDC)在美国迅速增加。这是一些旨在通过发动本地居民——无论他们是不是"脱离"社会的人——来重振当地社区及农村地区的组织。另一方面,一些新的合作社不断

涌现,其中包括一些工人持有多数股份,且每个人所持股份大致相当的劳动合作社。它们共拥有 1200 个左右的小实体,从业人员将近 15000 人。在英国,社区实践主要是以"社区运输协会"(CTA)的形式体现出来的,在国家层面,它被公认是那些为解决交通动力不足问题而联合在一起的组织的代表,如在苏格兰十分常见的社会企业以及社区基金会和社区发展托管机构(CDT)等。在一些城市和农村地区,传统商业活动的退场留下了一些"经济黑洞",这些项目的出现填补了这些空白。20 世纪 90 年代以来,这方面的活力主要来自民众——他们是为了阻止自己所处的地区被进一步边缘化。

在保护环境方面,基础设施托管机构(Groundwork Trusts)共开展了 3000 多个项目,它们的共同点是项目从设计到实施都有民众的直接参与,并和一些环保团体、当地政府和企业展开密切合作。在儿童看护方面,一些拥有玩耍设施的户外场地被改造成了小孩们临时的幼儿园,为了解决供给不足的问题,一些家长自愿改造了此类场地。21 世纪之初,此类临时幼儿园约有 18000 个,解决了 19%5 岁以下儿童的托幼服务——这一比例在瑞典约为 15%。在德国,21 世纪之初的统计显示,类似的儿童自助看护机构约有 7 万个,为医疗卫生和社会行动领域约 265 万人解决了就业问题(Laville,2011:130-131)。在法国,由家庭式托儿所组成的"家长儿童专业人士联合会"(ACEPP),其主要工作是使自己的成员在普通民众集中的街区落户,这些由家庭自我管理的机构,既有助于加强社会关系,同时也能省下大量资金。

在医疗卫生方面,我们可以列举的是比利时的 90 个医疗家园,这些机构为最贫困的城市地区提供免费的社区医疗服务。如图 2 所揭示的那样,各个领域的"团结经济"在巴西也得到了迅速发展,类似的

合作医疗机构如今已超过了 100 个，执业的医生超过 15000 人。这些服务都已被纳入到了"正规"经济当中，这一点与巴西的其他社区服务有着很大的不同，此类服务直到今天仍被视为是非正规的经济活动，其地位与犯罪活动以及一些资本主义大企业低报酬的外包业务相当。然而，"非正规"行业中究竟有多大的部分必须靠互助行为才能生存，这一点还很难量化①。无论是在巴西还是在其他拉丁美洲国家，许多社区服务机构是一些失业者组织、集体食堂、菜园、以自建住房为主要业务的准合作协会、一些专门为解决住房问题而成立的组织等。一切生产资料实行公有制是其中的一项重要规则。据估计，在 20 世纪末，像在智利圣地亚哥这样的城市里，民众经济所提供的就业约占就业总人口的 25%。无论是智利还是其他国家，一个最能说明问题的例子是废旧物品回收。在哥伦比亚，全国有将近 30 万人，即相当于全国总人口的 1% 靠回收业为生，其中在波哥大就有 5 万人（Laville，2011：120）。波哥大回收商协会的成立正是为了应对其下属回收商日常所受到的排斥——这些小回收商经常受到那些正规和非正规中间商的排斥，受到他们的蔑视。

另类团结的特征：有组织、自主权、政治化

对于日本的"本地交换服务系统"（SEL）、巴西的社区服务协会以及英国和美国的社区企业，该行业的经济专家们都能说出它们所存在的一些共同特征（Defourny et alii，2009）：

——最终目的是服务成员或整个集体，而不是为了追求利润；

——拥有管理的自主权（或自主经营）；

——民主决策制度（一人一票制）；

——资本和生产资料集体所有制（合作或联营）；

——在收入分配时更加重视人和劳动，而不是资本（一方面，利润按照劳动和投资进行公平分配，另一方面，在劳动者内部也实行公平分配）；

——商业经营活动（指本地服务、公平贸易和团结融资而言）则要加上最后一个标准：50% 以上的现有资源必须来自产品和服务的销售。

这一切决定了"团结经济"的特性就在于它针对的人群上：一方面是穷人、临时工、疲于奔命的实习人员、失业者（脱离者）；另一方面则是一些知道自己有可能成为社会"脱离者"的中产阶级志愿者。这些特性实际上不过是它们的运作方式而已。当然，在实际过程中，这些标准很少会得到全部的满足，但有这些标准毫无疑问可使人们对"团结经济"作出明确的区分，并证明其存在着潜在的替代倾向。仅标准一和标准四（最终目的是服务成员或整个集体，而不是为了追求利润）就足以说明摆在我们面前的是这样一种经济：它所梦想的并不是与资本主义"并肩"存在，而是要将其取而代之。不过，"市场"这一概念并不会失去其合法性，因为它已经通过那些合作行动和集体行动进行了重新组织。

除了其所针对的人群以及内部组织方式外，对"社会融入行业"的拒绝是说明团结经济存在替代倾向的另一个因素。这一行业政策的倡导者希望团结经济能关注社会问题，能把那些游离于公共部门和资本主义的私营部门之间、与社会脱离的人也纳入被管理当中。公共部门和资本主义的私营部门所关注的只是

---

① 毫无疑问，非正规经济的许多参与方肯定是既会参与社区服务，同时也会参与其他一些非法活动。因此，在这种情况下，设想一个曾经为了生存而贩毒的人会对某些社区团结互助活动——如互助餐厅——进行投资也就丝毫没有什么可大惊小怪的了。

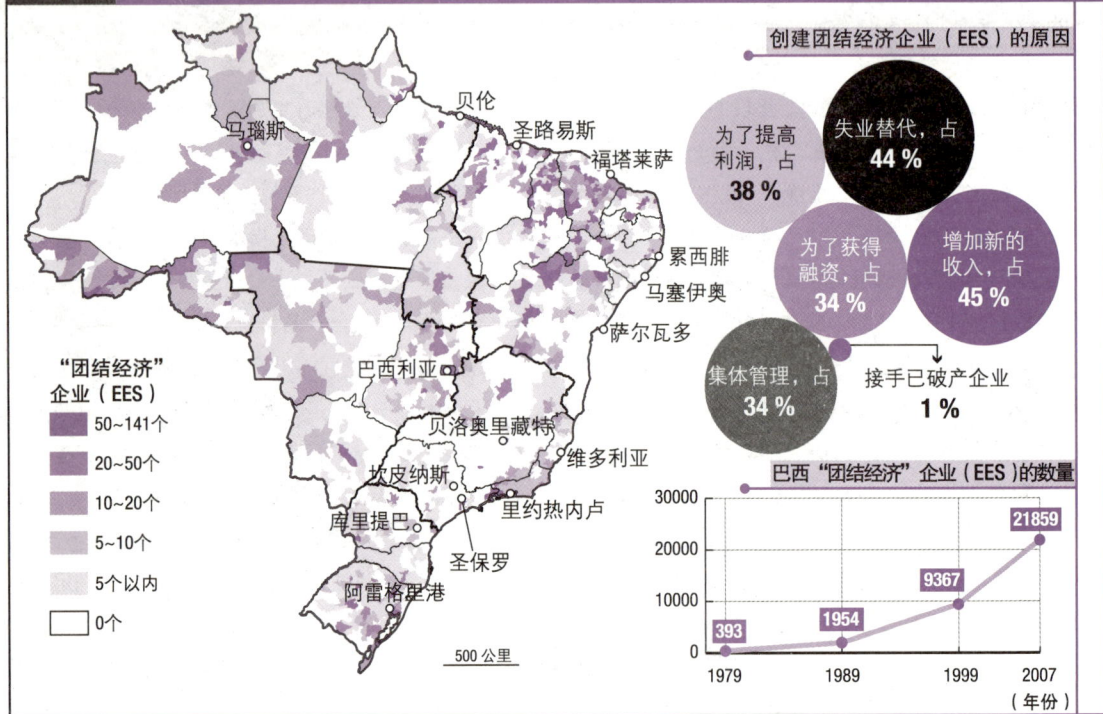

图2 巴西的"团结经济"

创建团结经济企业（EES）的原因

为了提高利润，占 **38%**

失业替代，占 **44%**

为了获得融资，占 **34%**

增加新的收入，占 **45%**

集体管理，占 **34%**

接手已破产企业 **1%**

"团结经济"企业（EES）

- 50~141个
- 20~50个
- 10~20个
- 5~10个
- 5个以内
- 0个

贝伦
马瑙斯
圣路易斯
福塔莱萨
累西腓
马塞伊奥
萨尔瓦多
巴西利亚
贝洛奥里藏特
维多利亚
坎皮纳斯
里约热内卢
库里提巴
圣保罗
阿雷格里港

500 公里

巴西"团结经济"企业（EES）的数量

393 1954 9367 21859

1979 1989 1999 2007 （年份）

资料来源：Paulo de Jesus，Bianca A. Lima Costa，《巴西的团结经济》。

说　明：在不到30年的时间里，各类团结计划在巴西以惊人的速度发展。如果当前这种增长曲线能够保持，其数量在未来几年间仍将增加。据相关参与方介绍，他们走上这条替代经济之路既有现实原因（收入、失业替代），也有意识形态方面的原因（集体管理）。

与自身有关的东西：政治和经济状况。几年来，一些"团结经济"的参与主体意识到，想把那些"被排斥者"重新"融入""优等"劳动市场完全是件荒谬的事，因为"优等"劳动市场之所以能存在，恰恰是因为存在着一个巨大的"次等"市场——这个市场由那些与社会脱离的、低等级的、廉价的劳动者所构成（他们通常由于签订了"社会融入合同"而能得到国家的补贴）（Castel，2007：20），一旦有需要时，它便能提供大量劳动力。所有的人都认为，这一"排斥—融入组合"必须停止，因为它把这些人的边缘化、把他们所谓的差异全部归咎于他们自身，是因为他们缺乏"自我经营的意识"、缺乏

"对自身生活的把握"或者不善于"抓住机会"去找到一份有固定合同的全职工作。当这些预设条件都被融入到"排斥"这一概念当中之后，人们就很容易——这正是皮埃尔·罗桑瓦隆（Pierre Rosanvallon）等学者长期以来所做的——得出这样一种结论，即这个世界并不存在"处境不稳定的社会阶层"，只要在"团结经济"的名义下，建立一些"固定的、个性化的社会融入"机制，一切社会问题就可以得到解决。由于并不存在一个固定的"阶层"，而是一些不同的"个人"，因此相关的解决方案必须是"个性化"的（Rosanvallon，1995）。而这恰恰是问题所在，它至少表现在以下两个方面。

首先，人们完全有理由提出这样一个问题：什么是社会融入？中产阶级都知道，最可能陷入"不稳定境地"的正是他们，而不可能出现相反的情况。正如我们前面所分析的那样，中产阶级正在逐渐瓦解。处境不稳定者与脱离社会者之间的界限越来越模糊，延长工作时间（正是工作时间的缩短起到了延长人们寿命的作用）、降低工资或下调最低工资的额度、被迫实行的多种就业形式，固定的长期就业合同越来越少，取而代之的则是越来越先进的短期就业合同，劳工法越来越受到质疑[①]（它被认为影响了劳动生产率的提高）（Castel，2007：421）。

其次，通过一些个性化机制增加脱离者与就业市场和全球化经济的对接程度，增强其流动性、灵活性以及适应能力，从某种意义上看就是一场永无休止的艰苦劳动，它意味着要把被排斥者带回传统的工资社会大门口，而这扇大门对他们来说永远是关闭的。说到底，社会融入乌托邦是试图让人们始终相信，将那些"脱离者"从全球化信息经济体的"黑洞"中拯救出来还是有可能的，这些"脱离者"在"黑洞"中分布很广，并为次等劳动市场提供了劳动力——而这种调节变量恰恰正是经济所需要的。

作为一种替代方案，"团结经济"拒不承认把人们重新融入传统劳动市场的逻辑，并想要创建自己的劳动市场。用此前曾援引过的卡斯特的话来说（2007），"团结经济"使次等劳动市场变得更加丰富，但同时又不会使其变成一个通往优等市场——这是一个由漂泊不定的中产阶级所组成的市场——的桥梁。

最后一个因素（除了其特有的针对人群、特殊的组织结构以及与传统劳动市场保持相对的独立性之外）拉开了"团结经济"与资本主义经济的距离。这就是它所固有的一些政治内涵。通常，我们会把这些多种形式的协会看成是经济的一种再政治化——这个词在这里所指的是上面提到过的波兰尼所说的正统意义（即将经济"重新嵌入"到社会当中）。这些"团结"项目从来不会被归入到"政治"领域（政治制度领域），尽管它们代表着"普通的、平常的公民性"。这里所涉及的远远不只是一种简单的、为自己寻求谋生手段的策略问题，而是包含着其他方面的东西，它所涉及的是对一个我们在这里会与他人发生关系的公共空间进行管理的问题（Chanial，1998）。据说今后很可能出现这样一种情况，即"某些被统治阶层在摆脱了统治机构（政党或工会）的制约而获得部分独立后会参与一些公共行动"，"因为他们由此摆脱了身份地位以及表达渠道所带来的约束，一些具体的实践活动将可以被赋予政治意义，一种实现民主的新方式可能由此产生"（Ion，1999）。

最后，作为一种替代资本主义的乌托邦思想以及一种实用民主的载体，"团结经济"可能还包含着一个真正的政治经济学计划。在这一计划中，处于领先位置的很可能是拉美地区所开展的运动。除了本地服务、"本地交换服务系统"（SEL）等一些我们在北方国家还是在南方国家所看到的各种形式之外，需要强调指出的是，南美洲所出现的"团结经济"形态中有着一种自己所独有的政治含义。在阿根廷和巴西等一些国家，每一年都有大量不同类型的企业被员工所组成的合作社所接管，并开始尝试着对其进行民主管理（所有成员都有权参加员工大

---

① 它会让我们想到法国的新雇佣合同或首次就业雇佣合同——这些合同明显与劳工法是相抵触的，它们使雇主可以在任何时候、任何情况下解雇员工，而且无需提供任何赔偿。

会，实行一人一票制）。当然，一切并不是那么完美，而且"我们自己生产、自己出售、自己付工资"这一著名的口号实施起来也十分困难。但这方面成功的例子也有很多，尤其是在那些传统的老板们——尽管他们都是一些能力超强的管理人员——宣布退出的领域。在此，我们可以随意举出许多例子，如 Impa 冶金厂、Bauen 旅馆、Chilavert 印刷厂、Fasinpat 瓷砖厂、Fasinpat Catense 合作社及其在巴西东北部地区的 1.2 万名成员，以及其他许多更新的项目等。

面对这些经验，人们自然会心生这样一个疑问：在法国各个政党、各个工会都在全力思索，试图在企业外迁和工厂关闭这两条道路之外找到另一种替代方案——它们所能想到的只有"可靠的买家"或"新的外国投资者"——之时，为什么这种自我管理的思考难以在法国推广？我们还在自欺欺人地认为，这些新买家或外国投资者即使机会来临也不会将企业外迁。一切就好像我们西方社会民主政体里政治对话的传统支柱，在这个问题上已经被工资社会（在当代这种最为扭曲的形态下）里的一个假想[①]所深深影响，因而它们无法想象在传统的股东投资者、老板（总裁和经理人）以及雇员这种三角关系之外，还可能存在着另一种不同的经济。这一结论会导致一个并非无关紧要的悖论：它指出了这样一个事实，即资本主义的社会结构无论对于那些从中获益的人，还是那些想把它打倒的人来说都是必不可少的。

然而，这是否意味着在那些工会力所不能及的地方，"团结经济"就是最好的解决方法呢？情况远非如此，因为工会有着与政权进行长期斗争的经验，因而对政权也有着清醒的认识，而"团结经济"则对政权有着一种天真的道德姑息主义倾向——这一点值得我们加以进一步分析。

事实上，虽然这些协会或合作项目表明了民众中存在着一种不可否认的干劲——它们是对 19 世纪那种旨在打破经济和政治统治秩序的联合社会主义或自由社会主义的行动倾向的一种更新，但是这种干劲存在着一个靠自己的战斗星系所无法解决的问题。

这个问题就是它们的政治组织问题。只满足于夸大"团结经济"所蕴含的民主力量、夸大其所承载的"政治本质"或许有些理想主义色彩。正如阿兰·卡耶（Alain Caillé）所写的那样，这些协会当然是一些"政治组织"。但是，那种能使其在一些负责经济和社会政策的欧盟及国家机构内发挥出自身影响力的大规模组织形式在什么地方呢？这个有关权力的问题迟早会被人们提起，也就是说人们提出有关"现存各种协会之间的元协会"的问题。简而言之，必须出现一些专门处理内部黏合与横向联系等总体秩序问题的专业协会"（Caillé, 2003）。由于一直强调只要有公民身份实践就已足够，结果使得无法产生出共同语言，从而也无法像当年的工会那样提出一个集体计划——人们可以把所有的希望都寄托在它的身上。由于一个地方没有了权力的化身（所有的人都可以轮流地按民主的方式投资），权力就因此而被一些彼此对立的小宗派所滥用。这方面的证明

---

① 这一假想是我们的政界和工会组织从 20 世纪继承下来的，除了私营部门（工人、管理人员、普通职员等）或公共部门（公务员）各种雇佣形式所形成的"雇主—雇员"这种主流关系以外，它们想象不出还有其他类型的东西。如果这一假想所涉及的工资关系在今天没有导致一种主流关系以外的东西，即"低于传统标准工资关系"——和工资关系的新形式，那事情就不会有那么严重。一位生活不稳定的人会在没有任何协商的情况下，按照买家所规定的低价格出卖自己的劳动（Castel, 2007：422-426）。然而，所开展的项目和集体所有的性质、自我管理和民主等，这一切使得"团结经济"很难被那些从这一设想的角度来看代表着经济活动的人所看懂。

是，国际层面存在着众多的网络[1]——它们的数量之多意味着除了对地方发展的影响之外，它们在其他方面都显得软弱和无力。

对它们进行组织规范这一想法令人害怕。它令人回想起遭遗弃、垂直性、话语权的被剥夺和强迫效忠于一种固定的思想路线等。正是在这些不同元素的共同作用下，才使人们明白为什么大部分"团结经济"的参与者对传统政治结构所采取的行动没有兴趣：它具有约束力。由于经常需要把自己的发言权交给一位代表，而自20世纪80年代以来，越来越多的"团结经济"参与者开始不信任自己的政治代表，也不相信其领头人所说的话，因为这些话很少能带来真正的社会变化。

在"替代经济"和"团结经济"等此类新的参与形式中，自主性要大得多。人们可以自愿加入到某一协会中，也可以随意地从中退出：当人们觉得相关的信息（或者产品）与自己的心理预期不相符时，他们很容易就可以退出，尔后再加入到其他协会当中。

正如雅克·扬（Jacques Ion）所介绍的那样，这些行动主义的形式更加适合个性化日益明显的社会，参与程度低、所花的时间更少、少一些一般性多一些个性化的不同意见（Ionet alii，2005）。人们可以按照自己的意愿以"点菜"的方式选择参与，从而

少了被某个特定的组织或其所承载的假想——如当人们加入到某些具有马克思主义思想的组织中——"所强迫"的心理。总之，这种参与形式是当代资本主义为其管理人员所设置的参与形式的"负片"（是指暗区与亮区被颠倒了过来——译者注）：它更加灵活。这正是其力量之所在，也是其脆弱性之所在。

当然，当人们加入"保护小农经营农业协会"或"社区支持农业"项目时，其成员已经用实际行动参与到了政治当中。他们并不会仅仅满足于口头上对集约型农业和资本主义大型零售商（如家乐福等）提出谴责，他们会在实际生活中重新发明出一些地方合作和互助经济体——这些经济体所取得的成功越来越大，也许有一天会令那些大型工业生产商或零售商感到担心。迄今为止，这些生产商和零售商习惯于下达一些可能与消费现实完全脱节的命令。也就是说：将大量的产品和顾客聚集在巨大的、去人性化的空间里，既远离生产者，同时也远离了对于我们这种炫耀性消费方式的反思。这些采购集团的合作者所热衷的不再是口头上的、没有任何实质意义的政治批评，而是用一种直接的解放行动来批评，尽管有时显得有些欠考虑。

但是，除了政治行动之外，它们还有些什么样的表达方式呢？任何重大的社会进步从来不会仅凭

---

① La liste suggérée ci-dessous n'est en rien exhaustive mais indique la diversité des unions, réseaux et autres fédérations d'économie sociale et solidaire. Rien que pour l'Europe, on compte déjà un nombre important de structures n'ayant pas spécialement de liens entre elles : ESENSEE (Eco Social Economy Network South and East Europe), REVES (Réseau européen des villes et régions de l'économie sociale), EESC (European Economic and Social Committee), FEBEA (Fédération européenne de finances et banques éthiques et alternatives), Social Planet, RIPESS Europe (Réseau intercontinental de promotion de l'économie sociale et solidaire, Europe), IRIS (Inter-réseau européen des initiatives éthiques et solidaires), Coopératives Europe, CECOP (Confédération européenne des coopératives de production et de travail associé, des coopératives sociales et des entreprises sociales et participatives), etc. Cette diversité n'est pas moins indicative à l'échelle mondiale : le RIPESS (Réseau intercontinental pour la promotion de l'économie sociale et solidaire), le FIESS (Forum international de l'économie sociale), l'AIIES (Association international des investisseurs en économie sociale), l'Alliance pour un monde responsable et solidaire, ICA (International Cooperative Aliance), WFTO (World Fair Trade organization), IFAT (International Fair Trade Association), INAISE (Association internationale des investisseurs dans l'économie sociale), Point Pal (réseau international de services de proximité), RIFES (Réseau international femmes et économie solidaire), la FIEF (Fédération internationale d'économie familiale), la Fédération internationale des assurances coopératives et mutualistes, etc.

良好的政治意愿［比如"马克斯·哈韦拉尔（Max Havelaar）认证"的咖啡的消费者的政治意愿］就能实现，而是需要对参加到这场政治斗争的不同社会群体的利益加以分析理解，并找到其中的共同点。然而，应当看到的是，今天政治代表和公民社会之间之所以会存在鸿沟，正是因为与"团结经济"一样，公民社会所表达出来的批评难以从那些在一定程度上显示其自身特性的社会多样性和道德浮夸（我和那些最穷困的人一道，同时也是为了他们而通过某个"社区发展合作组织"对公平贸易进行投资等）转变成一种真正的斗争或共同的政治标志符号。

敢于直面权力结构的问题，同时又要保留其受民众欢迎的特质，这也许就是"团结经济"想变身为一种能真正提出政策建议的力量所面临的挑战。提建议过程中不要忽略民主，就像那些激进的左派如今所做的那样，它经常提出有关无产阶级革命的言论，但又不会被无产阶级的声音所困扰。

从什么样的团结政策来回应对不稳定进行管理的思想？

今天，所有国家的"团结经济"都面临着这样一个关键问题：由于没有自己的身份特性以及政治议程（这是替代型经济所必须具有的载体），因此它只能接受其他一些政党所赋予它的一种特性——在最好的情况下，一些政党的政治计划或公共政策会在边边角角的地方提到它。这种由外部"强加"的特性就是通过"再社会化"的手段来达到社会"再融入"的目的，在这方面，只有极少数自我管理的情况是个例外，如拉丁美洲所出现的一些设想。事实上，这正是它的圣职之所在，也是一些左派政党——如绿党和社会党——能允许它小范围存在并为其提供潜在支持的唯一原因（保守党往往对它们视而不见）。

无论是北方国家还是南方国家，"团结经济"都不断向公共权力所提供的工具示好。此外，当它有机会用政府所提供的补贴来"支付工资"时，经常可以看到它会使用一些曾遭到其诋毁的称号，尤其是帮助就业、固定期限合同和非全日制工作等。在任何地方，人们都会要求其对社会问题进行"管理"，以便按照工资社会的标准来重新安置那些"被排斥者"。如今的工资社会被一种新的管理思想所精心装扮，这既影响到了个人，也影响到了那些机构，对此樊尚·德戈勒雅克（Vincent de Gaulejac）有过很好的描述。这种思想所依托的是一套被高估了的抽象原则，但对现实世界的工作组织形态产生了巨大影响：连通性、灵活性、机动性、适应性、效率、能力和合理化（de Gaulejac，2005）。这一切会由一些收费高昂的咨询体系进行持续的评估。

在我们看来，这种管理思想与那种试图掩饰工资社会之变形的"化妆品"似乎没有多少差别。

正如樊尚·德戈勒雅克（Vincent de Gaulejac）所指出的那样，"团结经济"——其在世界各地所取得的主要成就主要得益于那些"脱离者"自身的努力——源自于由上述组织特性（自我管理、民主等）所激发出来的一个直接解放进程。这一进程能抓住管理思想及其所想重新描绘的劳动社会的大致轮廓，因为它能使那些在优等劳动市场和次等劳动市场间建立起联系的工具变得更加精细：社会融入、资质的重新评定、职业化和竞争力。

然而，人们会提出这样一个问题：一心只对那些被全球化、金融化经济所暴力打击的人们（他们通常是这样的一些人：妇女、外国人、失业者等）所发起的项目进行投资或给予支持，会不会导致其中的一些项目无法发挥出强化其特性的作用，即作为一种真正经济的正统经济和大经济（市场经济）的微不足道的备胎，而不是作为打破轮胎辐条的大棒。由此，在政治上没有后退余地的情况下，那些生活不稳定的社会"脱离者"所特有的非典型工资形态在他们自己协会内部也不见了踪影。

事实上，事态的发展就好像人们已把定义"团结经济"的政治权都交给了机构，而且只满足于一种低调、平常且更加高效的邻近政策。劳工运动的力量之所以自 19 世纪以来能在社会领域取得许多成就，正是因为它得到了一些别无选择、只能团结一致的人们的支持，而这些人之所以团结一致是为了在自身行动之外还能再发出集体的声音。今天，承认共同的斗争原因在这个四分五裂的工资社会里不再是件容易的事，在这里，欧洲国家公务员以及那些仍得到很好保护，但日益受威胁的私营部门的雇员数量越来越少，而那些不能全时就业的不稳定人员以及流动性极强的短期工作人员却越来越多。难以看清共同斗争的原因而造成的统一性缺乏也体现在了"团结经济"一些协会或合作机构的具体行动当中。到目前为止，无论是团结金融的储户，还是"公平咖啡"的消费者，抑或是由穷人组建的劳动合作社，为解决眼下的困难、利他主义或者从社会关系中获得乐趣等都可能是他们参与其中的原因。然而，到现在为止，只有那些定义明确的集体化利益在现有的权力关系中取得了突破的地方，世界才有可能发生真正的转变。

参考文献

BAYON D., 2002, *Le commerce véridique et social*, Paris, Atelier de création libertaire.

BLANC L., 2000, *Les monnaies parallèles. Unité et diversité du fait monétaire*, Paris, L'Harmattan.

CAILLÉ A., 2003, « Sur le concept d'économie en général et d'économie solidaire en particulier », *L'alter-économie, quelle autre mondialisation ?*, Revue du MAUSS, n° 21, p. 215-236.

CASTEL R., 1995, *Les métamorphoses de la question sociale*, Paris, Gallimard, p. 658-659.

CASTEL R., 2007, « Au-delà du salariat ou en deçà de l'emploi ? L'institutionnalisation du précariat », *in:* PAUGAM S., *Repenser la solidarité*, Paris, PUF, p. 418.

CASTEL R. et HAROCHE Cl., 2001, *Propriété privée, propriété sociale, propriété de soi. Entretiens sur la construction de l'individu moderne*, Paris, Fayard, p. 112-113.

CASTELLS E., 2000, *L'ère de l'information*, Paris, Fayard.

CHANIAL P., 1998, « La délicate essence de la démocratie : solidarité, don et association », *Une seule solution, l'association ? Socio-économie du fait associatif*, Revue du MAUSS semestrielle, n° 11, p. 28-43.

CHARLEBOIS J.-M., 2011, « Le projet Otesha (Canada) : la consommation alternative par la communauté intentionnelle », *in:* PLEYERS G., *La consommation critique*, Paris, Desclée De Brouwer.

CHAUVEL L., 2001, « Le retour des classes sociales ? », *Revue de l'OFCE*, n° 79.

CHAUVEL L., 2004, « Le renouveau d'une société de classes », *in:* BOUFFARTIGUE P., *Le retour des classes sociales : inégalités, dominations, conflits*, Paris, La Dispute.

CHAUVEL L., 2006, *Les classes moyennes à la dérive*, Paris, Le Seuil.

DEFOURNY J., DEVELTERE P., FONTENEAU B. et NYSSENS M., 2009, *The Worldwide Making of the Social Economy. Innovations and Changes*, Leuven & The Hague, Acco: 15-40.

DE GAULEJAC V., 2005, *La société malade de la gestion. Idéologie gestionnaire, pouvoir managérial et harcèlement social*, Paris, Le Seuil, p. 317-323.

FERRERAS I., 2007, *Critique politique du travail*, Paris, Presses de Sciences Po.

FLORES H-C., 2006, *Food Not Lawns. How to turn your Yard into Garden and your Neighbourhood into a Community*, Vermont, Chelsea Green Publishing Company.

FRÈRE B., 2009, *Le nouvel esprit solidaire*, Paris, Desclée de Brouwer.

ION J., 1999, « Engagements associatifs et espace public », *Mouvements*, n° 3, p. 67-73.

ION J. et alii, 2005, *Militer aujourd'hui*, Paris, Autrement.

LATOUCHE S., 2003, « L'oxymore de l'économie solidaire », *L'alter-économie. Quelle « autre mondialisation ? »*, Revue du MAUSS, n° 21, p. 145-150.

LAVILLE J.-L., 2011, *Politique de l'association*, Paris, Le Seuil.

MAKINO M., 2011, "Emerging models of social and community finance in Japan: opportunities and challenges" (disponible sur : www.researchgate.net/publication/229050217_Emerging_Models_of_Social_and_Community_Finance_in_Japan_Opportunities_and_Challenges).

ORTIZ H. et MUNOZ L., 1998, *Globalizacion de la solidarad. Unreto para todos*, Lima, SES-CEP.

PLASSART F., 1997, *Le temps choisi, un nouvel art de vivre pour partager le travail autrement*, Paris, Charles Léopold Mayer.

POLANYI K., 1985, *La grande transformation*, Paris, Gallimard.

RIPOLL F., 2013, « Les AMAP et dispositifs apparentés : forces et faiblesses axiologiques et stratégiques d'un succès pratique », *in:* FRÈRE B. et JACQUEMAIN M., *Résister au quotidien ? Les formes contemporaines de l'action militante*, Paris, Presses de Sciences Po (à paraître).

ROSANVALLON P., 1995, *La nouvelle question sociale. Repenser l'État-providence*, Paris, Le Seuil.

ZIMMER M., 2011, « Les AMAP en France, entre consommation de produit fermiers locaux et nouvel ordre de vie », *in:* PLEYERS G., *La consommation critique*, Paris, Desclée De Brouwer, p. 47-67.

"团结论坛"——印度无地者运动：从诉求到地方团结替代方案

埃米琳·德布弗（Emeline DE BOUVER）

鲁汶大学，比利时

自然资源获取，尤其是土地获取方面的不平等是世界各地社会运动所面临的一个大挑战[1]。人口的增长、发展模式和集约农业的模式使许多地区变成了使用自然资源的真正战场，严重影响了那些以土地为生的农民的生活质量（Shiva，2004）。在印度，"团结论坛"运动于20世纪90年代成立，其目的就是为了在这个土地压力巨大、70%的人生活在农村的国家支持和捍卫那些无地者的利益。修建水坝、矿石和水泥矿的开采、自然保护区和其他野生动物保护区的设立、生物燃料的生产等，这一切使土地、森林和水资源面临的压力不断增加。企业、大地主或国家与土著民众[阿迪凡西斯（Adivasis）族人]和小农户[他们主要是"达利特"（Dalit）或贱民]之间不对称的较量，大多数情况都以后者的失败而告终。土地拥有权的格局是如此的不平等，以至于40%的农村人口是那些无地可耕、只能每天为本地地主辛苦劳作的人（Chinnappan，2010）。

"Ekta Parishad"一词的意思就是"团结论坛"。这一运动[2]旗下拥有数以千计的贱民和阿迪凡西斯族人，他们分别来自印度十个邦，而且还有数千个地方组织。在拉贾戈帕斯（P.V. Rajagopal，他被称为"甘地第二"）的领导下（Singleton，2004），这一运动今天承接了甘地的旗帜：用非暴力方式来减少不平等。"团结论坛"的工作主要体现在一些大规模的重大行动上，如最近的一个例子是2012年的非暴力抵抗及不合作主义集会。这场聚集了五万多名失业人员的运动举办了有史以来最大规模的非暴力游行，以期政府能听到被排斥者的声音。2007年，"人民诉求"（Janadesh）组织25000人举行了为期一个月的示威游行，最终使一些失地的人获得了土地证，而且还在为穷人争取权利方面取得了重大进展。其中最重要的是政府承诺成立"全国土地改革委员会"，并承诺对《土地征用法》（Land Acquisition Act）和《林权法》（Forest Rights Act）作出修订。两年后，

---

[1]　无论在南方国家还是在北方国家，都有许多十分活跃的争取土地的社会运动，其中最有名的是"巴西无地农民运动"（MST）。其他一些例子如，"农民之路"（Via Campesina）（其总部在印度尼西亚）国际运动目前在全球各地都十分活跃。再比如法国的"Terre de Liens"以及比利时的"Terres en vue"等。

[2]　在举行了十天的游行集会后，这场运动随着拉贾戈帕斯（P.V. Rajagopal）和印度总理签订的一份协议而宣告结束：总理在协议中承诺将在六个月内进行土地改革。

"团结论坛"（Ekta Parishad）又开始着手准备 2012 年的非暴力抵抗及不合作主义集会（Jan Satyagraha, 2012），以保持对政府的压力，敦促其履行承诺——因为这些承诺远未得到全部兑现。

"团结论坛"的经验表明，这些大规模的行动只不过是冰山一角。本文所探讨的主要是这一冰山被淹没的部分，对该运动的分析可使人得出这样的结论，即大规模的动员只是社会变化进程的一个步骤而已。

多面孔的社会运动

对于一位想了解"团结论坛"的研究人员来说，最可能令其感到惊讶的是这一运动所包含的现实的多样性：自助团体、数千人参加的步行示威或静坐抗议、修行处所、政治游说团体、占领土地、养蜂培训、青年营……观察员很难确定谁是这一运动的成员，以及它是如何运行的[①]。行动的多样性（在社会运动的主流分析者看来，这种多样性往往被认为过于分散[②]）以及运动目标的不断变化同拉贾戈帕斯（P.V. Rajagopal）对于运动的设计以及社会变化是相一致的。在拉贾戈帕斯看来，让社会向着更平等的方向转型必须从多个层次采取行动。他总是不断强调："活动分子并不是乞讨者。"在他看来，只有把重点放在民众自身责任的情况下，为最贫穷者争取权利才具有合法性和针对性。"团结论坛"只有通过一些地方性的项目——如道路建设、支持生态农业等来提供就业机会——来不断改善"达利特"和阿迪凡西斯族人的日常生活，才能使自己得到民众的拥护。"团结论坛"已经在成千上万的村庄扎根。在

这些地区，其成员所建立以及支持的大量项目已成了"团结经济"和"替代经济"的一部分［见本书中布鲁诺·弗雷尔（Bruno FrèRE）的相关文章］。

拉丽塔（Lalita）的例子将帮助人们了解数百名成员在地方上所做的实质性工作。十多年来，拉丽塔一直在印度南部的十个村庄里对妇女和儿童所展开的活动进行协调。她被"团结论坛"所聘用，负责在她与丈夫生活的地区为"团结论坛"工作。一开始，她几乎什么人都不认识，于是她在第一个村开设了一家托管学校，接收全村各年龄段的儿童。之后，她将这一模式复制到了邻近的村庄。在与孩子们接触多了之后，她逐渐结识了孩子们的母亲。她开始关注她们的生活及其所遇到的困难。由于严重缺乏收入，她决定先着手解决她们的就业问题。在"团结论坛"其他成员的帮助下，她为她们开展了养蜂和缝纫培训。这些培训课程使得这些家庭有机会接下一些"小生意"，从而能给家庭带来不可小视的物质支持。所有这一切使拉丽塔和村里的许多人建立起了很强的信任关系。正是这种信任使她的计划得以一步步推进。随着时间的推移，除了供孩子们做作业的托管学校之外，又成立了儿童委员会，孩子们可以在这里学会表达他们村庄的长处和短处。这些委员会通过选举选出自己的领导人，尔后再由他们去村际委员会、县际委员会就相关问题（以及解决方案）展开讨论。裁缝培训班的目的甚至超出了提供工作的范畴。在这些培训班里，妇女们有机会把自己在日常生活中所遇到的困难表达出来，并试着寻找解决方法。拉丽塔在她们当中选出领导

---

① 这场运动的多样性还体现在其成员的多种头衔上：工作人员（"团结论坛"的雇员）、积极分子（他们还有着许许多多其他名称）、地方的领导、国家层面的领导（领导负责对一个村庄、一个地区、一个国家的行动进行协调）。

② 有关这种多样性和分散性同化作用的批评，请参阅以下著作：Benasayag M. et Aubenas F., 2002, *Résister, c'est créer*, Paris, La Découverte。

者，并对其进行培养，这些人将在公共会议中代表自己的村庄，或者也能像她自己那样为"团结论坛"工作。

在这场运动中"从本地着想"，就意味着首先要去倾听民众的呼声，了解他们最迫切的需求，并和他们一起找到利用本地资源的解决方法。因此，项目的多样性恰恰是充分适应当地情况的结果。"从本地着想"，也意味着相关活动分子在理想方面不能过于苛求，要把关注点放到过程上来，以给人们足够的时间来学习非暴力的做法。与许多对变革结果急于求成的运动不同，"团结论坛"的活动分子刻意拉开了行动与结果之间的距离，此举可使其设想更缓慢的转型节奏。他们的第一个目标是要与现实相适应，尽管这有时看起来显得自相矛盾。如果一位观察者不能从历时性的角度来看待问题，那么在他的眼里，拉丽塔手下的那些女裁缝就成了一些收入微薄的贫困妇女。他看不到这些人已经融入了一个能大大提高其应变能力的进程当中。找一份工作，使整个家庭走出极端贫困状态，这一步对于拉丽塔来说是十分必要的。她必须首先从解决个人的基本生存需要入手，从而赢得周围人们的信任，尔后才有可能逐步将其引向那些集体问题。这种运作方式正是"团结论坛"的特点之所在，它主要基于两种假定：学习非暴力是一个漫长而艰难的过程；只有在个人的需求得到倾听之后才会有更多的精力来顾及集体利益。"团结论坛"的活动分子会与民众一起生活（按照他们参加运动的经历以及运动本身发展的需要，他们可能会在其所生活的地区工作，也可能

会被派往其他地区），为他们提供服务，并向他们展示如何开展非暴力行动。在获得人们的尊重甚至被人效仿之前，他们会与当地民众建立起相当牢固的信任关系。而这一切是需要时间的。

不平等是一种结构性暴力

"团结论坛"虽然在地方上十分活跃，但是它的活跃并不仅仅局限在这一层面。"团结论坛"运动拥有自己的远景目标和全局战略。它的诉求主要集中在三种主要资源上：水、土地和森林。在土地方面，"团结论坛"要求出现一种"对土地进行全面重新分配的结构性变化，从而使那些被边缘化的人们和被压迫者走出贫困[1]"。贫困是以多维度的形态呈现的，它影响到了印度绝大部分人口（据调查显示，55%的印度人生活在贫困线以下）。拉贾戈帕斯发动人们所反对的就是这种因不平等以及不平等的持续存在而引发暴力的发展模式。

由于自己不可能无处不在，因此他的身边总围绕着一些地方领导人及其团队。他的身边都是一些致力于非暴力的人，但其中也有许多是为了各式各样的需求或欲望能得到满足（获得认可、权力、收入、网络和家庭……）而来的。因此，对于非暴力的理解以及地方项目的一致性存在很大差别，它更多地取决于地方领导人的能力及其所树立的榜样。为了解决这种不一致性，"团结论坛"近年来组织了数百个青年营活动，对非暴力的社会行动进行培训，并为无地者实现独立提供支持[2]。

在印度，"团结论坛"所面临的形势并不是缺

---

[1]　由作者译自："The structural change that Ekta Parishad is calling for is a complete land redistribution to enable the marginalized and downtrodden，to get out of poverty"（disponible sur：www.ektaparishad.com）。

[2]　这些培训旨在提高当地民众的能力，帮助他们更好地了解和捍卫自身的权利。为此，还专门出版了一本手册：Carr-Harris J.，2010，*A Pedagogy of Non-Violent Social Action*，*Based on the Work of Ekta Parishad*，New Delhi，Ekta Parishad。

乏有利于穷人的法律，而是这些法律很难得到全部执行。这一运动曾遗憾地指出，许多法律成果并未能带来实质性的变化，其中的原因主要在于各级政府普遍存在贪腐行为以及各种封建残余的影响。在这一运动的活动分子看来，他们的使命完全符合哲学家阿兰对于民主的定义：统治者对被统治者进行连续和有效的管理（Alain，1985）。如今，面对政治语言中"人人有权拥有土地"的说法正在变成"人人有权获得食物"这样一种转变，他们开始发出警告。在这一运动看来，这种用词的微妙变化正是一个需要自己进行斗争的对象，即农业地位的下降以及工业地位的上升。对一个家庭来说，拥有土地就意味着有饭吃、有地方住、能在一个地方生存下来、能获得独立……而光获取食物则可能使穷人形成对土地拥有者的依赖，从而丝毫不利于不平等的减少。

结论

在"团结论坛"看来，只有在不同层面展开共同努力，才有可能使自然资源出现更公平的分配。"团结论坛"同时展开了两种行动主义：一种是根据当地不同情况出台的、旨在加强地方应变能力的地方行动主义；另一种是主张从不同权力部门获得更多资源的传统行动主义。总体上看，"团结论坛"是一个理想的实验空间，它会抓住一切机会帮助每个人变成自己生活的主导者，变成服务于集体利益的非暴力行为的领导者。当然，它还远远没有成为一个圣人的集体，此时此刻，这场运动所有的活动分子仍在征途上。

参考文献

ALAIN, 1985, *Propos sur les pouvoirs. Éléments d'éthique politique*, propos choisis et classés par Françis Kaplan, Paris, Gallimard.

BENASAYAG M. et AUBENAS F., 2008, *Résister, c'est créer*, Paris, La Découverte.

CARR-HARRIS J., 2010, *A Pedagogy of Non-Violent Social Action, Based on the Work of Ekta Parishad*, New Delhi, Ekta Parishad.

CHINNAPPAN, N., 2010, « Accès et contrôle de la terre en Inde, un défi pour les communautés paysannes », *Alternatives Sud*, vol. 17/79.

SHIVA V., 2004, "The future of food: countering globalisation and recolonisation of Indian agriculture", *Futures*, 36(6-7): 715-732.

SINGLETON M., 2004, « Le World Forum de Mumbai (janvier 2004) : foire, foutoir ou foutaise ? », *Mauss*, 2(24), p. 428-440.

第十三章

薛澜
清华大学公共管理学院院长，联合国可持续发展解决方案网络领导委员会联合主席，中国

杰弗里·萨克斯（Jeffrey D. SACHS）
哥伦比亚大学，美国

吉多·施密特－特劳布（Guido SCHMIDT-TRAUB）
联合国可持续发展解决方案网络，法国

劳伦斯·图比娅娜（Laurence TUBIANA）
法国可持续发展与国际关系学院，联合国可持续发展解决方案网络领导委员会成员，法国

设定 2030 年的可持续发展目标

面对可持续发展所带来的挑战，2012 年召开的里约地球首脑会议 20 周年峰会（"里约＋ 20 峰会"）作出了建立全球可持续发展目标的决定，以进一步巩固现有的协议和协定。将在 2015 年后在各国生效的可持续发展目标，在数量上将有所缩减，在表达上将更精练，其影响将是全球性的，而且不同的国家可以有所区别。在这一新发展议程的谈判中，全球不平等问题将成为核心内容。

正如本书的各章节所描述的那样，全球许多地区今天都出现了不平等进一步加剧的现象，这种趋势似乎是技术力量、全球化以及国内政策等种种复杂因素共同作用的结果。不管其中的原因究竟是什么，但高度不平等所带来的后果都是十分严重的，它不仅会影响到社会公正，也会影响到社会的健康，在政治上变得更加不稳定，经济上则变得更加低效。实现更大的经济平等不仅是一个道德目标，它也是一个现实目标。如今，"社会包容"与经济增长和环境可持续一样成了可持续发展的主要支柱之一，这绝对不是一种巧合。

不平等不仅仅是一个简单的既成事实。社会可以采取措施，使自己的经济变得更平等，同时又变得更加高效。例如，斯堪的纳维亚的社会民主国家，其最大特征就是不平等程度极低，而社会信任度、公共权力的质量、公共健康水平以及总体的经济福利都保持在一个很高的水平上。其中的关键之处似乎在于全民都能享受到人力资本方面的投入，这实际上意味着一个社会的所有儿童——不管他们出生在一个贫穷还是富有的家庭当中——都有机会健康成长并开发自己的潜在技能。因此，那些在公共健康、儿童营养、高质量的托幼机构、全民教育以及良好的职业培训等领域进行大量投资的社会，它们在社会和经济领域里也会更加平等、失业率更低、平均经济繁荣程度更高。

如今，人们虽然对于可持续发展所面临的挑战有了更全面的理解，但是世界各国在扶贫脱贫、促进经济发展、维护社会包容性和环境的可持续性等方面所取得的进步还远远不够。为了能从地方层面、国家层面、区域层面和全球层面切实加快这些问题的解决，联合国秘书长潘基文决定发起建立联合国可持续发展解决方案网络（SDSN）。该网络最近起草了一个有关可持续发展的框架草案，对世界各国——包括穷国与富国——所面临的挑战进行了全面总结，其中重点是经济和社会不平等以及社会包容等方面所面临的挑战。

在此，我们将对这一框架文件作一简要介绍。它涉及与可持续发展有关的各层面的问题，包括消除贫困、社会包容、保护地球的生态系统以及可持

续发展所需的公共和私营机构的良好治理等。可持续发展解决方案网络也邀请一些对这方面有兴趣的机构参与其中，帮助它推进一些实用和创新的解决方案，从而使世界各个地区都能应对可持续发展的综合挑战。

全球可持续发展的挑战

全球可持续发展所面临的挑战已到了难以复加的程度。反贫困斗争取得了长足的进步，但是全球仍有超过十亿人生活在极端贫困中。在许多国家——不论是穷国还是富国，不平等和社会排斥现象进一步加剧。全世界总人口达70亿，全球每年国内生产总值达到了70万亿美元，人类对环境的影响已经达到了危险的程度，有的已经超过了地球所能承受的极限。到2050年，全球人口预计将达到81亿~106亿，全球国内生产总值将超过250万亿美元。

如果经济仍将按照目前的轨迹继续增长，而每一美元的经济产出所消耗的资源以及所造成的污染不出现大幅下降，那么其后果对环境来说将是灾难性的。此外，目前的增长模式所提供的体面就业机会太少，从而加剧了我们社会的不平等现象。总之，我们需要一个能与社会和环境目标兼容的全球经济增长新框架。

在当前这种全球人口和经济水平下，许多重要的生态系统已经受到威胁或遭到破坏。气候变化已不是一个遥远的威胁，而是一个残酷的现实——它在富国和穷国都同样存在。全球气温在上升；极端天气现象正变得司空见惯；海洋酸化进一步严重；渔业采取了竭泽而渔的做法；许多化石燃料（特别是石油）以及地下水正在迅速枯竭；地球经历了前所未有

的大规模物种灭绝。除非我们迅速作出改变，否则这些问题将变得日益严重、更加危险。

幸运的是，朝着正确方向迅速转变正在成为可能。这一切主要得益于收入的增加、科学和技术所取得的前所未有的进步、要求走可持续发展之路的政治意识越来越强、加强全球伙伴关系的重要性得到越来越多的认可。如今的世界拥有必要的工具能清除各种形式的不平等现象，促进经济的增长并确保环境的可持续发展。当人们需要更加先进的工具时，尤其是在需要使经济进步与环境资源的使用脱钩时，这些工具可以由政府、企业、公民社会、科学界和大学共同开发，从而为解决问题找到切实可行的方法。

没有一个国家能单独应对可持续发展的挑战。必须从地方、国家、区域和全球层面出台一些综合性的解决方案。每个国家都必须应对这一挑战，因为将各国划为发达国家和发展中国家、捐助者和受助人这样的传统区分方法已不足以描述我们当今所处的这个复杂世界。同样，企业和公民社会也必须为可持续发展的实现而努力。为了对各利益相关方进行动员、向其解释所面临的挑战、将行动锁定在合适的范围内、为形成真正的国际伙伴关系奠定基础，一个具有约束力的框架是十分必要的。

受联合国秘书长潘基文的委托，可持续发展解决方案网络将努力使各方面的科学家、工程师、商界领袖、公民社会的领袖以及发展领域的实践者都能参与到探寻解决问题的务实、具体的方法中来。

可持续发展的框架

目前，我们正从一个由联合国千年发展目标[①]

[①] 国际层面还存在许多已经达成的其他目标，它们涵盖了可持续发展的绝大部分内容，但是在引起公众关注以及促进人们的行动方面，这些目标的效果显然不如联合国千年发展目标。

所定义的发展阶段——它将于 2015 年到期——过渡到由综合考虑可持续发展各层面因素——经济、社会和环境因素——的一些目标所定义的发展阶段。为此，"里约 + 20 峰会"已经通过了这种可持续发展目标的概念。

联合国千年发展目标成功地使世界将关注点放在了各种形式的极端贫困的消除以及性别不平等的减少上。它们使那些已设定目标的领域取得了快速进步，并且成了发展的一个规范性框架。围绕着"2015 年后发展框架"所展开的讨论不应当分散人们的注意力，使人们不再关注千年发展目标到 2015 年底的实现情况或其所设定的一大目标——消除极端贫困。然而，目前可持续发展所面临的挑战已经大大超出了千年发展目标的范畴。它们会涉及所有国家，而且所有的国家都要为这些问题的解决作贡献。除了国家和地方政府外，企业和公民社会也应帮助应对可持续发展方面的挑战。

可持续发展的框架用四个相互关联的目标描述了社会应当采取的行动：经济发展（尤其是消除极端贫困这一目的）、社会的包容性、环境的可持续性和良好治理（尤其是安全方面）。可持续发展的这四个维度，每一个都会对其余三个有促进作用，而这四个维度对于个人和社会的福祉都是必不可缺的。有时可持续发展会用前三个维度来描述：经济、社会和环境。我们加上了良好治理和人身安全作为第四个维度，以突出另外一些对可持续发展的有利条件，尤其是透明度、高效率的机制、法治、参与和个人安全、责任以及公共物品的足够资金投入。这些良好治理标准适用于公共部门、私营部门和公民社会。

经济发展与反贫困斗争

可持续发展所面临的一个重要任务是完成旨在清除一切形式的极端贫困的工作以及促进经济发展。

目前，全球仍有十亿人生活在极端贫困当中，他们没有足够的收入、粮食安全没有保障、没有机会接受教育、无法享受到最基本的基础设施和获得医疗服务，他们也是面临各种灾害时最脆弱的人群。在一代人的时间里，也就是说到 2030 年，我们应当做到使这些家庭的基本需求都能得到满足，使其拥有足够的收入、体面的膳食、粮食安全保障、享受最初级的医疗保健普及服务，尤其是一些非传染性疾病的预防和治疗。同样，未来这一代人还必须拥有孩子健康成长所需的良好条件，能接受良好的教育，培养工作技能，并能享受到一些最基本的基础设施服务，包括供水和环卫、清洁能源和宽带连接。

虽然世界上大多数国家都拥有实现可持续发展所需的国家资源这一基础，但是还有约 50 个低收入国家或脆弱国家并不具备这方面的条件。由于过于贫困、过于偏僻、受战争蹂躏的程度太深、自然资源过于贫乏，或者面临其他方面太多的挑战，这些国家无法靠自身的力量实现可持续发展目标。通常情况下，它们都存在着不安全与武装冲突的问题。这些国家——其中有许多位于非洲之角、非洲的萨赫勒地区、中亚地区——或许多内陆国和岛屿经济体都需要得到国际上的特殊支持，才有希望打破经济没有发展、环境退化、不安全和冲突这样的恶性循环。

在世界一些地区，人口增长速度仍然很高。要实现可持续发展，那些人口增长速度快、高出生率的国家应当通过自愿计划生育和生殖健康等方式来降低生育率，如加大对提高新生儿成活率方面的投入，让人们认识到小家庭的好处，在女童教育方面增加投入以及通过综合的方法来提高妇女的独立地位等。生育下降速度的加快很可能会使人们进入这样一个时期：在此期间，民众的年龄结构对经济增长极为有利，因为与儿童和老人相比，潜在劳动者的数量将会增加。许多中等收入国家已经从这些变化中受益。对于那些想展开这方面尝试的低收入国家，则应当更多地采取行动，促进人们自愿减少生育。

正是得益于多元化的、环境可持续的经济增长，所有低收入国家的人均收入在 2030 年将有望达到中等收入国家的平均水平。今天的中等收入国家已经有能力消除极端贫穷，并成为中上等收入国家甚至是高收入国家——这主要取决于它们最初的出发点。

社会包容

世界各地的劳动力市场经历了前所未有的变化，其中的主要原因是全球化和技术进步所带来的。教育程度低的工人发现自己越来越没有市场所需要的技能，变成了失业者或低工资者。今天的好工作需要比过去有更高的教育水平、更专业的培训。那些拥有能力、接受过良好教育、社会关系广的人通常收入都很高。结果，在许多国家——无论是穷国还是富国，收入的不平等在过去 20 年里变得更加严重，这影响到了这些国家的社会公平、公正，甚至是基本人权。在许多国家，年轻人的失业率高得令人担忧，只有少数国家例外——在这些国家，针对性很强的职业培训和学习机构似乎很好地支撑起了学校和工作之间的过渡。

尽管取得了显著的进步，但是性别之间的不平等在许多社会依然存在，而且暴力侵害妇女的现象十分普遍。此外，对少数民族、土著人以及生活在地理位置偏僻的人们的歧视在许多情况下仍然存在。性别不平等以及其他形式的歧视会剥夺一个社会中很大一部分人的生产潜力。全体社会成员经济和社会权利的实现以及不平等的减少，是可持续发展框架中一些重要的组成部分。

社会包容所面临的另一个挑战是保持或提高社会互动的质量——社会学家将这种社会互动称为"社会资本"。这个词有着几个彼此相互关联的含义。它可以指一个社会的信心程度，这是一种能促进经济生产效率和人类福祉的稀缺资源。社会资本还可以指一些能使人们对自己的身份产生自豪感的文化权利和做法，它也可以指政府和企业的诚信和责任。社会资本也包括个人在公共决策过程中表达自己观点和捍卫自身利益的能力，这是确保穷人能获取资源和机会、实现其权利必不可少的。最后，社会资本还可以指一些公民社会的组织——如慈善组织、自助团体以及一些能满足社会需求（而不是追求利润）的非营利的"社会企业"——的应变能力。研究表明，社会资本在许多国家似乎都出现了下降的趋势。信心在下降，政府以及企业界的腐败（或认为存在腐败的感觉）在增加，这些公民社会组织所做的工作就会受到影响。

为确保可持续发展，经济收益必须具有社会包容性，而且必须通过倡导社会道德和尊重所有人的人权等方式来提升社会互动——文化、信心、诚实、志愿服务和利他主义——的质量。反不平等斗争、反歧视斗争以及改善其他形式社会资本的道路是复杂的、不稳定的。然而，一切似乎都表明，政策和投资可以在减少不平等和促进机会平等方面发挥重要作用。这些措施包括鼓励在工作场所开展教育和培训，尤其是针对穷人的教育和培训；鼓励采取明智的政策来促进新产业的发展；鼓励行政改革和反腐败行动；鼓励那些针对穷人和被边缘化人群的措施；加强社会保障网络建设以便更好地应对患病风险和衰老所带来的影响。

环境的可持续性

如果没有一个健康的环境，如果不继续实行绿色经济，那么可持续发展就无法实现，而这样做意味着经济进步必须与人类活动对环境的破坏脱钩。尽管公众意识越来越强烈，但是极端的环境问题在过去20 年里（里约峰会召开的 1992 年至"里约 + 20 峰会"召开的 2012 年间）变得越来越严重，气候变化、污染和化学品的管理不善、对水资源的不可持续利用、不可持续的农业、肮脏的城市、生物多样性的大量丧失、新出现的疾病、森林的砍伐、荒漠化以及海洋的耗损和退化等。扭转这些趋势不仅是必要的，而且也是可能的，但是各国在应对深层挑战方面缺乏长期战略，人们对环境的了解以及解决问题的方法无论从地方、国家还是全球层面来看都太少。

穷人的生存和生活往往对自然资源有着很大的依赖，因而他们在环境变化面前也更加脆弱。正因为如此，如果环境恶化问题得不到遏制和扭转，极端贫困就不可能得到清除。这需要那些高收入和中等收入国家在生产和消费方面大幅度减少对初级资源的大规模利用。

到 2050 年之前实现经济的去碳化尤其显得迫切。全球经济是在化石燃料的基础上建立起来的，在世界初级能源消费中化石燃料占了 80% 以上。为使世界能在失控的气候变化中保存下来，我们必须在 2050 年前建成一个去碳化的能源和工业系统。这将是一个能使二氧化碳排放大量减少的系统，或者说能将所排放的二氧化碳进行捕获和封存的系统。然而，即便可再生能源的技术取得了长足的进步，但是化石燃料的市场价值仍大大低于大部分低碳排放的能源品种，因此二氧化碳的排放量仍在不断大幅增加。问题的症结在于：化石燃料的市场价格并没有反映出其真实的社会和环境成本，尤其是气候变化的成本和污染的成本。必须在市场价格中加入一个"碳社会成本"，这样才能反映出化石燃料的实际成本，从而向低碳排放的能源过渡。

即使是在最乐观的设想情形下，一些后果严重的气候变化已经不可避免。例如，在未来的几十年里，极端天气事件的出现频率和严重程度将大大增加，从而会给农业、城市和基础设施带来巨大压力；

沿海一些地区可能被淹没，一些脆弱地区将无法再适合人类的居住；更多的珊瑚礁将出现白化，生物多样性的丧失将进一步加快。因此，那些旨在实现经济、社会、环境、治理和人身安全等目标的战略应当是"能抵御气候变化的"，并且必须能提高人们对气候变化的适应能力。

可持续农业和粮食安全是另一个重大挑战。粮食生产通常会给环境造成破坏，导致地下水枯竭、表土流失、温室气体的排放、化肥和农药的污染、栖息地的丧失和生物多样性减少。虽然说，从目前的平均水平来看，全球的粮食是足以能够养活地球上 70 亿人的，但是实际上这个世界上有十亿人存在营养不良问题，而另外十亿人存在营养过剩问题（热量摄入过多）。太多的食物被白白浪费。被营养不良所困扰以及存在粮食短缺问题的地区越来越多，在一个可预见的未来，粮食不安全问题依然十分普遍。这一切主要是由于气候变化、淡水枯竭和土壤被侵蚀等引起的。世界人口的增加以及人均粮食需求的增长只会使这些问题更加严重。这些挑战必须用大力发展环境友好型的集约化农业，尤其是小农户的经营、增加气候变化适应能力领域的投资、大幅度减少粮食生产链环节的损耗以及迅速地、自愿地减少生育等方式来加以应对。

城市和城市的发展是另一个重大挑战。目前城市的增长速度往往达到了一种难以控制的程度，它们的环境对居民的健康不利；这里有大量的，而且还在不断扩张的棚户区；在交通运输和能源方面，它们所使用的都是一些落后的技术；它们面临着严重环境灾害的威胁；它们无力给民众——他们通常十分年轻——提供足够的就业机会。由于城市基础设施的寿命很长，今天所作出的投资决定很可能会使城市在很长一段时间内处于一种资源不可持续利用以及不健康的环境当中。然而，城市也具有出现积极变化的巨大潜力，而且它们往往是技术和政策创新的前沿阵地。城市已越来越成为经济发展、消除贫困、社会包容、环境可持续发展和良好治理的支撑点。

政策制定者往往不清楚所面临的环境挑战的严重程度，他们过于关注那些短期目标，过多地受到党派利益的制约，这一切都影响着向可持续发展的转型。通常，环境政策会受到这样一种观念的影响，即认为人们应当先保住经济增长，污染则可以日后来加以治理。但是，许多国家的经验表明，"日后治理"所需的成本会变得极度高昂。

更严重的是，由于整个世界在许多领域都已经达到或者超过了地球所能承受的极限，那些经济增长优先的政策将无法持续。其他的发展路径是存在的，但世界许多地区的政府都对其可行性提出质疑，它们高估了这些路径的成本，而且对于每个人应对可持续发展挑战的真实意愿缺乏彼此信任。

良好治理与个人安全

社会的各个部门都应确保良好治理：政府、企业和公民社会组织。国家和地方政府必须建立有效的机构，并在透明、责任明晰、措施明确、对所有参与方开放的情况下继续走可持续发展之路。它们应该尊重和促进法治建设，维护基本的经济和社会权利。政府必须制定出融资策略、帮助筹措必要的资金、提供可持续发展所需的公共物品。公共机构的决策必须在科学证据的基础上作出。

最重要的公共物品是和平与安全，包括人身安全。在无法对个人进行保护、防止其受到身心伤害的情况下，发展就不可能蓬勃。当冲突出现时，发展便不再可能，那些好不容易获得的成果会被迅速逆转——没有一个冲突中的国家实现了联合国千年发展目标就是最好的证明。冲突的结束往往需要国际社会提供各种形式的支持，如调解、维和、援助等，以使

诱发冲突的各种潜在的经济和社会需求能得到满足。人身安全、结束冲突和和平的构建是可持续发展所需的良好治理的基本要素。

私营部门是经济增长和创造就业的主要动力。可持续发展所需的大部分新技术、组织模式和管理制度出自私营部门之手，并在它们身上得到执行。因此，企业的良好治理要求所有企业，特别是那些大型跨国公司在可持续发展方面制定明确的目标，并且在投资者、客户、供应商和整个社会面前承担起自己为这些目标所应负的责任。我们必须承认，在决定可持续发展的命运方面，企业的能力往往要强于政府，而且它们掌握着无与伦比的技术、组织能力和资源。然而，更多的情况是，这些企业的动机与可持续发展的公共目标并不一致。因此，如果没有企业的良好治理，没有为它们明确责任，就不可能有可持续发展。特别是企业必须以一种负责任和建设性的方式与政府携手合作，以应对市场的缺陷，帮助调动必要的资源，确保个人动机与政府的目标相一致。它们还必须按照"谁污染谁付费"的原则为自己的行动所带来的环境和社会后果负责。这一切可能需要某些商业模式发生根本变化。

没有公民社会的贡献也不可能有可持续发展。公民社会由一些志愿组织所组成——它们会在工作成就和诚实等方面向政府和企业进行问责、对社群进行组织和动员、提供服务、保持街区的舒适和安全以及开展一些文化活动等。它还包括一些为科学、研究和教育提供支持，为穷人提供帮助的慈善组织。它还包括一些保护环境，防止其受到污染以及经济活动的其他外部影响的民间组织。它还包括一些拥有独特法律地位、按照商业模式运行，但不以赢利为唯一或主要目的的"社会企业"。

各级政府、私营部门和公民社会所面临的一大挑战是如何兑现新技术对于可持续发展所作出的承

诺。要想在可持续发展四个维度都取得实质性的成就，就必须大规模地运用现有的一些技术。许多更具可持续性的技术需要加以开发。大学和研究机构要在可持续发展中发挥更重要的作用。它们是基础科学技术研究的发动机，它们是下一代领导人的培养者：这些新领导人必须有能力解决前几代人在可持续发展方面留下来的挑战。它们还将承担许多实用的研究课题，以便人们更好地认清自己所面临的挑战，找到解决方案并对相关进程展开监测和评估。在诊断一个地方所面临的问题以便更好地制定出可持续发展之路方面，它们也是重要的合作伙伴。

协同与妥协：可持续发展四个维度的整合

可持续发展战略必须进行整合，要充分考虑到这四个维度之间的相互联系。例如，粮食安全战略既应当解决农村和城市地区极端贫困人口的特殊需求，也要注意性别不平等的问题，从而使妇女和年轻女孩能平等地获得食物。同样重要的是，它必须能确保水资源的可持续利用、保护土地的养分、对生物多样性高度丰富的地区进行保护和提高对气候变化的应变和适应能力。同样，这一战略还必须制定出一些有效的制度，确保在资源有限的情况下能进行适当的投资，甚至筹措到更多的资金。

可持续发展四个维度间相互依赖的关系在不同国家、不同城市、不同地区都有所不同。因此，地方、国家和区域层面的公共和私营行为体应当对不同部门间的相互依赖关系作出诊断，明确那些能发挥出协同效应或创造出"双赢局面"的战略，并确定在不同政策领域间作出取舍的方式。

设定 2030 年的可持续发展目标

应对可持续发展的挑战需要就消除一切形式的极端贫困以及经济组织形式的根本转变达成一个共同

愿景。只有通过设定全球共同目标，各行为体与国家之间的必要合作才能出现。正是这个原因，世界需要制定有效的、得到广泛认可的可持续发展目标，以便在 2015 年之后取代联合国千年发展目标。当然，如果没有协调一致的切实行动，光制定全球目标就不会有多大的意义，但是如果没有一套雄心勃勃的可持续发展目标，要走上全球可持续发展之路也是很难想象的。

精心设计"2015 年后"目标将帮助公众理解未来可能面临的复杂挑战，为公共和私人行动提供启迪并能进一步促进问责制。这些目标将作为可持续发展定义的简化形式在学校里教给孩子们。这些目标还有助于促进人们的整体思维，并结束那些将可持续发展的某一维度与其他维度对立起来的无谓之争。它们还能对各国政府和国际体系进行动员，使其加强对可持续发展的评测和监控。

如果我们的可持续发展框架对世界所面临的挑战有了很好的描述，那么"2015 年后"的一系列新目标——它的期限为 2015~2030 年——应当适用于所有国家——无论是富国还是穷国——可持续发展的四个维度。这并不意味着每一个目标对所有国家来说都是"雄心勃勃的"。例如，富裕国家可能很容易会实现大部分与经济发展有关的目标，但在那些与社会包容、环境的可持续性和治理相关的目标上却可能会拖后腿。那些无力独自达到目标的国家应该得到国际社会的支持。

在一系列政府间谈判之后，联合国大会将通过"2015 年后"发展目标。虽然这个进程才刚刚开始，但是按照合理的假设，"2015 年后"的目标可能包括以下内容：

——消除极端贫困和促进经济的可持续增长；
——促进健康的生活和可持续的生育能力；
——促进高质量的教育，提高职业技能，提供更多的体面工作；

——促进性别平等、安全和福利；

——避免出现危险的气候变化和工业污染；

——确保粮食安全以及可持续的粮食供应；

——保护生物多样性和生态系统服务；

——构建智能、健康、应变能力强的城市；

——兑现技术对于促进可持续发展的承诺；

——确保良好治理和问责制。

这些目标看起来像是乌托邦，但实际上并不是。事实上，如今世界的大环境对这些目标的实现极为有利。1990~2010 年，发展中国家极端贫困的比例减少了一半，由 43% 降至 22%；儿童死亡率则由 97‰ 下降到了 63‰；适龄儿童的小学教育入学率由 82% 提高到了 90%；能用上可饮用水的人数比例由 76% 提高到了 89%；科技革命惠及世界各地，全球移动电话用户数超过了 60 亿，其中非洲撒哈拉以南地区的用户就有 2.5 亿。到 2017 年，全世界 80% 的地区将被无线宽带网所覆盖。技术、管理和全球意识所产生的带动作用为在可持续发展领域设定更雄心勃勃的目标提供了可能。

联合国千年发展目标的一个教训是，必须开发出一套更优质的资料系统对国际目标所取得的进展进行跟踪，并对那些旨在实现这些目标的努力提供支持。因此，新的可持续发展目标必须在地方、国家和全球数据的收集和处理方面作出巨大改进，使用更好一些的新型工具（地理信息系统、卫星和社会网络等）和现有的一些工具。我们需要一些实时的、复杂的、地方性明显的、次国家的资料数据来为可持续发展提供支持。

框架的应用：迈向可持续发展的综合途径

一个可持续发展框架必须同时能适用于全球、区域、国家和地方层面。每一个地区、每一个国家、每一座城市和每一个农村地区都需要分析自己的情况，向自己提出这样一些问题：我们如何能够消除一切形式的极端贫困？我们如何能减少年轻人的失业？怎样才能缩小性别和社会经济群体之间的差异？哪些是在本地和本区域可以获取的可再生能源资源？本地区在粮食生产和安全方面存在着哪些漏洞？生育率和人口发展趋势是如何影响可持续发展前景的？等等。

可行的路径当然非常复杂，而且会受到技术不确定性的影响，也可能会需要大量的金融资源。它们往往要求人们改变自己的行为，并要求各种目标在不同时间段以及各种行为体之间出现复杂的互动。下面的章节将探讨这一框架在应用过程中所可能遇到的一些问题。这一单子并未能列出所有的问题，而只是抛砖引玉，希望能借此引起更多的讨论，从而找到切实解决问题的方法。

"脱钩"的重要性

通往可持续发展的道路需要经济增长与大量使用初级资源这两者之间实现"脱钩"，从而降低生产的资源强度。值此富裕经济体寻求保住其生活水平并试图重新启动经济增长之际，以及中低收入经济体试图实现经济融合之时，"脱钩"成了可持续发展的一个基本条件。

"脱钩"需要一种全面的方法使经济实现全面的转型，其中包括能源的使用以及资源和其他原材料的利用。"脱钩"的重点领域包括：

——一些旨在提高能源效率和建立低碳排放的能源系统（可再生能源、核能、碳捕获和截存）的措施，它们可以使能源的大量使用与二氧化碳排放量之间实现"脱钩"；

——精细农业、品种改良、有效的水资源管理和一些免耕的种植实践，可以使粮食的增产与水资源、化学产品、肥料以及土壤的不可持续利用之间实

附图	经济增长与资源方面的挑战		
2011年	**人口数量为**	**人均收入为**	**在全部总收入（按美元购买力平价计算，万亿美元）**
低收入国家	8亿	1383美元	1.1
中低收入国家	25亿	3833美元	9.7
中高收入国家	25亿	10705美元	26.6
高收入国家	11亿	38572美元	43.8

资料来源：世界银行。

说　明：如图所示，把低收入国家归入到中低收入国家的行列，这一行动本身并不会导致全球收入的大幅提高。如果今天的低收入国家——其人均收入为 1383 美元——变成了一个中低收入国家——人均收入为 3833 美元，那就等于实际收入增加了 2 万亿美元，而这一数额仅相当于目前全球收入的 2.5%。如果今天的中低收入国家变成了中高收入国家，那么全球收入将增加 21%。如果今天的中高收入国家都成了高收入国家，那么全球收入将增加 85%。

资源的使用与收入有着直接的关系，这一主要结论认为，从资源会给地球所造成的负担这一角度来说，最贫穷国家平均收入的提高本身并非是一个重大挑战。相反，从资源角度来看，中等收入国家在跻身高收入国家过程中将面临更大的挑战。只有这个世界成功地实现了经济增长与初级资源的使用以及与环境的恶化之间的"脱钩"，这一过程才能以可持续的方式实现。

现"脱钩"；

——生态建筑、智能电网和改善后的交通运输体系可以使城市化与城市能源消耗的增加之间实现"脱钩"，从而能确保更有效地利用土地。

目前光靠市场所发出的信号并不足以实现真正的"脱钩"，因为这个市场并不会强迫那些污染者[①]

完全承担污染成本，而且也无法给生态系统服务作出准确的定价。尤其是当涉及一些全球性的污染或被污染地距污染源很远的时候，这种情况变得特别明显，因为所有的政治体制都难以把外部效应内部化，即使其采用了立法、经济激励或颁布社会标准等各种手法。出于这个原因，要想"脱钩"取得成

---

① "污染者"这个词可以指很多人，其中既可以指那些低效率的生产者，也可以指那些以可能对社会造成危害的方式浪费资源的消费者。

功，就需要从修正市场的错误信号、加强区域和全球政治合作、推出旨在促进可持续技术研发的战略、通过宣传教育加强公众对自身所面临挑战的认识等方面入手。

投资于可持续的基础设施需要资金，因而对低收入国家是一个负担。因此，公平和务实的融资策略必须成为可持续发展的核心。这一战略必须至少包含三个要素。第一，污染者必须为治理自己所造成的污染付钱，并向承担着污染负担的人们提供补偿。第二，生态系统服务必须作出定价。第三，富国应当帮助穷国支付额外投资的成本。

最后，"脱钩"需要制定明确的战略，对那些不可持续的"搁浅资产"——如那些不具开采价值的化石燃料储藏或因碳排放价格上涨而变得无利可图的煤炭火力发电厂——进行管理。这些策略需要解决那些深层次的政治、法律和金融问题，这些问题可能会延迟或阻碍经济增长与资源利用以及污染之间的"脱钩"。

要改变行为方式并对可持续发展的商业理由作出解释

为使世界能迅速走上长期的可持续发展之道，许许多多的人都必须改变他们的行为方式，并在企业管理、伦理、政策、生活方式、个人消费、资源的利用、生育和教育等领域作出不同的选择。在某些情况下，公共政策可以建立一些奖励机制来激励人们的行为（例如，设置一个与社会成本相当的价格）。通常，左右人们行为方式的是一些不受公共政策和经济激励措施直接影响的因素。在政府领导人为民众负责的情况下，改变民众的认识，甚至他们的行为将成为政策变化的一个必要条件。

因此，要想使可持续发展的框架投入应用，需要对职业行为和个人行为应发生的改变作出明确的

诊断，并制定出实现这些变化所需的明确战略。这些战略可以借鉴公共卫生、教育和政治等其他一些领域已经取得的成功先例。要改变私营企业的行为，就需要对可持续发展的商业理由作出一个明确的定义。

在某些情况下，企业会按照"一些老方法"来做事，从而无法抓住一些能够提高赢利能力的新商机，如减少原材料的消耗、控制污染、提高客户的接受度等。可持续发展解决方案网络将与私营部门携手合作，就可持续发展的商业理由对其作出解释，尤其是要打消那种认为"率先行动者一定会吃亏"这样的想法。

对可持续发展的挑战进行量化

可持续发展需要进行量化。去碳化应当按照什么样的节奏进行？对某一特定地方而言，应当将多少水用于农业灌溉？化肥应当如何合理使用，才能既有利于作物生长，又不会对河流造成破坏？城市的发展会产生哪些影响？不同的人口路径会对各国的可持续发展前景带来什么样的影响？在降低灾难风险以及加强灾难风险管理方面，什么样的技术最为有效？这些问题与其他许多问题一样，都需要对一些地球系统与人类系统进行量化评估，而且这种评估必须在各个不同层面——如地方层面和全球层面——展开。例如，我们对经济增长给资源带来的挑战进行了评估（见附图）。

结论

"2015年后"发展框架未来两年内将由联合国成员国起草并通过。与千年发展目标相比，它似乎应当扩大相关议程，将关注点更多地放到不平等以及社会包容性等问题、脆弱国家的特殊需求、自然资源的利用以及地球本身的局限等方面。世界各地的

相互联系越来越紧密，同时地球本身的局限所受到的压力也越来越大，因此"2015 年后"发展框架应当适用于所有国家——无论是富国还是穷国。

一个雄心勃勃、覆盖范畴更广的"2015 年后"发展框架的通过并不会保证所有的国家都能成功地解决可持续发展四个维度方面的问题。然而，如果没有一个共同的国际框架，要想在消除贫困、促进经济发展、社会包容和促进环境的可持续性等方面取得重大进步似乎是很难想象的。这就是为什么制造一个雄心勃勃和切实可行的目标是如此的重要。

可持续发展解决方案网络（SDSN）将动员大专院校、科研院所、企业和公民社会的力量，通过一个开放的进程来加快落实那些旨在解决可持续发展问题的实际措施。更重要的是，可持续发展解决方案网络将重点鉴别和扶持那些可能对可持续发展的转型产生影响的计划和项目。由此，我们希望能为世界走上可持续发展之路助一臂之力。

在互不信任的多边环境下确定共同目标

马克·哈勒（Mark HALLE）

国际可持续发展研究所，瑞士

2012 年 6 月"里约 + 20 峰会"期间，各国政府决定起草并通过一整套全面的可持续发展目标（ODD），这是在当时——乃至现在仍然——被看成是此次会议最积极的成果之一。此次峰会作出的新承诺实际上寥寥无几，可持续发展界把一切希望都寄托在"2015 年后"具有约束力的共同目标的通过上——这些目标将处理人类在可持续发展方面所面临的一切挑战。把这一愿望变成现实的进程已经在纽约举行的联合国大会上正式启动，其中的一个重要标志是"不限成员名额工作组"的设立——该小组最大的特点是有公民社会和私营部门的大力参与。

然而，众所周知，联合国作为达成国际共识的论坛越来越受到了质疑。可持续发展目标问世的机会有多大？它们如何能超越那些简单的愿望，成为能真正服务于全球发展努力的框架？可持续发展目标的进程有多大的机会不会陷入无法挽回的境地？

最近的经验是联合国千年发展目标。人们普遍认为，这些在 2000 年千年首脑会议上通过的目标有助于人们把发展努力的方向和有限的资金都集中到少数可实现的目标上来，而且经过一段时间的实施之后，有一些目标已实现，在另外一些目标上也取得了重大进展。事实上，将可持续发展目标的实施日期定在 2015 年，其目的不仅仅是为了给人们就新目标达成共识留下一定的空间，而且也是为了防止人们把可持续发展目标当成不再履行千年发展目标相关义务的借口。

联合国计划在 2015 年前通过一个新的发展议程。这一议程将不仅利用 1992 年地球峰会之后的 20 年间所开展的各种政府间行动，而且在很大程度上也将利用"里约 + 20 峰会"的成果。此外，联合国还成立了一个由知名人士组成的高级别小组，为这一计划提供咨询。发展计划与可持续发展目标"不限成员名额工作组"之间的互动十分重要。2015 年之前的这些年间，各种不同进程之间的合力将达到最佳状态——或其中的一个进程可能支配其他进程。

然而，正如人们在政府间领域所经常看到的那样，我们把实现这些崇高目标的任务委托给了当今世界政治性最强的一个机构，而这个机构素来以善于把一切计划搞砸而著称。在里约热内卢，人们有没有赋予这些可持续发展目标足够的动力，从而使其能逃脱消亡的命运呢？我们又应当如何来组织、管理和支持这一进程，从而增加其获得成功的机会呢？

千年发展目标的经验可以为可持续发展目标提供一些有益的借鉴。从积极的方面看，对千年发展目标的支持尽管一开始较为缓慢，但后来还是在发展界发挥出了"雪球效应"，而且远远超出了公民社会和

图1　水，第一个实现的千年发展目标

全球总数
60.9亿
50.49亿
撒哈拉以南非洲地区
3.68亿
5.24亿
2000　　　　　　　　　2010（年份）

资料来源：世界卫生组织／联合国儿童基金会（UNICEF）供水和卫生系统联合监测计划（JMP）数据库。

说　　明：过去的十年间，全球水的供应状况大为改善，已基本接近全民能用上可饮用水的水平。可以说，到2010年，将缺乏可持续使用安全饮用水的人口比例比1990年减半的目标已提前五年实现。撒哈拉以南非洲地区仍然落后于全球总体水平：2010年，这里只有61%的人用上了安全饮用水。

图2　卫生设施，被遗忘的千年发展目标？

全球总数
43.6亿
34.2亿
撒哈拉以南非洲地区
1.86亿
2.61亿
2000　　　　　　　　　2010（年份）

资料来源：世界卫生组织／联合国儿童基金会（UNICEF）供水和卫生系统联合监测计划（JMP）数据库。

说　　明：相反，在距实现目标还有五年的时候，公共卫生设施领域的进展是所有目标中做得最差的。仍有25亿人没有良好的卫生设施。到2015年，世界人口拥有良好卫生设施的比例约为67%，大大低于75%的预期目标。在撒哈拉以南非洲地区以及在许多亚洲国家，这方面的投资几乎没有。

私营部门的范畴。当时，最终确定了八大目标以及一整套在政治、财政和后勤领域可以实现的小目标；人们对它的主要批评是说它缺乏雄心：15年的时间里似乎可以做得更好。在2015年，全球忍饥挨饿的贫困人口仍可能超过十亿，这一点对许多人来说都是难以接受的，尤其是当人们知道现有资源足够养活所有人口这一事实之后。同样，将没有获得安全饮用水的人口比例减半，并使其拥有体面的卫生设施也是一个不高的目标，因为到2015年，那些无法用上安全饮用水的人的绝对数量可能比15年前还要更多。

然而，根据现有计划设计出来的千年发展目标能起到凝聚和组织国际努力的作用，并能绘制出一条取得进步和实现最终目标的清晰的、多数情况下可用量化方式加以监控的路径。千年发展目标最终得到了广泛的接受和认可，不仅使一些新资源被调动起来，而且也给各国形成一定的道德压力，迫使它们去证明自己能为这些目标的实现做些什么。此外，千年发展目标被纳入了首脑会议的发展议程当

中，而且在其获得通过之后的十年间，大部分时间里它都保住了这一地位。此举本身比任何因素都更能说明为什么千年发展目标是成功的，为什么人们会希望可持续发展目标也能遵守这一高标准。

然而，只关注千年发展目标所取得的成就，这一选择并不能掩饰灰暗的现实：大多数目标将无法实现，而且其中一大部分根本没有实现的希望。公众对于这些目标的讨论主要集中在贫穷的减少上——它被视为是千年发展目标最伟大的成就。但是，即使这些目标能够实现，从目前迹象看，这似乎是可能的，但这在很大程度上要归功于中国和印度中产阶级的迅速崛起；如果没有这一因素，这方面的目标就将难以实现。而如果把中国和印度所取得的相对成功归因于为完成千年发展目标而采取的行动，这种说法显然是太夸张了。

一些千年发展目标在现有的技术、机构设置和资金供应的条件下就能实现。例如，提供可饮用水和卫生设施、预防艾滋病毒／艾滋病或改善"贫民窟"居民的生活条件等方面的目标。另外一些目标

之所以会被纳入其中，是因为如果没有它们的存在，这些目标就会显得失衡，尽管也有少数观察家认为，它们在这一时限内是可以实现的。消除世界上的性别歧视或让所有的女孩都能接受小学教育，这样的目标虽然高贵而且也十分迫切，但它们永远无法完全实现，即使人们有着再好的意愿。

此外，千年发展目标的成就不仅应当用 2000 年和 2015 年之间的差异来评判，而且还应当用 2015 年的实际情况与没有千年发展目标的 2015 年这一设想情形之间的差异来评判。毕竟，在 2000 年之前发展也是存在的，而且即使没有制定千年发展目标，相关的发展也可能会继续。在 1999 年时就可能对 2015 年的发展趋势作出预测，并确定千年发展目标能否导致发展领域取得重大成就。

2015 年究竟会发生什么？种种迹象表明，届时千年发展目标将作为发展领域的一个伟大胜利而被人们庆祝，各国政府都会督促自己努力将这些目标全部、彻底地实现。那些未能实现的目标毫无疑问将以其他形式在新的可持续发展目标中找到自己的位置；那些已经实现的目标将进一步得到强化，而且也被纳入其中。一个新的期限已经确定——大概应是 2030 年，它远远超出了所有可能为这些目标的失败承担责任的人的政治任期。

那么，应当如何从千年发展目标中吸取成功的经验和失败的教训呢？

首先，人们对千年发展目标的一个批评是：它们是由联合国秘书长办公室一手炮制出来，并在千年首脑会议上强加给各个成员国的，因而缺乏充分的磋商。无论这种批评是否合理，它都的的确确存在着；这种要求别犯同样错误的呼声始终回荡在里约的会议大厅里。也正是这个原因，里约热内卢会议并没有提交出一份完整的临时目标，而且也由于这一原因，人们要用三年的时间来起草这些新目标。制定可持续发展目标的进程，不仅需要成立一个"不限成员名额工作组"、需要获得联合国大会的最终批准，而且也需要得到秘书长新的高级别小组的支持，还需要一个能向公民社会和私营行业征集意见的进程——这一进程的具体方式仍有待确定。人们的想法有很多，在这一进程的具体组织方式上也是众说纷纭。秘书处将负责对这些想法进行收集、整理和组织，但它们最终将被纳入一个政治进程当中：该进程不会仅凭一种想法的好处来对它作出评估。对这些想法进行梳理的一些最新例子，如巴西为迎接里约峰会所做的令人称道的努力，虽然具有很强的包容性，也采用了多种多样的方法，但它们实际上对谈判结果并没有产生多大的影响。

其次，可持续发展目标应避免千年发展目标进程所存在的缺乏问责的问题。在政府间层面作出承诺是件很容易的事，因为它们即使没有兑现也无需付出任何代价。"到 2010 年明显减缓生物多样性丧失的速度"。能作出这样的承诺当然很好，但真正的问题在于：谁将采取什么样的措施来降低多样性的丧失？什么时候、用什么方式来做？如果不采取行动会出现什么样的后果？在这些问题没有明确答案的情况下，谁也无需对此承担责任，除了那个难以找到的"国际社会"——而它在任何情况下都不会遭到任何惩罚。那最终会出现什么情况呢？每个人都希望在某个地方，有人会主动站出来采取措施阻止生物多样性的丧失，因为他们受到了这些被广泛认可的崇高目标的启发。把我们的全部希望寄托在此类行动上显然过于天真，我们的生命将因此而处于危险之中。

事实上，人们所希望的是这一目标能促使各国政府进一步加强生物多样性保护方面现有的一些计划，尤其是联合国粮农组织和联合国环境计划署的相关计划，能使它们推出一些新举措（如"减少毁林及退化造成的碳排放"和"减少毁林和森林退化以及其他林业活动所导致的碳排放"，能使其把生物多样性的丧失纳入到最高的政治议程当中。情况果真是这样吗？是的，这一切都已经出现，但它们的规模还太小，远远不足以应对挑战。即使这些目标都具有约束力，但大部分国际承诺仍只是自愿行为，而在这方面应有的强制性的意愿目前还没有出现；或者说，这些意愿还没有强烈到能出台一些足以改变格局的决定——没有这些决定的出台，我们的目标就注定无法达到。

可持续发展目标进程必须吸取这样一个教训。如果没有一个清晰的、雄心勃勃的问责制，目标就将无法实现，即使一开始取得成功的愿望十分强烈。每一个被通过的目标都应指定谁将按照什么样的时间表来采取什么样的行动。实现这些目标所需的资金也必须得到明确落实，并确保能及时到位，而且在失败与惩罚之间（以及成功和奖励之间）必须建立起真正的联系。

这一点十分重要。我们一般都会把责任和处罚挂起钩来，而责任也可以带来好处。如果行动的全面落实能获得经济或政治奖赏，我们是不是会变得更加高效？为那些达到目标的非洲国家提供贸易优惠，或向其提供更多的奖学金，让更多的人能进入经合组织国家的大学留学，或为这些国家下一阶段的努力提供资金支持，这一切难道都是不可想象的吗？

最后，需要强调指出的是，千年发展目标之所以未能完全符合我们的预期，一定程度上是因为我们把绝大部分行动都堆在了各国政府的身上。为了更好地利用广义上的可持续发展界的聪明才智和创新意识，可持续发展目标必须从结构上作出调整，以便使发展界的每一个成员都能为这些目标的实现贡献出自己的力量。私营部门尤为重要，因为在金融、机制、后勤和人力方面，它们的力量要超过政府和公民社会，因而在这些目标变成现实的过程中更能发挥领导者的作用。那种认为私营部门是被政府间进程提供的"残羹冷炙"所吸引的想法是毫无根据的。因此，围绕"不限成员名额工作组"而展开的进程必须充分发挥想象力，使公民社会和私营部门的能量和创业精神能被充分调动起来，从而建立起一座跨越沼泽的大桥——过去有太多良好的国际意愿淹没在这里。

最后，最好能对可持续发展目标的数量进行控制，我们应当只批准那些自己愿意投身其中的目标，而且我们还愿意对这些目标的实施情况作出汇报，同时，这一进程也需要有私营部门和公民社会组织的广泛参与。

Susanne ÅKERFELDT

Directrice adjointe des impôts,
ministère des Finances, Suède.

■ *Expérience suédoise de taxe sur le CO_2*
et de réforme fiscale
p. 271-275

Dean BAKER

Co-directeur, Center for Economic and Policy Research
(CEPR), Washington, États-Unis.

■ *Les formes et les causes de l'inégalité :*
au-delà de l'analyse de l'OCDE
p. 157-162

François-Xavier BELLOCQ

Chef de la division Analyse macroéconomique et risques
pays, Agence française de développement (AFD), France.

■ *Les pays en développement face*
aux crises des pays développés
p. 81-86

Raphaël BILLÉ

Directeur du programme Biodiversité et Adaptation,
Institut du développement durable et des relations
internationales (Iddri), France.

■ *L'égalité économique : un facteur indispensable*
pour préserver la biodiversité
p. 209-219

Vincent BONNECASE

Historien chargé de recherche, Centre national
de la recherche scientifique (CNRS), France.

■ *Concevoir les inégalités dans le monde :*
l'émergence d'une idée politique au xxe siècle
p. 177-188

Alexis BONNEL

Conseiller du directeur du département
des Appuis transversaux, Agence française
de développement (AFD),
France

■ *Rio+20 : un processus permanent ?*
p. 98-102

François BOURGUIGNON

Directeur de l'École d'économie de Paris, France.

■ *Inégalités et croissance :*
l'émergence d'une idéologie globale
entre 1990 et 2010
p. 195-202

Matthieu CHARPE

Économiste, Organisation
internationale du travail (OIT), Suisse.

■ *Inégalités et sortie de crise*
p. 203-207

Michel COLOMBIER

Directeur scientifique, Institut
du développement durable et des relations
internationales (Iddri), France.

■ *Climat : ce que dit la science*
p. 93-97

Sarah COOK

Directrice, Institut de recherche
des Nations unies pour le développement social
(UNRISD), Suisse.

■ *Femmes chinoises : victimes de la privatisation*
des services sociaux
p. 324-329

Constance CORBIER-BARTHAUX

Division Évaluation et Capitalisation,
Agence française de développement (AFD), France.

- *Conserver la biodiversité et réduire les inégalités :
  la gestion communautaire
  des ressources naturelles en Namibie*
  p. 220-225

Emeline DE BOUVER

Doctorante, université catholique de Louvain,
Belgique.

- *Ekta Parishad, mouvement
  des sans-terre en Inde : des revendications
  aux alternatives locales solidaires*
  p. 346-350

Damien DEMAILLY

Coordinateur du programme Nouvelle Prospérité,
Institut du développement durable
et des relations internationales (Iddri), France.

- *La croissance verte :
  entre notion et décision*
  p. 103-107

Virginie DIAZ PEDREGAL

Chargée de recherche,
Agence française de développement (AFD), France.

- *Vers une protection sociale
  de santé universelle au Cambodge*
  p. 239-243

Xiao-Yuan DONG

Institut de recherche des Nations unies
pour le développement social (UNRSID), Suisse.

- *Femmes chinoises : victimes
  de la privatisation des services sociaux*
  p. 324-329

Nicolas FORNAGE

Directeur de représentation
à Islamabad, Pakistan, Agence française
de développement (AFD), France.

- *Les grands barrages en Afrique :
  choix énergétiques ou environnementaux ?*
  p. 108-112

Bruno FRÈRE

Chercheur qualifié du Fonds national de la recherche
scientifique, université de Liège, Belgique,
et Institut d'Études politiques de Paris, France.

- *L'économie solidaire : l'émancipation
  en acte au défi du politique*
  p. 331-345

Rémi GENEVEY

Directeur exécutif de la stratégie,
Agence française de développement (AFD), France.

- *20 ans après Rio, le développement durable
  s'universalise*
  p. 9-21

Thierry GIORDANO

Chercheur, Centre de coopération internationale
en recherche agronomique
pour le développement (Cirad), France.

- *Afrique du Sud :
  l'échec de la gouvernance décentralisée*
  p. 309-312

Fabio GRAZI

Chargé de recherche, Agence française
de développement (AFD), France.

- *La croissance verte :
  entre notion et décision*
  p. 103-107

Emmanuel GUÉRIN

Directeur du programme Climat et Énergie,
Institut du développement durable et des relations
internationales (Iddri), France.

- *Économie verte : l'enjeu des fonds souverains*
  p. 87-92

Mark HALLÉ

Directeur exécutif Europe, International Institute
for Sustainable Development, Suisse.

- *Définir des objectifs
  communs dans un contexte
  de méfiance multilatérale*
  p. 364-367

Henrik HAMMAR

Conseiller à la division Analyses des politiques
économiques, ministère des Finances, Suède.

- *Expérience suédoise de taxe sur le CO_2
  et de réforme fiscale*

  p. 271-275

Jean-Charles HOURCADE

Directeur de recherche CNRS, Centre international
de recherche sur l'environnement
et le développement (Cired), France.

- *Comment tuer la taxe carbone
  avec l'argument d'équité,
  ou l'échec de la taxe Sarkozy*

  p. 261-270

Pierre JACQUEMOT

Chercheur associé, Institut de relations internationales
et stratégiques (IRIS), France.

- *L'émergence des classes moyennes
  en Afrique subsaharienne*

  p. 292-295

Raphaël JOZAN

Chargé de mission auprès du directeur de la Stratégie,
Agence française de développement (AFD), France.

- *Réduire les inégalités :
  un enjeu de développement durable*

  p. 127-140

Gilles KLEITZ

Chargé de mission à la division Agriculture,
Développement rural et Biodiversité,
Agence française de développement (AFD), France.

- *L'égalité économique : un facteur indispensable
  pour préserver la biodiversité*

  p. 209-219

Stefan KÜHN

Chercheur à l'Institut international d'études sociales
(IIES), Organisation internationale du travail (OIT),
Suisse.

- *Inégalités et sortie de crise*

  p. 203-207

Xue LAN

Professeur et présidente, School of Public Policy and
Management, Tsinghua University, Chine
et co-présidente du Leadership Council du Réseau
des solutions pour le développement durable des
Nations unies.

- *Définir des objectifs de développement durable
  à l'horizon 2030*

  p. 351-363

Renaud LAPEYRE

Chercheur, Institut du développement durable
et des relations internationales (Iddri), France.

- *Conserver la biodiversité et réduire les inégalités :
  la gestion communautaire des ressources naturelles
  en Namibie*

  p. 220-225

David I. LEVINE

Professeur, Walter A. Haas School of Business, université
de Californie, Berkeley, États-Unis.

- *Vers une protection sociale
  de santé universelle au Cambodge*

  p. 239-243

Luiz Antonio MACHADO DA SILVA

Professeur à l'Instituto de Estudos Sociais e Políticos,
Rio de Janeiro, Brésil.

- *Les favelas – la ségrégation au cœur
  de la ville*

  p. 257-260

Benoît MARTIN

Cartographe à l'Atelier de cartographie de Sciences Po
et doctorant à Sciences-Po-CERI, France.

- *Statistiques internationales relatives
  aux inégalités : constructions politiques et spatiales*

  p. 189-194

Oliveira MAYRA JURUÁ

Centre d'études stratégiques
et de gestion, Brésil.

- *La politique sociale du Brésil au XXIe siècle*

  p. 297-308

Gregory M. MIKKELSON

Professeur associé, Département de Philosophie
et School of Environment, McGill University, Canada.

- *L'égalité économique : un facteur indispensable
  pour préserver la biodiversité*
  p. 209-219

Diana MITLIN

Économiste, International Institute
for Environment and Development (IIED), Royaume-Uni.

- *Les inégalités dans la moitié urbaine du monde*
  p. 245-256

Rajendra K. PACHAURI

Directeur général de The Energy
and Resources Institute (TERI), Delhi, Inde.

- *20 ans après Rio, le développement durable
  s'universalise*
  p. 9-21

Stéphanie PAMIES-SUMNER

Chargée de recherche, Agence française
de développement (AFD), France.

- *Vers une protection sociale de santé universelle
  au Cambodge*
  p. 239-243

Thomas PIKETTY

Directeur d'études à l'EHESS et professeur
à l'École d'économie de Paris, France.

- *La nouvelle prospérité des rentiers : la dynamique
  des inégalités dans un monde en croissance faible*
  p. 163-172

Ian RAMAGE

Directeur, Domrei, Cambodge.

- *Vers une protection sociale de santé universelle
  au Cambodge*
  p. 239-243

Pedro RAMOS PINTO

Maître de conférences en histoire internationale,
université de Manchester, Royaume-Uni.

- *Inégalités : l'importance de la perspective historique*
  p. 141-156

David ROSNICK

Économiste, Center for Economic
and Policy Research (CEPR), Washington, États-Unis.

- *Les formes et les causes de l'inégalité :
  au-delà de l'analyse de l'OCDE*
  p. 157-162

Jean-Noël ROULLEAU

Chef de division Appui environnemental
et social, Agence française de développement (AFD),
France.

- *Les grands barrages en Afrique :
  choix énergétiques ou environnementaux ?*
  p. 108-112

Joël RUET

Chercheur associé, Institut du développement durable
et des relations internationales (Iddri), France.

- *Les pays émergents dans la course
  aux technologies vertes*
  p. 113-117

Jeffrey D. SACHS

Directeur du Earth Institute
de l'université Columbia, États-Unis et directeur
du Réseau des solutions pour le développement durable
des Nations unies.

- *Définir des objectifs de développement durable
  à l'horizon 2030*
  p. 351-363

David SATTERTHWAITE

Attaché supérieur de recherche, International Institute
for Environment and Development (IIED),
Royaume-Uni.

- *Les inégalités dans la moitié urbaine du monde*
  p. 245-256

Guido SCHMIDT-TRAUB

Directeur exécutif du Réseau
des solutions pour le développement durable
des Nations unies.

- *Définir des objectifs de développement durable
  à l'horizon 2030*
  p. 351-363

Erik SIMANIS

Directeur général des Stratégies de création de marché au Center for Sustainable Global Enterprise, Cornell University's Johnson School of Management, États-Unis.

- *Commerce en bas de la pyramide : repenser les stratégies*
  p. 313-323

Thomas STERNER

Économiste en chef invité, Environmental Defense Fund, Suède.

- *Expérience suédoise de taxe sur le CO_2 et de réforme fiscale*
  p. 271-275

Barbosa THIAGO VARANDA

Ministère du Développement social et de la Lutte contre la faim, Brésil.

- *La politique sociale du Brésil au XXIe siècle*
  p. 297-308

Serge TOMASI

Directeur adjoint de la Direction de la coopération pour le développement, Organisation de coopération et de développement (OCDE), France.

- *Aide publique au développement : la question des inégalités redevient d'actualité*
  p. 173-176

Raymond TORRES

Directeur de l'Institut international d'études sociales (IIES), Organisation internationale du travail (OIT), Suisse.

- *Inégalités et sortie de crise*
  p. 203-207

Sébastien TREYER

Directeur des programmes, Institut du développement durable et des relations internationales (Iddri), France.

- *Les grands barrages en Afrique : choix énergétiques ou environnementaux ?*
  p. 108-112
- *Quelle agriculture demain ? Négocier les priorités de la recherche agronomique internationale*
  p. 118-123

Laurence TUBIANA

Directrice de l'Institut du développement durable et des relations internationales (Iddri), France, co-présidente du Leadership Council du Réseau des solutions pour le développement durable des Nations unies, professeur à l'université de Columbia (États-Unis) et directrice de la Chaire Développement durable de Sciences Po (France).

- *20 ans après Rio, le développement durable s'universalise*
  p. 9-21
- *Définir des objectifs de développement durable à l'horizon 2030*
  p. 351-363

Peter UTTING

Directeur adjoint, Institut de recherche des Nations unies pour le développement social (UNRISD), Suisse.

- *Les voies de la durabilité dans un monde en crise*
  p. 277-291

Sridhar VENKATAPURAM

Maître de conférences, université de Cambridge, Grande-Bretagne.

- *Inégalités de revenus, inégalités en santé et progrès social*
  p. 227-238

Tancrède VOITURIEZ

Directeur du programme Gouvernance, Institut du développement durable et des relations internationales (Iddri), France ; et économiste, Centre international de recherche pour l'agriculture et le développement (Cirad), France.

- *Les pays émergents dans la course aux technologies vertes*
  p. 113-117
- *Réduire les inégalités : un enjeu de développement durable*
  p. 127-140

A

ACCA Asian Coalition for Community Action (Coalition asiatique pour l'action communautaire)

ACEPP Association des collectifs enfants-parents-professionnels

ACP pays d'Afrique, des Caraïbes et du Pacifique

AEE Agence européenne pour l'environnement

AFD Agence française de développement

AGM Annual General Meeting (assemblée générale annuelle)

AGNU Assemblée générale des Nations unies

AIE Agence internationale de l'énergie

AIEA Agence internationale de l'énergie atomique

AIIES Association internationale des investisseurs en économie sociale

ALBA Alliance bolivarienne pour les Amériques

AMAP Association pour le maintien d'une agriculture paysanne

AROS Asian Regional Organic Standard

ASEAN Association of Southeast Asian Nations (Association des nations du Sud-Est asiatique)

B

BAD Banque africaine de développement

BFP Programme *Bolsa Familia* (programme de subventions conditionnelles aux familles pauvres au Brésil)

BIC Brésil-Inde-Chine

BIT Bureau international du travail

BOP *Bottom of the Pyramid* (« bas de la pyramide »)

BRIC Brésil-Russie-Inde-Chine

BRICS Brésil-Russie-Inde-Chine-Afrique du Sud

C

CBHI assurance communautaire de santé (Cambodge)

CBI Commission baleinière internationale

CBNRM Community Based Natural Resource Management (programme namibien de gestion communautaire des ressources naturelles)

CCE Contribution climat-énergie

CCNUCC Convention-cadre des Nations unies sur les changements climatiques

CCR Centre commun de recherche (de la Commission européenne)

CDC Caisse des dépôts et consignations (France)

CDC Community Development Corporations

CDD Commission des Nations unies pour le développement durable

CdP Conférence des Parties

CDT Community Development Trusts

CECOP Confédération européenne des coopératives de production et de travail associé, des coopératives sociales et des entreprises sociales et participatives

CEDEAO Communauté économique des États d'Afrique de l'Ouest

CEPC Comité d'études des produits chimiques (de la Convention de Rotterdam)

CEPR Center for Economic and Policy Research

CERFACS Centre européen de recherche et de formation avancée en calcul scientifique

CET Conseil économique transatlantique

CFDT Confédération française démocratique du travail

CGIAR Consultative Group on International Agricultural Research (Groupe consultatif pour la recherche agricole internationale)

CGT Confédération générale du travail

CHNS China Health and Nutrition Survey (enquête sur la santé et la nutrition en Chine)

CICTA Commission internationale pour la conservation des thonidés de l'Atlantique

CIGPC Conférence internationale sur la gestion des produits chimiques

Cimmyt Centro Internacional del Mejoramiento del Maíz y Trigo (Centre international de recherche pour l'amélioration du blé et du maïs, Mexique)

CIPV Convention internationale pour la protection des végétaux

Cired Centre international de recherche sur l'environnement et le développement

CITES Convention on International Trade in Endangered Species of Wild Fauna and Flora (Convention sur le commerce international des espèces de faune et de flore sauvages menacées d'extinction)

CNRM Centre national de recherches météorologiques

CNRS Centre national de la recherche scientifique

CNUCED Conférence des Nations unies sur le commerce et le développement

CNUDD Conférence des Nations unies sur le développement durable (Rio+20)

CNUDM Convention des Nations unies sur le droit de la mer

CODESA Convention pour une Afrique du Sud démocratique

COFI Committee on Fisheries (Comité des pêches)

COMIFAC Commission des forêts d'Afrique centrale

CRAS Centres de référence d'aide sociale

CSA Comité de la sécurité alimentaire mondiale

CSA Community Supported Agriculture

CSG contribution sociale généralisée

CSLP Cadre national de lutte contre la pauvreté

CTA Community Transport Association

CTA ACP/UE Centre technique agricole ACP/UE (entre l'Union européenne et les pays des régions Afrique, Caraïbes, Pacifique)

D

DAP Déclaration d'éligibilité au PRONAF

DFID Department for International Development (Royaume-Uni)

DTIE UNEP Division of Technology, Industry and Economics (Division Technologie, Industrie et Économie du PNUE)

E

EDF Électricité de France

EE entreprises d'État

EE empreinte écologique

EES *L'égalité, c'est la santé* (ouvrage de Richard Wilkinson et Kate Pickett, 2010, Paris, Demopolis)

EESC European Economic and Social Committee

EGC équilibre général calculable

EJF Environmental Justice Foundation

EMD énergies marines durables

ESENSEE Eco Social Economy Network South and East Europe

ETS *Emission Trading Scheme* (système d'échange de quotas)

EVS espérance de vie scolaire

F

FAO Food and Agriculture Organization (Organisation des Nations unies pour l'alimentation et l'agriculture)

FEBEA Fédération européenne de finances et banques éthiques et alternatives

FEM Fonds pour l'environnement mondial

FFEM Fonds français pour l'environnement mondial

FIDA Fonds international de développement agricole

FIEF Fédération internationale d'économie familiale

FIESS Forum international de l'économie sociale

FMI Fonds monétaire international

FMPS Fonds mondial pour la protection sociale

FNRS Fonds national de la recherche scientifique (Belgique)

FNUAP Fonds des Nations unies pour la population

G

GATT General Agreement on Tariffs and Trade (Accord général sur les tarifs douaniers et le commerce)

GaWC Globalization and World Cities Research Network

GCARD Global Conference on Agricultural Research for Development (Conférence mondiale sur la recherche agricole pour le développement)

GDM Groupe de haut niveau sur la durabilité mondiale

GEB Global Energy Basel

GEO *Global Environment Outlook* (*Avenir de l'environnement mondial*, publication du PNUE)

GES gaz à effet de serre

GFAR Global Forum on Agricultural Research (Forum mondial pour la recherche agricole)

GIEC Groupe intergouvernemental d'experts sur l'évolution du climat

GIMF Global Integrated Monetary and Fiscal Model (Modèle monétaire et budgétaire mondial intégré)

GIP groupement d'intérêt public

GPS *Global Positioning System* (système de localisation mondial)

GTO Groupe de travail ouvert

H

HCFC hydrochlorofluorocarbones

HDRO Human Development Report Office (Bureau du Rapport mondial sur le développement humain)

HEF fonds d'équité de santé (Cambodge)

I

IAC Inter Academy Council (Conseil inter-académique)

IBGE Institut brésilien de géographie et de statistique

ICA International Cooperative Aliance

ICLEI International Council for Local Environmental Initiatives (Conseil international pour les initiatives écologiques locales)

Iddri Institut du développement durable et des relations internationales

IDH indice de développement humain

IFAT International Fair Trade Association

IFOAM International Federation of Organic Agriculture Movements (Fédération internationale des mouvements d'agriculture biologique)

IFRAI Initiative française pour la recherche agronomique internationale

IHDP International Human Dimensions Programme on Global Environmental Change

IIG indice d'inégalités de genre

INAISE International Association of Investors in the Social Economy (Association internationale des investisseurs dans l'économie sociale)

INPE Institut national brésilien de recherche spatiale

INS instituts nationaux de statistique

INSEE Institut national de la statistique et des études économiques (France)

IPBES International Science Policy Platform on Biodiversity and Ecosystem Services (Plateforme intergouvernementale scientifique et politique sur la biodiversité et les services d'écosystèmes)

IPEA Instituto de Pesquisa Econômica Aplicada (Institut de recherche économique appliquée)

IPM indice de pauvreté multidimensionnelle

IPSL Institut Pierre-Simon Laplace des sciences de l'environnement

IRDNC Integrated Rural Development and Nature Conservation (Namibie)

IRENA International Renewable Energy Agency (Agence internationale des énergies renouvelables)

IRIS Inter-réseau européen des initiatives éthiques et solidaires

IRRI Institut international de recherche sur le riz (Philippines)

ISDR International Strategy for Disaster Reduction (Stratégie internationale de prévention des catastrophes)

ISPC Independent Science and Partnership Council

IWG-SWF International Working Group of Sovereign Wealth Funds (Groupe international de travail sur les fonds souverains)

IWI *Inclusive Wealth Index* (indice de richesse inclusive)

J

JIT *Just In Time* (gestion juste-à-temps)

L

LETS *Local Exchange Trading Systems* (système d'échange local)

M

MDP mécanisme de développement propre

MDS ministère du Développement social et du Combat contre la faim (Brésil)

MES mécanisme européen de stabilité

MESA ministère extraordinaire de la Sécurité alimentaire et du Combat contre la faim (Brésil)

MSF Médecins sans frontières

MST Mouvement des sans-terre du Brésil

MTN maladies tropicales négligées

N

NACSO Namibian Association of Community Based Natural Resource Management (CBNRM) Support Organisations (Namibie)

NEPAD New Partnership for Africa's Development (Nouveau partenariat pour le développement de l'Afrique)

NNF Namibia Nature Foundation (Namibie)

O

OCDE Organisation de coopération et de développement économiques

ODD objectifs de développement durable

ODI Overseas Development Institut

OGM organisme génétiquement modifié

OI organisations internationales

OIA Outdoor Industry Association

OIT Organisation internationale du travail

OMC Organisation mondiale du commerce

OMD objectifs du Millénaire pour le développement

OME Organisation mondiale de l'environnement

OMPI Organisation mondiale de la propriété intellectuelle

OMS Organisation mondiale de la santé

ONG organisation non gouvernementale

ONU Organisation des Nations unies

Onusida Programme commun des Nations unies sur le VIH/Sida

OPEP Organisation des pays exportateurs de pétrole

ORD Organe de règlement des différends (de l'Organisation mondiale du commerce)

ORSTOM Office de la recherche scientifique et technique outre-mer (maintenant Institut de recherche pour le développement - IRD)

P

P&O Peninsular and Oriental Steam and Navigation Company

PAM Programme d'action mondial pour la protection du milieu marin contre la pollution due aux activités terrestres

PAM Programme alimentaire mondial

PAS programmes d'ajustement structurels

PDDAA Programme détaillé de développement de l'agriculture africaine

PDG président-directeur général

PED pays en développement

PHI assurance privée de santé (Cambodge)

PIB produit intérieur brut

PIP Pitt Inequality Project

PMA pays les moins avancés

PME petites et moyennes entreprises

PNB produit national brut

PNUD Programme des Nations unies pour le développement

PNUE Programme des Nations unies pour l'environnement

PPA parité de pouvoir d'achat

PPP partenariat public-privé

PPTE pays pauvres très endettés

PRD Programme de reconstruction et de développement (Afrique du Sud)

PRONAF Programme national de renforcement de l'agriculture familiale (Brésil)

PSE paiement pour services environnementaux

Q

QIA Qatar Investment Authority

R

R&D recherche et développement

RCEP Partenariat économique intégral régional

RCP Representative Concentration Pathways (« forçage radiatif » ou « puissance de l'effet de serre »)

RDC République démocratique du Congo

RDH Rapport sur le développement humain

REDD Réduction des émissions issues de la déforestation et de la dégradation des forêts (le dispositif REDD+ prend en compte la capacité de stockage de carbone des forêts, la bonne gouvernance et l'aménagement des forêts, et la protection de la diversité biologique et des services écosystémiques)

RELACC Réseau latino-américain de commercialisation communautaire

REN21 Renewable Energy Policy Network for the 21st Century (réseau de promotion des énergies renouvelables)

REVES Réseau européen des villes et régions de l'économie sociale

RGT Réseau global de troc

RIFES Réseau international femmes et économie solidaire

RIPESS Réseau intercontinental de promotion de l'économie sociale et solidaire

RIV révolution industrielle verte

RMI revenu minimum d'insertion (France)

RNB revenu national brut

RSA revenu de solidarité active (France)

RSE responsabilité sociale des entreprises

S

SAICM Strategic Approach to International Chemicals Management (Approche stratégique de la gestion internationale des produits)

SCEQE Système communautaire d'échange de quotas d'émission (Suède)

SCIC Société coopérative d'intérêt collectif

SCOP Société coopérative et participative

SDN Société des Nations

SDSN Sustainable Development Solutions Network (Réseau des solutions pour le développement durable)

SEL système d'échanges locaux

SHI assurance sociale de santé (Cambodge)

Sida syndrome d'immunodéficience acquise

SIDD Standardized Income Distribution Database (base de données normalisée sur la répartition des revenus)

SKY *Sokhapheap krousar yeung* (Santé pour nos familles, Cambodge)

SLA Sustainable Livelihoods Approach (approche des moyens d'existence durables)

SMIC salaire minimum interprofessionnel de croissance (France)

SOFIA situation mondiale des pêches et de l'aquaculture

SWIDD base de données mondiale normalisée sur les inégalités de revenus

T

TCA Traité sur le commerce des armes

TI Transparency International

TPP Partenariat transpacifique

TQM *Total Quality Management* (« qualité totale »)

U

UE Union européenne

UIT Union internationale des télécommunications

UICN Union internationale pour la conservation de la nature

UNESCO United Nations Educational, Scientific and Cultural Organization (Organisation des Nations unies pour l'éducation, la science et la culture)

UNHCR Agence des Nations unies pour les réfugiés

Unicef United Nations Children's Fund (Fonds des Nations unies pour l'enfance)

UNODC United Nations Office on Drugs and Crime (Office des Nations unies contre la drogue et le crime)

UNRISD United Nations Research Institute for Social Development (Institut de recherche des Nations unies pour le développement social)

UNSCEAR United Nations Scientific Committee on the Effects of Atomic Radiation (Comité des Nations unies sur les effets des radiations atomiques)

UNU-EHS United Nations University Institute for Environment and Human Security (Institut de l'environnement et la sécurité humaine de l'université des Nations unies)

UN-Women agence des Nations unies pour les femmes

UPPs Unités de police pacificatrice

URSS Union des républiques socialistes soviétiques

USAID United States Agency for International Development (Agence des États-Unis pour le développement international)

UTCATF Utilisation des terres, changement d'affectation des terres et foresterie

V

VIH virus de l'immunodéficience humaine

W

WFTO World Fair Trade Organization (Organisation mondiale du commerce equitable)

WRI World Resources Institute

WWF World Wildlife Fund (Fonds mondial pour la vie sauvage)

图书在版编目（CIP）数据

减少不平等：可持续发展的挑战 /（法）热内维，（印）帕乔里，（法）图比娅娜主编；潘革平译 .—北京：社会科学文献出版社，2014.4
（看地球；4）
ISBN 978-7-5097-5689-8

Ⅰ.①减…　Ⅱ.①热…　②帕…　③图…　④潘…　Ⅲ.①世界经济 – 经济可持续发展 – 研究　Ⅳ.① F113

中国版本图书馆 CIP 数据核字（2014）第 035426 号

减少不平等：可持续发展的挑战（看地球Ⅳ）

主　　编 / 雷米·热内维　拉金德拉·K.帕乔里　劳伦斯·图比娅娜
译　　者 / 潘革平

出 版 人 / 谢寿光
出 版 者 / 社会科学文献出版社
地　　址 / 北京市西城区北三环中路甲 29 号院 3 号楼华龙大厦
邮政编码 / 100029

责任部门 / 全球与地区问题出版中心（010）59367004　　责任编辑 / 张苏琴
电子信箱 / bianyibu@ssap.cn　　　　　　　　　　　　责任校对 / 李　敏
项目统筹 / 祝得彬　　　　　　　　　　　　　　　　责任印制 / 岳　阳
经　　销 / 社会科学文献出版社市场营销中心（010）59367081　59367089
读者服务 / 读者服务中心（010）59367028

印　　装 / 北京画中画印刷有限公司
开　　本 / 787mm×1092mm　1/16　　　　　　　　印　　张 / 15.5
版　　次 / 2014 年 4 月第 1 版　　　　　　　　　　字　　数 / 396 千字
印　　次 / 2014 年 4 月第 1 次印刷
书　　号 / ISBN 978 - 7 - 5097 - 5689 - 8
著作权合同
登 记 号 / 图字 01 - 2014 - 0697 号
定　　价 / 59.00 元